Francis J. Moloney

Gebrochenes Brot für gebrochene Menschen

Francis J. Moloney

Gebrochenes Brot für gebrochene Menschen

Eucharistie im Neuen Testament

Aus dem australischen Englisch übersetzt
von Ingrid Rosa Kitzberger

HERDER

FREIBURG · BASEL · WIEN

Titel der Originalausgabe:
A Body Broken for a Broken People.
Divorce, Remarriage, and the Eucharist
ISBN 978-1-925009-80-4

Zuerst erschienen 1990 als: A Body Broken for a Broken People.
Eucharist in the New Testament
Revidierte, zweite Auflage 1997
Revidierte und erweiterte dritte Auflage 2015:
Garratt Publishing
32 Glenvale Crescent
Mulgrave VIC 3170
Australien
http://www.garrattpublishing.com.au

Für die Originalausgabe:
© Francis J. Moloney 1990, 1997, 2015

Für die deutschsprachige Ausgabe:
© Verlag Herder GmbH, Freiburg im Breisgau 2018
Alle Rechte der deutschen Ausgabe vorbehalten
www.herder.de
Umschlaggestaltung: Finken und Bumiller, Stuttgart
Umschlagmotiv: © Soichi Watanabe: We are One in Jesus Our Lord,
Mischtechnik, 2009
Satz: Barbara Herrmann, Freiburg
Herstellung: CPI books GmbH, Leck
Printed in Germany
ISBN 978-3-451-38044-0

Inhalt

… io mi rendei,
piangendo, a quei che volontier perdona.
Orribil furon li peccati miei;
ma la bontà infinita ha sì gran braccia,
che prende ciò che si rivolge a lei.

Dante, *Il Purgatorio* iii 119–123

In Dankbarkeit für
das lange und eucharistische Leben
meiner Eltern
Denis (1899–1992) and Mary (1905–1996) Moloney

Quellenhinweise

Bibelzitate stammen, sofern nicht anders angegeben, aus der Einheitsübersetzung der Heiligen Schrift, vollständig durchgesehene und überarbeitete Ausgabe, Katholische Bibelanstalt GmbH, Stuttgart 2016.

Der englischen Originalausgabe lag die Revised Standard Version of the Bible (RSV) zugrunde, auf die gelegentlich auch in der Übersetzung verwiesen wird: Revised Standard Version of the Bible, copyright 1952, 1971 by the division of Christian Education of the National Council of the Churches of Christ in the USA.

In manchen Fällen hat der Autor seine eigene Übersetzung erstellt, die so weit wie möglich wörtlich ins Deutsche übersetzt und entsprechend gekennzeichnet ist (ÜA = Übersetzung des Autors).

Zitate aus Dokumenten des Zweiten Vatikanischen Konzils stammen aus: Karl Rahner/Herbert Vorgrimler, *Kleines Konzilskompendium. Sämtliche Texte des Zweiten Vatikanums mit Einführungen und ausführlichem Sachregister.* Herderbücherei 270. Freiburg i. Br.: Herder, 8. Aufl. 1972.

Der Autor verwendete die Ausgabe: *Vatican Council II: Constitutions, Decrees, Declarations.* Ed. Austin Flannery. Northport, NY: Costelloe Publishing Company, 1996.

Alle anderen **vatikanischen Dokumente** sind zitiert nach der offiziellen Website des Heiligen Stuhls: www.vatican.va (Archiv).

Zu den **Canones des Kirchenrechts** siehe: Codex des Kanonischen Rechts. Lateinisch-deutsche Ausgabe mit Sachverzeichnis. 5. neu gestaltete und verbesserte Auflage. Kevelaer: Butzon & Bercker, 2001.

Abkürzungen

Die vollständigen Titel von **Zeitschriften und Reihen** sind innerhalb der Bibliographie angeführt. In den Anmerkungen finden sich Abkürzungen, die sich (mit wenigen Ausnahmen) richten nach: IATG² (Schwertner, Siegfried, *Internationales Abkürzungsverzeichnis für Theologie und Grenzgebiete*. Berlin: de Gruyter, 2. Aufl. 1982) und *The SBL Handbook of Style. Second Edition. For Biblical Studies and Related Disciplines*. Atlanta, GA: SBL Press, 2014.

In einigen Fällen finden sich die folgenden gängigen Abkürzungen:

AT/NT	Altes Testament/Neues Testament
atl./ntl.	alttestamentlich/neutestamentlich
ACFEB	Association Catholique Française pour les Études Bibliques
BDAG	Walter Bauer, William F. Arndt, Frederick W. Gingrich, *A Greek-English Lexicon of the New Testament and Other Early Christian Literature*. 3. Aufl. Rev. Frederick W. Danker. Chicago: University of Chicago Press, 2000.
BGDW	Walter Bauer, *Griechisch-Deutsches Wörterbuch zu den Schriften des Neuen Testaments und der übrigen urchristlichen Literatur*. 6., völlig neu bearbeitete Auflage. Ed. Kurt Aland. Berlin: de Gruyter, 1988.
BDR	Friedrich Blass, Albert Debrunner, Friedrich Rehkopf, *Grammatik des neutestamentlichen Griechisch*. Göttingen: Vandenhoeck & Ruprecht, 17. Aufl. 1990.
CCSL	Corpus Christianorum, Series Latina
d. h.	das heißt
DH	Heinrich Denzinger/Peter Hünermann, *Enchiridion Symbolorum: Definitionum et Declarationum de Rebus Fidei et Morum*. Freiburg i. Br.: Herder, 45. Aufl. 2017.
EÜ	Einheitsübersetzung
LXX	Die Septuaginta
PL	Patrologiae Cursus Completus, Series Latina. Ed. J.-P. Migne. 217 Bände. Paris, 1857–1886.
RSV	Revised Standard Version of the Bible
SBL	Society of Biblical Literature

SNTS	Studiorum Novi Testamenti Societas
s.v.	sub voce („unter dem Wort" in einem Wörterbuch)
u. a./u.v.a.	unter anderem/unter vielen anderen
v. Chr./n. Chr.	vor Christus/nach Christus

Abkürzungen der verwendeten biblischen und jüdischen Schriften

Neues Testament

Mt, Mk, Lk, Joh (Evangelium nach Matthäus, Markus, Lukas, Johannes)
Apg (Apostelgeschichte)
Röm (Römerbrief), 1 Kor/2 Kor (Erster Korintherbrief/Zweiter Korintherbrief), Gal (Galaterbrief), Eph (Epheserbrief), Phil (Philipperbrief), 1 Thess/2 Thess (Erster Thessalonicherbrief/Zweiter Thessalonicherbrief), Hebr (Hebräerbrief), 1 Petr/2 Petr (Erster Petrusbrief/Zweiter Petrusbrief), 1 Joh (Erster Johannesbrief)
Offb (Offenbarung des Johannes)

Altes Testament (einschließlich Apokryphen)

Torah: Gen (Genesis), Ex (Exodus), Lev (Levitikus), Num (Numeri), Dtn (Deuteronomium)
Jos (Josua)
Ps (Psalmen)
Sir (Jesus Sirach)
2 Makk (Zweites Buch der Makkabäer)
Propheten: Jes (Jesaja), Jer (Jeremia), Ez (Ezechiel), Dan (Daniel), Hos (Hosea), Joël (Joël), Am (Amos), Sach (Sacharja), Mal (Maleachi)

Schriften von Qumran

1Q, 4Q, usw.	Schriften aus Höhle 1, 4, usw.
1QS	*Die Gemeinderegel*
11QTempel	*Die Tempelrolle*
CD	*Das Damaskusdokument*

Vorwort zur deutschen Erstausgabe

Ich begrüße diese Übersetzung ins Deutsche meiner ursprünglich englischen Ausgabe *A Body Broken for a Broken People. Divorce, Remarriage, and the Eucharist*, die in Australien (Garratt Publishing), Großbritannien (Darton, Longman & Todd), den USA (Paulist Press) und auf den Philippinen (Don Bosco Centre of Studies) erschienen ist. Diese Übersetzung ist besonders passend, denn einer der Katalysatoren meiner beständigen Forschung zu dieser schwierigen Frage war die Initiative der deutschen Bischöfe der Oberrheinischen Provinz in den Jahren 1993–1994. Sie wandten sich an den Heiligen Stuhl und ersuchten die Glaubenskongregation, die Frage der Zulassung von engagierten, aber geschiedenen und wiederverheirateten katholischen Paaren zur vollen Teilhabe an der Eucharistiefeier der Kirche neu zu überdenken. Angesichts des gemischten, und zunehmend säkularen, Charakters der Gesellschaft in den deutschsprachigen Ländern (einschließlich Österreich und der Schweiz), haben die deutschsprachigen Bischöfe schon seit Langem auf die Bitten der Menschen gehört, indem sie anerkannten, dass die Kirche selbst immer zugleich heilig und der Umkehr bedürftig ist (siehe *Lumen Gentium* 8). Zum damaligen Zeitpunkt war die kirchliche Lehrautorität jedoch noch nicht bereit zu diesem bedeutenden Schritt.

Papst Franziskus hat nun in diese Situation eingegriffen mit der ihm eigenen Offenheit und seinem Mut. Die Bischofssynoden von 2014 und 2015, sowie das Nachsynodale Apostolische Schreiben des Heiligen Vaters, *Amoris Laetitia* (2016), markieren eine Kehrtwendung im Selbstverständnis der katholischen Kirche, ihrem Verständnis des Ehesakraments und ihres eucharistischen Dienstes. Indem sich der Heilige Vater diesem Thema zuwandte, forderte er jene von uns, die von Berufs wegen mit der kritischen Evaluierung der christlichen Tradition befasst sind, auf, einen Beitrag zur Diskussion zu liefern, die nun schon weit vorangekommen ist. Seine Aufforderung muss gehört werden, da einige Persönlichkeiten in der katholischen Kirche seine Lehre infrage stellen. Papst Franziskus hat stets erkannt, dass wir uns „einen Prozess der Begleitung und der Unterscheidung" zu eigen machen müssen. Er fordert uns alle heraus:

> Damit dies geschieht, müssen bei der aufrichtigen Suche nach dem Willen Gottes und in dem Verlangen, diesem auf vollkommenere Weise zu entsprechen, die notwendigen Voraussetzungen der Demut, der Diskretion, der Liebe zur Kirche und ihrer Lehre verbürgt sein. (*Amoris Laetitia* 300)

Das englische Original dieses Buches hätte als eine „dritte Auflage" von *A Body Broken for a Broken People* aus dem Jahr 1990 gesehen werden können, und damit in gewisser Weise der Geschichte des Textes entsprochen. Was sich jedoch dort, und somit auch in dieser deutschen Übersetzung, findet, ist weit mehr als eine „dritte Auflage". Es geht über die früheren Studien hinaus. Seit 1966 habe ich das Neue Testament studiert, gelehrt und gepredigt. Aufgrund meiner festen Verbundenheit mit der katholischen Tradition hat es mich immer wieder überrascht, dass die eucharistischen Texte in den Evangelien und Paulusbriefen durchgehend die Situation von Sündern ansprechen. Geboren und großgeworden innerhalb einer Tradition, die darauf bestand, dass die volle Teilhabe an der Eucharistie denen vorbehalten war, die ohne Sünde waren, wurde das Wort Gottes für mich zu einem „Stachel im Fleisch". Was Jesus gesagt und getan hat, und die Art und Weise, wie seine Lehre und Taten in der frühesten Kirche aufgenommen worden sind, stand im Widerspruch zu dem, was ich stets angenommen hatte. In allen drei Synoptischen Evangelien weisen sowohl die Brot- und Fischwunder, die durchdrungen sind von einer Sprache und von Handlungen, welche die liturgische Eucharistie der frühesten Kirche widerspiegeln, als auch die Berichte über Jesu Letztes Mahl mit seinen Jüngern darauf hin, dass sich Jesus bedingungslos hingegeben hat an jene, die ihn nicht genauso liebten wie er sie! Dieselbe Gesinnung kommt, mit sogar noch größerer

Leidenschaft, zum Ausdruck im Ersten Korintherbrief des Apostels Paulus sowie im Johannesevangelium.

Im Jahr 1990 unternahm ich den Versuch, einiges von dem, was in der Heiligen Schrift geoffenbart ist als Gottes Liebe für die Seinen, erwiesen in und durch Jesu Selbsthingabe für die Menschheit, zu vermitteln in einem kleinen Buch mit dem Titel *A Body Broken for a Broken People*. Dieser bescheidene Beitrag wurde weithin mit Beifall begrüßt, aber es gab noch mehr zu tun. Ein Verlag in den USA, Hendrickson Publishers, trat an mich heran mit der Bitte, das Buch zu überarbeiten und seinen Fokus zu erweitern, über eine auf die spezifisch katholische Gemeinschaft ausgerichtete Untersuchung hinausgehend. Der Ausschluss vom Herrenmahl war auch ein Problem innerhalb der protestantischen Tradition. Eine breiter angelegte Untersuchung erschien im Jahr 1997. Die Welt veränderte sich jedoch für alle katholischen Gläubigen, als Papst Franziskus klar und deutlich verlautete:

> Unsere Lehre über Ehe und Familie darf nicht aufhören, aus dem Licht der Verkündigung von Liebe und Zärtlichkeit Anregung zu schöpfen und sich dadurch zu verwandeln, um nicht zu einer bloßen Verteidigung einer kalten und leblosen Doktrin zu werden. (*Amoris Laetitia* 59)

Die folgende Arbeit wurde im Jahr zwischen der ersten (2014) und der zweiten (2015) Sitzungsperiode der Bischofssynode zu Ehe und Familie geschrieben. Sie konzentriert sich noch stärker darauf, was das Wort Gottes einer Kirche zu sagen hat, die es fortdauernd liest, reflektiert, betet, und die handelt in einer Weise, die getreu ist ihren Wurzeln innerhalb unserer geoffenbarten heiligen Tradition. Außer dass ich alles neu schrieb, was ich über fünfzehn Jahre lang überlegt hatte, wandte ich mich nun auch der lange diskutierten Frage der Scheidung und Wiederverheiratung in der katholischen Tradition zu, indem ich darauf hinwies, dass vielleicht die Tradition selbst über die Jahrhunderte hinweg verloren gegangen war. Dieses Buch ist somit nicht die „dritte Auflage" von irgendetwas, sondern ein aufrichtiger Versuch, durch eine sorgfältige Untersuchung und respektvolle Interpretation der grundlegenden Texte des Neuen

Testaments zu erfassen, was Papst Franziskus so schön ausgedrückt hat:

> Wir wurden von einer Liebe erreicht, die all unserem Tun vorausging und die immer eine neue Chance gibt, fördert und motiviert. Wenn wir bejahen, dass die Liebe Gottes bedingungslos ist, dass man die Freundlichkeit des Vaters weder kaufen noch bezahlen muss, dann können wir über alles hinweg lieben und den anderen vergeben, auch wenn sie uns gegenüber ungerecht gewesen sind. (*Amoris Laetitia* 108)

Indem die Deutsche Bischofskonferenz die pastorale Sorge für ihre Herde wieder aufgriff, die als erstes formell artikuliert worden war durch die deutschen Bischöfe der Oberrheinischen Provinz, hat sie den Weg bereitet durch ihre positive Antwort auf das *Instrumentum Laboris* für die Synode, sowie durch ihre nachsynodale Unterstützung des langen und geduldigen Prozesses, den der Heilige Vater in Gang gesetzt hat. Die Deutsche Bischofskonferenz hat sich an die gesamte katholische Gemeinschaft (und darüber hinaus) gewandt in einer gewissenhaften, weisen und positiven Art und Weise in ihrem Dokument *Die Freude der Liebe, die in den Familien gelebt wird, ist auch die Freude der Kirche. Einladung zu einer erneuerten Ehe- und Familienpastoral im Licht von AMORIS LAETITIA*, in dem sie alle Gläubigen dazu einlädt, über die programmatische Herausforderung der Lehre des Heiligen Vaters nachzudenken:

- ◆ die Ehevorbereitung
- ◆ die Ehebegleitung
- ◆ die Stärkung der Familie als Lernort des Glaubens
- ◆ den Umgang mit Zerbrechlichkeit: begleiten – unterscheiden – eingliedern

Indem sie sich diese Anliegen zu eigen machten, haben die deutschen Bischöfe deutlich gemacht, dass der Heilige Vater nicht vorrangig an der Frage der Zulassung von wiederverheirateten Geschiedenen zum eucharistischen Tisch interessiert ist. Zuviel Hitze und sehr wenig Licht entströmen diesen parteiischen Streitigkeiten über diese konkrete praktische

Konsequenz aus der zentralen Botschaft von Papst Franziskus: Die Liebe Gottes spiegelt sich in der zärtlichen und fruchtbaren Liebe, wie sie sich in der christlichen Familie findet. Es ist entscheidend für das Leben, die Lehre und die Praxis der Kirche, tatsächlich für ihre zukünftige Existenz, dass eine solche Lehre angenommen, im Herzen erwogen und an die nachfolgenden Generationen weitergegeben wird.

Das folgende Buch ist mein Versuch, die Initiativen der deutschsprachigen Bischöfe zu unterstützen. Das Zweite Vatikanische Konzil verlangte nach dem Ressourcement unseres Glaubens und unserer Praxis: zurückzugreifen auf unsere inspirierten und inspirierenden Anfänge in Jesus Christus und die früheste Rezeption dessen, was er sagte und tat, welche als Wort Gottes den nachfolgenden Generationen weitergegeben wurde. Das, was auf der Tagesordnung der Bischöfe steht, ist viel breiter gefasst als das, was in der folgenden Untersuchung geboten wird. Im Zentrum dieser Tagesordnung steht jedoch die Spannung zwischen einem Gott, der unendlich liebt, und unserer Reise, in Hoffnung und Zuversicht, auf diese unaussprechliche Liebe, offenbart am Kreuz und gefeiert in der Eucharistie, zu antworten. Wie John Chryssavgis, der griechisch-orthodoxe Theologe, es ausgedrückt hat:

> Der Mensch in seiner Sündhaftigkeit ist von Gott geliebt, wenn er nur an der Bewegung zu Gott hin festhält. Wenn man tatsächlich versagt, sofern man nur mit Zuversicht herausschreit, geschieht der Fall nicht in das Nichts, sondern in die Arme Gottes, die ein für alle Mal ausgestreckt sind am Kreuz.
> (Repentance and Confession in the Orthodox Church. Brooklyne, MA: The Holy Cross Orthodox Press, 2004, 9–10)

Die fortdauernde Relevanz der christlichen Tradition, insbesondere in der westlichen Welt, hängt von der unbedingten Annahme dieser Wahrheit ab. Wie Matthäus die Worte Jesu bei diesem Letzten Mahl wiedergibt: „Das ist mein Blut, das Blut des Bundes, das für viele vergossen wird *zur Vergebung der Sünden.*" (Mt 26,28)

Ich bin meiner langjährigen Kollegin und Freundin, Dr. Ingrid Rosa Kitzberger, zutiefst dankbar. Sie hat meine Leidenschaft für dieses grundlegende Element unserer christlichen Tradition erfasst in ihrer brillanten und spritzigen Übersetzung meines ursprünglich australisch-englischen Textes. Ebenso dankbar bin ich dem Verlag Herder, dass er unser Werk einer breiten deutschsprachigen Leserschaft zugänglich macht. Möge es der Kirche und ihrem Volk dienen. Dies ist der alleinige Grund für seine Existenz.

Francis J. Moloney, SDB, AM, FAHA
Catholic Theological College
University of Divinity
Melbourne, Victoria, Australia

Vorwort zur 1. Auflage

von Xavier Léon-Dufour

Beim Lesen dieser Seiten habe ich den Klang der Guten Nachricht vernommen. Wunderbar, aber selten gehört. Jesus lebte das Evangelium der Barmherzigkeit und verkündete es ohne Zögern. Darüber hinaus sprach er in erster Linie zu den Armen, den Gebrochenen. Was für Jesus zählt, ist nicht die Gerechtigkeit in der Befolgung von Geboten, sondern die bedingungslose Hingabe an seine Person, die Liebe zu Gott und die Liebe zu den Nächsten. Ist diese Vorliebe Jesu in unserer gegenwärtigen Feier der Eucharistie noch sichtbar? Ist Jesu Ruf zur Freude erstickt worden durch detaillierte Anweisungen, wer am Mysterium teilnehmen darf und wer nicht? Ist die Gute Nachricht sorgsam in Silos gelagert worden, um sie besser konservieren zu können? Damit sie ihre jugendliche Frische nie verliert, muss sie der frischen Luft ausgesetzt werden. Francis Moloney leitet uns an, genau hinzuhören auf die stets klare Stimme des Lebendigen Wortes.

Er hat das schwierige Problem in Angriff genommen, das sich aus der authentischen Botschaft des Evangeliums ergibt – im Gegensatz zu einer Tendenz, die eucharistische Praxis auf einen geschlossenen Kreis „der Reinen" zu beschränken. Diese Tendenz ist uralt. Paulus selbst stellte Kriterien für die Zulassung zu den heiligen Mysterien auf. Es war ein Anliegen der Kirche des zweiten und dritten Jahrhunderts, die sich nicht imstande sah, gewisse „Sünder" – wie die abtrünnig Gewordenen – in ihrem Schoß zu behalten. Diese selbstverteidigende Reflexbewegung der institutionalisierten Kirche muss jedoch stets ausgeglichen werden durch eine gründliche Besinnung auf die Haltung des Jesus von Nazareth. Hier übt der Exeget, neben vielen anderen, sein Amt in der Kirche aus. Er muss, ob gelegen oder ungelegen, die kirchliche Praxis unablässig dabei unterstützen, sich selbst zu erneuern.

Wird man je in der Lage sein, das letzte Wort in dieser Frage zu sprechen? Eine solche Hoffnung erscheint mir etwas naiv, sowohl von Seiten der institutionalisierten Kirche als auch von Seiten der Exegeten. Deshalb unterscheidet sich meine Auffassung von der des Autors in Bezug auf einige kleinere Angelegenheiten: Ich bin weder der Meinung, dass Matthäus direkt von Markus abhängig war, noch akzeptiere ich seine Strukturierung von Johannes 13 oder seinen Vorschlag, dass der von Jesus dem Judas gereichte Brotbissen eucharistisch war. Der entscheidende Punkt liegt jedoch nicht in gewissen exegetischen Voraussetzungen, sondern in einer klar vorliegenden Tatsache: Die Einsetzung der Eucharistie ist immer verbunden mit der Erwähnung des Judas als Verräter und der Voraussage der Verleugnungen und des Versagens der Jünger. Alle Exegeten stimmen in diesem Punkt überein. Francis Moloney hat dieses Ergebnis einen Schritt weitergeführt, indem er vorschlägt, dass die frühe Kirche die Eucharistie als für die Gebrochenen eingesetzt verstanden hat. Dies ist eine anregende Hypothese, die es verdient, in Erwägung gezogen zu werden.

Ich bin erfreut, einen Exegeten zu sehen, der einen mutigen Blick auf ein pastorales Problem wirft. Er hat eine Aufgabe erfüllt, die allzu oft vom Fachmann vernachlässigt wird, der sich einbildet, er habe seine Arbeit vollendet, wenn er die Bedeutung von Texten eruiert zu haben glaubt. Der Exeget sollte mehr tun. Der Fachmann sollte sich immer um die pastoralen Auswirkungen von wissenschaftlichen Feststellungen kümmern, insbesondere dann, wenn es um die Erklärung des jeweiligen Kontextes geht, in dem sich die wichtigsten Handlungen des Jesus von Nazareth ereigneten. Tatsächlich haben wir uns daran gewöhnt, von der Einsetzung der Eucharistie zu sprechen, ohne den existentiellen Kontext, in dem diese Einsetzung geschah, in Betracht zu ziehen.

Hier neigen wir dazu, die Daten zu vereinfachen. Wer von uns kann sich als „würdig" erachten für den Zutritt zur Eucharistie? Setze ich alle Forderungen der Bergpredigt in die Tat um? Trete ich deshalb mit einem zerknirschten Herzen zum Tisch des Herrn? Ja, die Eucharistie ist für die Gebrochenen da. Dieses Buch, das ich Ihnen vorstelle, zeigt das deutlich. Eine Frage bleibt. Was sollen wir von der Situation halten, in der sich eine Person befindet, die klar gegen die geltenden Gesetze der Kirche verstößt und – aus verschiedensten Gründen – nicht in der Lage ist, diese von der Kirche zu Recht als irregulär beurteilte Situation aufzugeben? Hat die Kirche das Recht, diese gebrochenen Menschen von der eucharistischen Praxis zu verbannen?

Die Antwort auf diese schwierige Frage kann nicht von einer rein exegetischen Untersuchung kommen. Nur der Konsens der Kirche kann ihren inneren Widerstand gegen die Infizierung, welche der uneingeschränkte Zutritt des einen oder anderen für „schuldig" befundenen Mitglieds bewirken könnte, in rechter Weise einschätzen. Exegetisches Bestreben ist jedoch unverzichtbar, um die Kirche davor zu bewahren, sich auf früheren Praktiken auszuruhen. Die kritische Funktion derer, die von der Kirche damit betraut worden sind, die unmittelbare Bedeutung der biblischen Texte darzulegen, muss unaufhörlich weitergehen. Das Verhalten der Kirche wird von zwei Faktoren bestimmt:
1. ihrem Platz in jeder Epoche
2. der Notwendigkeit, kritisch zu sein gegenüber dieser Epoche

Wer nicht vorwärts geht, fällt zurück – wie die alten Wüstenväter zu sagen pflegten. Um vorwärts zu gehen, ist es jedoch nötig, für einen Augenblick die in einer früheren Situation erlangte Balance vorübergehend zu verlieren. Man muss seinen Fuß immer wieder nach vorne setzen, um so schließlich die für kurze Zeit verlorene Balance wiederzuerlangen.

Francis Moloney lädt uns ein, sich nicht mit erreichten Positionen der Stärke zufriedenzugeben. Sie müssen vielmehr stets infrage gestellt werden durch die Forderungen der Botschaft des Evangeliums.

Paris (Centre Sèvres) 1990 *Xavier Léon-Dufour, SJ*

Einführung

„Jesus, der Herr, nahm in der Nacht, in der er ausgeliefert wurde, Brot, sprach das Dankgebet, brach das Brot und sagte: Das ist mein Leib [gebrochen] für euch. Tut dies zu meinem Gedächtnis! … Dieser Kelch ist der Neue Bund in meinem Blut. Tut dies … zu meinem Gedächtnis! Denn sooft ihr von diesem Brot esst und aus dem Kelch trinkt, verkündet ihr den Tod des Herrn, bis er kommt" (1 Kor 11,23–26).[1] Paulus hat seine auf Abwege geratenen Konvertiten in Korinth zur Rede gestellt, indem er ihnen die Geschichte von Jesu Worten und Taten „in der Nacht, in der er ausgeliefert wurde" (V. 23) erzählte. Diese Geschichte ist seit fast zweitausend Jahren immer wieder erzählt worden. Christen haben die eucharistische Geschichte erlebt und bewahrt in der Liturgie, der Antwort der Kirche auf die Forderung Jesu: „Tut dies zu meinem Gedächtnis!" (Lk 22,19; 1 Kor 11,24.25). Diese Geschichte ist jedoch nicht nur in der Liturgie erzählt worden. Sie ist genauso bedeutungsvoll erzählt worden im Leben von Christen, die bereit waren, ihre eigenen Leiber zu brechen und ihr eigenes Blut zu vergießen in einer zutiefst eucharistischen Weise, indem sie „den Tod des Herrn, bis er kommt" verkündeten (1 Kor 11,26). Mit ihrem Ursprung im gebrochenen Leib und vergossenen Blut Jesu selbst ist die Eucharistie immer die Geschichte eines gebrochenen Leibes für gebrochene Menschen gewesen. Dies ist jener Aspekt des zentralen Geheimnisses christlichen Lebens, den ich durch die folgende neutestamentliche Untersuchung hervorheben möchte. Vor allem möchte ich zeigen, dass die Eucharistie der gefeierte und gelebte Ausdruck einer so großen Liebe ist, dass wir ihr niemals entsprechen können und konnten.

Eine solche Liebe wirft jedoch einige schwierige Fragen an ihre Institutionalisierung auf. Wenn eine christliche Kirche des einundzwanzigsten Jahrhunderts auf ihre Geschichte zurückblickt, sollte sie immer wieder prüfen, ob sie den Kontakt zu ihrer Gründungsgeschichte verloren hat. Ich möchte einige Fragen stellen, die sich aus einem heutigen Lesen dieser inspirierten Geschichte ergeben. Während der Jahre, in denen ich das Neue Testament unterrichtet habe, bin ich zunehmend überrascht gewesen vom überwältigenden Eindruck, dass die eucharistischen Abschnitte im Neuen Testament die Gegenwart der in Jesus sichtbar gewordenen Liebe Gottes gebrochenen Menschen verkünden. Diese „Gebrochenheit" wird natürlich von den neutestamentlichen Autoren auf unterschiedliche Weise ausgedrückt, aber die Bedeutung der Eucharistie als Gottes Geschenk für die Bedürftigen ist durchgängig vorhanden. Ich begann diesen Eindruck in verschiedenen Vorlesungen von 1986 bis 1988 zu vermitteln. Schließlich publizierte ich einige vorläufige Ergebnisse meiner Forschung zu dieser Frage in einem wissenschaftlichen Artikel im Jahr 1989, und ein Buch erschien im Jahr 1990.[2] Ein Vorwort von Xavier Léon-Dufour, SJ, war Teil dieser ersten Ausgabe, und es ist hier wegen seiner Bedeutung beibehalten worden. Diese Ausgabe wurde von einem katholischen Verlag in Australien publiziert, war aber auch Verlagen in den USA bekannt geworden. Eine zweite, leicht überarbeitete Ausgabe erschien bei einem amerikanischen Verlag im Jahr 1997.[3] Diese Ausgabe versuchte, über das ursprünglich römisch-katholische Publikum hinaus, so viele Menschen wie möglich zu erreichen, damit sie sowohl die Schönheit als auch das Risiko des Feierns der Eucharistie tiefer wertzuschätzen vermochten. Angesichts der verfestigten Traditionen, die mit dem Verständnis und der Praxis der Eucharistie in vielen etablierten christlichen Kirchen verbunden sind, empfanden einige meine Studie beunruhigend. Das nun Folgende könnte als eine „dritte Auflage" von *A Body Broken for a Broken People* gesehen werden, aber dies gibt kaum das Anliegen der vorliegenden Publikation wieder.

Sie ist inspiriert durch die von Papst Franziskus gezeigte mutige Offenheit und antwortet auf seine charismatische Präsenz an der Spitze der römisch-katholischen Kirche. Nach der ersten Sitzungsperiode der Bischofssynode zu Ehe und Familie

(Oktober 2014) verlangten Papst Franziskus und viele Bischöfe in der ganzen Welt, dass – in Fortführung der Praxis der Rückkehr zu den Quellen unseres Glaubens *(Ressourcement)*, wie sie für das Zweite Vatikanische Konzil so zentral war – Zeit und Mühe aufgewendet werden sollten für eine Untersuchung der biblischen und theologischen Traditionen, die relevant sind für Ehe und Familie in der katholischen Kirche.

Die deutschen Bischöfe haben sich am deutlichsten dazu geäußert. Sie haben festgestellt, dass nur eine Minderheit meint, dass die gegenwärtige Lehre der Kirche theologisch verantwortbar und pastoral angemessen ist.[4] Das nun Folgende wird zwischen den beiden Sitzungsperioden der Synode zu Ehe und Familie, die im Oktober 2015 fortgesetzt wird, erscheinen, und sein Schwerpunkt kommt durch den Untertitel „Scheidung, Wiederverheiratung und die Eucharistie" zum Ausdruck.[5] Es geht deshalb über die früheren Studien hinaus, und ich hoffe, dass es allen Christen, die die Eucharistie feiern und leben, zugutekommen wird. Es ist aber ausdrücklich dafür geschrieben, den Katholikinnen und Katholiken, und insbesondere jenen in Führungspositionen, einen Weg zu zeigen bei unserem Bemühen, manche Traditionen im Lichte der schwierigen Fragen, die das heutige katholische Leben an die Synode gestellt hat, neu zu überdenken. Es ist auch eine Antwort auf die Forderung des Zweiten Vatikanischen Konzils: „Die Heiligen Schriften enthalten das Wort Gottes, und weil sie inspiriert sind, sind sie wahrhaft das Wort Gottes. Deshalb sollte das Studium der Heiligen Schrift die Seele der heiligen Theologie sein" *(Dei Verbum* 24).[6] Das Wort Gottes muss entfesselt werden, damit es in der Kirche „wirksam und schärfer als jedes zweischneidige Schwert" wird, welches „durchdringt bis zur Scheidung von Seele und Geist, von Gelenken und Mark" und „über die Regungen und Gedanken des Herzens richtet" (Hebr 4,12).

Zuerst schaue ich auf die Stellung einer Untersuchung des neutestamentlichen Materials, welche die fest etablierte Tradition des „Ausschlusses" vom Tisch des Herrn in den christlichen

Kirchen infrage stellt (erstes Kapitel). Das zweite Kapitel lenkt seine Aufmerksamkeit auf den Abschnitt 1 Kor 11,17–34, der lange Zeit dafür verwendet wurde, sogenannte „Sünder" vom eucharistischen Tisch fernzuhalten. Besonders bedeutend für diesen Zweck ist, über Jahrhunderte, 1 Kor 11,27 gewesen: „Wer also unwürdig von dem Brot isst und aus dem Kelch des Herrn trinkt, macht sich schuldig am Leib und am Blut des Herrn." Wir müssen jedoch – wie stets in einer Untersuchung der paulinischen Schriften – versuchen, die konkrete Situation in der korinthischen Gemeinde herauszufinden, welche Paulus dazu veranlasste, in seiner Auseinandersetzung mit den Konvertiten aus seiner Tradition der Worte Jesu zu zitieren (siehe VV. 23–25). Um diese Situation herauszufinden, ist es notwendig, auch 1 Kor 10,14–22 und den größeren Kontext in Betracht zu ziehen. Die Praxis des Segnens des Kelches und des Brechens des Brotes dient zur Ermahnung der Korinther, ein engagierteres christliches Leben in ihrer heidnischen Umwelt zu führen. Diese Untersuchung ist bestrebt, die ursprünglichen und grundlegenden *christlichen Traditionen*, welche die neutestamentlichen Texte in der uns vorliegenden Form hervorgebracht haben, ausfindig zu machen. Die *Tradition* existierte vor dem geschriebenen Wort, und das Wort bringt seinerseits die *Tradition* zum Ausdruck. Es ist deshalb wichtig, bei unseren Überlegungen die historische Entwicklung dieses Wortes zu verfolgen. Der Brief an die Korinther ist eine der frühesten christlichen Schriften, die wir haben. Er wurde ungefähr 54 n. Chr. verfasst, nur etwa zwanzig Jahre nach Tod und Auferstehung des Jesus von Nazareth.

Das dritte Kapitel widmet sich Mk 6,31–44 und 8,1–10 (die Speisungswunder) und Mk 14,17–31 (das Letzte Abendmahl). Mein Anliegen ist es herauszufinden, was das Markusevangelium (das ungefähr 70 n. Chr. erschien) einer christlichen Gemeinde über die Feier der Eucharistie zu sagen versuchte, indem es die Geschichte Jesu erzählte. Jeder eucharistische Text ist in den größeren Kontext der Erzählung des Evangeliums gestellt. Ich gehe davon aus, dass wir am besten herausfinden können, was Markus (oder Matthäus, Lukas, Johannes) seinen Lesern oder Zuhörerinnen sagt, indem wir auf die gesamte Erzählung schauen, und nicht nur auf den Teil, der am unmittelbarsten relevant zu sein scheint für unsere Suche nach eucharistischen Gedanken und eucharistischer Praxis. Obwohl sie auf den ersten Blick sehr ähnlich zu sein scheinen, muss die matthäische Nacherzählung der gleichen Geschichten (Mt 14,13–21 und 15,32–39 [die Speisungswunder] und 26,20–35 [das Letzte Abendmahl]) untersucht werden. Der Bericht des Matthäus, der in der zweiten Hälfte der 80er-Jahre n. Chr. erschien, ist keine unüberlegte Abschrift seiner Quelle, dem Markusevangelium.[7] Das pastorale Anliegen des Matthäus für seine spezielle Gemeinde, das in seinem wohlüberlegten Gebrauch dieser Berichte zum Ausdruck kommt, muss berücksichtigt werden. Das vierte Kapitel verortet diese Abschnitte in ihren narrativen Kontexten.

Das fünfte Kapitel widmet sich ganz dem lukanischen Material: Lk 9,10–17 (das Speisungswunder), 22,14–38 (das Letzte Abendmahl) und 24,13–35 (die Emmausgeschichte), in enger Verbindung zum letzten Mahl Jesu (nach seiner Auferstehung) mit den elf Aposteln (24,36–49) gelesen. Von allen Verfassern der Synoptischen Evangelien ist Lukas der originellste. Er hat nur ein Speisungswunder, während Markus und Matthäus zwei haben. Zudem fügt er die Geschichte des Gangs nach Emmaus hinzu. Diese bedeutsame Erzählung findet sich sonst nirgends im Neuen Testament.[8] Die Fähigkeit des Lukas, „eine gute Geschichte zu erzählen", spiegelt sich in seiner sehr individuellen Verwendung des traditionellen Materials des Speisungswunders und des Letzten Abendmahls.[9]

In seiner Erzählung von der letzten Begegnung Jesu mit seinen Jüngern bietet Johannes keinen ausdrücklichen Bericht von einer Mahltradition mit Einsetzungsworten. Wissenschaftler und Wissenschaftlerinnen übersehen oft den Beitrag dieses Evangelisten zu einer eucharistischen Theologie in Joh 13,1–38. Wichtige eucharistische Lehren in Joh 6,51c–58 und 19,34 dürfen ebenso wenig ignoriert werden.[10] Durch eine genaue Untersuchung von

Joh 13,1–38 (sechstes Kapitel) schlage ich vor, dass man – auch wenn die Eucharistie nicht im Zentrum der Erzählung im ersten Abschnitt des Evangelienberichts über Jesu letzten Abend mit seinen Jüngern steht – viel lernen kann aus der Geschichte, wie Jesus den Bissen Brot gibt in der Nacht, da er verraten wurde.

Nur aufgrund des Materials, das ich aus den inspirierten Seiten des Neuen Testaments selbst zusammengetragen habe, habe ich überhaupt das Recht, theologische und pastorale Fragen zu Scheidung, Wiederverheiratung und Eucharistie zu stellen. Papst Franziskus und viele Bischöfe haben nach der ersten Sitzungsperiode der Synode im Oktober 2014 klargemacht, dass kritische Fragen bezüglich des kirchlichen Verständnisses von Scheidung, Wiederverheiratung und Zulassung zum eucharistischen Tisch gestellt werden müssen. Solche Fragen müssen fundiert sein durch ein kritisches Lesen der frühkirchlichen Lehren über Scheidung und Wiederverheiratung.[11] Wie Xavier Léon-Dufour im Jahr 1990 andeutete, muss dieses kritische Lesen vom Herzen der Kirche her erfolgen. Es ist von dort her, dass ich nach Jesu eigener Tischpraxis frage, sowie nach der jeweiligen eucharistischen Praxis der frühen Kirche, wie sie uns im autoritativen Wort Gottes in den Schriften offenbart ist.

Seit 1990 bin ich oft gefragt worden, welche Auswirkungen meine Arbeit zu den eucharistischen Texten des Neuen Testaments auf das Problem der vollen Teilnahme von wiederverheirateten Geschiedenen am eucharistischen Tisch haben könnte. Diese Frage wurde heiß diskutiert in der ersten Sitzungsperiode der Synode zu Ehe und Familie, und die Bischöfe blieben unentschieden. Die Position der deutschen Bischöfe ist klar: „Die Eucharistie ist ... nicht eine Belohnung für die Vollkommenen, sondern ein großzügiges Heilmittel und eine Nahrung für die Schwachen."[12] Die Debatte wird in der zweiten Sitzungsperiode fortgeführt. Frühere Auflagen von *A Body Broken for a Broken People* haben das Thema angesprochen, jedoch nicht den Versuch unternommen, darauf zu antworten. In dieser vorliegenden Untersuchung stelle ich mich diesem Versäumnis. In einem neuen Schlusskapitel fasse ich zusammen, was das Neue Testament und seine heutigen Interpreten über die Lehren Jesu und der frühen Kirche bezüglich Ehescheidung zu sagen haben. Sobald dies geschehen ist, werde ich besser in der Lage sein zu überlegen, wie das „Wort Gottes" Fragen stellen könnte – oder auch nicht – angesichts der gegenwärtigen Praxis der katholischen Kirche im Hinblick auf die Zulassung von wiederverheirateten Geschiedenen zum eucharistischen Tisch. Dies ist eine heikle Angelegenheit. Auf dem Zweiten Vatikanischen Konzil lehrte die Kirche, dass die Heilige Schrift und die Tradition nicht als „zwei Quellen" der Offenbarung verstanden werden sollen. In gewisser Weise sind sie nur eine einzige Quelle, die aus demselben göttlichen Ursprung kommt (*Dei Verbum* 9). In welchem Verhältnis sie genau zueinander stehen, bleibt eine zu untersuchende Angelegenheit, und diese vorliegende Untersuchung stellt die Frage mit deutlicher Entschiedenheit. In welchem Verhältnis stehen die Lehre der Schrift über Gottes Geschenk der Eucharistie und das Ringen der frühen Kirche, mit Jesu Lehre über die Scheidung (die sich auch in den Heiligen Schriften findet) zurechtzukommen, zur gegenwärtigen römisch-katholischen Praxis? Sobald fundierte Antworten auf diese Frage vorliegen, werde ich in der Lage sein, einige gesicherte Vorschläge bezüglich der authentischen *katholischen Tradition* zu machen (siebtes Kapitel).

Dies ist nicht nur ein Buch für Wissenschaftler, obwohl es Anmerkungen enthält, welche meine Überlegungen innerhalb der breiteren wissenschaftlichen Diskussion zu diesen Fragen verorten. Diese Anmerkungen behalten viel von meiner früheren Dokumentation bei, bringen sie jedoch bezüglich ihres Umfangs und ihrer Fundierung entscheidend auf den neuesten Stand. Sie können jedoch ignoriert werden! Ich habe versucht, in einer Art zu schreiben, die für alle Menschen verständlich ist, die sich dafür interessieren, wie die Eucharistie in den christlichen Kirchen gefeiert und gelebt wird. Ich widme das Buch meinen verstorbenen Eltern, deren eucharistisches Leben immer noch mein eigenes stark beeinflusst.[13] Die Widmung bringt deshalb meine Dankbarkeit und mein „Gedächtnis" an sie zum Ausdruck. Dieses Gedächtnis verkündet mir weiterhin den Tod des Herrn ... bis er wiederkommt.

Dank sagen möchte ich einigen aus meinem Kollegen- und Freundeskreis, die mich auf dieser langen Reise begleitet haben: Brendan Byrne, SJ; Mark Coleridge (jetzt Erzbischof von Brisbane, Australien); Peter Cross (RIP); Rod Doyle, CFC; Michael FitzPatrick, OFM (RIP), und Nerina Zanardo, FSP. Besonders dankbar bin ich für das lebhafte Interesse von Xavier Léon-Dufour, SJ, an der ersten Auflage des Buches, trotz unserer Meinungsverschiedenheiten über das Verhältnis der drei Synoptischen Evangelien zueinander und das Verständnis von Johannes 13. Sein eigenes Buch über die eucharistischen Texte des Neuen Testaments bleibt ein Klassiker und bedeutender Bezugspunkt für das Folgende.[14] Sein kostbares Vorwort ist auch in dieser neuen Auflage enthalten, trotz seines Todes im Jahr 2007.

Ich bin Fr. Paul Prassert, SDB, Provinzial der Thailändischen Provinz der Salesianer Don Boscos, sehr dankbar. Er ermöglichte mir einen längeren Aufenthalt im Urlaubsort *Talay Dao*, in der königlichen Stadt Hua Hin, wo ich wohlwollend und großzügig betreut wurde von meinen Gastgebern Sukkum und Jarissri Shrimahachota. In dieser friedlichen Umgebung begann ich mit dem Neu-überdenken und Neu-schreiben, nur mithilfe meines Neuen Testaments und meiner thailändischen Freunde. Auf diese ausgezeichnete Weise konnte ein erneuter Enthusiasmus in mir wachsen. Ebenso dankbar bin ich den Postdoctoral Fellows innerhalb des „Institute for Religion and Critical Inquiry" an der Australian Catholic University: Dr. Stephen Carlson, Dr. Toan Do und Dr. Ben Edsall. Sie haben die vorletzte Fassung meiner Studie fachlich fundiert und kritisch gegengelesen. Meine Kollegin Dr. Mary Coloe, PBVM, hat das gesamte Manuskript gelesen, als es sich seinem Abschluss näherte. Ihr Scharfblick und ihre wissenschaftliche

Expertise haben meinen Lesern und Leserinnen einen wichtigen Dienst erwiesen.

Obwohl ich für all das Folgende verantwortlich bin, haben mir diese Menschen gezeigt, dass die Eucharistie nicht nur Kult ist – sie ist Leben.

Francis J. Moloney, SDB, AM, FAHA

Erstes Kapitel

Fragen stellen

Man kann sagen, ohne allzu große Sorge falsch zu liegen, dass jede wichtige Epoche im Leben der christlichen Kirche durch ihre je spezifische eucharistische Theologie und Praxis gekennzeichnet ist.[1] Viele Faktoren haben zum vorherrschenden Verständnis sowie der Praxis der Eucharistie in den verschiedenen christlichen Traditionen beigetragen. Während einige dieser Faktoren zwangsläufig kulturell und damit historisch bedingt sind, hat die Erzählung von Jesu Feier des Letzten Mahls mit seinen Jüngern immer das eucharistische Denken und die eucharistische Praxis der christlichen Kirchen bestimmt. Auf die Feier des Herrenmahls fällt ein besonderes Licht durch die dabei verwendeten biblischen Lesungen und – in den meisten christlichen Traditionen – die Verwendung der Worte Jesu über Brot und Wein beim Letzten Abendmahl, wie sie in den Evangelien und bei Paulus überliefert sind.[2] Diese Praxis, und insbesondere die Verwendung der Jesusworte, weisen darauf hin, welche Bedeutung der Erzählung von den Worten und Taten Jesu in der Nacht vor seinem Tod für den Glauben und die Praxis der christlichen Kirchen zukommt. Sie sehen in der Feier des Herrenmahls die Antwort auf den Auftrag Jesu: „Tut dies zu meinem Gedächtnis" (Lk 22,19; siehe auch 1 Kor 11,24–25).

Im Lichte des Neuen Testaments sollte eine Antwort gesucht werden auf die wichtige und zugleich heikle Frage: Was tun wir zu Jesu Gedächtnis? Eine weitere Frage ergibt sich aus der frühen Lehre des Paulus und den späteren Erzählungen der Evangelien: Für wen wurde dieses Gedächtnis wachgerufen? Jahrhunderte eucharistischer Praxis in fast allen christlichen Traditionen legen es nahe, dass die Feier der Eucharistie, und insbesondere das Miteinander-Teilen der eucharistischen Gestalten (normalerweise Brot und Wein), nur einem inneren Kreis von Gläubigen, die würdig sind, offensteht. Gibt diese feststehende Tradition die neutestamentlichen Lehren über die Eucharistie genau wieder? Dies sind Fragen, die alle christlichen Kirchen der verschiedensten Denominationen, die das Herrenmahl feiern, berühren. Einer der Grundsätze, die in den christlichen Kirchen bei der Verwaltung der Eucharistie angewendet werden, besteht darin, dass sie die Begegnung mit dem Herrn nur denen erlauben sollten, die – soweit sie es beurteilen können – einer solchen Intimität würdig sind. Es mag viele Unterschiede darin geben, wie die einzelnen christlichen Kirchen Eucharistie feiern. Wie weit voneinander entfernt wir jedoch im kulturellen Ausdruck unseres eucharistischen Glaubens auch sein mögen, sind wir uns doch einig in unserer Praxis, gewisse Leute vom Tisch des Herrn „auszuschließen". Ist es das, was Jesus meint, wenn er seinen Nachfolgern aufträgt: „Tut dies zu meinem Gedächtnis"?

Die Praxis des Ausschlusses gewisser Leute von der vollen Teilnahme an der Eucharistiefeier ist seit Langem Teil der sakramentalen Disziplinierung der christlichen Kirchen. Wie wir im letzten Kapitel dieses Buches sehen werden, hat die Kirche eine bedeutende Pflicht und Verantwortung, eine solche Disziplinierung auszuüben.[3]

Meine eigene römisch-katholische Tradition hat diese Disziplinierung im offiziellen Buch des Kirchenrechts, dem *Codex Iuris Canonci*, kodifiziert. Dieser sogenannte „Codex" hat eine lange Geschichte, die in der Praxis der frühen ökumenischen Konzile gründet. Diese regelten Angelegenheiten, bei denen es Unsicherheiten und Kontroversen gab, durch feierliche Verkündigungen zu Fragen der Lehre und Disziplin.[4] Im Laufe der Jahrhunderte erfolgten andere autoritative Verkündigungen, die von der katholischen Kirche angenommen wurden. Ein entscheidendes Stadium war um das Jahr 1140 erreicht, als Gratian sein *Decretum* herausgab, welche die „Canones" sammelte. Verschiedenste andere Sammlungen führten schließlich zu der nachtridentinischen Veröffentlichung eines einzigen gedruckten „Corpus", das nach 1580 allgemeine Verwendung fand. Dieses wurde gründlich überarbeitet und im Jahr 1917 für die katholische Kirche promulgiert.[5] Das

Zweite Vatikanische Konzil forderte eine weitere Revision (siehe *Christus Dominus* 44; *Apostolicam Actuositatem* 1; *Ad Gentes* 14).[6] In seiner überarbeiteten Fassung wurde das Kirchenrecht in jüngerer Zeit am 15. Januar 1983 promulgiert. Die *Canones*, die die Zulassung zum eucharistischen Tisch behandeln, lauten folgendermaßen:

> Zur heiligen Kommunion dürfen nicht zugelassen werden Exkommunizierte und Interdizierte nach Verhängung oder Feststellung der Strafe, sowie andere, die hartnäckig in einer offenkundigen schweren Sünde verharren (*Canon* 915). Wer sich einer schweren Sünde bewusst ist, darf ohne vorherige sakramentale Beichte die Messe nicht feiern und nicht den Leib des Herrn empfangen, außer es liegt ein schwerwiegender Grund vor und es besteht keine Gelegenheit zur Beichte; in diesem Fall muss er sich der Verpflichtung bewusst sein, einen Akt der vollkommenen Reue zu erwecken, der den Vorsatz miteinschließt, sobald wie möglich zu beichten (*Canon* 916).[7]

Das Zweite Vatikanische Konzil spricht von der Bedeutung der regelmäßigen und vollen Teilnahme der Gläubigen an der Eucharistiefeier (siehe besonders *Sacrosanctum Concilium* 48.55), unterbreitet jedoch keine Vorschläge bezüglich der Disziplin des „Ausschlusses" von der vollen Teilnahme. So wurde es der kirchlichen Gesetzgebung überlassen, sich um diese wichtigen Fragen zu kümmern. Tatsächlich lässt ein genaues Lesen und Interpretieren der *Canones* (besonders des *Canon* 916) ein sensibles Verständnis von engagierten Gläubigen erkennen, die sich ihrer Sündhaftigkeit nicht bewusst sind, oder, aus schwerwiegenden Gründen, vor dem Empfang der Kommunion keinen Zugang zur sakramentalen Versöhnung haben.[8]

Diese Gesetzgebung, mit ihrem langen Bestand in der christlichen Praxis, führt dazu, dass der Empfang der Eucharistie einer zunehmenden Zahl von Christen verwehrt wird. Angesichts der Komplexität der modernen säkularen Gesellschaft gibt es nun viele Katholikinnen und Katholiken, deren Ehen nicht mit der offiziellen Lehre übereinstimmen.[9] In der westlichen Gesellschaft gibt es Situationen, in denen fast fünfzig Prozent der katholischen Ehen – die nach kirchlichem Verständnis zur sakramentalen Teilhabe am göttlichen Leben gehören –

mit dem Zerbrechen der Beziehung und darauf folgender Scheidung enden. In den meisten dieser Situationen führt die Scheidung zur Wiederverheiratung. Aus psychologischen, emotionalen und finanziellen Gründen, insbesondere wenn Kinder aus der ersten Ehe vorhanden sind, ist die Wiederverheiratung ein bedeutender Schritt in der Lebensgeschichte. Wiederverheiratung ist der Weg zu Frieden, Glück und manchmal finanzieller Absicherung der betreffenden Frau oder des Mannes. Wiederverheiratete Geschiedene werden jedoch als in einer Situation permanenter Sündhaftigkeit lebend verstanden und können deshalb niemals voll an der Eucharistiefeier teilnehmen.[10] Dies ist ein so weit verbreitetes Phänomen, dass Bischöfe, Priester und Gläubige aus allen Ecken der Welt nach einer Erleichterung dieses Verbots gesucht haben. Dies ist eine der Fragen, die beträchtliche Aufmerksamkeit erhalten haben von den Teilnehmern der Bischofssynode von 2014/2015, sowie von den Millionen, die diese Debatten mit großem Interesse verfolgen.

Es gibt auch eine weitere Gruppe tiefgläubiger Katholikinnen und Katholiken, die mit der kirchlichen Lehre zur Empfängnisregelung ringen. Obwohl diese eine privatere Angelegenheit ist, scheint es, dass viele praktizierende Gläubige sich nicht mehr an diese Gesetzgebung halten. Und doch gibt es einige, die alles in ihrer Macht Stehende tun, um ein Leben zu führen, in dem jeder Geschlechtsakt potentiell offen sein muss für die Empfängnis neuen Lebens, ungeachtet des emotionellen und finanziellen Drucks, den eine solche Entscheidung erzeugen mag. Für diese Menschen wäre es verständlicherweise von Belang, dass die Kirche ihre Lehre über etwas, das sie für genauso wichtig halten wie Scheidung und Wiederverheiratung, neu überdenken würde.

Man könnte die ökumenische Frage der Interkommunion mit nicht-katholischen Christen, unter gewissen Umständen, zu dieser schon langen Liste von Fragen hinzufügen.[11] Die Gesetzgebung der katholischen Kirche dreht sich darum, ob eine Person als nicht ganz vorbereitet für den Empfang des eucharistischen Herrn erachtet wird.[12] Es gibt viele andere Situationen, welche die Einzelnen selbst und ihre Geistlichen besser kennen, die dieser Liste von gut bekannten Gründen für den Ausschluss einer Person, oder sogar einer Gemeinschaft, vom eucharistischen Tisch hinzugefügt werden könnten.[13]

Eine solche disziplinäre Praxis spiegelt eine eucharistische Theologie wider, die ihre eigene Geschichte und Tradition in der Kirche des Westens hat. Ich habe die gegenwärtige Gesetzgebung der römisch-katholischen Kirche verwendet, um diese von den christlichen Kirchen geübte Praxis zu erläutern.[14] Alle christlichen Kirchen haben ihre eigenen Traditionen im Hinblick darauf, wem der Zutritt zum Tisch des Herrn erlaubt werden sollte und wem nicht. Hat irgendjemand das Recht, diese weitverbreitete Disziplin infrage zu stellen? Wie Xavier Léon-Dufour in seinem Vorwort von 1990 zu einer früheren Ausgabe meines Buches aufzeigte, hat schon der Apostel Paulus seine Meinung zu dieser Angelegenheit in den frühen Fünfzigerjahren des ersten Jahrhunderts geäußert: Es gibt ein Verhalten, das bei der Feier des Herrenmahls in einer christlichen Gemeinde nicht toleriert werden kann (siehe 1 Kor 11,27–34). Kann man diese Praxis, die in der offiziellen Gesetzgebung der Kirche bewahrt ist, mit verschiedenen anderen kulturellen und historischen Praktiken vergleichen, die von dem großen Erneuerungsprozess, der durch das Zweite Vatikanische Konzil in der römisch-katholischen Kirche in Gang gesetzt worden ist, untersucht wurden? Die Frage des Zugangs zum eucharistischen Mahl wurde in den formativen Jahren des Christentums aufgeworfen, genauso wie die Frage nach Scheidung und Wiederverheiratung. Sollten wir nicht zurückschauen auf diese geisterfüllten Lehren, um die Praxis des Ausschlusses von gebrochenen Menschen – die wir als Sünder beurteilen – vom eucharistischen Tisch infrage zu stellen?

Ohne jemals die entscheidende Bedeutung, die die Gesetzgebung für das kirchliche Leben hat, zu leugnen, darf sie doch nicht vergöttlicht werden. Es gibt sicherlich Gesetze, die „ins Herz geschrieben" sind (Röm 2,15). Die meisten unserer Gesetze

sind jedoch auch das Ergebnis der Notwendigkeit, eine Gesetzgebung zu formulieren, um eine Gemeinschaft von Menschen
zu leiten, die unter den ihnen auferlegten Beschränkungen einer
bestimmten Geschichte und Kultur leben. Den meisten Menschen heutzutage ist bewusst, dass es Gesetze sowohl in der
Kirche als auch in der Gesellschaft gibt, die mehr unterdrückend
als kreativ sind. Allein schon die Tatsache, dass es ein offizielles
Gremium für die fortwährende Interpretation des neuen
Kirchenrechts gibt, ist ein Hinweis darauf, dass sich die katholische Kirche dessen bewusst ist.[15]

Heutzutage gibt es ein weit verbreitetes Empfinden an der
Basis, dass unsere gegenwärtigen Traditionen bezüglich der Zulassung zum eucharistischen Tisch infrage gestellt und möglicherweise neu durchdacht und neu gelehrt werden müssen.[16]

Mehr als ein Seelsorger hat mir erzählt, dass sie aufgrund pastoralen Empfindens handeln. Das bedeutet, dass auf der praktischen Ebene Menschen, die üblicherweise von der Eucharistie
ausgeschlossen sind, nun einfach zugelassen werden, ohne weitere Umstände.[17] Es ist jedoch methodisch nicht korrekt, einfach
aufgrund eines „weitverbreiteten Empfindens an der Basis"[18]
theologisch oder pastoral so weiterzumachen. Viele der bedeutenden Erneuerungsbewegungen in der Geschichte der Kirche
scheinen oft von solchen „Außenseiter"-Praktiken herzurühren,
sie sind aber nicht in sich selbst ausreichend. Solche pastoralen
Praktiken basieren auf dem „Empfinden", das jemand bezüglich
einer Sache hat. Wie fein eingestimmt ein bestimmter Seelsorger
auf die Wege des Heiligen Geistes in der Kirche auch sein mag,
müssen doch die biblischen und theologischen Motive für oder
gegen eine solche Praxis überlegt werden. Die katholische Tradition kann nicht nur aufgrund von Regeln des „best practice", von
vorbildlichen Beispielen, erneuert werden. Der Anspruch des
Christentums, eine Offenbarungsreligion zu sein, ist zentral für
seine bloße Existenz. Die normative und formative Rolle von
Schrift und Tradition für christliche Theologie und Praxis kann
nicht weggewischt werden angesichts eines dringenden pastora-

len Problems. Insofern muss die pastorale – wie auch die geistliche – Erneuerung der christlichen Traditionen ihre Wurzeln
auch in einer fortwährenden Besinnung auf den Reichtum des
Wortes Gottes in der Bibel und in den großen *Traditionen* der
Kirche haben. Im Lichte dieser Faktoren sollten die Lehrämter
der christlichen Kirchen, indem sie eine Haltung des Zuhörens
und Lernens einnehmen, schließlich ihre Gläubigen bei dem Versuch leiten, sich der zunehmend komplizierteren Schnittstelle
zwischen dem, was bloß eine (kulturell oder historisch bedingte)
christliche Tradition sein mag, und den Herausforderungen heutigen christlichen *Lebens* zuzuwenden.

Rückkehr zum ursprünglichen Plan

Die christliche Kirche, die den Anspruch erhebt, die Gemeinschaft derer zu sein, die Jesus von Nazareth nachfolgen, ist aufgerufen zu einer geduldigen Reflexion über die *christliche Tradition*, um neue Einsichten zu gewinnen im Hinblick auf ihre
Verantwortung angesichts der Herausforderungen einer sich
ständig wandelnden Welt. Ein maßgeblicher Sprecher der katholischen *christlichen Tradition*, Papst Paul VI., äußerte sich dazu, wie er den Prozess versteht, in dem die christliche Kirche
mehr in Einklang gebracht wird mit ihrem ursprünglichen
Plan und zugleich der Welt ein für diese bedeutungsvolles Antlitz zeigt:

> Da sie in ihrem Idealbild, im Plane Gottes, vollkommen ist, muss die Kirche in
> ihrer konkreten Verwirklichung, in ihrem irdischen Dasein nach Vollkommen-
> heit streben.
> Es geht darum, „der Kirche das Antlitz zu erhalten, das Christus ihr verlieh, ja
> darüber hinaus sie immer mehr zu ihrer vollkommenen Form zu führen. Denn
> diese entspricht ihrem Urbild, aber auch der folgerichtigen Entwicklung, nach
> der die Kirche, wie der Baum aus dem Samen, aus dem Urbild in ihre recht-
> mäßige, geschichtliche und konkrete Form hineingewachsen ist."
> (*Ecclesiam Suam* 41.47)[19]

Es ist vor dem Hintergrund der authentischen *Tradition*, die aus einer ernsthaften und kritischen Besinnung auf die christliche Geschichte resultiert, dass die christlichen Kirchen nach einer soliden Grundlage suchen müssen, auf die sie sich stellen können, wenn sie Anfragen richten wollen an *Traditionen*, die ihren Weg in die offizielle Gesetzgebung der Kirche gefunden haben.[20] Ein Teil der kirchlichen Verantwortung besteht darin, fortwährend den ursprünglichen Plan Gottes herauszufinden, darüber nachzudenken und darauf zu antworten. Jede Vermutung, dass die authentische *christliche Tradition* in irgendeiner Weise „entstellt" oder „verfälscht" worden sei im Laufe der Jahrhunderte, muss sorgfältig überprüft werden, indem man zurückgeht in eine Zeit und Situation vor diesen Entstellungen. Wie Rosemary Radford Ruether es ausgedrückt hat:

> Der Rückblick auf einen ursprünglichen Ausgangspunkt von Sinn und Wahrheit vor der Verfälschung läßt erkennen, daß Wahrheit tiefer geht als Verfälschung ... Ohne festen Standpunkt kann der Hebel der Kritik nicht angesetzt werden.[21]

Mein Interesse an diesem „ursprünglichen Ausgangspunkt" ist der Ansporn für diese Untersuchung, insbesondere im Hinblick auf die Situation der wiederverheirateten Geschiedenen. Meine Aufmerksamkeit wurde vor allem darauf gelenkt durch die pastoralen Anliegen, die in den letzten Jahren viele engagierte Christinnen und Christen beschäftigten, von den einfachsten zu den hochstehendsten im Land. Es gibt kaum eine Familie, einen Seelsorger, einen Bischof oder sogar Papst, die nicht den Schmerz der seit Langem bestehenden christlichen Tradition des „Ausschlusses" vom eucharistischen Tisch gespürt hätten und auch jetzt spüren. Die Frage, um die es geht – der „ursprüngliche Ausgangspunkt" – reicht jedoch viel tiefer als die pastoralen Fragen, wie wichtig sie auch sein mögen. In allen Kirchen richten Praxis und Gesetzgebung ihren Blick auf die Situation der Gläubigen, die auf irgendeine Weise als unwürdig erachtet werden, um an diesem heiligsten Mahl teilzuhaben. Daraus ergibt sich logischerweise der Ausschluss dieser Sünder von sol-

chen Feiern. Die Diskussion, die durch den Brief der deutschen
Bischöfe der Oberrheinischen Kirchenprovinz und die Antwort
der Glaubenskongregation im Jahr 1994 ausgelöst wurde, geht
selbstverständlich davon aus, dass die Sündigkeit von Christen
in einer inakzeptablen Ehe sie vom eucharistischen Tisch ausschließt. Die Kommentierung der Diskussion zwischen den
deutschen Bischöfen und dem Vatikan basiert auf derselben
Prämisse, indem sie den Empfang der Eucharistie durch eine geschiedene und wiederverheiratete Person als „etwas Verbote-
nes"[22] beschreibt. Ängstlichkeit in dieser Angelegenheit und
eine intensive Diskussion darüber beherrschten die erste
Sitzungsperiode der Bischofssynode zu Ehe und Familie im
Oktober 2014. Sie hat seitdem an Intensität zugenommen, da
die katholische Kirche sich auf die Fortsetzung der Synode im
Oktober 2015 vorbereitet.

Es steht seit Langem außer Frage, dass die katholische *Tradition* die Eucharistie als ein einzigartiges Geschenk Jesu Christi an
seine Kirche versteht, das in einem heiligen Ritual für würdige
Empfänger dieses Geschenks gefeiert wird. Aber ist Eucharistie
immer als die heilige Feier einer heiligen Kirche, zu der nur die
Vollkommenen einen privilegierten Zugang haben, verstanden
worden? Mein Interesse an der pastoralen Frage bleibt, aber es
müssen tiefer liegende Fragen angegangen werden. Im Anschluss
an die erste Sitzungsperiode der Synode zu Ehe und Familie wurden gegnerische Stimmen vernommen. Wie wir sehen konnten,
haben die deutschen Bischöfe bekräftigt, dass eine solche Lehre
und Praxis theologisch und pastoral falsch ist.[23] Kardinal Walter
Kasper wurde von Papst Franziskus aufgefordert, sich in Vorbereitung für die Synode an die Kardinäle zu wenden. Damals
und seitdem hat er auf eine ernstere Berücksichtigung der biblischen, theologischen, christologischen und christlichen Tugend
der Barmherzigkeit und des Mitgefühls gedrängt.[24] Auf der
anderen Seite wurde von wichtigen Persönlichkeiten des Vatikans
berichtet, die energisch argumentierten, dass jede Änderung in
dieser Lehre ein Verrat an der authentischen *Tradition* sei

(Kardinal Raymond Burke) oder, mehr pastoral gesehen, dass Hinweise auf eine mögliche Änderung vermieden werden sollten, da sie den Menschen nur falsche Hoffnungen machen würden (Kardinal George Pell). Solche Bekräftigungen (der deutschen Bischöfe) und Gegen-Bekräftigungen (anderer führender Persönlichkeiten der Kirche) sind einer guten theologischen und pastoralen Reflexion nicht dienlich. Nur eine sorgfältig durchgeführte Analyse dessen, was als authentische katholische *Tradition* verstanden werden soll, kann zu einer zufriedenstellenden Lösung führen im Hinblick auf die unmittelbaren Bedürfnisse von Menschen, die unter dem Ausschluss vom eucharistischen Tisch, an dem sie teilhaben möchten, leiden.

Der logische Beginn jeder Suche nach dem „ursprünglichen Ausgangspunkt" ist das autoritative und geoffenbarte „Wort Gottes" der Bibel. Wie Xavier Léon-Dufour jedoch in seinem Vorwort aufgezeigt hat, kann der Bibelwissenschaftler allein nicht darauf hoffen, die endgültige Lösung dieses schwierigen theologischen und pastoralen Problems zu liefern. Die *gesamte Tradition* muss einer sorgfältigen und kritischen Untersuchung unterzogen werden. Die folgende Studie versteht sich als ein erster Schritt in diese Richtung. Christliche *Tradition*, die aus den in den heiligen Büchern Israels enthaltenen Traditionen strömt, hat ihren expliziten Ursprung in Leben, Lehre, Tod und Auferstehung Jesu, wie sie in den Evangelien berichtet werden, und in der ursprünglichen Reflexion über das Christus-Ereignis in der übrigen neutestamentlichen Literatur, insbesondere in den Paulusbriefen. Wie diese Studie zeigen wird – besonders in Bezug auf die neutestamentliche Lehre über die Ehescheidung – findet man innerhalb der inspirierten Seiten des Neuen Testaments selbst einen klaren Beweis für eine pastorale und theologische Entwicklung.[25] Es ist jedoch nicht einfach eine Frage des Zurückblickens auf die Gegebenheiten der Vergangenheit, wie wir sie in den biblischen Texten finden. Jeder ernsthafte christliche Wissenschaftler, jede Wissenschaftlerin muss die Bibel innerhalb der christlichen *Tradition* interpretieren. Hier sehen wir uns einer größeren Schwierigkeit heutiger christlicher Theologie gegenübergestellt. Wie liest man kreativ das Wort Gottes, wie es uns in den Heiligen Schriften geoffenbart ist, während man zugleich loyal gegenüber der authentischen *Tradition* der christlichen Kirche bleibt?[26] In Fortführung der Praxis des Zweiten Vatikanischen Konzils besteht der Weg der katholischen Kirche nach vorne in einer Rückkehr zu ihren Quellen, famos beschrieben als Prozess des *Ressourcement*, von dem das Konzil inspiriert war.[27]

Das Problem, das ich hier untersuche, steht an der Spitze jener Fragen, die zwangsläufig auftauchen in einer Studie, die zurückschaut auf die Quellen des Lebens und der Praxis der Kirche, und diese Praxis dann im Lichte jener Ursprünge beurteilt. Das Kirchenrecht ist ziemlich eindeutig in dieser Angelegenheit. Wer sich in einem Zustand der Sünde befindet, darf nicht zur Eucharistie hinzutreten. Diese Situation gilt als „verboten" in der gegenwärtigen katholischen Praxis. Auf der praktischen Ebene ist der Empfang der Eucharistie verboten, auch wenn der Person, die objektiv als „in Sünde lebend" beurteilt wird, Mitgefühl entgegengebracht werden mag. In der katholischen christlichen Tradition ist die endgültige, klare Formulierung dieser „Tradition" durch den Codex des Kirchenrechts jedoch nicht das Ergebnis der Launen der Kirchenrechtler. Im Gegenteil, was sie durch klare Gesetzgebung einzubeziehen versucht haben, ist eine lang beachtete Tradition in der katholischen Kirche. Während die meisten anderen christlichen Kirchen keine solch klare Formulierung ihrer Tradition in dieser Angelegenheit haben, und die Frage der wiederverheirateten Geschiedenen schon lange zugunsten der gläubigen Christinnen und Christen gelöst worden ist, haben doch die meisten von ihnen eine Praxis, die sicherstellt, dass die Unwürdigen vom eucharistischen Tisch ausgeschlossen sind. Spiegelt diese weitverbreitete Tradition das, was das Neue Testament über Jesu Gegenwart für seine Jünger in der Eucharistie zu sagen hat? Ist diese Tradition Teil der authentischen christlichen *Tradition*? Die meisten

Lehrbücher, die diese Frage positiv beantworten, richten ihren Blick auf die Lehre des Apostels Paulus über die Eucharistie in 1 Korinther 10 und 11. Seit einigen Jahrzehnten ist jedoch die traditionelle Leseweise dieser Texte im Sinne des Ausschlusses der Unwürdigen infrage gestellt worden. Ich werfe eine theologische und pastorale Frage auf, die ernsthafte Beachtung verdient, tue dies aber auch mit großer Sorgfalt. Vor jeder weiteren Untersuchung des neutestamentlichen Materials ist eine Klarstellung der Rolle, die das Wort Gottes in seinem Verhältnis zur *Tradition* der Kirche spielt, erforderlich.[28]

Die schwierige Balance zwischen dem Wort der Schrift und der lebendigen *Tradition* der Kirche kann nur gewahrt werden, wenn beiden in ihrer jeweiligen Einzigartigkeit volle Beachtung und Respekt entgegengebracht werden, was wiederum in unserem Respekt für die Bedeutung beider, in ihrer Gegenseitigkeit, offensichtlich wird. Der brutale Gebrauch der Schrift, um spätere Lehren und Frömmigkeit zu demolieren, oder der brutale Gebrauch späterer frommer Praktiken und Lehren, um erzwungene Interpretationen des Neuen Testaments zu schaffen, beschädigen das Dasein der Kirche als Zeichen und Übermittlerin der Liebe Gottes. Übertreibungen in der einen oder anderen Richtung führen zu einem mit Scheuklappen versehenen und deshalb ärmeren Verständnis des Reichtums der christlichen *Tradition* in ihrer Gesamtheit. Solche Methoden verstoßen gegen die entscheidende und sensible Gegenseitigkeit von Schrift und *Tradition*, die miteinander den christlichen Glauben hervorbringen und nähren. Ein kritischer Blick darauf, wie in den Kirchen die Bibel oft gebraucht und missbraucht wird, die Armseligkeit vieler Predigten und die Einführung religiöser Gebräuche, welche das Produkt einer bestimmten Zeit, Kultur und eines Ortes sind, zeigt, dass noch viel zu tun bleibt.[29] Um das Zweite Vatikanische Konzil frei wiederzugeben: Die christliche Kirche bleibt zugleich heilig und immer der Reinigung bedürftig, indem sie beständig den Weg der Buße und Erneuerung geht (siehe *Lumen Gentium* 8).

Neutestamentliche Überlegungen bezüglich eines der Geheimnisse und der zentralen Praktiken unseres Glaubens müssen immer die zwischen Schrift und *Tradition* bestehende Gegenseitigkeit in Erwägung ziehen. In keinem Stadium sollten sie spätere Dogmen voraussetzen, da sie immer versuchen müssen, die literarischen und historischen Kontexte der zu analysierenden Dokumente und Abschnitte zu beachten, während sie zugleich einen kritischen Blick werfen auf die Traditionen, die sich zu einem späteren Zeitpunkt herausgebildet haben. Sie zu ignorieren, wäre ein Versagen als Wissenschaftler, der innerhalb der christlichen *Tradition* arbeitet. Was ist also die Aufgabe des Wissenschaftlers, der Überlegungen anstellen muss über Sachverhalte, die manchmal weithin akzeptierte Gedanken und Praktiken infrage stellen könnten?[30] Es ist entscheidend, dass die christlichen Kirchen die schwierige Aufgabe verfolgen, vom Ursprung, der ihren Glauben speist, zu lernen: Schrift und *Tradition*, die derselben göttlichen Quelle entspringen (*Dei Verbum* 9). Unsere Versuchung besteht darin, sich *entweder* stärker auf die Schrift *oder* die *Tradition* zu verlassen, um unser Leben und Praktizieren des christlichen Glaubens zu beurteilen. Statt auf Schrift *und Tradition* zu schauen, neigen wir eher dazu, unabsichtlich einen Konflikt zu schaffen zwischen der Wahl von Schrift *oder Tradition*.

Die Dogmatische Konstitution über die Göttliche Offenbarung des Zweiten Vatikanischen Konzils sprach ausdrucksvoll von der Wichtigkeit dieser Frage:

> Es zeigt sich also, daß die Heilige Überlieferung, die Heilige Schrift und das Lehramt der Kirche gemäß dem weisen Ratschluß Gottes so miteinander verknüpft und einander zugesellt sind, daß keines ohne die anderen besteht und daß alle zusammen, jedes auf seine Art, durch das Tun des einen Heiligen Geistes wirksam dem Heil der Seelen dienen. (*Dei Verbum* 10; siehe 7–10)

Während die in *Dei Verbum* 10 genannten Prinzipien klar sind, ist die genaue Art der Beziehung, die zwischen Schrift und *Tradition* bestehen soll, nie leicht zu definieren oder praktizieren gewesen. Das Konzil hat die Frage angesprochen, indem es

Interaktion und Gegenseitigkeit forderte in der folgenden wichtigen Feststellung:

> Die Heilige Überlieferung und die Heilige Schrift sind eng miteinander verbunden und haben aneinander Anteil. Demselben göttlichen Quell entspringend, fließen beide *gewissermaßen* in eins zusammen und streben demselben Ziel zu. (*Dei Verbum* 9; Hervorhebung von mir)

Wie die Hervorhebung in meiner Zitierung deutlich macht, wird die Tatsache der Gegenseitigkeit bestätigt. Was ist jedoch genau gemeint mit „gewissermaßen" (engl. „in some fashion"; lateinisches Original: *in unum quodammodo coalescunt*)? Dies ist bewusst vage gelassen worden im Lichte möglicher zukünftiger Entwicklungen in der Ökumene, führt aber zu Schwierigkeiten im Verständnis des Verhältnisses von Schrift und *Tradition*. Rudolf Schnackenburg, der berühmte katholische Bibelwissenschaftler, hat über diese Konzilsaussage geschrieben:

> Diese Formulierung war ein Kompromiß, der gemacht wurde, um den Weg für den ökumenischen Dialog offenzuhalten, er ist jedoch ziemlich unbefriedigend. Der Ausdruck verlangt eine viel breitere theologische Behandlung.[31]

Das Konzilsdokument spiegelt die Schwierigkeiten und Spannungen, die immer schon zwischen Schrift und *Tradition* bestanden haben. Das Zweite Vatikanische Konzil hat jedoch, trotz der Schwierigkeiten beim Finden der genauen Formulierung, gelehrt, dass Schrift und *Tradition* einander brauchen, auch wenn keine der beiden sich mit der anderen ganz leicht tut. Die *Tradition* allein ist unzureichend,[32] aber die Schrift allein kann auch auf den Irrweg eines biblischen Fundamentalismus führen, auf dem die *Tradition* nie zu Wort kommt.[33]

Die genaue Art der Beziehung zwischen beiden bleibt der Gegenstand theologischer Diskussion. Die Schwierigkeiten, welche die Konzilsäußerung geschaffen hat, werden am Ende zweifellos zu einem präziseren Verständnis dieses schwierigen Verhältnisses führen. Die Theologie muss jedoch auf die Erfahrungen, die über Jahrhunderte gemacht wurden, schauen. Sie zeigen uns, dass wir die christlichen Schriften heute haben, weil die *Tradition* sie lebendig gehalten hat. Die *Tradition* hat uns dazu geführt, das Wort

Gottes in unseren Liturgien zu verkündigen, es für das Gebet zu verwenden und in ihm ein Programm für authentisches christliches Leben zu finden. Dies geschieht heute, weil es seit fast zweitausend Jahren in den christlichen Kirchen so geschehen ist. Wie hinlänglich bekannt, war die christliche *Tradition* schon lebendig bevor es ein Neues Testament gegeben hat. Es war genau dieses Bedürfnis, etwas von der lebendigen *Tradition* „aufzuschreiben", welches zur Entstehung des Neuen Testaments führte. So brachte die *Tradition* die Paulusbriefe und die vier Evangelien hervor, und die *Tradition* hält sie lebendig und verkündigt sie im Herzen der Kirche. Was sich im Neuen Testament findet, ist die früheste schriftliche Äußerung der ersten und prägenden christlichen *Tradition*.[34]

Die Erfahrung lehrt auch, dass jene, denen die Weitergabe der *Tradition* anvertraut ist, in die Versuchung geraten können, sie zum Selbstzweck zu machen. Eine solche Haltung läuft Gefahr, einen bestimmten kulturellen Ausdruck des Glaubens oder eine bestimmte historische Periode im Leben der christlichen Kirche zu verabsolutieren. Diese verständliche Tendenz unternimmt den Versuch, Leben und Praxis der christlichen Kirchen in Traditionen einzuschließen, die zu einer bestimmten Zeit und an einem bestimmten Ort ihren Wert gehabt haben mögen, die jedoch niemals mit *der Tradition* gleichgesetzt werden dürfen. Eine solche Gleichsetzung (d. h. eine Tradition = *die Tradition*) steht hinter vielen der gegenwärtigen Schwierigkeiten der radikaleren, konservativen Seite der heutigen Kirche, die sich auf die eine oder andere Weise weigert, in einer Kirche zu leben, die Antwort gibt auf den Auftrag zur Verkündigung des Evangeliums an alle Völker, geführt und getragen bis zum Ende der Zeit durch die Gegenwart des auferstandenen Herrn (siehe Mk 13,10; Mt 28,16–20). Erzbischof Marcel Lefebvre, zum Beispiel, wollte nicht akzeptieren, dass die römisch-katholische Kirche sich selbst anders verstehen und der Welt präsentieren konnte als so, wie es durch die Lehren des Konzils von Trient und des Ersten Vatikanischen Konzils geregelt worden war. Er machte aus bestimmten historischen und kulturellen Ausdrucksweisen etwas Absolutes. Das „zweischneidige Schwert" des

Wortes Gottes, das „durchdringt bis zur Scheidung von Seele und Geist, von Gelenken und Mark" und das „richtet über die Regungen und Gedanken des Herzens" (Hebr 4,12), ist immer dazu verwendet worden, die Institution der Kirche daran zu erinnern, warum sie überhaupt eingesetzt worden ist. Obwohl die *Tradition* die Schrift hervorgebracht hat und sie in der Kirche lebendig hält, hat die Schrift die Aufgabe, wie ein „zweischneidiges Schwert" zu agieren, indem sie Trost den Bedrängten und Bedrängnis den Sorglosen bringt, immer dann, wenn die *Tradition* in übertriebener Weise domestiziert worden ist in historisch und kulturell bedingten Traditionen.

Ein aufschlussreiches Beispiel für diese Herausforderung durch das Wort Gottes, das wie ein „Stachel im Fleisch" ist, war in der sehr frühen, entstehenden weltweiten Kirche das Phänomen der sogenannten „Mönche" in Ägypten. Sie folgten der Führung des Antonius, der auf die Worte Jesu, wie sie im Matthäusevangelium berichtet sind, antwortete: „Wenn du vollkommen sein willst, geh, verkauf deinen Besitz und gib ihn den Armen; und du wirst einen Schatz im Himmel haben; und komm, folge mir nach" (Mt 19,21; siehe auch Mk 10,21).[35] Antonius begann eine Bewegung, die im vierten Jahrhundert eine beachtliche Zahl von einfachen Leuten vom Land in die Wüste führte im Bestreben, ein Leben zu führen, wie es in den ersten Kapiteln der Apostelgeschichte beschrieben worden war (siehe Apg 2,43–47; 4,32–37; 5,12–16). Diese Bewegung war unter anderem ein auf dem Wort Gottes gründender „Protest" gegen die allmähliche Assimilierung der christlichen Kirche, hinein in die Gesellschaft des Römischen Reichs, in der Zeit nach Kaiser Konstantin. Ein heutiger Historiker der frühen Kirche, William Frend, hat die in die Wüste führende Bewegung des Antonius, etwas übertrieben, so beschrieben: „Fast zum ersten Mal in drei Jahrhunderten wurden die Forderungen des Herrn von den Nachfolgern Christi wörtlich genommen."[36]

Inmitten der fortdauernden theologischen Diskussionen über diese wichtige Frage lehrt die Erfahrung, in welchem Verhältnis Schrift und *Tradition* tatsächlich über die Jahrhunderte zueinander standen, etwas Wichtiges: Während die *Tradition* die Schrift in der christlichen Kirche lebendig hält, hält die Schrift die *Tradition* aufrichtig.[37]

Ist unsere gegenwärtige Tradition der Zulassung nur der „Würdigen" zu unseren Eucharistiefeiern eine „aufrichtige" Wiedergabe dessen, was der frühesten Kirche in ihren Heiligen Schriften überliefert worden ist? Ich werfe eine Frage auf hinsichtlich eines wichtigen Aspekts der pastoralen Praxis der christlichen Kirchen, der ein Teil des Lebens der römisch-katholischen Kirche geworden ist, kodiert in ihrer gesetzlichen Tradition (Kirchenrecht). Gibt diese Praxis des Ausschlusses derer, die – aus welchem Grund auch immer – als sündig beurteilt werden, ein Verständnis von der Eucharistie feiernden Kirche wieder, das getreu ist dem autoritativen Wort Gottes, wie es uns in den Schriften überliefert ist? Das Folgende ist ein Versuch, zu den frühesten schriftlichen Äußerungen der christlichen *Tradition* in den Paulusbriefen und den Erzählungen von Matthäus, Markus, Lukas und Johannes zurückzugehen, um zu fragen: Ist unsere heutige Praxis eine aufrichtige Fortführung des Ursprungs der katholischen *Tradition*?[38]

Fragen an die Tradition

Entscheidend für mein Verständnis von der Gegenseitigkeit von Schrift und *Tradition* ist die korrektive Rolle, die ein kritisches Lesen des Wortes der Schrift im Herzen der Kirche spielt.[39] Dies ist nur eine von vielen Funktionen des Wortes Gottes in der Kirche und sicherlich nicht ihre wichtigste. Vor allem nährt, inspiriert und leitet uns das Wort Gottes. So hat es das Zweite Vatikanische Konzil präzise festgestellt, indem es einen Glauben artikulierte, der von allen christlichen Gemeinschaften auf ihre je eigene Weise geteilt wird:

> Die Kirche hat die Heiligen Schriften immer verehrt wie den Herrenleib selbst, weil sie, vor allem in der heiligen Liturgie, vom Tisch des Wortes Gottes wie des Leibes Christi ohne Unterlaß das Brot des Lebens nimmt und den Gläubigen reicht. (*Dei Verbum* 21)

Die „korrektive" Rolle, die ich in der folgenden Studie durchgängig ins Spiel bringen werde, muss innerhalb der umfassenderen und positiveren Begriffe, wie sie in der Lehre des Zweiten Vatikanischen Konzils dargelegt wurden, gesehen und verstanden werden. Zuallererst sind die Schriften ein Wort des Lebens und der Freude für alle Christen.[40] Wie das Zweite Vatikanische Konzil deutlich gemacht hat, werden die Christen genährt durch die Gegenseitigkeit des Wortes Gottes und des Geschenks der Eucharistie. Sie kommen von dem einen Tisch des Herrn (*Dei Verbum* 21.24). Von dieser privilegierten Stellung im Leben der Kirche her stellt das Wort Gottes, wie es sich in den Heiligen Schriften findet, Fragen an eine Tradition, von der es schon lange getrennt ist. Das Folgende schöpft keinesfalls alles aus, was über das Verhältnis zwischen Wort Gottes und Eucharistie gesagt werden könnte. Es kann uns jedoch dabei leiten, unser heutiges Verständnis und unsere Praxis der Eucharistie zu vertiefen und zu bereichern in einer Weise, die sich als hilfreich erweisen wird an diesem entscheidenden Punkt in der Geschichte der Kirche, der ausgelöst wurde durch die Forderung von Papst Franziskus nach einem Prozess, den die gegenwärtige Synode zu Ehe und Familie darstellt. Sorgfältiges und respektvolles *Ressourcement* – eine Rückkehr zu den Quellen unseres Glaubens und unserer Praxis – kann allein die Kirche bei ihrer Wiederentdeckung der ursprünglichen und grundlegenden Tradition, wie sie in den Büchern des Neuen Testaments klar ausgedrückt ist, zu leiten versuchen.[41]

Die Untersuchung des paulinischen Materials in 1 Korinther 10 und 11, welche die exegetischen Kapitel dieser Studie eröffnet, ist entscheidend. Der Brief des Paulus an die Korinther wurde wahrscheinlich um 54 n. Chr. geschrieben. Seine explizite Verwendung eines Einsetzungsberichts (1 Kor 11,23–26), umrahmt von Überlegungen, ausgelöst durch das Verständnis der Gemeinde bezüglich des „Leibes des Herrn", sind somit das früheste Zeugnis für die christliche Tradition und Praxis der Feier eines Mahls, das wir als „die Eucharistie" zu bezeichnen gelernt haben.[42] Außer seiner eigentlichen Bedeutung als ältestes neutestamentlich bezeugtes Nachdenken über die Feier der Eucharistie in der frühen Kirche, wird 1 Kor 11,27–29 auch weithin verwendet, um auf einen Prozess des „Ausschlusses" vom eucharistischen Tisch zu bestehen (siehe V. 28: „Jeder soll sich selbst prüfen; erst dann soll er von dem Brot essen und aus dem Kelch trinken."). Diese Aufforderung des Paulus an die Korinther muss besonders beachtet werden. Sorgfalt ist angebracht hinsichtlich der Klärung, wen Paulus hier anspricht und warum er ihr Verhalten beim eucharistischen Mahl so streng tadelt.

Anschließend werde ich meine Aufmerksamkeit auf die Erzählungen von den zwei Speisungswundern im Markus- und Matthäusevangelium (Mk 6,31–44; 8,1–9; Mt 14,13–21; 15,32–38) richten, sowie auf die Neufassung der zwei Wundergeschichten in einem einzigen Bericht bei Lukas (Lk 9,10–17). Ich werde selbstverständlich die Berichte vom Letzten Mahl Jesu mit seinen Jüngern, die sich in allen drei Synoptischen Evangelien finden (Mk 14,17–31; Mt 26,20–35; Lk 22,14–38), untersuchen, sowie die spezifisch lukanische Geschichte des Gangs nach Emmaus (Lk 24,13–35).

Über die synoptische Tradition hinaus muss man beachten, inwiefern Praxis und Verständnis der Eucharistie im Johannesevangelium die besondere Verwendung des Evangelisten von Traditionen um das Mahl Jesu mit seinen Jüngern widerspiegeln. Viele Exegeten und Exegetinnen sehen in Joh 6,51c einen Hinweis darauf, dass die johanneische Gemeinde bei ihren Eucharistiefeiern Worte Jesu verwendete. („Das Brot, das ich geben werde, ist mein Fleisch, für das Leben der Welt.") Die Feier der Eucharistie liegt ohne Zweifel der johanneischen Version der Brot- und Fischvermehrung (6,1–15) sowie dem letzten Abschnitt des darauf folgenden Diskurses (6,51c–58) zugrunde.[43]

Es wird jedoch oft behauptet, dass Johannes überraschenderweise jeden Verweis auf die Eucharistie in seinem Bericht über den letzten Abend Jesu mit seinen Jüngern unterlässt. Das sechste Kapitel wird zeigen, dass – für den Zweck dieser Studie – Joh 13,1–38 (der Bericht von Jesu Mahl, Fußwaschung und Gabe des Brotbissens) geprägt ist von einem Verständnis der christlichen Gemeinde, das in diesen Handlungen symbolische Schilderungen von Jesu Geschenk der Taufe und Eucharistie sieht.

Viele Untersuchungen des eucharistischen Materials im Neuen Testament haben versucht, das ursprüngliche Mahl Jesu mit seinen Jüngern historisch zu rekonstruieren. Meere von Tinte wurden verbraucht im Bemühen, genau herauszufinden, was in jener Nacht geschehen ist. War es ein Paschamahl? Was waren die genauen Worte, die Jesus über das Brot und dann den Kelch (falls er einen Kelch verwendete) gesprochen hat? Welche der zwei Haupttraditionen – Markus und Matthäus (manchmal die Jerusalemer Tradition genannt) oder Lukas und Paulus (manchmal die Antiochenische Tradition genannt) – ist die ursprünglichere?[44] Diese und viele ähnliche Fragen sind nie endgültig gelöst worden. Tatsächlich gibt es in einigen heutigen Untersuchungen zum historischen Jesus die Tendenz zur Behauptung, dass die Berichte von einem Letzten Mahl, während dem Jesus gewisse Dinge tat und sagte in Bezug auf Brot und Wein, als Vorausverweis auf seine Selbsthingabe in Liebe und auf das künftige Reich (siehe Mk 14,22–25; Lk 22,17–20; 1 Kor 11,24–26), vom liturgischen Leben der frühen Kirche geschaffen wurden und nicht auf etwas zurückgehen, das im Leben des Jesus von Nazareth geschehen ist. John D. Crossan etwa verweist auf die frühen Anweisungen zum Mahlteilen in *Didache* 9–10 als einen Hinweis darauf, dass die ursprünglichsten Traditionen dieses Mahls keine Kenntnis von Jesu Worten und Handlungen über Brot und Kelch hatten.[45] Die folgende Untersuchung setzt vieles von dem voraus, was zum historischen Hintergrund unserer eucharistischen Texte erarbeitet wurde, ist aber nicht an der *geschichtlichen Vergangenheit* dieser Ereignisse interessiert. Uns geht es durchgehend um die *Bedeutung*, welche die frühe Kirche den ihr überkommenen Traditionen bezüglich Jesu Selbsthingabe in Liebe, wie sie in ihren Eucharistien gefeiert wurde, beigemessen hat. Wir gehen von der Tatsache aus, dass ein eindrucksvolles „Letztes Abendmahl" stattgefunden hat, und vertiefen uns nicht weiter in historische Fragen.[46]

Diese Untersuchung beschränkt sich deshalb bewusst auf die Betrachtung der theologischen Botschaft der vorliegenden literarischen und narrativen Struktur von 1 Korinther 10–11, sowie der Evangelien. Ich frage danach, was wir aus der Wiederentdeckung des eucharistischen Denkens und Handelns der Christen von Korinth, der markinischen Kirche, der matthäischen Kirche, der lukanischen Kirche und der johanneischen Kirche lernen können. Dies ist nicht die einzige Art und Weise, wie man sich diesen Texten nähern kann, und es mag nicht einmal die beste sein. Im gegenwärtigen Kontext der katholischen Kirche ist es jedoch wichtig, diese Fragen an die grundlegenden, neutestamentlichen Kirchen zu stellen. Die Evangelisten und der Apostel Paulus „empfingen" Traditionen in Bezug auf das Mahl, das Jesus mit seinen Jüngern hielt in der Nacht vor seinem Tod (siehe besonders 1 Kor 11,23, wo dies ausdrücklich gesagt wird). Keiner von ihnen wiederholte einen einzigen, feststehenden Text, in dem jedes Wort heilig und unersetzlich gewesen wäre. Sie wussten, dass sie das lebendige Wort so sagen mussten, dass seine tiefste Botschaft „übersetzt" wurde entsprechend den Bedürfnissen der verschiedenen christlichen Gemeinden.[47]

Eine wissenschaftliche Untersuchung dessen, was das ursprüngliche Geschehen zwischen Jesus und seinen Jüngern gewesen sein mag, muss sich auf diese „übersetzten" Texte gründen, die den Bedürfnissen der verschiedenen Gemeinden entsprachen. Wann das Mahl stattgefunden hat, die genauen Worte und Gesten, die bei dieser Gelegenheit gebraucht wurden, sowie die nachfolgende Übermittlung dieser Fakten, wäre zweifellos wichtig, wenn sie jemals aufgedeckt werden würden. Ein Hinweis auf den spekulativen Charakter dieser schwierigen Aufgabe findet sich in der Tatsache, dass die beiden großen Experten in diesem Bereich, Joachim Jeremias und Heinz Schürmann (beide schon verstorben), ihre lebenslangen Bemühungen, diese Fakten definitiv festzustellen, aufgegeben haben.[48]

Weniger spekulativ und zumindest gleich wichtig ist die Aufgabe, zu lesen, was jeder neutestamentliche Autor seinen Adressaten mittels einer Geschichte verkündet. Tatsächlich erzählen alle neutestamentlichen Autoren, einschließlich Paulus, in Bezug auf die Eucharistie die Geschichte von Jesus, der ein Mahl hält. Die vorliegende Untersuchung lenkt die Aufmerksamkeit fast ausschließlich auf die Botschaft des Paulus, sowie der einzelnen Evangelisten.[49] Eine überraschende Einigkeit dieser unterschiedlichen Autoren der frühen Kirche in Bezug auf die erzählerische Absicht wirft eine historische Frage auf. Wenn das gleiche Thema durch das Neue Testament hindurch auf verschiedene Art und Weise zum Ausdruck kommt, hatte es möglicherweise seinen Ursprung in den vielen Mählern, welche die Jünger Jesu mit ihrem Meister hielten und die schließlich ihren Höhepunkt erreichten in einem Letzten Mahl, das wiederum das erste von vielen anderen Mählern wurde, welche die Gemeinden des auferstandenen Herrn hielten. Hinter den Erzählungen, die sich bei Paulus und in den vier Evangelien finden, steht die *Tradition* der frühesten Kirche. Die *Tradition* existierte vor dem geschriebenen Wort; das Neue Testament ist das früheste, inspirierte und geschriebene Zeugnis dieser *Tradition*. Diese historischen Überlegungen weisen auf die Bedeutung der Lehre des Zweiten Vatikanischen Konzils hin: Es kann keine zwei Quellen der Offenbarung geben; Schrift und *Tradition* entspringen derselben göttlichen Quelle (*Dei Verbum* 9).

Ergebnis

Aufgrund von 1 Kor 11,27–30 haben die meisten christlichen Kirchen ein Verständnis von der Eucharistie als eines Ortes der Begegnung zwischen Jesus und den „Würdigen" entwickelt. Sie unterscheiden sich in ihrer gesetzlichen Regelung, wer „würdig" ist oder nicht. Die folgende Studie, die sich auf die Untersuchung einer biblischen Tradition beschränkt, die alle christlichen Kirchen als Offenbarung, als Wort Gottes, verstehen, wird zeigen, dass die eucharistische Gegenwart Jesu für seine sich verfehlenden und fehlbaren Jünger ist. Wie wir sehen werden, trifft das in überraschender Weise auch auf die Adressaten des Paulus in Korinth zu, obwohl diese die Jüngergemeinde einer späteren Generation sind. Eine Untersuchung der Jünger Jesu bei der Eucharistie ist Teil einer weiter gefassten Theologie der Jüngerschaft im Neuen Testament. Die Autoren des Neuen Testaments gebrauchten ihre Theologien der Jüngerschaft, um die christliche Gemeinde als solche anzusprechen. Die Darstellung der Jünger bei der Eucharistie konzentriert sich nicht vorrangig auf eine Begegnung zwischen Jesus und gebrochenen, sündigen *einzelnen* Christen. Bei Markus, Matthäus, Lukas, Johannes und Paulus ist es eine *gebrochene Kirche*, mit welcher der Herr das Brot seines Leibes bricht. Die „Jünger" in den Erzählungen der Evangelien sind nicht bloß Gründungsgestalten einer fernen Vergangenheit. Für die ursprünglichen Autoren der Evangelien waren sie Charaktere in der Geschichte von Jesus, deren Adressaten die Glieder der frühen christlichen Gemeinden waren. Indem wir mit dem Lesen der Geschichte von Jesus fortfahren, wird die Verwendung dieser Charaktere sich weiterhin an die Kirche durch ihre Geschichte hindurch wenden. Es ist die Erfahrung der Jünger in den Erzählungen der Evangelien, in denen die Jünger und Jüngerinnen des zwanzigsten und einundzwanzigsten Jahrhunderts ihre eigene Erfahrung von Glaube und Sündhaftigkeit entdecken werden.

Untersuchungen dieser Art können eine erfrischende Wiederentdeckung der Breite, Tiefe und des Reichtums unserer christlichen Tradition sein. Der Prozess der Rückkehr zu den Quellen unseres Glaubens, sowie Fragen zu stellen auf der Basis dessen, was dabei zutage gefördert wird, ist ein Aspekt der fortdauernden Lebendigkeit der Kirche. Ohne diesen versagen wir hinsichtlich unserer Antwort auf den Auftrag des auferstandenen Herrn (siehe Mt 20,16–20; Lk 24,44–49; Joh 20,21–23) und laufen folglich Gefahr, in einen stagnierenden Dogmatismus zu verfallen, der eine glorreiche Vergangenheit haben mag, jedoch nicht auf die Herausforderungen unserer Gegenwart und unmittelbaren Zukunft zu antworten vermag. Wie Raymond Brown geschrieben hat: „Selbst wenn Tradition in einer Formel endgültig festgelegt wird, erstickt sie nicht eine weitere Einsicht, die sich einem tieferen Eindringen in die Schrift verdankt."[50]

Die Infragestellung traditioneller Praxis durch einen sorgsamen Gebrauch der Schriften ist eine heikle, aber notwendige Aufgabe innerhalb einer menschlichen Institution, die immer Gefahr läuft, ihre ursprüngliche *Tradition* zu „verfälschen". In seinem Kommentar von 1967 zu dem bereits erwähnten schwierigen Abschnitt von *Dei Verbum* (9) beschwört Joseph Ratzinger die dringliche Notwendigkeit, diese „Verfälschungen" mit der korrektiven Rolle der Schriften zu konfrontieren:

> Diesen Kritiken wird man, wie oben ausgeführt, zugestehen müssen, daß die ausdrückliche Nennung der Möglichkeit entstellender Tradition und die Herausstellung der Schrift als *auch* eines traditionskritischen Elements im Innern der Kirche praktisch fehlen und daß damit eine nach dem Ausweis der Kirchengeschichte höchst wichtige Seite des Traditionsproblems, vielleicht der eigentliche Ansatzpunkt der Frage nach der ecclesia semper reformanda, übergangen worden ist … Daß das versäumt worden ist, wird man nur als eine bedauerliche Lücke bezeichnen können.[51]

In einem späteren Beitrag in demselben Band, einem Kommentar zu *Dei Verbum* 23, in dem er den Gebrauch der Schriften im Leben der Kirche behandelt, schrieb der damalige Professor Ratzinger:

> Das Nebeneinander von „sub ductu Magisterii" und „aptis subsidiis", das heißt
> von Hinweis auf die Kirchlichkeit der Exegese einerseits und auf ihre Metho-
> dengerechtigkeit andererseits, drückt freilich noch einmal die innere Span-
> nung kirchlicher Exegese aus, die als solche nicht mehr aufzuheben sein wird,
> *sondern als Spannung bestanden werden muß.*[52]

Innerhalb dieser Spannung müssen wir stehen und nicht versuchen, den damit verbundenen Schmerz zu lindern, entweder
durch einen rigiden und unbeugsamen Dogmatismus oder
durch eine unkritische und unbegründete Vorgehensweise der
„Änderung um der Änderung willen".[53] Der Exeget kann dieses
schwierige Problem nicht lösen. Es ist eine Aufgabe, der sich die
gesamte christliche Kirche, jede Gemeinschaft unter der Führung ihrer eigenen Lehrautorität, sowie all die christlichen Gemeinschaften in intensivem Dialog miteinander, stellen müssen.

Unter der Führung von Papst Franziskus erforscht die römisch-katholische Kirche mutig ihr Gewissen in dieser Angelegenheit, während ich schreibe. Es gibt ein tiefes Empfinden innerhalb der katholischen Kirche, dass etwas getan werden muss
für Menschen, deren Ehen gescheitert sind, die wieder geheiratet haben, und die folglich von der vollen Teilhabe an der
Eucharistiefeier ausgeschlossen sind. Die Untersuchung der
Paulusbriefe und der vier Evangelien mag aufzeigen, dass die
eucharistische Gegenwart Jesu treffend beschrieben ist als
Gebrochenes Brot für gebrochene Menschen. Das Wort Gottes,
wie wir es in den Schriften des Neuen Testament haben, enthält
auch wichtige Anweisungen bezüglich der Frage Ehe und Scheidung in der Lehre Jesu, sowie in der nachfolgenden Rezeption
dieser Lehre innerhalb der frühesten Gemeinden der Kirche
(1 Kor 7,8–14; Mk 10,1–12; Mt 19,1–12; Lk 16,18).

Gibt es irgendeine Entsprechung zwischen der Eucharistie
als „für die Gebrochenen" und Marginalisierten – wie wir in
einer Untersuchung der relevanten Texte aufzuzeigen versuchen
werden – und der Antwort der heutigen Kirche auf die wiederverheirateten Geschiedenen? Diese Frage berührt einen grundlegenden Aspekt heutigen christlichen, und besonders katho-

lischen, Lebens und entsprechender Praxis. Hat die christliche *Tradition* von der Gegenwart des Herrn für die Gebrochenen und Marginalisierten in unserer Feier der Eucharistie denen irgendetwas zu sagen, deren eheliche Situation einen „Ausschluss" bewirkt? Ist ihr Bedürfnis nach Gemeinschaft, Kommunion, mit dem Herrn (vertikal) und mit der christlichen Gemeinde (horizontal) in der eucharistischen Feier „verfälscht" worden (Ratzinger) durch die gegenwärtige katholische Praxis? Ein abschließendes Kapitel wird eine Untersuchung der relevanten Abschnitte bei Paulus und in den Evangelien vorlegen, sowie eine abwägend überlegte und – wie ich hoffe – hilfreiche Antwort auf diese drängende Frage bieten.

Zweites Kapitel

Die Eucharistie in Korinth

Im Sinne einer geschichtlich-chronologischen Reihenfolge unserer Untersuchung der neutestamentlichen Schriften muss die Beschäftigung mit den Überlegungen des Paulus zum Tisch des Herrn in Korinth (1 Kor 11,17–34) an erster Stelle stehen. Die schwierige, von Paulus angesprochene Situation in Korinth hat das früheste Dokument hervorgebracht, welches die Praxis der Eucharistiefeier einer christlichen Gemeinde reflektiert. Berichte der Apostelgeschichte über die Feier solcher eucharistischen Mähler in der Jerusalemer Urgemeinde (siehe Apg 2,42–47; 20,7–11; 27,33–36) wurden von Lukas erst später, in den 80er- und 90er-Jahren des ersten Jahrhunderts, verfasst.[1] Die Debatte des Paulus mit seinen korinthischen Neubekehrten spricht in eine sehr reale Situation in den frühen 50er-Jahren hinein.[2] Dieser Abschnitt ist deshalb das erste *schriftliche Zeugnis* für die *christliche Tradition* der Eucharistiepraxis. Im Leben und in der Praxis der christlichen Gemeinden gab es eine eucharistische Tradition vor jedem verschriftlichten Zeugnis. Sie geht zurück auf das Mahl Jesu mit seinen Jüngern in der Nacht vor seinem Tod, wie uns Paulus mitteilt (1 Kor 11,23).[3] Die Worte des Paulus an die Korinther bringen diese grundlegende frühe *christliche Tradition* zum Ausdruck.

Chronologische Überlegungen aufgrund des möglichen Alters der Evangelien oder der paulinischen Briefe, in denen sich diese eucharistischen Texte finden, sind allerdings nur teilweise hilfreich. Solche Texte, und besonders die Worte, die Jesus beim Letzten Mahl verwendete, sind den verschiedenen frühchristlichen Autoren von Traditionen zugekommen, die älter als sie selbst waren.[4] Das Alter dieser verschiedenen Traditionen ist schwer mit Sicherheit festzustellen. Die vorliegende Studie versucht, den theologischen und pastoralen Standpunkt der neutestamentlichen Autoren aufzuspüren, der sich darin zeigt, wie sie die älteren eucharistischen Traditionen im Hinblick auf ihre Adressaten verwendeten. Unser spezielles Interesse, das keineswegs den theologischen und pastoralen Reichtum dieser Abschnitte ausschöpft, wird sich besonders darauf konzentrieren, welche Vorstellung die biblischen Autoren haben in Bezug auf jene, für die der eucharistische Jesus beim Herrenmahl gegenwärtig ist.

Die Verfasser der Evangelien stellen übereinstimmend die Jünger als die Schlüsselfiguren vor in ihren Berichten von den Brotwundern und dem Mahl, das die Jünger mit Jesus in der Nacht vor seinem Tod teilten. Obwohl die Evangelien sich an christliche Gemeinden der frühen Kirche richten, geht es in den Erzählungen um Jesus und seine Gegenwart für die Jünger. In der paulinischen Tradition ist die Situation eine ganz andere. In 1 Kor 10–11 schreibt Paulus an die Neubekehrten, die für Probleme sorgten wegen ihrer Teilnahme sowohl am Tisch des Herrn als auch an den Festen, die Bestandteil des heidnischen Kults waren (10,14–22), und darüber hinaus wegen einer Art von Eucharistiefeier, bei der die Nichts-Habenden gedemütigt wurden (11,17–34).[5]

Die Aufmerksamkeit des Paulus richtet sich in erster Linie auf neubekehrte Christen, denen es schwerfiel, das bereits übernommene christliche Leben auch wirklich zu leben. Der einzige Hinweis des Apostels auf Jesu ursprüngliche liebende Selbsthingabe findet sich in den überlieferten Worten Jesu in 1 Kor 11,24: „Das ist mein Leib für euch." Obwohl 1 Kor 10–11 keinen vollständigen Erzählrahmen enthält, der Jesu Selbsthingabe für seine Jünger in der Eucharistie aufzeigt, ist diese *Tradition* dennoch durchgängig vorausgesetzt.[6] Das vorrangige Anliegen des Paulus sind die Missstände, die sich bei den Korinthern in ihre Feiern des Herrenmahls eingeschlichen haben. Für die Bewältigung dieser Probleme wendet er sich dem Fundament und Motor seines Lebens und seiner Verkündigung zu: dem erlösenden Tod Jesu (siehe Gal 1,10; Phil 3,7–11).

Mit diesem Zeugnis des Paulus haben wir einen „Testfall" aus den ersten Jahrzehnten in Leben und Praxis der Kirche.

Eine Untersuchung der Anweisungen des Paulus an seine Neubekehrten in Korinth ist entscheidend, da – ohne genügende Beachtung des literarischen und historischen Kontextes – 1 Kor
11,27–28 immer wieder zitiert wird als biblische Untermauerung für die Praxis der christlichen Kirchen, einige ihrer Glieder
von der vollen Teilnahme am eucharistischen Tisch „auszuschließen".[7] Tatsächlich lesen sich diese Verse, wenn sie aus
ihrem historischen und literarischen Kontext im Gesamtargument von 1 Kor 10–11 herausgelöst werden, wie eine starke Verteidigung einer solchen Praxis des Ausschlusses:

> Wer also unwürdig von dem Brot isst und aus dem Kelch des Herrn trinkt,
> macht sich schuldig am Leib und am Blut des Herrn. Jeder soll sich selbst
> prüfen; erst dann soll er von dem Brot essen und aus dem Kelch trinken.
> (1 Kor 11,27–28)[8]

Über die Jahrhunderte hat dieser Abschnitt, für sich genommen, ein Verständnis hervorgebracht, wonach Paulus die Beschränkung der Teilnahme an der Eucharistie auf die „Würdigen" gebilligt habe, was immer das in der Praxis bedeutet
haben mag. Dies findet sich schon bei Augustinus und es existierte zweifellos schon vor seiner Zeit.[9] Ohne jeden Versuch, den
Abschnitt in seinen literarischen und theologischen Kontext bei
Paulus einzuordnen, stützt sich das Konzil von Trient allein auf
diesen Text, um auf der Notwendigkeit der Beichte vor dem
Kommunionempfang für jeden, der sich einer schweren Sünde
schuldig gemacht hat, zu bestehen. Das siebte Kapitel des Tri-
dentischen Dekrets über die Eucharistie behandelt die notwendige, geforderte Vorbereitung, um das Sakrament „würdig" zu
empfangen (*ut digne quis sacram Eucharistiam percipiat*). Es beschreibt diese Warnungen des Paulus als „schreckensvolle Worte" (*plena formidinis*, DH 1646).[10] Seitdem findet sich 1 Kor
11,27–28 in den traditionellen moraltheologischen und dogma-
tischen Handbüchern, die für die Ausbildung der Priester und
Bischöfe verwendet werden, als ein biblischer „Belegtext", der
gegen die Anwesenheit von Gebrochenen und Sündigen am eucharistischen Tisch spricht.[11]

Als praktizierender Christ und römisch-katholischer Priester lese ich das Wort Gottes innerhalb der *Tradition* (siehe *Dei Verbum* 10.12), und Paulus gibt uns die ersten Hinweise auf diese *Tradition*. Dennoch müssen wir die von Paulus in 1 Kor 10–11 artikulierte Botschaft kritisch lesen. Der entscheidende Kontext für eine korrekte Interpretation von 1 Kor 11,27–28 ist nicht das Dekret über die Eucharistie des Konzils von Trient (DH 1646), sondern der Erste Korintherbrief. Wollte Paulus in 1 Kor 11,27–28 „schreckensvolle Worte" gegen alle Sünder aussprechen oder hatte er etwas Spezifischeres im Sinn? Hier mag die hinter der Lehre des Paulus liegende *Tradition* „verfälscht" (Ratzinger) worden sein durch disziplinäre Praktiken, wie sie sich über die Jahrhunderte herausgebildet haben. Wenn wir das Wort Gottes innerhalb der *Tradition* lesen, müssen wir zulassen, dass durch das Wort Gottes die Verfälschungen, die sich im Laufe der Geschichte christlicher und insbesondere katholischer Praxis entwickelt haben mögen, infrage gestellt werden.[12]

Der Kontext

Die Beschäftigung des Paulus mit der Feier des Herrenmahls in der Gemeinde von Korinth muss in den historischen, literarischen und theologischen Gesamtkontext eingeordnet werden.[13] Im Ersten Korintherbrief wendet sich Paulus Problemen zu, die in der Gemeinde von Korinth entstanden sind. Es gibt Spaltungen unter den Mitgliedern dieser christlichen Gemeinde (Kap. 1–4; siehe 1,11): Missbrauch des Leibes, welcher der neuen, durch Jesu Tod und Auferstehung geschaffenen Situation nicht gerecht wird (5,1 – 6,20); Probleme bezüglich der sexuellen Beziehungen in der Ehe (7,1–9); Ehescheidung (7,10–16) sowie Veränderungen im sozialen und geschlechtlichen Status (7,17–40). In der heidnischen Welt, in der sie leben, haben die Christen in Korinth unterschiedliche Auffassungen bezüglich der Speise, die man essen oder nicht essen sollte (Kap. 8–9). Einige vertrauen zu sehr ihren

Fähigkeiten, selbst zu entscheiden, was bei der Teilnahme an heidnischen Kultfeiern zählt und was nicht, und verletzen dadurch die Bedenken der „Schwachen" (10,1–11,1).

Nachdem sich Paulus mit den Problemen, die sich aus der Teilnahme an den Kultfeiern der Heiden ergeben, beschäftigt hat (Kap. 8–10), wendet er sich in den Kapiteln 11–14 einer Reihe von Problemen zu, die in den liturgischen Versammlungen entstanden sind und die Gemeinde entzweien: Kleidung (11,2–16), Herrenmahl (11,17–34) sowie Gebrauch und Missbrauch der Geistesgaben (Kap. 12–14). Schließlich wendet sich Paulus dem Problem der Auferweckung des Leibes zu, mit dem diese frühchristliche Gemeinde offensichtlich ihre Schwierigkeiten hatte (siehe 15,1–2). In all diesen Fällen schreibt Paulus an eine Gemeinde, die er selbst gegründet hat und die er gut kennt. Er hofft, dass seine Autorität akzeptiert wird (siehe Kap. 16), und hat keine Hemmungen, ihnen zu schreiben und die sehr reellen Probleme in den enthusiastischen Anfängen dieser frühchristlichen Gemeinde anzusprechen.[14]

Obwohl Paulus ein Problem nach dem anderen behandelt, kann ein gemeinsames Thema durch all die verschiedenen Fragen, mit denen er sich in 1 Kor 8–14 beschäftigt, festgestellt werden. Es gibt einige, die sich selbst für besonders begabt halten in ihrer neu gefundenen „Religion", aufgrund der durch Tod und Auferstehung Jesu Christi begründeten „neuen Schöpfung" (siehe 2 Kor 5,17; Gal 6,15).[15] Dies hat dazu geführt, dass sie eine Überlegenheitshaltung einnehmen und diese auch offen demonstrieren. Einige neigen dazu, die anderen zu verachten und zu demütigen, sie lächerlich zu machen oder einfach über sie hinwegzugehen. Paulus reagiert auf diesen falschen „Enthusiasmus", um jene zu schützen, die als minderwertig behandelt werden.[16]

Im ganzen Kapitel 8 behandelt Paulus die Frage des Essens von Götzenopferfleisch. Es gibt einige Christen in Korinth, die stark im Glauben und reich an Wissen sind, und deshalb selbstsicher genug, solches Fleisch einfach zu essen. Sie behaupten *korrekter-*

weise, dass Götzen bedeutungslos sind. Paulus bittet die „Starken", auf die ihnen durch ihren Glauben und ihr Wissen gegebene neue Freiheit – die durch Tod und Auferstehung Jesu Christi ermöglicht wurde (siehe Gal 5,1) – zu verzichten. Christus ist auch für die „Schwachen" gestorben, die deshalb respektiert und beachtet werden müssen. Ihnen Ärgernis zu bereiten durch das Essen von Fleisch, das von einer rituellen Schlachtung herkommt, wäre so wie wenn man Christus selbst Ärgernis bereiten würde (siehe 8,11–12). Paulus erweist sich selbst als ein Beispiel für die Korinther in Kapitel 9. Er hat von Gott, der ihn zum Apostel berufen hat, große Vorrechte und Gaben empfangen, aber es wäre besser für ihn, zu sterben als auf seinen Vorrechten zu beharren. Seine Aufgabe ist es, die Rolle der „Schwachen" zu übernehmen und ein Diener zu sein: „Den Schwachen bin ich ein Schwacher geworden, um die Schwachen zu gewinnen" (9,22). Er verwendet für sich das Bild eines Langstreckenläufers, der nicht andere züchtigt, sondern sich selbst, um den Sieg zu erringen (VV. 24–27). Dies ist das paulinische Paradigma von Schutz und Sorge für die sogenannten „Minderwertigen": Hingabe.[17]

Diejenigen Gemeindeglieder, die sich selbst für spirituell überlegen halten, wenn sie am Götzenopferfleisch teilhaben, hat Paulus noch im Sinn, wenn er Kapitel 10 beginnt. Er tut dies, indem er die Korinther daran erinnert, was Israel – trotz seiner vielen Vorrechte als Volk Gottes – zugestoßen ist (VV. 1–13). Dann wendet sich Paulus der speziellen Frage des Götzendienstes zu. Die „Starken" sehen – in ihrer neu gefundenen Freiheit – anscheinend kein Problem darin, an Mählern teilzunehmen, die in Verbindung mit heidnischen Opfern standen. Die „Starken" betrachten *korrekterweise* solche Opfer als bedeutungslos. Diese Vorgehensweise kann jedoch zu verletzender Arroganz führen, da sie den „Schwachen" keine Beachtung schenkt. Gott wird verherrlicht durch ein Verhalten, das den ganzen Leib (die Gemeinde) aufbaut, und nicht durch arrogante Durchsetzung der eigenen Stärke und des Wissens darüber, was richtig oder falsch ist (siehe 10,31–33).

Nachdem Paulus sich mit den Problemen, die sich aus der Teilnahme an den Versammlungen und dem Tisch der Heiden – Mählern *außerhalb* der christlichen Gemeinde – ergeben, beschäftigt hat, wendet er sich den Versammlungen der christlichen Gemeinde und dem Tisch des Herrn zu. Eines der bemerkenswertesten Kennzeichen der Neuheit des Christentums war der Platz der Frauen im Leben und Gottesdienst der Kirche. Paulus selbst hat, mit Bezug auf die Wiederherstellung des ursprünglichen Schöpfungsplans Gottes, erklärt:

> Denn ihr alle, die ihr auf Christus getauft seid, habt Christus angezogen. Es gibt nicht mehr Juden und Griechen, nicht Sklaven und Freie, nicht männlich und weiblich; denn ihr alle seid einer in Christus Jesus. (Gal 3,27–28)[18]

Ist es aber zulässig, dass dies einige Frauen dazu verleiten sollte, ihre neu gefundene Emanzipation zu demonstrieren, indem sie eine „männliche" Haltung in der Versammlung einnehmen? Paulus schmälert nicht das Recht der Frauen zu beten und prophetisch zu reden, er verlangt jedoch, dass dies mit Demut und Anstand geschieht. Frauen müssen Frauen bleiben (11,2–16).[19] Sie müssen als Frauen behandelt werden und Männer müssen als Männer behandelt werden, ohne Verwirrung bezüglich der geschlechtlichen Identität oder in Nachahmung einiger heidnischer Mysterien-Religionen. Eine ähnliche Sorge um die Einheit und rechte Ordnung steht im Zentrum von 11,17–34, wo Paulus die eucharistischen Worte Jesu in Erinnerung ruft, um die Reichen daran zu erinnern, dass Jesus für alle gestorben ist (VV. 23–25). Die Eucharistie in einer arrogant-überlegenen Art und Weise zu feiern, welche die Armen und „Schwachen" diskriminiert, wäre eine Verleugnung all dessen, was an der Feier christlich ist.

Dieselbe Sorge um die schwächeren Glieder der Gemeinde steht hinter den Erörterungen der Kapitel 12–14, wo einige charismatisch Begabtere ihre Überlegenheit zu beanspruchen scheinen. Obwohl es viele Gaben gibt, sollten sie nie zu einer Spaltung unter den Gläubigen führen. Die Gemeinde muss durch die Qualität ihrer Liebe charakterisiert sein (siehe 13,1–13) und nicht durch ihre Trennung in mehr und weniger Begabte (Kap. 13). Der wesentliche Grund für diese „enthusiastische" Form des Christentums findet sich in Kapitel 15. Die Korinther müssen an die zentrale Stellung von Jesu Tod und Auferstehung erinnert werden. Sie leben noch nicht das (zukünftige) Auferstehungsleben.

Dieser kurze Überblick über den Argumentationsgang des Ersten Korintherbriefs zeigt eine polarisierte Gemeinde. Während einige Exegeten versucht haben, all diese Spaltungen um eine einzige Gruppe zu vereinen, welche in Opposition zur paulinischen Sicht stand,[20] gab es wahrscheinlich mehrere Gruppierungen, von denen jede auf ihre eigene Art und Weise die neu gefundene Freiheit auslebte. Die beiden Gelegenheiten in diesem Brief, bei denen Paulus auf die Eucharistiefeiern der Gemeinde verweist, finden sich in diesem Kontext der verletzenden Spaltung, die überwunden werden muss. Die Gruppierungen können sich nicht einig werden in Bezug auf ihre Haltung zum Götzendienst (Kap. 8–10), auf ihre Freiheit, sich bei den Gottesdiensten so zu verhalten, wie sie wollen (Kap. 11–14), sowie auf ihren Gebrauch der Geistesgaben (Kap. 12–14). Innerhalb seines Gesamtarguments stellt Paulus den eucharistischen Tisch als einen Ort der Einheit vor, indem er die Gläubigen dazu aufruft, sich an die Geschichte von Jesu Selbsthingabe für sie zu „erinnern".[21] Wie, so fragt Paulus, kann die Gemeinde von Korinth, die auf die Verkündigung von Tod und Auferstehung Jesu gegründet ist (11,23–25; 15,3–8) und sich bei ihren Eucharistiefeiern an das Kreuz „erinnert", gespalten sein in die „Starken" und die „Schwachen", die „Habenden" und die „Nichts-Habenden"?

Unsere früheren, „alten" Ichs sind mit Christus gekreuzigt worden im Erleben des Todes in der Taufe (siehe Röm 6,3–6; Gal 2,19). Das Symbol des Kreuzes, das Paulus gegenüber der „alten Welt" aufrichtet, hat seine Wurzeln jedoch in der blutigen Realität dessen, was Jesus erlebt hat. Sind die Korinther bereit, diese Realität in ihrem eigenen Leben zu leben?

Dies erfordert Respekt für die „Schwachen", für die Christus gestorben ist (Kap. 8–10, bes. 8,11), und eine Einladung aller zum eucharistischen Tisch (11,27–34).[22] Die Korinther mussten begreifen, dass – ungeachtet der ihnen geschenkten Gaben – sie alle eins sind (Kap. 12) und berufen zu einer außergewöhnlichen Liebe, um durch ihre gute christliche Gemeinschaft Außenstehende zum Glauben zu führen (Kap. 14).

1 Korinther 10, 14 –22

1 Korinther 8–10 behandelt die Probleme, die unter den Gläubigen in Korinth entstanden sind, weil sie in einer heidnischen Umgebung lebten.[23] Die Gefahr, die „Schwachen" durch einen unsensiblen Gebrauch von überlegenem Wissen und Verständnis zu verletzen – durch das Essen von Götzenopferfleisch –, wurden in 8,1–13 behandelt. Obwohl sich 9,1–27 auf eigene Erfahrungen des Paulus konzentriert, werden diese als Beispiel für die Gemeinde verwendet (siehe besonders VV. 19–22). Paulus wandte diese Methode oft an. Es wäre sinnlos, nur zu predigen. Das gepredigte Wort muss vielmehr als gelebte Realität im Leben des Predigers wahrgenommen werden. Paulus hatte keine Bedenken, den Korinthern zu sagen: „Nehmt mich zum Vorbild, wie ich Christus zum Vorbild nehme" (11,1; siehe auch 4,16–17; 1 Thess 1,6; Gal 1,16.24; 4,12; Phil 4,9).[24]

In einem einführenden Abschnitt behandelt Paulus die verheerenden Folgen des übersteigerten Selbstvertrauens der Väter Israels (10,1–13). Er warnt die Korinther, dass eine Parallele besteht zwischen der Situation des erwählten Volkes – den Israeliten in der Wüste – und jener der „Starken" in Korinth. Indem er an eine christliche Gemeinde schreibt, behauptet er tatsächlich, dass die Israeliten eine „geistliche Speise" aßen und einen „geistlichen Trank" aus einem „geistlichen Felsen" tranken. Und der Fels war Christus (VV. 2–4).[25] Paulus stellt eine Parallele her zwischen der Erfahrung des Volkes Israel, das durch die Wasser der Taufe hindurch ging, als es durch das Meer zog (VV. 1–2), um dann mit einer „geistlichen Speise" und einem „geistlichen Trank" aus dem Felsen, der Christus war, genährt zu werden (VV. 3–4). Indem er den Exodus-Bericht mit christlichen Augen liest, behauptet Paulus, dass Israel von Gott eine privilegierte Teilhabe an den Wohltaten Christi erhalten hatte.[26] Trotz dieses Privilegs kam Israel zu Fall. Deshalb warnt Paulus: „Wer also zu stehen meint, der gebe Acht, dass er nicht fällt" (V. 12).

Nachdem er in seiner Argumentation bereits eine Unterweisung im Hinblick auf Taufe und Eucharistie angedeutet hat, kehrt Paulus zur Frage der heidnischen Rituale und des Essens in diesem Kontext zurück. Obwohl er von einem Punkt zum anderen zu schweifen scheint, erörtert Paulus jedoch tatsächlich immer die gleiche Angelegenheit: die Gefahr, welche die „Starken" für die Gemeinde als ganze darstellen, wenn sie *zu Recht* darauf bestehen, dass „es keine Götzen gibt in der Welt" (8,4). Diese Behauptung der „Starken" ist ein gültiger Slogan. Dennoch besteht Paulus darauf, dass die Korinther den Götzendienst meiden (10,14). Nachdem er sich selbst als positives Beispiel vorgestellt hat (Kap. 9), und das Erlebnis Israels als eine Warnung (10,1–13), appelliert er wiederum an die „Starken", eine wahrhaft christliche Haltung gegenüber den Empfindungen der „Schwachen" einzunehmen.

Paulus geht in seiner Argumentation so vor, dass er zuerst eine wesentliche Gemeinsamkeit zwischen sich und den „Starken" herstellt. Er stellt zwei rhetorische Fragen, die mit der Formulierung „ist … nicht" beginnen (V. 16). Eine solche Frage (im Griechischen mit *ouki … estin* gebildet) erwartet eine positive Antwort.[27] Paulus geht davon aus, dass die Korinther der Wahrheit zustimmen werden, dass der Kelch und das Brot, die sie in der Eucharistie teilen, gleichzusetzen sind mit Christus:

Der Kelch des Segens, den wir segnen, ist er nicht eine Gemeinschaft (Griechisch: *koinōnia*) im Blut Christi? Das Brot, das wir brechen, ist es nicht eine Gemeinschaft *(koinōnia)* im Leib Christi? (10,16; ÜA: „common union")

Die Einheitsübersetzung gibt *koinōnia* mit „Teilhabe" wieder (ähnlich die Revised Standard Version: „participation" = „Teilnahme"). Aber dies erfasst nicht die Aussagekraft des griechischen Originals. Es wäre vielleicht besser, mit „Kommunion" zu übersetzen, das die Tiefe und Gegenseitigkeit des implizierten Teilens aufzeigen würde. Dies könnte jedoch für Verwirrung sorgen, denn wir Christen haben die Praxis entwickelt, seit Jahrhunderten in Bezug auf den Empfang der Gestalten von Brot und Wein in der Eucharistiefeier von „Kommunion" (engl. „communion") zu sprechen. Deshalb habe ich die umständliche, aber deutliche Formulierung „common union" (hier mit „Gemeinschaft" übersetzt) verwendet, um auf die Erfahrung von *Einheit und Gemeinschaft* unter den Feiernden hinzuweisen. Paulus zeigt sogleich (V. 17), dass er noch auf etwas anderes hinweisen will als auf die Vereinigung, die zwischen Christus und den Gläubigen geschieht, wie sie in unserem sakramentalen Gebrauch des Begriffs „Kommunion" enthalten ist.

Nachdem er festgestellt hat, dass Wein und Brot eine Vereinigung schaffen, argumentiert Paulus weiter, dass die Vereinigung auf zwei Ebenen stattfindet: „Ein Brot ist es. Darum sind wir viele ein Leib; denn wir alle haben teil an dem einen Brot" (V. 17). Es ist nicht nur so, dass durch die Teilhabe am Kelch und am gebrochenen Brot eine Vereinigung mit Christus begründet wird. Eine weitere entsteht durch das „Teilhaben" (Griechisch: *metechein*) am *selben Brot*: die Vereinigung zwischen allen Gliedern der feiernden Gemeinde.[28]

> Durch die Teilhabe am Leib und Blut Christi werden die Gläubigen vereinigt mit ihm und miteinander. Die physische Geste des Essens und Trinkens bei den christlichen heiligen Mählern bewirkt, dass ein neuer Leib entsteht, der die physische Gegenwart Christi in der Welt ist (siehe 6,15; 8,12; 12,12–27). Alle sind vereinigt mit Christus durch den Glauben und die Taufe (Gal 3,26–28). Die physische Geste des Essens und Trinkens fügt eine neue Dimension hinzu. Da alle an dem einen Trank, der Christus ist, und an dem einen Brot, das Christus ist, teilhaben, wird Christus (um es sehr grob auszudrücken) ein Besitz, den alle gemeinsam haben und dadurch zu einer Einheit zusammen geschmiedet werden.[29]

Paulus geht es vorrangig nicht darum, die korinthische Gemeinde über die Bedeutung ihrer Eucharistiefeiern zu unterrichten. Solche Feiern und deren Bedeutung sind als selbstverständlich vorausgesetzt, da er gemeinsame eucharistische Traditionen verwendet als Teil seiner breiteren Argumentation und seines Plädoyers für die Einheit in der Gemeinde, dass die „Starken" sich um die „Schwachen" kümmern sollten. Er wirft jedoch beiläufig einen Blick auf das Verständnis des eucharistischen Mahls, das ihm und den Christen in Korinth gemeinsam ist: die Eucharistie ist Speise für „den Leib". Das bedeutet, dass die Feier der Eucharistie die Vereinigung zwischen den Gläubigen und Christus aufrechterhält und stärkt, und dass sie zusammen die Gemeinschaft (ein Leib) werden, die zu ihm gehört.[30]

Es ist deutlich, dass Paulus und die „Starken" in Bezug auf ihr Eucharistieverständnis in manchem übereinstimmen. Er kann deshalb in seiner breiteren Argumentation von bloßen Andeutungen dessen, was ihnen an Wissen und Glauben gemeinsam ist, ausgehen. So erwähnen die VV. 16–17 einen Glauben, der allen in Korinth gemeinsam war. Auf der Grundlage ihrer geteilten *Tradition* kann Paulus seine frühchristliche Gemeinde zur Rede stellen. Indem er die israelitische Praxis der Teilhabe an der geopferten Speise ins Gedächtnis ruft, erinnert er die „Starken" an die Gemeinschaft *(koinōnia)*, welche die Opfernden mit dem Altar hatten (V. 18). So verhält es sich mit jeder dargebrachten Speise, sogar jener, die den nur eingebildeten und wertlosen heidnischen Götzen geopfert wird (VV. 19–20). Das macht es für Paulus möglich, sein zentrales Argument vorzubringen: Der Akt der Teilnahme an einem kultischen Mahl schaffte eine enge Verbindung zwischen den Gästen selbst und der Macht, der die Opfer dargebracht worden waren (V. 21).[31]

Paulus verdeutlicht für die Korinther, was *koinōnia*, Teilhabe am Leib und Blut Christi, bedeutet, von ihrer eigenen vertrauten Erfahrung und ihrer heidnischen Vergangenheit her. Er tut dies nicht, um ihnen etwas Neues zu sagen, sondern einfach, um sie zu überzeugen und zu gewinnen durch etwas, das ihnen längst vertraut ist.[32]

Objektiv gesehen haben die „Starken" Recht. Paulus hat nicht die Absicht zu behaupten, dass eine geopferte Speise oder heidnische Götzen irgendeinen Wert haben (V. 19), obwohl er sie mit Dämonen in Verbindung bringt (VV. 20–21). Da die „Starken" jedoch mit Paulus einig sind im Hinblick auf ihre eucharistischen Feiern (VV. 16–17) und aus der Tradition Israels vom Opfern am Altar wissen (V. 18), haben rituelle Gesten sowohl eine vertikale als auch eine horizontale Komponente. Paulus besteht darauf, dass Christen, die an Mählern teilgenommen haben, die in heidnischen Tempeln in Verbindung mit heidnischen Opfern gefeiert wurden, an mehr als einem billigen Mahl beteiligt waren! Es war nicht nur Essen, das konsumiert wurde. Die horizontale Gemeinschaft („common union"), die aus dem geteilten Tisch entstand, muss ebenso beachtet werden. Sie gesellten sich zu den Heiden, die glaubten, dass es Götzen wirklich gibt, und auf diese Weise kamen sie in Verbindung mit der „Vertikalen". So wurden diese naiven Christen, in ihrer vermeintlichen „Stärke" und ihrem vermeintlichen Wissen, zu Partnern von Dämonen (V. 20), wodurch ein „horizontaler" Bruch zu den Brüdern und Schwestern in der Gemeinde entstand.

In den VV. 21–22 kehrt Paulus zurück zur zentralen Bedeutung der Gemeinschaft („common union"), die zwischen Christus und den Gläubigen entstanden ist, wie auch der Gemeinschaft der Gläubigen, die am eucharistischen Tisch teilhatten. Teilzuhaben am Kelch und am Tisch der Dämonen – egal, was die „Starken" subjektiv zu tun gedacht haben mögen – war ein öffentlicher Bruch zwischen ihnen und dem Rest der Gemeinde. So konnte dies leicht die objektive Vereinigung, die am Tisch des Herrn durch die Teilhabe an seinem Kelch und seinem Brot geschaffen worden war, zerstören. Den „Starken" wird deshalb gesagt, dass es unmöglich ist, sowohl an heidnischen Tischen als auch am Tisch des Herrn teilzunehmen. Wie bereits an der Erfahrung Israels aufgezeigt worden ist (VV. 1–13), darf man die christlichen Sakramente der Taufe und Eucharistie nicht so verstehen, als würden sie die Gläubigen vor jeder möglichen Gefahr der Infizierung bewahren.

Paulus schließt seine Überlegung mit einer deutlichen Erinnerung an die höchste Autorität des Herrn: „Oder wollen wir die Eifersucht des Herrn wecken? Sind wir stärker als er?" (V. 22). Auf diese Weise schaut Paulus zurück auf seine warnenden Beschreibungen dessen, was einem arroganten Israel zugestoßen ist, das sich seiner Vorrechte rühmte: „Gott aber hatte an den meisten von ihnen kein Gefallen" (V. 5; siehe VV. 1–13).[33] Es ist unannehmbar und gefährlich, diese Gemeinschaft („common union"), die vom Herrn zwischen ihm selbst und seiner Gemeinde, sowie innerhalb der Gemeinde, geschaffen worden ist, zu gefährden.

Paulus beruft sich auf einen grundlegenden Glauben, den er mit den Neubekehrten in Korinth teilt. Wie unterschiedlich sie auch in Bezug auf die christliche Lebenspraxis gedacht haben mögen,[34] konnte Paulus sie doch daran erinnern, dass sie am Tisch des Herrn eine Einheit mit Christus und untereinander begründeten.[35] „In ihr empfangen wir den Leib Christi, und indem wir ihn empfangen, sind und zeigen wir, dass wir der Leib Christi sind."[36] Indem sie an anderen Mählern teilnahmen, und sich erhaben glaubten über jede Infizierung durch solch einen Unsinn wie Götzen, Dämonen und Opferspeise, zerbrachen die Korinther die für das Leben „des Leibes" zentrale Einheit und Gemeinschaft mit ihren Mitchristen.

Paulus verwendet die Eucharistiefeier in der korinthischen Gemeinde, um seinen Standpunkt zu beweisen. Er belehrt seine Gemeinde nicht über Stellung und Bedeutung der Eucharistiefeiern, sondern geht selbstverständlich davon aus. Die Korinther kennen die Anweisungen sehr wohl, und er bezieht sich auf ihr Wissen zur Untermauerung seines Arguments. Auf der Grundlage ihres Verständnisses dessen, was am eucharistischen Tisch geschieht, kann er sie über die Notwendigkeit belehren, ihre Teilnahme an rituellen Verbindungen mit Heiden zu vermeiden. Die Grundlage ihres Verständnisses ist ihre doppelte *koinōnia*:

ihre Gemeinschaft mit Christus und ihre Gemeinschaft untereinander. Wie wir sehen werden, findet sich ein Echo des Standpunktes von 10,14–22 in 11,17–33.[37] Paulus wird ihnen die schon bekannte Eucharistiefeier ins Gedächtnis rufen, weil diese *koinōnia* ernstlich gefährdet ist.

1 Korinther 11,17–34

Wenn die Gläubigen in Korinth theoretisch einer Meinung gewesen wären, dass der Kelch des Segens, den sie segneten, und das Brot, das sie brachen, eine *koinōnia* zwischen dem Herrn und ihnen sowie eine *koinōnia*, welche die Gemeinde war (10,14–22), begründeten, müsste die tatsächliche Feier des Tisches des Herrn von einer solchen Gemeinschaft („common union") auch auf der Ebene des geteilten Lebens der korinthischen Christen geprägt gewesen sein. Es scheint jedoch, dass dies nicht der Fall war (11,17–34).

In seiner Erörterung der problematischen Teilnahme der Korinther am Herrenmahl geht Paulus folgendermaßen vor. Zuerst greift er in 11,17–22 die Art und Weise an, wie sie den eucharistischen Tisch missbrauchen, mit einer zusätzlichen Ermahnung aus seiner eigenen Feder (V. 26). Nachdem er die Gemeinde an das Mahl Jesu mit seinen Jüngern erinnert hat, kommt Paulus zu seinen mehr theologischen Schlussfolgerungen und pastoralen Empfehlungen (VV. 27–34).[38] Innerhalb der Gesamtargumentation des Ersten Korintherbriefs sind die Kapitel 8–14 dem Schutz der „schwächeren" Gemeindeglieder und der Bekräftigung ihrer Bedeutung gewidmet. Was Paulus in 10,16–17 über die *koinōnia*, die am Tisch hergestellt wird, zu sagen hat, dient als unmittelbare Vorbereitung für 11,17–34. Nur wenn diese literarischen Kontexte berücksichtigt worden sind, können wir die harten Worte von VV. 27–28 untersuchen, jene Verse, die so oft zitiert werden ohne Bezug zur ursprünglichen Lehre des Paulus.

Der griechische Ausdruck, der übersetzt wird als „wer (immer) also ... isst" *(hōste hos an esthiēi)* in V. 27, erfordert, dass der Abschnitt im Lichte dessen interpretiert wird, was Paulus gerade geschrieben hat.[39] Was also bedeutet das in V. 27 erwähnte „unwürdig"? Warum muss jemand „sich selbst prüfen" (V. 28)? Der weitere Kontext dieses Abschnitts liefert eine klare Antwort auf diese Fragen. Sie findet sich darin, wie Paulus die korinthischen Missstände in VV. 17–22 angreift, die Teil des weiter reichenden Problems einer ernsthaften Spaltung innerhalb der Gemeinde sind, insbesondere ihr Mangel an Sorge für die „Schwachen". Paulus beschäftigt sich mit diesen Missständen durchgängig in 1 Kor 8–14, und 1 Kor 11,17–22 ist Teil seiner rhetorischen Gesamtstrategie. Er äußert hier sein Missfallen über die Spaltungen zwischen den „Habenden" und den „Nichts-Habenden", die sich anscheinend entwickelt haben, seit er noch selbst in der Gemeinde war: „Zunächst höre ich, dass es Spaltungen unter euch gibt" (V. 18). Diese Spaltungen werden folgendermaßen beschrieben:

> ... denn jeder nimmt beim Essen sein eigenes Mahl vorweg und dann hungert der eine, während der andere betrunken ist. Könnt ihr denn nicht zu Hause essen und trinken? Oder verachtet ihr die Kirche Gottes? Wollt ihr jene demütigen, die nichts haben? Was soll ich dazu sagen? Soll ich euch etwa loben? In diesem Fall kann ich euch nicht loben. (VV. 21–22)

Das Herrenmahl sollte ein gemeinsames Mahl sein, wie bereits in 10,14–22 klar gemacht worden ist: Der eine Leib teilte das eine Brot.[40] Aber Paulus hatte gehört, dass dies in Korinth unmöglich geworden war, weil Spaltungen zwischen den Reichen und den Bedürftigen entstanden waren, sodass sich keiner um den anderen kümmerte.[41] Paulus deutet an, dass es einige gibt, die einfach nicht genug zu essen haben (V. 22: „die Schwachen"), während andere eigene Häuser besitzen, in denen sie ihren Reichtum genießen könnten, ohne Spaltungen am Tisch des Herrn hervorzurufen (VV. 22.34: „die Starken").[42] Es wäre für die reichen Korinther besser, ihr üppiges Essen in ihre eigenen Häuser zu verlegen, anstatt eine Einheit vorzutäuschen, die ihr eigenes Verhalten Lügen straft. Dieses Verhalten zeigt – zusätzlich zu ihrer Demütigung der „Nichts-Habenden" –, dass sie die wahre Gemeinschaft verachten.[43] Dies ist die „unwürdige" Teilnahme an der Eucharistie, die Paulus im oft missbrauchten V. 27 tadelt, sowie der Grund für die Forderung, dass jeder „sich selbst prüfen" soll, wie es in V. 28 ausgedrückt ist. Die Situation ist von C. Kingsley Barrett gut zusammengefasst worden:

> Das Handeln des Reichen ist nicht von der Liebe bestimmt; es kommt deshalb nicht nur einer Verachtung der Armen gleich, sondern auch Gottes, der in seine Kirche nicht viele Weise, nicht viele Mächtige, nicht viele Vornehme berufen hat (1,26). Gott hat den Armen angenommen, wie er auch den Schwachen im Glauben und Gewissen angenommen hat (8,9 – 13; 10,29f; Röm 14,1.3f. 10.13.15; 15,1.7); der Stärkere (ob an irdischen Gütern oder im Glauben) muss ihn ebenso annehmen. Durch ihr Versagen entweihen die Korinther hier die sakramentale Dimension des Mahles – nicht durch einen liturgischen Fehler oder Geringschätzung, sondern indem sie es unter das Vorzeichen eines nicht brüderlichen Handelns stellen.[44]

Obwohl es den Anschein hat, dass Paulus in erster Linie auf einer rechten Ordnung bei den eucharistischen Mählern besteht, haben seine Beanstandungen eine viel tiefer gehende Motivation. Wie immer wendet sich Paulus dem Erlösertod Jesu Christi zu, um seine Forderungen nach einem christlichen Verhalten zu begründen. Da die Uneinigkeit am Tisch des Herrn entsteht, erinnert er an Jesu eigenes Mahl mit seinen Jüngern. Paulus erfindet seine kurze Erzählung in VV. 23 – 25 nicht. Sie ist ihm aus der frühesten *christlichen Tradition* zugekommen. Er erinnert die Korinther an etwas, das sie schon von ihm gelernt haben und das er selbst empfangen hat (V. 23a)[45] – die Tradition der eucharistischen Worte Jesu, die ihm überliefert worden sind.[46] So wie sie Paulus ihnen in 1 Kor 11,23 – 26 berichtet, sind sie unterstrichen durch die Aufforderung, die Handlungen des Brot-Brechens und des Kelch-Teilens zu vollziehen „zu meinem Gedächtnis" (VV. 24.25).[47] Während diese zweimal wiederholte Aufforderung ihren Ursprung am wahrscheinlichsten in den frühesten Liturgien hat, ist sie nicht nur eine liturgische Anweisung.

Es reicht nicht zu erklären, *woher die Worte kamen*. Diese Frage ist ein berechtigter Zugang zu einem antiken Text, da er wichtige *historische* Fragen stellt. Es ist das, was man einen *diachronen* Zugang zu Texten nennt. Es gibt jedoch eine wichtigere Frage: *Was ist die Bedeutung der Worte im spezifischen Kontext, in denen sie sich finden?* Dieser Zugang stellt mehr theologische und pastorale Fragen an einen Text, wobei diese innerhalb eines glaubwürdigen historischen Rahmens lokalisiert werden. Man nennt diesen einen *synchronen* Zugang zu Texten.[48] Synchron gesehen, fordert Paulus seine gespaltene Gemeinde heraus, die Worte Jesu ernst zu nehmen: „Tut dies zu meinem Gedächtnis." Diese Worte sind nicht *nur* eine Erinnerung an die liturgischen Praktiken der frühesten Kirche oder Worte, die sehr früh eingefügt wurden, um die Fortdauer der Feier des Herrenmahls zu garantieren. Was muss die Gemeinde von Korinth tun zum Gedächtnis an Jesu gebrochenen Leib und vergossenes Blut? Die zweifache Verwendung der liturgischen Formel durch Paulus ist eine wichtige Herausforderung für die Korinther: Sie sollen ihre kleinlichen Spaltungen – die auf einer Unterscheidung zwischen denen, die mehr haben, und denen, die weniger haben, beruhen – überwinden. Diese Worte sind ein Aufruf zu einer tieferen Wertschätzung ihres Hineingenommen-Seins in das Mysterium des gehorsamen, sich-selbst-hingebenden Todes Jesu Christi für sie (V. 24).[49] Indem die Korinther die Eucharistie feiern, sind sie hineingenommen in den Rhythmus dieses Todes „für andere". Der Tisch des Herrn ruft sie zu einer tieferen Wertschätzung des eucharistischen Charakters des christlichen Lebens.[50]

Eucharistie feiern heißt, sich selbst einer Jüngerschaft zu verpflichten, die Jesus „erinnert", nicht nur im Brechen des rituellen Brotes und Teilen des rituellen Kelches, sondern auch in der „Nachahmung" Jesu, im fortdauernden Brechen des eigenen Leibes und dem Vergießen des eigenen Blutes „zum Gedächtnis" an Jesus.[51] Wie Peter Henrici richtig argumentiert hat:

> Wenn Jesus so seinen Jüngern die Aufgabe erteilt, „dies" zu seinem Gedächt-
> nis zu tun, ist sein gesamtes Tun gemeint – nicht nur seine symbolische Geste
> beim Letzten Mahl (das rituell wiederholt werden kann und soll), sondern auch
> seine ganze aufopferungsvolle Haltung, mit der er sich selbst der Menschheit
> ausliefert im Gehorsam zum Vater.[52]

Deshalb fügt Paulus hinzu: „Denn sooft ihr von diesem Brot esst
und aus diesem Kelch trinkt, verkündet ihr den Tod des Herrn,
bis er kommt" (V. 26).[53] Der Tod des Herrn wird in der Welt verkündet im gebrochenen Brot und im vergossenen Blut einer Kirche aus Jüngern, die die Eucharistie, die sie feiert, auch lebt, bis er
wiederkommt.[54] Paulus unterweist seine gespaltene Gemeinde von
Korinth: „Ihr brecht eure Leiber und vergießt euer Blut und so
erinnert ihr euch an mich."[55] Das Erinnern beinhaltet zwar Dankbarkeit, ist vor allem aber die Übernahme der Verantwortung, die
erlösende Mission Christi weiterzuführen.[56]

> Dank dieser Verdeutlichung durch die Liturgie wird das gesamte christliche
> Leben zu einem Akt des Gottesdienstes und der Verkündigung: Es „verkündet
> den Tod des Herrn bis er wiederkommt" – das heißt, es macht die Bedeutung
> und Quelle der eschatologischen Spannung deutlich, die dem christlichen
> Leben seine Prägung gibt (vgl. 1 Kor 7 und die Thessalonicher-Briefe).[57]

Wenn wir auf die Intervention des Paulus in 1 Kor 11,17–34 zurückblicken, können wir sehen, dass er zum ersten Mal in
VV. 17–22 zur Einheit aufruft. Der Ruf zur Einheit ist jedoch
nicht ein Ruf zur Einheit um der Einheit willen; er ist viel mehr.
Er beinhaltet eine Aufforderung, die motiviert ist durch die
Notwendigkeit, dass die Korinther sich „erinnern", das heißt:
auf der Ebene des Lebens praktizieren, was sie auf der Ebene
des Rituals verkündigen (VV. 23–26). „,Sich erinnern' im Neu-
en Testament bedeutet fast immer, sich etwas in Erinnerung zu
rufen oder so darüber zu denken, dass es sprachlich ausgedrückt
wird oder formgebend ist für Haltung und Handeln."[58]

Aus diesem unmittelbaren Kontext heraus treffen wir auf die
schwierigen VV. 27–28. Diese ernsten Worte des Paulus folgen unmittelbar, nachdem er der Gemeinde von Korinth den „Rhythmus" des sich-selbst-hingebenden Lebens Jesu in Erinnerung

gerufen hat, durch die Worte, die die Korinther in ihren Eucharistiefeiern aussprechen (VV. 23–26). Er stellt die Korinther infrage
und korrigiert sie. Es geht nach wie vor um die Spaltung in der
Gemeinde. Ihre gegenwärtige Praxis fortzusetzen würde bedeuten,
„unwürdig" das Brot zu essen und den Kelch zu trinken (V. 27).
Sie müssen sich selbst in Bezug auf diese Angelegenheiten sorgsam
prüfen, bevor sie zum eucharistischen Mahl hinzutreten (V. 28).
Ein solches Lesen von 1 Kor 11,27–28 *innerhalb des Kontextes* von
11,17–34 warnt uns vor der traditionellen Verwendung dieser Verse als eines paulinischen Imperativs, die der späteren Kirche die
Autorität verleiht, auf seinen Worten zu bestehen als einer Warnung „voll Schrecken" (DH 1646) gegen *alle*, die *in irgendeiner
Weise* versagen, und folglich die Gebrochenen vom eucharistischen Tisch zu entfernen.[59]

In V. 29 belehrt Paulus die Korinther weiter: „Denn wer davon isst und trinkt, ohne den Leib zu unterscheiden, der zieht
sich das Gericht zu, indem er isst und trinkt." Diese Verurtei-
lung muss ebenso sorgsam untersucht werden. Es herrscht Uneinigkeit bezüglich der Interpretation des Ausdrucks „der Leib"
in diesen paulinischen Worten. Eine traditionelle katholische
Interpretation hat in ihm das Nicht-Unterscheiden der eucharistischen Gegenwart gesehen,[60] während die favorisierte protestantische Interpretation ihn als einen Hinweis auf „den Leib
Christi", die Gemeinde als „Kirche", gesehen hat.[61] Am wahrscheinlichsten ist es, dass beide Interpretationen inbegriffen
sind. „Den Leib nicht unterscheiden" bedeutet, die Gegenwart
des Herrn in der Eucharistie nicht zu erkennen, im Sinne des
Herrn, der für uns gestorben ist (siehe V. 24: „Das ist mein
Leib für euch [Griechisch: *huper humōn*]"). Es reicht jedoch
nicht aus, das Wort „Leib" bloß als Hinweis auf die Gegenwart
Jesu im Sakrament zu sehen. Im Lichte dessen, was Paulus den
Korinthern schon in 10,16–17 über „den Leib" gesagt hat,
zwingt uns der Kontext, zu beachten: Es geht Paulus insbesondere darum, dass die Korinther sich daran erinnern, dass der
Leib Jesu in den Tod gegeben worden ist, in Gehorsam zum

Vater, in Liebe für sie – für sie alle, die den einen Leib, der die Kirche ist, bilden.[62] Deshalb muss eine weitere Bedeutung von „der Leib" unterschieden werden. Wenn die Korinther den Kontext der gesamten Gemeinde in ihren eucharistischen Mählern außer Acht lassen, unterscheiden sie nicht „den Leib" der Gemeinde selbst. Sie würden die Gegenwart des Herrn auf eine Weise proklamieren, die gegenläufig ist zu eben diesem „Rhythmus" der Hingabe Christi, von der sie behaupteten, sich in ihrer Feier zu „erinnern" (VV. 24–26).[63]

Die Christen sind aufgerufen, die Selbsthingabe Christi zu wiederholen im „Gedächtnis", das sowohl im Kult als auch im Leben gefeiert wird. Die Eucharistie nicht in dieser Weise zu feiern, bedeutet, „sich das Gericht zuzuziehen, indem man isst und trinkt" (V. 29). Indem man den geopferten „Leib" Jesu in der Eucharistie nicht erkennt, verstößt man gegen den „Leib", der die Kirche ist, die gerufen ist, dieses Opfer in ihrem eigenen Leben zu wiederholen.[64] Wie bereits in 10,14–22 kommt Paulus auf Verständnis und Praxis der Gemeinde bezüglich der Eucharistie zurück, um ihre gegenwärtige Praxis zu korrigieren, indem er sie auffordert, sich an die *Tradition* – und ihre Implikationen! – zu erinnern, die sie von ihm empfangen haben (V. 23). „Dieser Rat bedeutete speziell für die korinthischen Christen, die er zur Rede stellt, mit der Selbstlosigkeit Jesu beim Letzten Abendmahl zu rechnen und mit ihrem fragwürdigen Verhalten aufzuhören."[65] Die Gemeinschaft („common union"), die vom Herrn begründet ist – zwischen ihm selbst und seiner Gemeinde, sowie innerhalb der Gemeinde –, durch ein überhebliches Ausleben der eigenen Vorrechte und „Stärke" zu gefährden, ist unannehmbar und gefährlich (VV. 30–31).[66]

Paulus berührt eines der tiefsten aller Geheimnisse, wenn es wirklich wahr ist, dass das Paradox der menschlichen Existenz in der Tatsache gefunden werden kann, dass menschliche Wesen zugleich individuelle und wesentlich soziale Wesen sind. Die an Jesus Glaubenden werden vollständiger sie selbst und enger verbunden mit ihren Brüdern und Schwestern, je inniger sie mit ihrem Erlöser verbunden sind.[67]

Ergebnis

Unsere Untersuchung der paulinischen Hinweise auf die Eucharistie in der Gemeinde von Korinth hat versucht, sein Verständnis dieser Feiern näher zu bestimmen als eine Herausforderung an eine gespaltene Gemeinde, sich daran zu erinnern: „Ein Brot ist es. Darum sind wir viele ein Leib; denn wir alle haben teil an dem einen Brot" (1 Kor 10,17). Eine kritische und synchrone Untersuchung des Kontextes der paulinischen Lehre von der Eucharistie, in dem sich 1 Kor 11,27–28 findet, zeigt, dass dieser Abschnitt ursprünglich geschrieben wurde, um die korinthischen Christen anzuklagen wegen ihrer Sündhaftigkeit, mit der sie das eucharistische Mahl so feiern, dass einige ausgeschlossen wurden. Paulus gibt eine alte *Tradition* bezüglich der Anwesenheit der Gebrochenen am Tisch des Herrn weiter.

> Man ißt unangemessen, wenn man das Mahl des Herrn als „eigenes Mahl" behandelt. Dann wird man „schuldig", sofern der unangemessen Feiernde auf die Seite derer tritt, die den Herrn töten, anstatt seinen Tod zu verkündigen.[68]

Dieses Verhalten widersprach der „vereinbarten Position", wie sie in 10,16–17 formuliert worden ist. Daher gab es eine „Lüge" im Leben der Gläubigen: sie verkündeten mit ihrem Leben nicht das, was sie im Kult feierten. Theißen bemerkt dazu: „Zwischen dem Selbstverständnis urchristlicher Gemeinden als einer eschatologischen Liebesgemeinschaft und ihren Streitigkeiten besteht zweifellos ein Widerspruch."[69] Dies konnte in einer echt christlichen Gemeinde nicht erlaubt sein, und deshalb schreitet Paulus streng dagegen ein.

Die Korinther konnten nicht beanspruchen, „der Leib des Herrn" (die Kirche) zu sein, solange sie nicht „den Leib" (ebenfalls die Kirche) „unterschieden", in jenen geringeren Geschöpfen, besonders den Armen und Verlassenen, die sie vom eucharistischen Tisch ausschlossen.[70] Obwohl wir es hier mit einer anderen „literarischen Form" zu tun haben als die narrativen Texte, die wir in den folgenden Kapiteln betrachten werden, müssen wir der Frage nachgehen, ob diese *Tradition*, die von Paulus 54 n. Chr. artikuliert worden ist, auch in den Evangelien erkennbar ist oder nicht. Für Paulus ist die Botschaft klar: der eucharistische Tisch ist nicht nur für die Privilegierten und jeder Versuch in diese Richtung muss aufgedeckt und korrigiert werden. Der „Mangel an Unterscheidung" (siehe V. 29), den Paulus in der korinthischen Gemeinde nicht zuließ, sollte genauso in jeder christlichen Gemeinde nicht erlaubt sein. Wie wir gesehen haben sind seine Worte an die Korinther in dieser Frage streng: „Was soll ich dazu sagen? Soll ich euch etwa loben? In diesem Fall kann ich euch nicht loben" (11,22). Die Worte des Paulus sollten uns warnen, damit wir in unserer Überheblichkeit nicht dieselbe Anschuldigung verdienen, indem wir Praktiken entwickeln und verteidigen, die auf das Ausschließen – statt des Einschließens – all derer abzielen, die mit Hoffnung und Glauben ihren Blick auf die Eucharistie richten als den Ort, an dem sie dem Herrn, dem für sie Gekreuzigten (siehe 11,24), begegnen können.

Die Kirche ist aufgerufen zu erkennen, dass sie ihren eigentlichen Existenzgrund in den Bedürfnissen all derer hat, die zum Tisch des Herrn blicken, um eins zu werden mit ihm und untereinander in der Gemeinde. Nur dann erfüllt sie die paulinischen Voraussetzungen für eine wahrhaft christliche Eucharistie.[71]

Umstände und Gesetzgebung, die Trennung und Ausschluss kanonisieren, müssen einer genauen Überprüfung unterzogen werden. Sie könnten uns das Urteil einbringen, das Paulus über die christliche Gemeinde von Korinth gesprochen hat: „Wenn ihr euch versammelt, ist das kein Essen des Herrenmahls" (1 Kor 11,20).

Paulus erzählt die Geschichte von der Nacht, in der Jesus verraten wurde, um die Korinther daran zu erinnern, dass Jesus das Leiden – das seine Bestimmung war – nicht in einer gewissermaßen passiven Weise akzeptierte. Es war nicht etwas, das „für ihn selbst" geschah.[72] Er war sich voll dessen bewusst, dass er zu einer radikalen Loyalität sowohl zu Gott als auch seinen Mitmenschen berufen war. Deshalb nahm er das Geschehen auf Golgotha an, um Frucht zu bringen für die Rettung der Welt (siehe Phil 2,5–11). So muss es auch für diejenigen gelten, die in den „Rhythmus" der Eucharistie hineingenommen sind, einen „Rhythmus", der sowohl die eucharistische Feier als auch das eucharistische Leben berührt. Die Jünger und Jüngerinnen Jesu sind aufgerufen zu einem Leben, das geprägt ist von einem tiefen Bewusstsein des Vereint-Seins mit Jesus, mit Gott, sowie dem Rest der Menschheit. Wie Jesus leben auch wir ein eucharistisches Leben, das sowohl die erlösenden Geschehnisse im Leben und Sterben Jesu ins Gedächtnis ruft als auch unsere Bereitschaft zeigt, selbst Opfer zu sein, die ihre Leiber brechen und ihr Blut vergießen für andere. Auf diese Weise werden wir den Tod Jesu erinnern, bis er wiederkommt (siehe 11,26). Die eucharistische Liturgie ist Quelle und Höhepunkt eines eucharistischen, grenzenlos hingegebenen Lebens (siehe *Sacrosanctum Concilium* 10). So war das Leben Jesu beschaffen und so muss auch das Leben all seiner Jünger und Jüngerinnen geprägt sein, da sie von nun an durch ihn und in ihm leben.

Es ist innerhalb dieses Kontextes, dass man tiefer und vollständiger würdigen kann, was es bedeutet, Eucharistie zu feiern.

> Die eucharistische Liturgie scheint mein Leben komplizierter zu machen, denn anstatt mich einfach meinen täglichen Aufgaben zu widmen, muss ich ein wenig Zeit erübrigen für diese Beschäftigung, die nutzlos zu sein scheint, tatsächlich jedoch unverzichtbar ist, wenn ich Zeugnis für meinen christlichen Glauben geben will. Die Wahrheit dieser Feststellung wird unausweichlich klar, sobald ich die Eucharistie nicht als „Mittel" zur Erlangung von Gnaden ansehe, sondern als einen Gebrauch meiner christlichen Sprache. Wenn ich richtig existieren will, muss ich mich auf diese Weise ausdrücken.[73]

Die Eucharistie ist nicht eine Gebetsmühle, die wir jeden Tag, und ein wenig feierlicher am Sonntag, betätigen könnten. Es ist die „Sprache" meines Lebens. Sie drückt mehr als alles andere mein Hineingenommen-Sein in das erlösende Geheimnis der Selbsthingabe Jesu in Gehorsam und Liebe bis zum Tod aus.

Drittes Kapitel

Das Markusevangelium

Die vier Evangelien sind der Beginn einer neuen literarischen Form. Jeder Evangelist verwendete auf seine je spezifische Weise Ereignisse aus Jesu Leben, Lehre, Tod und Auferstehung, um die Botschaft von dem, was Gott in und durch Jesus Christus für uns getan hat, zu vermitteln.[1] Vor allem sind die Evangelien die inspirierte Verkündigung grundlegender christlicher Wahrheiten. Sehr wahrscheinlich war keiner der Evangelisten selbst Augenzeuge des Lebens Jesu (siehe Lk 1,1–4). Sie griffen vielmehr zurück auf das Gedächtnis der Kirche, auf die frühchristliche *Tradition* über Jesus, um die zahlreichen Berichte über sein Leben und Wirken zu sammeln und zu ordnen. So entstanden die vier längeren Erzählungen, die wir als die Evangelien nach Markus, Matthäus, Lukas und Johannes kennen. Markus ist in dieser Hinsicht besonders wichtig. Er war der erste, der ein Evangelium schuf (um 70 n. Chr.). Matthäus und Lukas verwendeten seine Erzählung als Hauptquelle bei der Abfassung ihrer eigenen Berichte über Leben, Lehre, Tod und Auferstehung Jesu. Trotz ihrer Abhängigkeit vom Bericht des Markus erzählen Matthäus und Lukas jeweils ihre eigene Version der Geschichte Jesu. So leisteten die vier Evangelisten einen bedeutenden Beitrag zur entstehenden Kirche, indem sie in ihren Erzählungen die früheste *Tradition* zum Ausdruck brachten (siehe *Dei Verbum* 12).[2]

In der Folge wurden die vier Evangelien Teil der schriftlichen (d. h. „biblischen") Offenbarung Gottes und schließlich Teil des Kanons. Dies hatte Auswirkungen auf den christlichen Glauben und die christliche Praxis nachfolgender Generationen. Wir dürfen die Evangelien nicht als Lehrbücher sehen, die uns abstrakte Diskussionen über Jesus und die Eucharistie bieten, oder über jedes andere Thema, das uns interessieren könnte.[3] Jedes Evangelium enthält ein wichtiges Zeugnis über eine wunderbare Speisung mit Broten und Fischen durch Jesus sowie das

Mahl mit seinen Jüngern in der Nacht vor seinem Tod.[4] Durch diese Erzählungen spielen die Evangelien eine wichtige Rolle. Sie schildern nämlich, welche Bedeutung eucharistisches Denken und Handeln in der frühesten Kirche hatte, und diese kann erschlossen werden durch eine sorgfältige, respektvolle und gläubige Interpretation dieser Erzählungen. Dabei wird der Blick gerichtet etwa auf die Verwendung von Symbolen und Metaphern durch die Verfasser, die Entwicklung der Charaktere in der Geschichte, die bewusste Anordnung des Materials der Geschichte selbst, den zeitlichen Verlauf und das Erzähltempo, sowie weitere Merkmale, die charakteristisch für eine „Geschichte" oder „Erzählung" sind.[5]

Bei unserer Suche nach dem, was die Verfasser der Evangelien über die Eucharistie sagen wollten, müssen wir genau auf die je konkrete Textgestalt des Versuchs, die Geschichte des Jesus von Nazareth zu erzählen, achten.[6] In literarischer Terminologie gesagt: Wir müssen die „Erzählperspektive" jeder Geschichte herausfinden. „Erzählperspektive" ist definiert worden als „die Weise, wie eine Geschichte erzählt wird – der vom Autor geschaffene Modus bzw. die Perspektive, durch die den Lesern Charaktere, Handlung, Rahmen und Ereignisse vorgestellt werden, welche in einem fiktiven Werk die Erzählung ausmachen."[7] Indem man die durchgehende „Erzählperspektive" des Markus verfolgt, kann man herausfinden, was die Erfahrung der Eucharistie für den Verfasser, die Jünger und die Leser der Geschichte Jesu, wie sie Markus erzählt, bedeutete.[8] Es gibt im Markusevangelium genügend Hinweise dafür, dass bei den vom Autor adressierten Christen und Christinnen (d. h. die ursprüngliche Hörerschaft des Evangeliums, die Mitglieder der frühchristlichen Gemeinde) Verwirrung und manches Versagen herrschte im Hinblick auf ihr Verständnis dessen, was Gott in Jesus getan hatte und was von ihnen als Jünger Jesu verlangt wurde. Das Evangelium ermahnt sie zu einer engeren „Nachfolge" Jesu, d. h. einem engagierteren christlichen Leben, und es tröstet sie in ihren Nöten und ihrem Versagen.[9]

Die Jünger

Unter den vielen Merkmalen einer guten Erzählung gibt es zwei wesentliche Faktoren, die zusammenwirken müssen, damit eine einheitliche Geschichte entsteht:

a) die Charaktere oder Handelnden im Drama[10]

b) die Handlung, innerhalb derer sie ihren Part spielen.[11]

Das Markusevangelium ist bekannt für seine Darstellung der Jünger Jesu.[12] Abgesehen von Jesus – dem Hauptcharakter in der Handlung – sind die Jünger die wichtigsten Protagonisten in diesem Evangelium. Jesus beruft sie in seiner ersten öffentlichen Handlung (Mk 1,16–20), und sie begleiten ihn bei seinem Wirken in Galiläa (1,16 – 8,30). Durch die ganze zweite Hälfte des Evangeliums hindurch stehen sie in ständiger Interaktion mit ihm, zeigen zunehmend Angst und Unvermögen, zu verstehen oder zu akzeptieren, was er von ihnen verlangt, bis sie ihn bei seiner Verhaftung im Garten Getsemani schließlich verlassen (8,31 – 14,50). Was der Literarkritiker William Harvey generell über Protagonisten in einer Erzählung schreibt, trifft auch bestens zu auf die Jünger bei Markus. Sie sind:

> ... die Vehikel, durch die all die wichtigsten Fragen gestellt werden; sie wecken unseren Glauben, unsere Sympathien, Abneigungen; sie verkörpern die moralische Sicht der Welt, wie sie im ganzen Roman enthalten ist. In gewisser Weise sind sie es, weshalb der Roman existiert; er existiert, um sie zu zeigen.[13]

Im Markusevangelium haben die Jünger Jesu einen privilegierten Zugang zu seiner Person und Mission. Sie antworten sofort auf seinen „Ruf", ihm zu folgen (1,16–20; 2,13–14; 3,13–19). Sie werden Zeugen seiner Wundertaten und erhalten auch private Unterweisung durch ihn (4,11.34; 7,17; 10,10). „Die Zwölf" werden berufen, um „mit ihm" zu sein, sodass sie teilnehmen können an der Ausbreitung des Reiches Gottes durch ihr Predigen und ihre Vollmacht zur Austreibung von Dämonen (3,13–15). Sie werden von Jesus selbst formell zu dieser Mission ausgesandt (6,7–12). Wenn wir nur diese Seite der Geschichte hätten, wäre klar, dass Markus die Jünger als Paradigmen für jene Privilegierten gebrauchen wollte, die zu einem christlichen Leben berufen sind. Wir, die Adressaten des Markusevangeliums im einundzwanzigsten Jahrhundert, wären froh, wenn wir uns mit dieser Erfolgsgeschichte verbinden könnten. Es könnte eine kongeniale Verbindung geben zwischen den „Jüngern Jesu", die eine führende Rolle im Markusevangelium spielen, und den „Jüngern Jesu", welche die Evangelien-Erzählung lesen, hören oder inszeniert sehen.

Dies ist jedoch nicht der Fall. Wie oben zitiert, schrieb William Harvey von der Möglichkeit, dass Charaktere in einer Erzählung eine „Abneigung" bei den Lesern hervorrufen können. Was an den Jüngern im Markusevangelium überrascht, ist die Tatsache, dass mit dem Fortschreiten der Geschichte Jesu ihr Versagen zunimmt. Tatsächlich versagen die Jünger durchgehend im Markusevangelium. Sie versagen, weil sie seine Gleichnisse nicht verstehen (4,13; siehe auch 7,18), und ebensowenig seine Wunder (4,40–41). Nach der Rückkehr von ihrer Mission sind sie begierig darauf, Jesus all die Dinge zu erzählen, die sie gesagt und getan haben (6,30). Sie sind unfähig, Jesu Gang auf dem Wasser zu begreifen, genauso wie das Brotwunder, weil ihre Herzen verhärtet sind (6,51–52). Nach dem zweiten Brotwunder verstehen sie wiederum nicht und Jesus klagt sie an, verhärtete Herzen zu haben, blind und taub zu sein (8,17–21). Sie wollen eine exklusive Jüngerschaft etablieren, die feindlich gesonnen ist gegen andere, die die Dinge nicht so sehen wie sie selbst (9,38–41; 10,13–16). Im Mittelteil des Evangeliums, in dem Jesu Zugehen auf seinen Tod und sein Weg nach Jerusalem deutlich werden (8,22–10,52), spricht er dreimal von seiner bevorstehenden Passion und jedes Mal verstehen die Jünger nicht oder weigern sich zu verstehen (8,32; 9,32–34; 10,35–45).[14] Wenn dies auch nicht gerade „Abneigung" bei den Lesern erzeugen mag, so sind die Jünger doch bestimmt keine Helden der Erzählung, im üblichen Sinne des Wortes „Held". Christliche Adressaten, für die die Reaktion der Jünger im früheren Teil der Erzählung attraktiv gewesen sein mag und die bereit waren, sich ihnen in ihrer Nachfolge anzuschließen, werden sich zunehmend ihrer Schwachheit bewusst, wenn sie bei 10,45 ankommen.

Das Versagen der Jünger spitzt sich in der Passionsgeschichte zu. Judas, „einer der Zwölf", verrät Jesus (14,10–11), Petrus verleugnet ihn (14,66–72) und seine engsten Nachfolger – Petrus, Jakobus und Johannes – schlafen in der Stunde seines qualvollen Ringens im Gebet (14,32–42). Ihr endgültiges Ausscheiden aus der Geschichte findet sich in 14,50: „Da verließen ihn alle und flohen." Dies ist der letzte Auftritt der Jünger im Markusevangelium und ihre Flucht wird unmittelbar darauf kommentiert in der kurzen, gleichnishaften Erzählung. Da war ein junger Mann, der „folgte". Auch er floh angesichts der drohenden Gefahr und ließ die einzige Bedeckung seines Leibes, ein Leinentuch, in den Händen derer zurück, die ihn ergreifen wollten. Wie die Jünger, die gerade geflohen sind, ist er nackt in seiner Nichtigkeit.[15] Beim Kreuz Jesu gibt es im Markusevangelium keine männlichen Jünger. Allein die Frauen, die ihm von Galiläa gefolgt sind, schauen von ferne zu (15,40–41). Überraschenderweise finden sich auch keine männlichen Jünger in der kurzen Auferstehungsgeschichte (16,1–8).[16] Es gibt jedoch Hinweise darauf, dass sie eventuell wieder eingesetzt werden in ihre „Nachfolge" Jesu. Die Flucht der Jünger ist gekennzeichnet durch die parallele Flucht eines jungen Mannes, der nackt ist in seiner Nichtigkeit. Im leeren Grab jedoch sehen die Frauen „auf der rechten Seite einen jungen Mann sitzen, der mit einem weißen Gewand bekleidet war" (16,5). Die Ähnlichkeiten zwischen dem Gleichnis vom nackten Mann in Verbindung mit den fliehenden Jüngern in 14,41–52 einerseits, und der Anwesenheit eines jungen Mannes im leeren Grab, dessen Kleidung beschrieben ist, in 16,5 andererseits, sind zu auffallend, um nicht von Bedeutung zu sein. Der Leser bemerkt eine Wiedereinsetzung.[17] Die Frauen, die Jesus von Galiläa nachgefolgt waren, werden beauftragt: „Nun aber geht und sagt seinen Jüngern und dem Petrus: Er geht euch voraus nach Galiläa; dort werdet ihr ihn sehen, wie er es euch gesagt hat" (V. 7). Ihr Schweigen (V. 8) treibt die Geschichte des Versagens voran im letzten Vers des Evangeliums. Sie kann nur überwunden werden durch die niemals versagende Gegenwart Gottes. Die Leserinnen und Leser des Evangeliums sind herausgefordert, ihr eigenes Versagen zu erkennen, aber auch die frohe Botschaft zu verkünden: Jesus wird seinen Jüngern, die versagt haben, wieder begegnen, wie er ihnen im Evangelium gesagt hat.[18]

Hat Markus die Jünger Jesu als Charaktere verwendet, um „Glauben, Sympathie oder Abneigung" zu erwecken (Harvey)? Exegeten und Exegetinnen haben den entsprechenden Hinweis auf verschiedene Weise interpretiert. Viele behaupten, dass – soweit es Markus betrifft – die Jünger kein Paradigma für die markinische Kirche oder für die Kirche zu irgendeiner Zeit bieten, weil sie versagen und so nur „Abneigung" hervorrufen. Wie es einer dieser Exegeten ausgedrückt hat:

> Ich schlussfolgere, dass Markus eifrig bemüht ist um eine Rache an den Jüngern. Er zeichnet sie als begriffsstutzige, verstockte, widerspenstige Männer, die zuerst unempfänglich sind für Jesu Messianität, dann deren Art und Eigenschaft ablehnen und sie schließlich ganz verwerfen. Als Gnadenstoß schließt Markus sein Evangelium, ohne die Jünger zu rehabilitieren.[19]

Diese Interpretation lässt das Versagen der Jünger deutlich hervortreten, spielt jedoch die Bedeutung der positiven Seite ihrer Geschichte herunter und versteht sie falsch. Was sollen die Leser mit dem früheren Teil der Erzählung anfangen? Sogar in 10,32 werden die Jünger – trotz all ihrer Angst und ihres Versagens – immer noch als die bezeichnet, „die ihm folgten" (Griechisch: *hoi de akolouthountes*). Die beiden Seiten der Reaktion der Jünger Jesus gegenüber müssen in Spannung gehalten werden, weil sowohl das Positive als auch das Negative ihrer Geschichte in Betracht gezogen werden muss. Es ist die Geschichte aller Jünger.[20] Für Markus ist es insbesondere die Geschichte seiner eigenen Gemeinde – einer Gemeinde von (versagenden?) Jüngern. Das Markusevangelium zeigt die Jünger so, wie sie sind. Ihr Versagen ist eine Botschaft, ein

Hinweis auf ihr unbedingtes Angewiesen-Sein auf Jesus und ihr notwendiges Vertrauen in Gottes Erlösermacht durch Jesus. Jüngerschaft ist eine Mischung von Privileg und Egoismus, von Erfolg und Scheitern. Das Markusevangelium stellt diese Erfahrungen sehr eindringlich dar. Ein solches Verständnis von Jüngerschaft resultiert ohne Zweifel aus der Erfahrung von Jüngerschaft in einer frühchristlichen Gemeinde. Diese Evangelien-Geschichte behandelt also durch die Darstellung der ersten Jünger Jesu das Problem der Ambivalenz all derer, die als christliche Jünger und Jüngerinnen zu leben versuchen.

Sie verstanden das mit den Broten nicht

Vor diesem Hintergrund der umfassenderen Darstellung der Jünger in der Geschichte Jesu im Markusevangelium sollten wir uns den Berichten von der Brot- und Fischvermehrung zuwenden. In beiden Erzählungen von der Brotvermehrung und der Speisung der Menschenmenge (Mk 6,31–44; 8,1–9) gibt es deutliche eucharistische Hinweise. Bevor wir uns einer genaueren Untersuchung dieser Abschnitte zuwenden, müssen wir ihren literarischen Kontext bestimmen sowie ihre Stellung und Funktion innerhalb der „Handlung" der markinischen Erzählstruktur ausfindig machen. Bei unserer Suche nach Lehren, die wir aus dem Markusevangelium in Bezug auf das Eucharistieverständnis der frühen Kirche ziehen können, ist es wichtig zu sehen, wie der Erzähler die Geschichten von der Brot- und Fischvermehrung innerhalb seiner Gesamthandlung verwendet hat. Wie oft gesagt worden ist: Text ohne Kontext ist eine Ausrede („text without context is pretext"). Die Stellung der beiden Wundererzählungen innerhalb eines so engen literarischen Kontextes ist bereits ein Hinweis für die Interpreten, dass die eine Erzählung im Lichte der anderen zu verstehen ist, und beide miteinander verbunden sind durch die sie umgebenden Elemente der markinischen Geschichte.

Meyer H. Abrams beschreibt „Handlung" folgendermaßen: „Die Handlung in einem dramatischen oder erzählenden Werk ist die Struktur ihrer Taten, wie sie angeordnet und dargestellt sind, um bestimme emotionelle und künstlerische Effekte zu erzielen."[21] Unsere Interpretation von Mk 6,31–44 und 8,1–9 richtet ihr Augenmerk auf die vielen Hinweise zu ihrer tieferen Bedeutung, die sich im größeren Kontext der ersten Hälfte des Evangeliums finden. Alle Kommentatoren stimmen darin überein, dass das Bekenntnis des Petrus zu Jesus als „dem Christus" (8,27–30) der zentrale Teil innerhalb der literarischen Struktur des Markusevangeliums ist.[22] Im Sinne unserer Interpretation der zwei Wundererzählungen in 6,31–44 und 8,1–9 muss „die Struktur der Taten" (Abrams) in der ersten Hälfte des Evangeliums (1,1 – 8,30) kurz kommentiert werden. Sie verläuft deutlich hin zum Bekenntnis Jesu als „des Christus" in 8,29. Die zweite Hälfte (8,31 – 16,8), die ihren Höhepunkt in Tod und Auferstehung Jesu hat, wird erläutern, was es bedeutet, Jesus als „den Christus" zu bekennen. Er wird der leidende Menschensohn sein und nur als solcher der Sohn Gottes. Mk 1,1 – 8,30 löst das Geheimnis Jesu als des Messias, mit dem Höhepunkt im Petrusbekenntnis in 8,29. Mk 8,31 – 16,8 entfaltet jedoch ein noch tieferes (und dunkleres) Geheimnis, jenes des Menschen- und Gottessohnes, das seinen Höhepunkt erreicht im Kreuz und im leeren Grab.[23]

Der Erzähler beginnt mit einem Prolog zum Leben und Lehren Jesu (1,1–13). Der Leser wird so darüber informiert, dass Jesus von Nazaret „der Christus, der Sohn Gottes" ist (VV. 1.11), bezeugt von Gott selbst (VV. 2–3), erfüllt mit und geleitet vom Geist (VV. 10.12). In der Wüste, als die Engel ihm dienten und er „bei den wilden Tieren" lebte, ist er auch ein Zeichen der Erneuerung von Gottes ursprünglicher Schöpfungsordnung.[24] Eine starke Zusammenfassung folgt, als Markus davon berichtet, wie Jesus auftritt und das Evangelium verkündet (1,14–15). Auf diese zusammenfassende Feststellung der Aktivitäten Jesu folgt die Berufung der ersten Jünger (1,16–20).

Mit dem Beginn seiner öffentlichen Wirksamkeit überwindet Jesus das Übel von Krankheit und dämonischer Besessenheit (1,21–45), aber er findet sich auch in einem ungelösten Konflikt mit den offiziellen Repräsentanten Israels (2,1 – 3,6). Dieser Teil des Evangeliums endet mit 3,6: „Da gingen die Pharisäer hinaus und fassten zusammen mit den Anhängern des Herodes den Beschluss, Jesus umzubringen."

Eine weitere Zusammenfassung des Wirkens Jesu findet sich am Beginn des nächsten Abschnitts (3,7–12), wiederum gefolgt von Material zur Jüngerschaft. Diesmal geht es um die Berufung und Beauftragung „der Zwölf", durch die Jesus eine „neue Familie" gründet – sie soll „mit ihm sein" und teilhaben an seinem Leben und seiner Sendung (3,13–19a). Der Erzähler berichtet sodann von der Unfähigkeit sowohl der physischen „Familie" Jesu wie auch seiner kulturellen und religiösen „Familie", ihn zu verstehen und anzunehmen (3,19b–35). Durch eine Reihe von Gleichnissen (4,1–34) und Wundern (4,35 – 5,43) unterweist Jesus seine „neue Familie", indem er das Reich Gottes verkündet und die Macht seiner Gegenwart aufzeigt. Ihnen ist das Geheimnis des Reiches Gottes bekannt gemacht (siehe 4,11). Bei der Rückkehr in „seine Heimatstadt" (6,1) stellen seine Leute ihm die richtigen Fragen in Bezug auf den Ursprung seiner Weisheit und Macht: „Woher hat er das alles?" Sie geben jedoch die falsche Antwort: „Ist das nicht der Zimmermann, der Sohn der Maria?" (siehe 6,2–3). Der Leser weiß, dass Jesus „von Gott" ist (siehe 1,1.11) und dass durch seine Gegenwart die Gegenwart des Reiches „Gottes" (siehe 1,15) eröffnet wird.[25] Die Charaktere in der Geschichte, die Leute seiner Heimatstadt, behaupten jedoch, dass er „von Maria" sei. Jesus ist erstaunt über ihren Unglauben (6,6a). An diesem Punkt in der sich entfaltenden Erzählung ist schon eine „neue Familie" gegründet („Wer den Willen Gottes erfüllt, der ist für mich Bruder und Schwester und Mutter" – 3,35) und von Jesus unterwiesen (4,1 – 6,6a).

Nachdem ihm Widerstand, zuerst von Seiten Israels und dann von „den Seinen", entgegengebracht worden ist, wendet sich Jesus entschieden seinen Jüngern zu. Dieser Abschnitt der Erzählung beginnt wiederum mit einer Zusammenfassung des Wirkens Jesu (6,6b) sowie weiterem Material zur Jüngerschaft: er schickt seine Jünger „zu zweit" aus zur Mission (6,7–13). Die folgende Erzählung – feierlich beendet mit einer weiteren Entscheidung für Jesus, nämlich dem Bekenntnis des Petrus: „Du bist der Christus/Messias" (8,29) – wird durch die zwei Speisungswunder näher beleuchtet (6,31–44; 8,1–9). Während 1,14 – 3,6 die Begegnung zwischen Jesus und Israel darstellte und 3,7 – 6,6a die Begegnung Jesu mit „den Seinen", richtet sich das Augenmerk des Erzählers in 6,6b – 8,30 auf die „neue Familie" seiner Jünger, die durch Berufung (1,16–20) und Beauftragung (3,13–19) gegründet worden ist.[26]

Wie als erstes von Robert H. Lightfoot erkannt, und mittlerweile von den meisten Kommentatoren (mit Variationen) übernommen, bestimmen die beiden Speisungswunder in 6,31–44 und 8,1–9 die Struktur und Gestalt der Botschaft von 6,6b – 8,30, einem Erzählabschnitt mit besonderem Interesse an der „neuen Familie" Jesu.[27] Eine Untersuchung der offensichtlichen Wiederholung von fast identischen Wundern muss davon ausgehen, dass jeweils eine Bootsfahrt folgt, während der auf das Unverständnis der Jünger hingewiesen wird (6,45–52; 8,16–21).

Unmittelbar nach der ersten Speisungserzählung kommt Jesus auf dem Wasser zu seinen Jüngern (6,45–52). Trotz allem, was sie erlebt haben, verstehen sie die Bedeutung der Selbstoffenbarung Jesu nicht.

> Dann stieg er zu ihnen ins Boot und der Wind legte sich. Sie aber waren bestürzt und fassungslos. Denn sie waren nicht zur Einsicht gekommen, als das mit den Broten geschah; ihr Herz war verstockt. (6,51–52)

Nach der zweiten Speisungserzählung brechen die Jünger wiederum auf über den See. Diesmal ist Jesus mit ihnen im Boot. Er spricht mit ihnen über „den Sauerteig" der Pharisäer (8,15), aber die Jünger nehmen an, dass er auf das „eine Brot", das sie mit an Bord haben, verweist (8,14), da sie vergessen hatten, Brot mitzunehmen. Jesus spricht eindringlich zu ihnen, indem er sie an die beiden Speisungswunder erinnert:

> Als er das merkte, sagte er zu ihnen: Was macht ihr euch darüber Gedanken, dass ihr keine Brote habt? Begreift und versteht ihr immer noch nicht? Ist denn euer Herz verstockt? Habt ihr denn keine Augen, um zu sehen, und keine Ohren, um zu hören? Erinnert ihr euch nicht: Als ich die fünf Brote für die Fünftausend brach, wie viele Körbe voll Brotstücke habt ihr da aufgehoben? Sie antworteten ihm: Zwölf. Und als ich die sieben Brote für die Viertausend brach, wie viele Körbe voll habt ihr da aufgehoben? Sie antworteten: Sieben. Da sagte er zu ihnen: Versteht ihr immer noch nicht? (8,17–21)

Auf diesem Hintergrund – dem mangelnden Verständnis der Jünger – müssen wir die markinischen Speisungserzählungen in 6,31–44 und 8,1–9 interpretieren.

Viele Elemente dieser Erzählungen haben enge Berührungspunkte mit der späteren rituellen Feier der Eucharistie.[28] Die Handlungen Jesu in beiden Erzählungen – das „Nehmen" der Brote, das „Aufblicken zum Himmel", die „Danksagung", das „Brotbrechen" und das „Geben" an die Jünger (siehe 6,41 und 8,6) – sind deutliche Verbindungen zur rituellen Feier der Eucharistie in der markinischen Gemeinde. Das griechische Wort für die Brotstücke *(klasmata)* ist ein wichtiger eucharistischer Begriff in späteren Texten.[29]

Diese Berichte spiegeln den Glauben der ersten Leserinnen und Leser dieser Erzählung, der Gemeinde des Markusevangelisten. Sie waren sich der Nahrung bewusst, die die Begegnung mit dem eucharistischen Herrn ihnen bot. Der Verfasser besteht jedoch darauf, dass der Herr nicht selbst die Verteilung vornimmt. Wichtig für die Gemeinde ist, dass der Herr diese Aufgabe seinen Jüngern übertragen hat. Beim ersten Wunder bitten die Jünger Jesus, angesichts des einsamen Ortes und der späten Stunde, die Menschenmenge wegzuschicken in die umliegenden Dörfer, damit sie sich selbst etwas zu essen kaufen könnten. Jesus erwidert: „Gebt ihr ihnen zu essen!" (6,37). Nachdem Jesus die Brote genommen, gesegnet und gebrochen hatte, „gab [er] sie den Jüngern, damit sie diese an die Leute austeilten" (V. 41).

Das zweite Wunder ist veranlasst durch Jesu Mitleid mit der Menge, die „von weit her gekommen" ist (8,3). Hier gibt es keine Anweisung an die Jünger, die Leute zu speisen, aber es wird ihnen diese Aufgabe übertragen. Wiederum lesen wir, dass Jesus die Brote „seinen Jüngern zum Verteilen" gab, „und die Jünger teilten sie an die Leute aus" (V. 6).

Die Speisung der Menschenmenge ist eine Aufgabe, die die Jünger erfüllen müssen. Dies erklärt zum Teil, warum sich die beiden Wundererzählungen an dieser Stelle in der Handlung des Markusevangeliums finden. Dem Verfasser geht es hier darum, die Sendung der Jünger durch Jesus aufzuzeigen. Man muss sowohl zurück als auch nach vorne auf den Erzählkontext schauen, um die Erzählperspektive des Verfassers bei der Schilderung der Brotwunder richtig zu verstehen. Die erste Wundererzählung (6,31–44) folgt auf die Aussendung der Zwölf zu ihrer Mission (6,7–13) sowie auf die ausführliche Beschreibung des Todes Johannes des Täufers (6,14–29), die darauf hinweist, dass dies das Schicksal aller sein wird, die bereit sind das Risiko einzugehen, Jesus auf seinem Weg nachzufolgen.[30]

Nach diesem Zwischenspiel kehren die Jünger von ihrer Mission zurück, erfüllt von ihrer eigenen Wichtigkeit und ihrem Erfolg (6,30). Die nun folgende Speisungserzählung (6,31–44) ist auf jüdischem Gebiet angesiedelt, aber die Frage nach der Mission der Jünger ist bereits in den unmittelbar vorausgehenden Abschnitten ernsthaft gestellt worden (VV. 7–30).

Das Thema der Mission taucht wiederum sehr deutlich auf zwischen der ersten und der zweiten Speisungserzählung (7,1–30). Der Abschnitt beginnt mit einer polemischen Begegnung zwischen Jesus und Israel (7,1–23). Es geht hier um das „Essen". Das Verb „essen" (Griechisch: *esthiein*) und das Wort für „Brot" (Griechisch: *artos*) unterstreichen den Konflikt (siehe 7,2–5). Während Israel das „Essen" durch das, „was außen ist" (VV. 15.18), beurteilt, sind die wirklichen Gründe für die Sündhaftigkeit anderswo zu finden. Die Laster, die in VV. 21–22 aufgezählt werden, kommen „von innen" (V. 23). Mit einigen von ihnen ist zu rechnen,

da sie sich im Dekalog finden. Es werden jedoch weitere Laster genannt, welche die Menschen voneinander trennen: Neid, Verleumdung, Hochmut und Unvernunft. Während Israel äußere Kriterien
für die Feststellung der rituellen Reinheit verwendet, betont Jesus,
dass bleibende Spaltungen durch viel tiefer gehende Defizite her-
vorgerufen werden. Warnt Markus, indem er an seine Gemeinde
schreibt, vor ihren eigenen Tendenzen zur Spaltung durch Neid,
Verleumdung, Hochmut und Unvernunft? Es ist nicht nur die
Übertretung der Torah (böse Gedanken, Unzucht, Diebstahl,
Mord, Ehebruch, Habgier, Bosheit, Hinterlist, Ausschweifung),
die verunreinigt, sondern auch der interne Streit, der durch Neid,
Verleumdung, Hochmut und Unvernunft verursacht ist und die
Gemeinde auseinanderreißt.[31]

Nachdem Jesus dieses Argument vorgebracht hat, macht er
sich auf die Reise, die ihn in heidnisches Gebiet bringen wird,
bis er wieder in die jüdische Gegend von Dalmanuta zurückkehrt (8,10). Damit sich die Adressaten über die Anwesenheit
Jesu in der heidnischen Welt im Klaren sind, betont der Erzähler
die Geographie des Weges Jesu: „Jesus brach auf und zog von
dort in das Gebiet von Tyrus" (7,24), und „Jesus verließ das Gebiet von Tyrus wieder und kam über Sidon an den See von Galiläa, mitten in das Gebiet der Dekapolis" (V. 31). Auf dieser
Reise durch heidnische Gebiete und Völker heilt Jesus die Tochter einer syrophönizischen Frau und kehrt so die etablierte Ordnung um zwischen denen, die am Tisch sitzen, und denen, die
nach den Brotkrümeln, die vom Tisch fallen, suchen (V. 27).[32]
Die Arroganz eines Volkes, das versucht, Jesus über die Tischgemeinschaft zu belehren (7,1–8), wird durcheinander gebracht
durch die Antwort einer Frau, die offen ihre Nichtigkeit bekennt. Sie erhält von Jesus das Geschenk des Lebens für ihre
Tochter, weil sie ihre radikale Bedürftigkeit und Nichtigkeit erkennt.[33] Immer noch im heidnischen Gebiet heilt Jesus einen
Taubstummen und die begleitende heidnische Menge anerkennt
Jesus auf eine Weise, die an die Beschreibung des Messias durch
den Propheten Jesaja erinnert (7,37; siehe Jes 35,5–6).

Die zweite Speisung (8,1–9) ist auf heidnischem Gebiet angesiedelt. Innerhalb des Gesamtkontextes der Mission speist Jesus sowohl Juden als auch Griechen.[34] Was ist nun mit den Jüngern in diesen Speisungswundern? In beiden Berichten wollen sie die Menschenmenge wegschicken (6,35–36; 8,4), aber Jesus erlaubt dies nicht. Er befiehlt ihnen: „Gebt ihr ihnen zu essen!" (6,37), und er bezieht sie selbst in die tatsächliche Speisung mit ein (6,41; 8,6). Wie im gesamten Evangelium sind die Jünger zu einer privilegierten Teilnahme an der Mission des Herrn berufen. In diesem Fall ist es der Ruf, sowohl die Juden (6,37) als auch die Heiden (8,6) zu speisen. Die Kirche ist für Juden wie Heiden, genährt durch die Jünger Jesu, aber diese verstehen nicht. Tatsächlich hätten sie sich daran erinnern sollen, dass einige der früheren Mähler mit ihnen die Schranken, die von den religiösen Führern zum Ausschluss einiger Menschen von der Tischgemeinschaft aufgerichtet worden waren, bereits überwunden hatten (siehe 2,15–17.18–22). Léon-Dufour hat es so kommentiert: „Diese überraschenden Mähler hatten in einer transparenten Weise die Universalität seiner Botschaft symbolisiert: das Reich Gottes, das nahe ist, ist für jeden Menschen da."[35] Die Jünger jedoch „waren nicht zur Einsicht gekommen, als das mit den Broten geschah" (6,52).

Markus hat die beiden Berichte vom Sendungsauftrag Jesu an seine Jünger, sowohl die jüdische als auch die heidnische Menschenmenge zu speisen, ins Zentrum seiner Erzählung von der Mission der Jünger gestellt.[36] Die Jünger verstehen die Sache mit den Broten nicht und sind nicht bereit, ihre missionarische Aufgabe zu erfüllen. Ihnen wäre es lieber, die Leute würden sich um sich selbst kümmern. Hinter dieser Erzählung stehen die Schwierigkeiten einer frühchristlichen Gemeinde bezüglich der Sendung zu den Heiden, die nirgends stärker empfunden wurde als wenn sie sich zur Eucharistie versammelte. Dieser Abschnitt des Markusevangeliums spiegelt den heftigen Schmerz wider, der empfunden wurde angesichts des Ringens Vieler für oder gegen die Öffnung des eucharistischen Tisches für Juden- und

Heidenchristen. Das Problem der „Tischgemeinschaft" in der frühen Kirche war verständlicherweise weit verbreitet und es spiegelt sich auch in anderen Teilen des Neuen Testaments wider (siehe besonders Apg 10–11 und Gal 2,11–21).

Die Frage eines „exklusiven" Verständnisses der Anwesenheit am eucharistischen Tisch steht hinter diesen beiden Speisungswundergeschichten, die strategisch platziert sind innerhalb des Kontextes von 6,6b – 8,30, in dem auch das Thema der universalen Sendung Jesu und der christlichen Gemeinde aufgetaucht ist. Markus hat seine Version der beiden Berichte von der Speisung der Menge erzählt, um seine Gemeindeglieder darüber zu belehren, dass sie an der universalen Sendung Jesu teilnehmen sollen, um welchen Preis auch immer (siehe 6,14–29: der Tod Johannes des Täufers). Im Zentrum dieser Sendung stand die eucharistische Tischgemeinschaft: ein Brot für viele verschiedene Menschen, obwohl die Jünger in der Erzählung sie wegschicken, d. h. vom Tisch ausschließen, hätten wollen. Jesus speist die Menschenmenge sowohl am jüdischen als auch am heidnischen Ufer des Sees, indem er von der Armut und dem Mangel – den wenigen Broten und Fischen – der Jünger nimmt (6,41 und 8,6).

Wie die Jünger in der Erzählung die harten Worte Jesu verdienten (8,17–21), weil sie die Bedeutung der Brote nicht verstanden, so werden auch die Jünger und Jüngerinnen in der markinischen Gemeinde – die Adressaten der Erzählung – ermahnt, darauf zu achten, dass sie nicht auch selbst eine solche Hartherzigkeit wiederholen, nämlich die Blindheit, den Tisch des Herrn *exklusiv* zu verstehen.

Jesu Letztes Mahl mit seinen Jüngern

Jesus besteht darauf, dass die Jünger seine universale Sendung fortsetzen, indem sie sowohl Juden (6,31–44) als auch Heiden (8,1–10) speisen. Eine neue *Tradition*, die ihre Wurzeln in

Leben, Lehre, Tod und Auferstehung des Jesus von Nazareth hat, ist entstanden. Nun können wir unsere Aufmerksamkeit dem explizit eucharistischen Text des Evangeliums zuwenden: der Version des Markus vom Letzten Mahl Jesu mit eben diesen Jüngern. Die Erzählung von diesem Mahl, das Jesus mit seinen Jüngern in der Nacht vor seinem Tod feierte (14,17–31), ist voller Überraschungen.[37]

Neben dem Einsetzen von Charakteren, die ihre Rollen innerhalb der Handlung spielen, weist die moderne Erzähltextanalyse auch auf die Bedeutung der „Rhetorik" der Erzählung selbst hin. Während die Charaktere die Akteure sind, und die Handlung die Aneinanderreihung der Ereignisse ist, um einen Eindruck zu erzeugen und zu einem Schluss hinzuführen, besteht die Rhetorik einer Erzählung aus den stilistischen Besonderheiten, die der Verfasser bewusst bei der Entfaltung der Handlung einsetzt.[38] Rhoads, Dewey und Michie definieren diese stilistischen Besonderheiten als die literarischen Mittel, die der Erzähler verwendet, um die Aufmerksamkeit der Zuhörer von der einen zur nächsten Episode aufrechtzuerhalten.[39] Es reicht nicht aus zu fragen, was eine Erzählung den Zuhörern mitteilt. Man muss auch fragen, warum die Erzählung auf eine bestimmte Weise gestaltet ist. Ein aufmerksamer Leser – und besonders einer, der die Erzählung vorgelesen bekommt und hört, oder sie aufgeführt sieht – ist nicht nur daran interessiert, *was* gesagt wird, sondern auch *wie* es gesagt wird. Die literarische Gestalt einer Erzählung entscheidet auch über ihre Botschaft.[40]

Eine der Besonderheiten des markinischen Stils ist sein Hang zu „Rahmen"-Erzählungen. Oft greift der Erzähler eine wichtige Erzählung heraus und teilt eine andere Erzählung in zwei Teile, um mit diesen die zentrale Erzählung zu beginnen und zu beenden. Das bedeutet, dass der Erzähler eine bestimmte Erzählung mit der Schilderung einer Handlung beginnt, um sie dann zu unterbrechen, indem er eine andere, ganz unterschiedliche Handlung einführt. Die unterbrochene Erzählung wird fortgeführt, sobald der zentrale Teil zum Abschluss gekommen ist. Ein Beispiel dafür ist die „Rahmen"-Erzählung von der Bitte des Jaïrus an Jesus, zu seiner Tochter zu kommen (5,21–24), und dann ihre tatsächliche Auferweckung (5,35–43), die um die Heilung der Frau mit Blutfluss (5,25–34) angeordnet ist. *Beide* Frauen sind für Israel „tot". Die eine ist in einem dauernden Zustand der rituellen Unreinheit wegen ihres Blutflusses und die andere ist ein Leichnam. Aber *beiden* Frauen werden ihre Ganzheit und die Chance zur Heiligkeit wiedergegeben durch die tabubrechende Berührung durch Jesus.[41] Ein anderes bekanntes Beispiel ist der „Rahmen" von Jesu Verfluchung des Feigenbaums (11,12–14) und der Anblick des verdorrten Baums (VV. 20–21), der die Erzählung von Jesu Beendigung aller Geschäfte und kultischen Praktiken am Jerusalemer Tempel (VV. 15–19) umspannt. Der Feigenbaum und der Tempel haben *beide* den rechten Zeitpunkt (siehe V. 13: *kairos*) der Gegenwart des Reiches Gottes verpasst. Man könnte die Liste fortsetzen (siehe auch 3,20–35; 6,7–30; 14,1–11.54–72), weil Markus eine Vorliebe für diese Struktur hat.[42] Abschnitte des Markusevangeliums, die auf diese Weise „gerahmt" sind, müssen als ganze interpretiert werden. Die Erzählung, die den „Rahmen" bildet, dient als Wegweiser für die Interpretation der Erzählung dazwischen und umgekehrt.

Mk 14,17–31 ist ein gutes Beispiel für dieses Element des markinischen Stils. Der Erzähler platziert die zentrale Erzählung von Jesu Letztem Mahl mit seinen Jüngern (14,22–25) innerhalb des „Rahmens" von zwei Erzählungen, die den Verrat Jesu durch Judas (VV. 17–21), die Verleugnungen des Petrus und ihr Verlassen Jesu durch die Flucht (VV. 26–31) voraussagen.[43]

Bevor wir den Abschnitt 14,17–31 untersuchen, müssen wir schauen, ob es noch andere Hinweise darauf gibt, wie Markus seine Erzählung ausgestaltet. Der gerahmte Abschnitt, der uns interessiert, ist Teil eines viel weiteren literarischen Musters. Mk 14,1–72, der Bericht von Jesu letztem Abend mit seinen Jüngern, sein Gebet, seine Verhaftung und der jüdische Prozess, wird entfaltet durch abwechselnde Szenen, die entweder von

Jesu Taten oder denen seiner Jünger erzählen. Markus hat bewusst Berichte, die von dem erzählen, was mit Jesus geschehen ist, zwischen andere Erzählungen platziert, die vom Versagen eines Jüngers oder aller Jünger berichten. Dies ist ein bewusst gestaltetes literarisches Muster, das die Aufmerksamkeit der Zuhörer von den Jüngern (als [A] in der folgenden Strukturierung bezeichnet) zu Jesus (als [B] bezeichnet), und wiederum zurück zu den Jüngern (A) lenkt. Dieses Muster ist aus der folgenden Aufteilung des Abschnittes ersichtlich:[44]

A) – 14,1–2: Handlung (Versagen)
    B) – VV. 3–9: Salbung Jesu
A) – VV. 10–11: Judas (Versagen der Jünger)
    B) – VV. 12–16: Jesu Anweisungen an die Jünger zur Vorbereitung des Mahls
A) – VV. 17–21: Vorhersage des Verrats des Judas (Versagen der Jünger)
    B) – VV. 22–25: Das Mahl Jesu mit den Zwölf
A) – VV. 26–31: Vorhersage der Verleugnung des Petrus und des Versagens aller Jünger (Versagen der Jünger)
    B) – VV. 32–42: Das Erlebnis Jesu und seiner Jünger in Getsemani
A) – VV. 43–62: Verhaftung Jesu (Versagen der Jünger)
    B) – VV. 53–65: Der jüdische Prozess Jesu
A) – VV. 66–72: Die Verleugnung des Petrus (Versagen der Jünger)

Obwohl VV. 1–2 die Jünger nicht erwähnt, ist die Erwähnung, dass die Hohenpriester Jesus „mit List" verhaften müssen, eng mit VV. 10–11 verbunden. Dort sucht Judas nach einer Gelegenheit, Jesus an die Hohenpriester zu verraten. Eine enge Verbindung besteht also zwischen den Überlegungen der Hohenpriester in VV. 1–2 und der Entscheidung eines der Jünger in VV. 10–11.

Sobald man sich dieser literarischen Gesamtstruktur bewusst ist, wird deutlich, dass wir es in VV. 17–31 nicht nur mit einem typisch markinischen „Rahmen" zu tun haben, sondern auch mit einer längeren literarischen Einheit. Deren Mitte ist die Begegnung zwischen Jesus, der auf seinen Tod zugeht, und den Jüngern, die – auf vielfache Weise – diesen Tod mit befördern durch ihr Unverständnis und Versagen. In Mk 14,1–71 gibt es elf Szenen und der Bericht von Jesu Letztem Mahl mit seinen Jüngern vor seinem Hingehen in den Tod ist die sechste von ihnen. Er steht damit im Zentrum des Berichts von Jesu letzter Nacht mit seinen Jüngern. Die Geschichte der Jünger scheint mit dem Fortschreiten des Evangeliums in ein immer tieferes und tragischeres Versagen hinabzugleiten. Die Eingangsszene der Passionsgeschichte Jesu – die Gegenüberstellung des Lichtes Jesu und der Finsternis von Versagen und Verrat der Jünger – lässt dieses Merkmal der Erzählung scharf hervortreten.

Der Mahl-Bericht erscheint innerhalb der Handlung als das Herzstück von 14,1–72. Diese Gesamtstruktur zeigt, dass es der Erzählung wesentlich um den Kontrast zwischen Jesu Selbsthingabe bis in den Tod und dem Versagen seiner Jünger geht. Markus ist nicht nur daran interessiert, Jesu Passionsgeschichte zu erzählen. Es geht ihm ebenso darum, die Geschichte der versagenden Jünger zu erzählen. Zentral für die gesamte markinische Darstellung der Jünger ist, wie wir gesehen haben, ihre beständige Fortbewegung von Jesus hin zu Flucht und Versagen. Dieses wird seinen Tiefpunkt in 14,50 erreichen: „Da verließen ihn alle und flohen." Das Pendant dazu ganz am Ende des Evangeliums ist das Versagen der Frauen, die bei Jesus geblieben sind während seiner Kreuzigung und seines Begräbnisses (siehe 15,40–41.47): „Da verließen sie das Grab und flohen; denn Schrecken und Entsetzen hatte sie gepackt. Und sie sagten niemandem etwas davon; denn sie fürchteten sich" (16,8).

Für die markinische Geschichte der Jünger genauso zentral ist jedoch auch die nie versagende Gegenwart Jesu für sie, die immer wieder versagen. Dies ist besonders deutlich in der Unterweisung Jesu für seine mit sich ringenden Jünger auf ihrem Weg nach Jerusalem in 8,22–10,52.[45] Mk 14 spricht vom an-

dauernden und endgültigen Versagen der Jünger. Dieser Bericht
von Finsternis, Schwachheit und Flucht wird jedoch überstrahlt
vom Licht des liebenden Gehorsams Jesu, der zu seinem Vater
betet: „Abba, Vater, alles ist dir möglich. Nimm diesen Kelch
von mir! Aber nicht, was ich will, sondern was du willst"
(14,36). Nach Feststellung dieser Gesamtbotschaft können wir
uns nun der genaueren Betrachtung des zentralen Teils
(14,17–31) des ganzen Berichts (14,1–72) zuwenden.[46]

Im ersten Teil des Abschnitts, dem Anfang des „Rahmens"
(14,17–21), zeichnet Markus in detaillierter Weise ein Bild, das
darauf hinweist, dass Judas, der spätere Verräter Jesu, zum inneren Kreis seiner Freunde gehört. Jesus „kam mit den Zwölf"
(V. 17), einer Gruppe, die in 3,14 besonders eingesetzt worden
ist, um auf einzigartige Weise „mit ihm zu sein". Der Schauplatz
für Jesu Voraussage des Verrats durch Judas ist der Tisch des
Mahles, ein unter Freunden heiliger Ort.[47] Die Tragödie wird verstärkt durch die Vorstellung, dass es ausgerechnet einer, der an
der Mahlgemeinschaft teilhat, ist, der Jesus verraten wird. Dieses
Thema führt uns zurück zur Rolle der Jünger bei den Speisungswundern in 6,31–44 und 8,1–9. Dort haben wir gesehen, dass sie
andere „ausschließen" wollten. Nun ist es einer von ihnen, der im
Begriff ist, das zu zerbrechen, was sie als ihre eigene exklusive
Tischgemeinschaft ansahen. Jesus vertieft dieses Thema weiter,
indem er bemerkt, dass der Verräter einer sein wird, „der mit
mir isst" (V. 18). Als Antwort auf die verwirrten Fragen seiner
Jünger (V. 19) wird das Empfinden für die zerstörte Intimität in-
tensiviert durch die Worte Jesu, die Judas mit der Gruppe der
„Zwölf" verbinden, die beauftragt wurden, um „mit ihm zu sein"
(3,14): „Einer von euch Zwölf, der mit mir in dieselbe Schüssel
eintunkt" (14,20). Jesus wird verraten werden von jemandem,
der das intimste Erlebnis mit ihm geteilt hat.[48]

Eine ähnliche Aufmerksamkeit für die enge Beziehung zwischen Jesus und seinen künftigen Verrätern findet sich im zweiten Teil des „Rahmens", der den übrigen Jüngern gewidmet ist
(14,26–31). Dort sagt Jesus voraus, dass sie „alle Anstoß neh-

men" werden (V. 27). Er verwendet dabei das Bild vom Hirten und seinen Schafen (V. 27). Seine Voraussagen führen jedoch zu einer starken Beteuerung von Liebe und Treue auf Seiten der Jünger. Petrus schwört ungebrochene Loyalität, mehr als alle anderen, die an Jesus Anstoß nehmen könnten. Er behauptet sogar, dass er bereit sei, sein Leben zu geben aus Loyalität und Liebe zu seinem Meister (V. 31). Es ist wichtig, die abschließende kurze Bemerkung des Erzählers zu dieser Szene zu beachten. Petrus ist nicht der einzige, der Loyalität und Liebe schwört: „Das Gleiche sagten auch alle anderen" (V. 31). Es kann kein Zweifel daran bestehen, dass Markus seinen Lesern ein Gefühl von Vorahnung vermitteln möchte, da sich diese Männer aus dem intimsten Kreis Jesu genau als die erweisen werden, die ihn verleugnen, verraten und verlassen. Themen, die rund um die Jünger auftauchten, als sie „nicht zur Einsicht gekommen (waren), als das mit den Broten geschah" und „ihr Herz verstockt (war)" (6,52), sind nun zu einem Höhepunkt gekommen.

Licht auf den gesamten Abschnitt 14,1–72 wirft die im Zentrum stehende Version des Markus von Jesu Letztem Mahl mit seinen Jüngern, die das mit den Broten nicht verstanden haben, deren Herzen verhärtet sind, und die ihn verraten und verlassen werden (14,22–26). Das Thema der Mahlgemeinschaft mit Jüngern, die versagen, eröffnet den Abschnitt: „Während des Mahls nahm er das Brot und sprach den Lobpreis; dann brach er das Brot, reichte es *ihnen* und sagte: Nehmt …" (V. 22). Dieses Thema wird fortgeführt im Teilen des Kelches, wobei dieselben Empfänger wieder genauer bestimmt werden: „Dann nahm er den Kelch, sprach das Dankgebet, gab ihn *den Jüngern* und sie tranken alle daraus" (V. 23). Es gibt ein Band zwischen Jesus und den Jüngern, das er nicht zerbricht: Alle essen das gebrochene Brot (V. 22), alle trinken aus dem Kelch (V. 23) und alle zusammen singen den Lobgesang (V. 26). Obwohl weder Markus noch Matthäus die Worte „für euch" in ihren Berichten von Jesu Worten über das gebrochene Brot (wie Lukas in 22,19 und Paulus in 1 Kor 11,24) oder den geteilten Kelch (wie Paulus in 1 Kor 11,25) haben, gibt es einen intimen Dialog zwischen Jesus und den am Tisch versammelten Jüngern. Er trägt ihnen auf: „nehmt" (14,22), und sie tun es.[49]

Aber da ist noch etwas anderes in diesem Abschnitt als die Zeichen eines Bandes zwischen den um den Tisch versammelten Menschen. Die Worte über das Brot und den Kelch weisen auf das Kreuz hin: ein in den Tod hingegebener Leib und vergossenes Blut als Folge eines gebrochenen Leibes (VV. 22 und 24). Sie weisen hin auf etwas, das über den Tag der Kreuzigung hinausgeht. Das Blut wird der Bund, „für viele vergossen" (V. 24), sein. Und Jesus erläutert: „Ich werde nicht mehr von der Frucht des Weinstocks trinken *bis* zu dem Tag, an dem ich von Neuem davon trinke im Reich Gottes" (V. 25). Das Wort „bis" (Griechisch: *heôs*) hat innerhalb des Satzes eine zeitliche Funktion, welche die Leser zwingt, über die Ereignisse der Kreuzigung hinauszuschauen. Das für viele vergossene Blut und das Wieder-davon-Trinken im Reich Gottes richten den Blick weit über den Karfreitag hinaus. Jesu Worte – inmitten der Voraussage von Verrat, Flucht und Verleugnung – lassen eine Botschaft von Hoffnung und Zuversicht anklingen.

Die Gemeinde des Markus feierte Eucharistie. Das geht klar hervor aus der eucharistischen Formel vom Essen des Brotes und Trinken aus dem Kelch, wie sie sich in Mk 6,41–42; 8,7–8 und 14,22–25 findet. Ausdrücke, die ein Ritual widerspiegeln, wurden rückblickend hineingelesen in die Geschichte von Jesu Speisungen am See sowie dem Mahl mit seinen Jüngern in der Nacht vor seinem Tod: nehmen (6,41; 8,6; 14,22–23), Dank sagen (Griechisch: *eucharistein*: 8,6; 14,23), brechen (6,41; 8,6; 14,22), geben (6,41; 8,7; 14,23), segnen (6,41; 8,7; 14,22), essen (6,42; 8,8; 14,22) und gebrochene Brotstücke (Griechisch: *ta klasmata*: 6,43; 8,8). Der Bericht von Jesu Letztem Mahl mit seinen Jüngern ist so dargestellt, dass es das erste von vielen folgenden Mählern „im Reich Gottes" geworden ist. Den Gliedern der christlichen Gemeinde, den Erstlesern des Markusevangeliums, wurde vermittelt, dass sie die Empfänger einer *Tradition* waren, die mit Jesu Leben, Lehre, Tod und Auferstehung begonnen hatte, und die wiederholt und bewahrt werden sollte in ihren eigenen Eucharistiefeiern.

Auf ähnliche Weise beleuchtet Jesu Hinweis auf die Errichtung des „Reiches Gottes" in 14,25 ein anderes wichtiges markinisches Thema, das an Bedeutung zugenommen hat, als Jesus sich seinem Tod nähert. Im abschließenden Abschnitt der öffentlichen Wirksamkeit Jesu, in einer erbitterten Polemik gegen die Autoritäten Israels, verweist er zum ersten Mal auf den „neuen Tempel", der auf dem verworfenen Eckstein gegründet ist (siehe 12,10–11). Dieses Thema wird noch bedeutender durch den jüdischen Prozess (14,58) und die Verhöhnung, die die Vorbeigehenden dem gekreuzigten Jesus entgegenschleudern (15,29–30). In seinem Tod ist der alte Tempel zerstört, das Allerheiligste ist geöffnet durch das Zerreißen des trennenden Vorhangs und damit der ganzen Welt zugänglich geworden (15,37–38).[50] Dieser „neue Tempel", der auf dem verworfenen Eckstein errichtet ist (siehe 12,10), ist die markinische Gemeinde selbst, die berufen ist zur Sendung und zum Teilen ihres Tisches, an dem Jesus gegenwärtig ist, ganz egal wie schwer die Gemeinde auch versagt haben mag in ihrer Antwort auf diese Gegenwart. Wie wir bereits in unserer Untersuchung der beiden Wunder der Brotvermehrung gesehen haben, muss dieses Teilen der Gegenwart des Herrn in der Sendung geschehen. Die Jünger müssen sowohl Juden als auch Heiden am Tisch des Herrn speisen. Diese Gegenwart wurde ins Gedächtnis gerufen, inmitten des Versagens der Jünger, da sie Anteil hatten am gebrochenen Brot und am Kelch in ihren Eucharistiefeiern. Das Argument des Markus schmälert nicht die Bedeutung der Worte und Taten Jesu in Bezug auf Brot und Kelch. Markus musste die Jünger und Jüngerinnen in seiner Gemeinde diesbezüglich nicht belehren. Sein einfacher Gebrauch der eucharistischen Sprache und Symbolik zeigt, dass seine Adressaten keine weitere „Belehrung" benötigten. Die Eucharistiefeier war bereits Teil ihres Lebens und sie waren sich bewusst, was diese Worte und Taten bedeuteten. Markus möchte zeigen, welche Konsequenzen das, was sie feiern, für ihr Leben als Jünger und Jüngerinnen haben sollte.

Ein Leib wird hingegeben und Blut vergossen, um einen neuen Bund zu errichten, der über das Kreuz hinausreicht, in die endgültige Errichtung des Reiches Gottes hinein. Ein Bund mit wem? Die Leser dieses Abschnitts – ursprünglich die markinische Gemeinde wie auch alle nachfolgenden Gemeinden, jüdische und heidnische – sind sich bewusst, dass der gebrochene Leib und das vergossene Brot einen neuen Bund errichtet haben. Fast zweitausend Jahre christlicher Geschichte erzählen den Leserinnen und Hörern des Markusevangeliums heute, dass sie Teil eines vertraglich gebundenen Reiches Gottes sind, dank der ursprünglichen Gegenwart Jesu für seine versagenden Jünger, welche als erste Brot und Wein empfangen haben. Die grundlegende Bedeutung der Szene ist nicht die Verwandlung von Brot und Wein, oder erst recht die den beiden zugewiesene Bedeutung, sondern die Errichtung einer Gemeinde, die mit Jesus auf besondere Weise vereint ist. Die Handlungen über die Gaben von Brot und Wein sind zweitrangig gegenüber diesem Zweck.[51] Durch das Geschenk, das der Meister symbolisch von sich selbst macht, kommt die Gruppe der Zwölf jetzt (und bleibend nach dem Weggang Jesu) in einen engen Kontakt mit ihrem Gastgeber: Sie werden nicht zu trennen sein von ihm, der sie verlässt.[52]

Markus hat uns einen Bericht hinterlassen von Jesu Selbsthingabe in den Tod, um ein neues und dauerhaftes Reich Gottes zu errichten mit genau jenen Menschen, welche die Erzählung vom Mahl „umrahmen": mit einem Verräter, einem Verleugner und denen, die ihn verlassen werden. Das Mahl mit ihnen war nicht ein Mahl für „die Würdigen" (14,22–25). *Es war ein Mahl für jene Menschen, die Jesus am nächsten waren, die jedoch – mit der Herausforderung, ihn sogar bis zum Tod zu lieben, konfrontiert – ihren Herrn verraten, verleugnet und verlassen haben* (14,17–21.26–31).

Ergebnis

Da die markinische Gemeinde über ihre eigenen Erfahrungen nachdachte, wusste sie nur zu gut, dass der Herr sich hingegeben hatte und sich auch weiterhin hingab an Jünger, die versagt haben. Wenn sie deshalb die Geschichte vom Anfang der Gegenwart Jesu für sie in einem Mahl erzählten, taten sie es auf diese bemerkenswerte Weise: Sie erzählten von einer Selbsthingabe in Liebe an diejenigen, die ihn am meisten in Stich gelassen haben. Jesus liebt seine versagenden Jünger mit einer Liebe, der ihre eigene Liebe überhaupt nicht entspricht. Die Jünger wussten auch, dass es nicht leicht sein würde, den Tisch des Herrn in ihren Sendungsauftrag mit einzubeziehen. Sie mussten bisher feststehende Grenzen überschreiten. Sie waren aufgerufen, den Tisch des Herrn mit Juden und Heiden zu teilen, blieben aber hinter dieser Aufgabe zurück. Alte Vorurteile kamen hier zum Vorschein. Die Traditionen, die sie von der Religion und rituellen Praxis Israels empfangen und respektiert hatten, wurden ernsthaft infrage gestellt durch eine *Tradition*, die ihre Wurzeln in Leben, Lehre, Tod und Auferstehung des Jesus von Nazareth hatte. In Augenblicken des Zweifels wurden sie herausgefordert durch die Worte Jesu: „Gebt ihr ihnen zu essen!" (6,36).

> Der Evangelist hat eucharistische Texte mit einigen der schmerzvollsten pastoralen Fragen seiner Kirche verbunden: Mission und Versöhnung. Beide beinhalteten tiefe Trennungen, die bei der Feier der Eucharistie hervorgebrochen sein mögen; beide beinhalteten schmerzvolle Entfremdungen, die nur geheilt und endgültig versöhnt werden konnten in der Tischgemeinschaft der Eucharistie. Da konnten Juden und Heiden ein Brot teilen; da konnte auch eine traurigere-aber-weisere Kirche ihre Fehler bereuen und noch einmal das Band der Jüngerschaft knüpfen. Die Quelle der Hoffnung in beiden Fällen konnte nicht in den schwachen Jüngern selbst gefunden werden, sondern im Mitgefühl und in der Stärke des Auferstandenen Christus.[53]

Die Theologie der Eucharistie des Evangelisten Markus ist eng verbunden mit seiner Theologie der Jüngerschaft, das heißt seinem Verständnis von der christlichen Gemeinde. Die Geschichte des Versagens, die so entscheidend ist für seine Darstellung der

Jünger Jesu, mag einige ihrer Wurzeln in der historischen Erinnerung an das Versagen der ursprünglichen Jünger, besonders des Judas und des Petrus, haben. Die Hervorhebung dieses Themas zu einem der Hauptelemente in der Handlung des Evangeliums zeigt jedoch, dass – was auch immer der Ursprung gewesen sein mag – es ein Hauptelement der „Erzählperspektive" des Markus ist. Er wendet sich an eine christliche Gemeinde, die durch ihre eigenen Erfahrungen von Versagen geprägt ist. Das markinische Thema des Versagens der Jünger ist nicht in erster Linie eine Botschaft, wie man ein guter Jünger Jesu sein kann. Es ist vielmehr eine Botschaft, die sagt, wie entscheidend notwendig es in der Kirche ist, radikal angewiesen zu sein auf die Person Jesu. Jünger mögen nie erfolgreich sein in ihrer Antwort auf den Ruf, sich selbst zu verlieren in der Nachfolge auf dem Weg Jesu (siehe 8,34 – 9,1). Eine Reise, die beinhaltet, dass man die Werte der Welt auf den Kopf stellt, erzeugt oft Angst und Versagen (siehe z. B. 10,32; 14,50; 16,7–8). Dennoch steht im Herzen der Botschaft des Markusevangeliums die Berufung, das Geheimnis des Versagens zu durchleben, im Angewiesen-Sein auf das größere Geheimnis der Liebe und Macht Gottes, die uns in Jesus gezeigt worden ist. Sie steht auch im Zentrum des markinischen Verständnisses von der eucharistischen Gegenwart Jesu für seine Kirche.[54]

Es darf jedoch nicht unterschätzt werden, dass dieses Verständnis der Eucharistie des Evangelisten Markus aus der frühesten christlichen *Tradition* stammte. Wir haben deutliche Spuren derselben *Tradition* in 1 Korinther 10–11 gesehen, die etwa sechzehn Jahre vor dem Markusevangelium geschrieben worden sind. Die Abhängigkeit des Matthäus und Lukas von Markus ist zum Teil der Grund dafür, dass sie weiterhin diese frühchristliche *Tradition* verwenden. Jeder der Synoptiker verwendet jedoch dieselbe *Tradition* in etwas anderer Weise. Und Johannes wird sie weiterentwickeln.

Viertes Kapitel

Das Matthäusevangelium

Matthäus erzählt eine Geschichte von Jesus, die oft stark geprägt ist durch seine Verwendung des früheren Markusevangeliums, das um 70 n. Chr. verfasst worden ist. Bei genauerer Betrachtung des Matthäusevangeliums zeigt sich aber, dass dieses für ganz andere Adressaten geschrieben wurde, vermutlich Ende der 80er-Jahre des ersten Jahrhunderts. Matthäus wandte sich an eine hauptsächlich judenchristliche Gemeinde, welche die Schwelle der jüdischen Tradition, wie sie sich nach dem Jüdischen Krieg herausbildete, überschritt, um eine andere *Tradition* in der Sendung zu den Heiden zu begründen. Obwohl die Frage der Heiden schon zu den Anliegen des Markus gehörte, ist sie für Matthäus zentraler, und er geht anders damit um. Seine Gemeinde befand sich an einem ganz anderen Ort und zu einer anderen Zeit. Höchstwahrscheinlich entstand das Evangelium in einer Situation, in der Juden und Christen sich aneinander stießen und die Glieder der matthäischen Gemeinde schmerzlich zu erkennen begannen, dass sie nicht länger innerhalb der Grenzen einer streng jüdischen Welt verbleiben konnten. Obwohl wir nicht sicher sein können, gibt es eine breite Übereinstimmung darüber, dass diese judenchristliche Gemeinde ihr Evangelium in Antiochien schuf, wo die Nähe zwischen einer großen jüdischen Gemeinde und einer im Entstehen begriffenen christlichen Gemeinde nachgewiesen werden konnte.[1] Es war schmerzvoll für diese frühen Christen, weil das Christentum als eine jüdische religiöse Bewegung entstanden war. Die Strukturen und Praktiken des Judentums waren die Basis für das früheste Christentum.

Nach der Zerstörung Jerusalems und seines Tempels, folglich auch des damit verbundenen Kultes, im Jahr 70 n. Chr. musste sich Israel neu konstituieren. Vor dem Jüdischen Krieg gab es Sadduzäer, Pharisäer, Essener, Zeloten und zweifellos noch andere Wege, die Mosaischen Gesetze zu befolgen. Die großen Überlebenden des Krieges waren jedoch die Pharisäer.[2] Ihr Lebensstil, der sich auf die Synagoge konzentrierte und versuchte, Gott für jeden Lebensbereich relevant zu machen durch das Gesetz und seine Anwendung, wurde die Grundlage jenes Judentums, das sich aus dem Chaos der großen Zerstörung erhob. Das Matthäusevangelium entstand in dieser geschichtlichen und religiösen Situation. Es war das Ergebnis der Erfahrungen und deren Reflexion einer christlichen Gemeinde, die ihr Leben in enger Verbindung mit dem traditionellen Israel begonnen hatte. Spannung und Verwirrung wuchsen zwischen der matthäischen Gemeinde und „der Synagoge auf der anderen Straßenseite".[3] Schließlich zwang ihr Glaube, dass Jesus der Christus war, die Gemeindeglieder dazu, sich von ihrer früheren religiösen Welt, die sie so sehr liebten, zu distanzieren, und forderte sie heraus, hinauszugehen in die Heidenmission (siehe z. B. Mt 10,1−42 und besonders 28,16−20).

Das war kein leichter Übergang. Viele Gemeindeglieder waren besorgt, hinterfragten und sträubten sich vielleicht gegen das Verlassen der alten und erprobten Wege, Gott nahezukommen, die sie von der altehrwürdigen Religion Israels geerbt hatten. Das Matthäusevangelium hat eine Erzählperspektive, die einer frühchristlichen Gemeinde dabei hilft, „die Brücke zu überqueren" vom Israel nach 70 n. Chr. zu einer Gemeinde, die ihren Glauben und ihre Hoffnung in Jesus von Nazareth als Christus, als Sohn Gottes, gründet (siehe 16,16).[4] Dies bedeutete unweigerlich auch die Beteiligung an der Heidenmission (28,16−20). Im Unterschied zu anderen frühchristlichen Schriften, einschließlich des Markusevangeliums, blickten jedoch sowohl der Verfasser als auch die Adressaten des Matthäusevangeliums mit Liebe und Respekt auf ihre Wurzeln innerhalb der Geschichte Israels als dem von Gott erwählten Volk zurück. Eine Spannung zwischen der Sendung zu „den verlorenen Schafen Israels" (10,6; 15,24) und „allen Völkern" (28,19) ist im gesamten Evangelium vorhanden.

Nirgends ist diese Spannung deutlicher spürbar als in den Worten Jesu am Beginn der Bergpredigt:

> Amen, ich sage euch: *Bis* [Griechisch: *heōs an*] *Himmel und Erde vergehen*, wird kein Jota und kein Häkchen des Gesetzes vergehen, *bevor nicht* [Griechisch: *heōs an*] *alles geschehen ist.* Wer auch nur eines von den kleinsten Geboten aufhebt und die Menschen entsprechend lehrt, der wird im Himmelreich der Kleinste sein. Wer sie aber hält und halten lehrt, der wird groß sein im Himmelreich. (5,18–19; Hervorhebungen von mir)

Am Beginn seiner Wirksamkeit verpflichtet sich Jesus ernsthaft, das Gesetz Israels zu erfüllen. Eine solche Erzählperspektive ist vollkommen vertraut in einer Gemeinde, die darauf aus ist, das Gesetz Israels zu leben. Am Ende des Evangeliums taucht jedoch eine ganz andere Erzählperspektive auf. In 28,16–20 sendet der auferstandene Herr die Jünger hinaus zu allen Völkern und macht damit eine Mission, die einst auf die verlorenen Kinder Israels beschränkt war, zu einer universellen. Die Jünger sollen Neubekehrte taufen und damit den Bereich des einzigartigen Initiationsritus der Beschneidung an sich reißen. Und indem sie die Völker lehren, alles zu befolgen, was Jesus sie gelehrt hat, sollen sie seine Worte an die Stelle der Lehre der Torah setzen. Steht dieses bemerkenswerte Ende des Matthäusevangeliums somit nicht im Konflikt zur Lehre Jesu, wie sie früher im Evangelium (5,18–19) berichtet worden ist?

Die Antwort auf diese wichtige Frage hängt davon ab, wie man Jesu Hinweise versteht, dass es eine Zeit in der Zukunft geben wird, in der seine Jünger nicht mehr an die Beschränkung der Mission auf die vollkommene Erfüllung des Gesetzes gebunden sein werden. Das Gesetz müsste vollkommen gelebt werden „bis *(heōs an)* Himmel und Erde vergehen … bevor nicht *(heōs an)* alles geschehen ist" (5,18). Wann könnte diese Zeit sein? Exegeten verstehen diese zukünftige Zeit, in der alle Einzelheiten des Gesetzes aufgehoben werden könnten, gewöhnlich als einen Verweis auf das endgültige Ende aller Zeiten. Diese Interpretation ist jedoch mit ernsthaften Schwierigkeiten verbunden.[5] Ganz am Schluss des Evangeliums scheint die strikte Einhaltung des Gesetzes aufgegeben zu sein, da Person und Mission Jesu zum Kriterium für die frühchristliche Gemeinde angesichts ihrer Aufgabe der Heidenmission werden (siehe 28,16–20).

Das Ende des Evangeliums scheint nicht mit dem Corpus des Evangeliums zusammenzupassen, das von der Wirksamkeit Jesu und seiner von ihm ausgesandten Jünger „zu den verlorenen Schafen des Hauses Israel" (10,6; 15,24) berichtet. Nur bei zwei Gelegenheiten wendet sich Jesus zu den Heiden, aber auch hier wird darauf hingewiesen, dass seine Sendung im Wesentlichen Israel gilt. Diese zwei Gelegenheiten, bei denen sich Jesus den Heiden zuwendet, sind in zwei Wundererzählungen berichtet: Jesu Antwort auf die Bitte eines heidnischen Hauptmanns (8,5–13) und seine Antwort auf das Flehen einer kanaanäischen Frau (15,21–28). Beide Wunder werden als Ausnahme von der Regel dargestellt. Dem Hauptmann gegenüber beklagt Jesus den kleinen Glauben Israels und spricht von der zukünftigen universalen Versammlung am Tisch Abrahams (8,10–11) und der Frau antwortet er: „Ich bin nur zu den verlorenen Schafen des Hauses Israels gesandt" (15,24). Es ist die deutliche Absicht des Verfassers, die Aktivitäten Jesu innerhalb des Erzählverlaufs des Evangeliums auf „die verlorenen Schafe des Hauses Israel" zu beschränken.[6] Die gleiche Beschränkung findet sich in Jesu Anweisungen an die Jünger in seiner Missionsrede: „Geht nicht den Weg zu den Heiden und betretet keine Stadt der Samariter, sondern geht zu den verlorenen Schafen des Hauses Israel" (10,5–6). Es kann zu Recht behauptet werden, dass – trotz der beiden Ausnahmen der Wunder für Heiden – das öffentliche Leben Jesu und die Sendung seiner ihn begleitenden Jünger von der Beschränkung auf Israel dominiert werden.

Die Beschreibung von Jesu Tod und Auferstehung bei Matthäus enthält spektakuläre und dramatische Ereignisse, wie sie nur in seiner Passionsgeschichte zu finden sind. Diese Beschreibung ist stark von traditioneller jüdisch-apokalyptischer (endzeitlicher) Bildersprache geprägt. Die Hinzufügung dieser Bilder zu Jesu Tod und Auferstehung legen es nahe, dass Jesu Passion und Auferstehung „den Wendepunkt der Zeiten" markieren. Als Jesus stirbt, reißt der Tempelvorhang von oben nach unten entzwei; es entsteht ein Erdbeben und die Felsen spalten sich; die Heiligen erheben sich aus ihren nun geöffneten Gräbern (27,51–54). Die Auferstehung Jesu ist geprägt durch ein weiteres Erdbeben; einen Engel, der den Stein bewegt; einen Blitz, und schneeweiße Kleidung (28,2–3).[7] Szenen, die – nach traditioneller jüdischer Apokalyptik – das Ende der menschlichen Geschichte markieren hätten sollen (siehe z. B. Ez 37,12; Sach 14,4–5; Dan 7,9; 10,6–9; 1 Henoch 71,1–2; 2 Henoch 1,3–7), sind in die Geschichte zurückverlegt worden, um Jesu Tod und Auferstehung zu beschreiben.[8]

Indem Matthäus diese drastischen, überirdischen Beschreibungen verwendet, jene Bilder aus der Tradition Israels zur Beschreibung der Endzeit, sagt er seinen Adressaten, dass diese Höhepunkte der Geschichte Jesu eine „endzeitliche" Qualität und Funktion haben. Bei Jesu Tod und Auferstehung vergehen Himmel und Erde (siehe 5,18). Das Problem, das durch den offensichtlichen Widerspruch zwischen der Lehre Jesu am Beginn seiner Wirksamkeit in 5,18–19 und seiner Lehre als auferstandener Herr in 28,18–20 entsteht, ist damit gelöst. Die vollkommene Befolgung des Gesetzes hat sowohl das Leben und die Mission Jesu als auch seiner Jünger geprägt. In den Ereignissen von Jesu Tod und Auferstehung ist jedoch die Zeit gekommen, in der das Gesetz vergangen ist (siehe 5,17). Die Adressaten des Evangeliums verstehen, dass durch die Ereignisse von Tod und Auferstehung Jesu nun die Zeit gekommen ist, in der jede Forderung der Befolgung von Gesetz und Propheten erfüllt ist (siehe 5,17). Die Bühne ist bereitet für eine neue Mission: „Darum geht und macht alle Völker zu meinen Jüngern" (28,16–20). Die Aufgabe der christlichen Gemeinde besteht folglich darin, die Beauftragung durch den auferstandenen Herrn anzunehmen. An den Wegen von Gesetz und Propheten – dem Herzstück der Rekonstruktion jüdischen Lebens und jüdischer Praxis durch die Führenden nach 70 n. Chr. – festzuhalten, wäre ein

Verrat an Gottes neuem Plan für sie als das „wahre Israel", wie er durch die Geschichte von Jesu Leben und Lehre, Tod und Auferstehung entworfen worden ist.[9]

Das Matthäusevangelium wurde geschrieben, um eine frühe judenchristliche Gemeinde von diesen Wahrheiten zu überzeugen. Der Verfasser hielt sich an mehrere Quellen, um aus ihnen Information und Inspiration zu schöpfen. Wie wir gesehen haben, war seine Hauptquelle das Markusevangelium.[10] Er übernimmt die Abfolge der Ereignisse, wie sie sich im Markusevangelium findet, indem er fast die gesamte Geschichte von Jesus so verwendet, wie sie Markus berichtete. Matthäus verwendet aber auch Material, das sich nicht bei Markus findet, welches er aber mit Lukas gemeinsam zu haben scheint. Und schließlich gibt es Material, das sich nur bei Matthäus findet. Das Matthäusevangelium kann und darf jedoch nicht reduziert werden auf eine lose Vermischung von identifizierbaren Quellen. Aus unserer bisherigen Untersuchung kann schon gesehen werden, dass der Verfasser die ihm für Leben und Lehre Jesu zugänglichen „Quellen" aus der frühesten christlichen Tradition verwendete, um die Geschichte auf seine eigene Art und Weise zu erzählen.[11] Das Matthäusevangelium (wie auch das Markus-, Lukas- und Johannesevangelium) hat ein einzigartiges Verständnis (eine „Erzählperspektive") der neuen *Tradition* von den Beziehungen zwischen Gott und der Menschheit, wie sie in und durch Leben, Lehre, Tod und Auferstehung des Jesus von Nazareth begründet worden sind. Das Matthäusevangelium muss für sich genommen beurteilt und interpretiert werden, wie hilfreich es auch sein mag, seine Erzählperspektive durch einen Vergleich mit Markus, seiner Hauptquelle, ausfindig zu machen. Matthäus' Geschichte von Jesus wendet sich an eine bestimmte christliche Gemeinde in der frühen Kirche, als sie sich wegbewegt von den alten Sicherheiten, die das Judentum nach dem Krieg wiederherstellte, hin zu ihrem eigenen Verständnis von Gottes Plan. Ein Teil davon war die Heidenmission (siehe 28,16–20).

Jünger, die versagen

Wir haben gesehen, dass ein wichtiges Thema der Geschichte von
Jesus im Markusevangelium seine nie versagende Gegenwart für
seine Jünger war. Dieses Thema wurde hervorgehoben im Bericht
des Markus über Jesu Letztes Mahl mit den Jüngern – erzählt in
Mk 14,17–31 – innerhalb des Kontextes von Licht und Finsternis,
Gegenwart Jesu und Versagen der Jünger in 14,1–72. Bei Markus
ist das Thema von Sündhaftigkeit und Versagen bedeutsam. Es ist
Teil einer umfassenderen Theologie, die dem Versagen der Jünger
einen Sinn beimisst und zweifellos das Ringen einer frühchristlichen Kirche mit ihrer eigenen Erfahrung von Versagen widerspiegelt. Die im Matthäusevangelium neu erzählte Geschichte
von Jesus ist keine Wiederholung der Botschaft des Markus. Obwohl diese vorhanden ist, schlägt Matthäus eine andere Richtung
ein bei der Verwendung dieses Themas.[12]

Im Markusevangelium können und wollen die Jünger Jesu
Lehre und Person nicht verstehen, oder aber den Preis der Jüngerschaft. Bei Matthäus „verstehen" die Jünger, sie versagen
nicht völlig. Tatsächlich scheinen sie oft sehr deutlich zu begreifen, wer Jesus ist und was er von ihnen verlangt. Sie versagen
vielmehr *in ihrer Unfähigkeit, in die Tat umzusetzen, was sie verstanden haben.* Die Anwesenheit der Jünger ist wichtig in der
matthäischen Version der beiden Wunder der Brot- und Fischvermehrung (14,33–21; 15,32–38). Sowohl Markus als auch
Matthäus berichten von Diskussionen zwischen Jesus und den
Jüngern auf Bootsfahrten, die unmittelbar auf die Wunder folgen (Mk 6,45–52; 8,14–21; Mt 14,22–33; 16,1–12). Das Markusevangelium zeigt bei beiden Gelegenheiten das Versagen der
Jünger auf.[13] In den Parallelen bei Matthäus ist dieses Missverständnis neu interpretiert. Tatsächlich spricht Matthäus gar
nicht vom Missverständnis der Jünger. Stattdessen taucht ein
Begriff auf, der sich ein paar Mal im Matthäusevangelium im
Munde Jesu findet: Er spricht von den Jüngern als „Kleingläu-
gen" (Griechisch: *oligopistoi*; 14,31; 16,8; siehe auch 6,30; 8,26).

Nach dem ersten Speisungswunder, als Jesus über das Wasser zu seinen erschrockenen Jüngern kommt, ist deren Reaktion bei Markus und Matthäus folgendermaßen geschildert:

Markus 6,51b–52	*Matthäus 14,33*
Sie aber waren bestürzt und fassungslos.	Die Jünger im Boot
Denn sie waren nicht zur Einsicht gekommen,	*aber fielen vor Jesus nieder*
als das mit den Broten geschah; ihr Herz war verstockt.	und sagten: „Wahrhaftig, Gottes Sohn bist du."

Markus macht deutlich, dass die Jünger nicht nur Angst hatten, sondern auch keine Einsicht. Matthäus aber führt zu dieser letzten Reaktion der Jünger auf die Erscheinung Jesu hin, indem er ihre Furchtsamkeit entfaltet: „Als ihn die Jünger über den See kommen sahen, erschraken sie, weil sie meinten, es sei ein Gespenst, und sie schrien vor Angst" (Mt 14,26). Überraschenderweise verstanden sie aber ganz genau, trotz ihrer Angst und ihres Schreckens, wer es war, der zu ihnen über das Wasser gekommen war. Er ist Gottes Sohn und sie reagieren entsprechend mit einem Akt der Verehrung, indem sie vor ihm niederfallen.

Nach dem zweiten Speisungswunder, wiederum in einem Boot bei der Überfahrt über den See, werden die Reaktionen der Jünger bei Markus und bei Matthäus folgendermaßen erzählt:

Markus 8,15–21	*Matthäus 16,6–12*
„Gebt Acht, hütet euch vor dem Sauerteig der Pharisäer und dem Sauerteig des Herodes!"	„Gebt Acht, hütet euch vor dem Sauerteig der Pharisäer und der Sadduzäer!"
Sie aber machten sich Gedanken, weil sie keine Brote bei sich hatten.	Sie aber machten sich untereinander Gedanken und sagten: „Wir haben kein Brot mitgenommen."
Als er das merkte, sagte er zu ihnen:	Als Jesus das merkte, sagte er:
	Ihr Kleingläubigen,
„Was macht ihr euch Gedanken, dass ihr keine Brote habt?	was macht ihr euch darüber Gedanken, dass ihr kein Brot habt?

Begreift und versteht ihr immer noch nicht?	Begreift ihr immer noch nicht?
Ist denn euer Herz verstockt? *Habt ihr denn keine Augen, um zu sehen, und keine Ohren, um zu hören?*	
Erinnert ihr euch nicht?" [Jesus erinnert an die beiden Wunder und ihre Nachwirkungen.]	Erinnert ihr euch nicht ...?" [Jesus erinnert an die beiden Wunder und ihre Nachwirkungen.]
Da sagte er zu ihnen:	
„Versteht ihr immer noch nicht?"	*Da verstanden sie,* dass er nicht gemeint hatte, sie sollten sich vor dem Sauerteig der Brote hüten, sondern vor der Lehre der Pharisäer und Sadduzäer.

Der Kontrast zwischen dem markinischen Thema des mangelnden Verständnisses auf Seiten der Jünger (siehe Mk 8,21) und der matthäischen Darstellung derselben Jünger als *Verstehende* (siehe Mt 16,12), aber *Kleingläubige* (siehe 16,8), ist deutlich. In diesen Parallelen wird die unterschiedliche Reaktion der Jünger bei ihrer Begegnung mit Jesus im Boot explizit. Bei Markus lässt der Erzähler Jesus die Jünger fragen: „Begreift und versteht ihr immer noch nicht?" (Mk 8,21), während bei Matthäus der Erzähler bemerkt: „Da verstanden sie" (Mt 16,12). Diese beiden Versionen des Gesprächs zwischen Jesus und seinen Jüngern nach den Berichten über die Brotwunder bei Markus und Matthäus lassen die unterschiedlichen Erzählperspektiven der beiden Evangelien deutlich hervortreten. Die Jünger bei Markus verstehen einfach nicht. Das ist jedoch nicht der Fall bei Matthäus, wo die Jünger zwar verstehen (siehe 16,12), aber „kleingläubig" sind (16,8).

Das Versagen der Jünger kann jedoch auch im Matthäusevangelium dramatisch sein. Matthäus stellt einerseits die Einzigartigkeit der Person und Autorität des Simon Petrus heraus (siehe 14,28–31; 16,16b–19; 17,24–27), auf der anderen Seite aber auch sein wiederholtes Zögern und Versagen (siehe 14,30–31; 16,21–23; 26,31–35.69–75).[14] Es ist jedoch nicht nur Simon Petrus, der zögert und versagt. Am Schluss der Geschichte, als die Jünger sich auf einem Berg in Galiläa versammeln, der Aufforderung der Engel am leeren Grab folgend (siehe 28,10), und vom auferstandenen Herrn zur Mission in die ganze Welt ausgesendet werden, berichtet Matthäus: „Und als sie Jesus sahen, fielen sie vor ihm nieder, einige aber hatten Zweifel" (28,17). Die Reaktion des Simon Petrus und aller Jünger im Matthäusevangelium spiegelt tatsächliche Erfahrungen der christlichen Gemeinde, der Adressaten der Geschichte, wider – sie sind Zögernde und Zweifelnde angesichts der Aufgabe der Heidenmission.[15]

Matthäus, der sich des „Kleinglaubens" der Jünger sehr wohl bewusst ist, vermittelt jedoch zuversichtlich die Botschaft von Jesus als dem Immanuel, dem Gott-mit-uns. Das Evangelium beginnt mit der Prophetie: „Siehe: Die Jungfrau wird empfangen und einen Sohn gebären und sie werden ihm den Namen Immanuel geben, das heißt übersetzt: Gott mit uns" (1,23). Trotz des „Kleinglaubens" und Zögerns der Jünger in ihrer Reaktion auf Jesus schließt Matthäus sein Evangelium mit einer Verheißung des auferstandenen Christus, die besagt, dass seine Gegenwart fortdauern wird: „Und siehe, ich bin mit euch alle Tage bis zum Ende der Welt" (28,20). Das Thema des „Kleinglaubens" der Jünger im ganzen Matthäusevangelium macht deutlich, dass Schwäche und Versagen ein Problem waren, trotz der Verheißung der Schrift (1,23) und der letzten Worte Jesu (28,20). Im Matthäusevangelium wird die Botschaft des auferstandenen Christus den Jüngern vermittelt durch die Frauen, die das leere Grab entdeckten und dem auferstandenen Herrn begegneten (28,1–10). Diese fliehen nicht in Angst und Schweigen. Den Jüngern wird schließlich eine feierliche letzte Begegnung mit dem auferstandenen Herrn zuteil und sie werden zur Mission ausgesandt (28,16–20). Aber selbst Matthäus weist darauf hin, dass diese Begegnung zweierlei Reaktion hervorruft: Einige glauben, aber andere zweifeln noch immer (28,17).

Wie brüchig auch immer der Glaube der Jünger in der Gegenwart des auferstandenen Herrn sein mag, Matthäus betont nachdrücklich die Gegenwart des Immanuel, des Gottes mitten unter seinem Volk für alle Zeit: „Ich bin mit euch alle Tage bis zum Ende der Welt" (28,20).[16]

Wie Markus sich an eine Gemeinde wandte, die unter ihrer Angst und Flucht litt angesichts ihres Versagens, der Herausforderung des Glaubens an einen gekreuzigten und auferstandenen Gottessohn entsprechend zu leben, sprach Matthäus zu Adressaten mit ihren eigenen Erfahrungen von Versagen. Sie *wissen*, dass Jesus der auferstandene Herr unter ihnen ist bis zum Ende der Welt, aber sie sind *Kleingläubige* und zweifeln noch immer. Auf je unterschiedliche Weise zeichnen die beiden Evangelisten ein erzählerisches Jüngerporträt, das weiterhin den Jüngern und Jüngerinnen zu allen Zeiten viel zu sagen hat, wenn sie glauben, aber immer noch zweifeln.[17]

Israel und die Jünger bei den Brotwundern

Unschlüssigkeit im Hinblick auf das Verlassen der bewährten Wege der Pharisäer und Sadduzäer, der Traditionen Israels, ist ein wichtiges Thema im Matthäusevangelium (siehe 23,1–39). Seine Erzählung spiegelt den Kontext einer schwierigen Beziehung zwischen Synagoge und Kirche wider. Einige aus der christlichen Gemeinde des Matthäus waren in großer Versuchung, zu den sicheren Wegen des Judentums, die sie kannten und liebten, zurückzukehren. Deshalb verändert Matthäus eine Reihe von Erzählungen, die ihm vom Markusevangelium her zugekommen sind. Dies trifft besonders auf die Erzählperspektive zu, mit der Matthäus den Abschnitt des Markusevangeliums, der die Berichte von den beiden Brotwundern enthält (Mt 13,53 – 16,23; siehe Mk 6,31 – 8,10), neu erzählt.

Die Brotwunder im Matthäusevangelium sind strategisch platziert. Nach einer zuversichtlichen Ankündigung des Kommens des Messias (1,1 – 4,16), die als Prolog für das ganze Evangelium fungiert, beginnt Jesus sein Wirken des Predigens, Lehrens und Heilens in Israel (4,17 – 11,1). Die Begegnungen zwischen Jesus und den Führenden Israels entwickeln sich unweigerlich zu einer Krise (11,2 – 16,12). Trotzdem macht sich Jesus auf den Weg nach Jerusalem, um seinen Gegnern gegenüberzutreten (16,13 – 20,34). Dort wird er durch Tod und Auferstehung gehen (21,1 – 28,15) und „auf dem Berg" seine Jünger beauftragen (28,16 – 20).[18]

Im Zentrum von 11,2 – 16,12 stellt die sogenannte „Gleichnisrede" Jesu (13,1–52) einen Gegensatz her zwischen denen, die die Geheimnisse des Himmelreichs kennen, und denen, die sie nicht kennen. Für die Letzteren gilt, dass ihnen auch noch das genommen werden wird, was sie haben (siehe V. 12). Jesus schließt diese Rede mit einem Kommentar: „Deswegen gleicht jeder Schriftgelehrte, der ein Jünger des Himmelreichs geworden ist, einem Hausherrn, der aus seinem Schatz Neues und Altes hervorholt" (13,52). Jesus verlässt den Ort der Gleichnisrede (13,52; siehe auch 7,28; 11,1) und die Krise zwischen ihm und Israel verschärft sich ab 13,53 – 16,12. Mit dem Bekenntnis des Simon Petrus und seiner Seligpreisung durch Jesus in 16,13–20 beginnt eine neue Reihe von Episoden, die durch das Thema der Reise Jesu nach Jerusalem zusammengehalten werden. Die Würfel sind gefallen, als sich in 11,2 – 16,12 die Krise verschärft. Genau innerhalb dieses „Moments" der Erzählung, und im Lichte der Gesamtrhetorik, müssen die Berichte von den beiden Brotwundern interpretiert werden. Geschichten können analysiert und verschiedene „Momente" im Erzählfluss identifiziert werden. Diese „Momente" sind jedoch nicht voneinander getrennt durch undurchdringliche Mauern, die ein Stadium gegenüber dem anderen abschließen. Die Krise von 11,2 – 16,12 wird sich zuspitzen und zu ihrem Ende kommen, wenn Jesus nach Jerusalem reist (16,13 – 20,34), dort durch Tod und Auferstehung geht (21,1 – 28,15) und als Auferstandener seine Jünger beauftragt (20,16–20). Die beiden Brotwunder enthalten eine Botschaft, die in der zweiten Hälfte des Evangeliums widerhallt.

Dieses wichtige Prinzip im Auge behaltend, entfalten sich die Ereignisse, die zu den Brotwundern hinführen und dann von diesen weiterführen, folgendermaßen:[19]

13,53 – 14,12: Die Ablehnung Jesu und der Vorläufer

13,53–58: Unglaube führt zur Ablehnung Jesu durch die Menschen „seiner Heimat".

14,1–12: Tötung Johannes' des Täufers, der die Erfüllung aller Gerechtigkeit einleitete (siehe 3,15); Antizipation der Episode, welche die Erfüllung zum Abschluss bringt (siehe 5,17–18): die Tötung Jesu.

14,13–21: Das erste Brotwunder

14,22 – 15,20: Israel und Petrus versagen

14,22–33: Jesus kommt zu verängstigten Jüngern über den stürmischen See; Petrus zeigt seinen „Kleinglauben".

15,1–14: Jesus greift die Traditionen Israels an.

15,15–20: Ein unwissender Petrus bittet Jesus um eine Erklärung dieses Angriffs.

15,21–31: Jesus wendet sich zu den Heiden

15,21–28: Heilung der Tochter der kanaanäischen Frau.

15,29–31: Heilung vieler „am See von Galiläa", die zum Lobpreis des Gottes Israels führt.

15,32–39: Das zweite Brotwunder

16,1–23: Israel, Petrus und die Jünger versagen

16,1–4: Die Pharisäer fragen nach einem Zeichen.

16,5–12: Jesus und die „kleingläubigen" Jünger diskutieren über den Sauerteig, als sie den See überqueren.

16,13–23: Petrus bekennt, dass Jesus der Christus, der Sohn Gottes, ist und wird von ihm seliggepriesen. Jesus macht sich auf den Weg nach Jerusalem. Derselbe Petrus weigert sich nun, Jesus als leidenden Menschensohn anzunehmen, und wird als Satan verflucht.

Matthäus umrahmt seinen Bericht von den beiden wunderbaren Speisungen mit einem Kontext, der durch den heftigen Angriff Jesu auf „seine Heimat" geprägt ist, d. h. auf das offizielle, auf die Synagoge zentrierte Judentum, sowie durch harsche Kritik an Petrus und den Jüngern.[20] Inmitten dieser Ablehnung und dieses Missverständnisses wendet sich Jesus zu den Heiden, und Gott wird unter ihnen gepriesen. Das erste Wunder, die Speisung einer jüdischen Menschenmenge (14,13–21), wird eingeführt nach der Ablehnung Jesu „in seiner Heimat" wegen ihres Kleinglaubens und der Tötung Johannes' des Täufers durch Herodes (14,1–12). Wut und Ablehnung liegen in der Luft, als das Brotwunder (VV. 14–21) zu einer Begegnung zwischen Jesus, seinen verängstigten Jüngern und einem versagenden Petrus führt (VV. 22–23). Danach greift Jesus Israel an, aber nur Matthäus erklärt das kurze „Gleichnis" Jesu über das, was in den Mund hineinkommt und was aus ihm herauskommt (15,11). Er antwortet auf die Sorge der Jünger darüber, wie er die Pharisäer behandelt: „Jede Pflanze, die nicht mein himmlischer Vater gepflanzt hat, wird ausgerissen werden. Lasst sie, es sind blinde Blindenführer. Und wenn ein Blinder einen Blinden führt, werden beide in eine Grube fallen" (15,13–14).

Jedoch auch zu Petrus, der um eine Erklärung bittet (V. 15), spricht Jesus in harter Weise: „Begreift auch ihr noch nicht?" (V. 16). Die Hörer des Evangeliums sind auf das Versagen des Petrus vorbereitet. Vor Jesu Schmähungen gegen Israel und seine Führer hat Matthäus vom „Kleinglauben" des Petrus berichtet, als Jesus ihn aufforderte, zu ihm über das stürmische Wasser zu kommen (14,28–31). Wie scharf der Angriff Jesu auf Israel auch gewesen sein mag, Matthäus hegt keine Illusionen in Bezug auf die Jünger und ihren Anführer, Simon Petrus. Israel, das Jesus im ersten Brotwunder gespeist hat (14,13–21), mag vom Weg abgekommen sein in seiner Ablehnung Jesu. Aber auch die christliche Gemeinde, unter Führung des Petrus, hat ihre Momente des „Kleinglaubens" (siehe 14,31).

Wenn wir die beiden Heilungen in 15,21–31 kurz beiseite-
lassen, so sind die Nachwirkungen des zweiten Brotwunders
(15,32–39) von Ereignissen geprägt, welche das Verstehen, aber
auch den „Kleinglauben" der Jünger im Allgemeinen und des
Petrus im Besonderen betonen. In 16,5–12 werden die Jünger
so dargestellt, dass sie Jesu Hinweis auf die Lehren der Pharisäer
und Sadduzäer zwar verstehen (V. 12), aber dennoch „Kleingläubige" sind (V. 8). Der Erzähler berichtet sodann, dass Petrus
begreift, dass Jesus der Christus, der Sohn Gottes, ist (V. 16).
Dafür wird er seliggepriesen (VV. 17–19). Als Jesus jedoch
nach Jerusalem aufbricht, versagt Petrus angesichts der Aufforderung, einem leidenden Menschensohn nachzufolgen (16,22),
und er wird als Satan verflucht (V. 23). Matthäus hat als einziger
Evangelist Begriffe verwendet, die auf Petrus als den Felsen hinweisen, jedoch auf konträre Art und Weise. In 16,18 ist er „der
Fels" (Griechisch: *petra*), auf dem die Kirche gebaut ist, während er in 16,23 „der Fels des Anstoßes" ist (Griechisch: *skanda-
lon*). Dieselbe Gründungsgestalt ist also in der Lage, konträre
„Felsen" zu sein: der Fels, auf dem die Gemeinde gebaut ist,
und der Fels auf dem Weg Jesu (zu seinem Schicksal in Jerusalem), über den er stolpern könnte. Die Zweideutigkeit der Jünger tritt besonders bei ihrem Anführer hervor.[21]

Diese sorgfältig verfassten und strategisch angeordneten Berichte vom Versagen sowohl Israels als auch der Jünger – der literarische Rahmen für die beiden Brotwunder (14,13–21 und
15,32–39) – markieren das Ende der galiläischen Wirksamkeit
Jesu. Matthäus platziert die beiden Wundererzählungen bewusst
innerhalb des Kontextes von Jesu zunehmender Kritik am traditionellen Israel (5,1–20; 16,1–4) und dem Versagen auf Seiten
aller Jünger und besonders des Petrus, des obersten Jüngers
(14,22–33; 15,15; 16,5–12.21–23).[22] In 16,13–23 wendet sich Jesus von Galiläa ab: „Von da an begann Jesus, seinen Jüngern zu
erklären: Er müsse nach Jerusalem gehen und von den Ältesten,
den Hohepriestern und den Schriftgelehrten vieles erleiden, getötet und am dritten Tag auferweckt werden" (V. 21).

Die Berichte über die beiden Wunder bei Matthäus zeigen, wie bei Markus, dass sie in einer Terminologie verfasst sind, die an die Feier der Eucharistie erinnert. Jesus „nahm ... blickte zum Himmel auf, sprach den Lobpreis, brach die Brote und gab sie ..." (14,19; 15,36). Jesu Wunder der Speisung mit Brot wird die matthäische Gemeinde an ihre eigenen Feiern seiner Gegenwart erinnert haben, mit denen er sie am eucharistischen Tisch nährte. Der Kontext des ersten Brotwunders (14,13–21) macht deutlich, dass es sich um eine jüdische Menschenmenge handelte (wie bei Mk 6,31–44), die Empfänger des gebrochenen Brotes beim zweiten Wunder (15,32–39) sind jedoch schwieriger zu identifizieren.

Matthäus wendet nicht so viel Sorgfalt an wie Markus, um zu zeigen, dass Jesus, durch seine Jünger, beim ersten Wunder eine jüdische Menge speist und beim zweiten eine heidnische. Beim ersten Wunder (Mt 14,13–21) ist jeder Hinweis auf die jüdische Menge als „Schafe ohne Hirten" (Mk 6,34; siehe Num 27,17; Ez 34,5) und das Niedersetzen in Gruppen zu hundert und zu fünfzig (Mk 6,39–40; siehe Ex 18,21–25; Num 31,14; Dtn 1,15) weggelassen. Beim zweiten Wunder (Mt 14,32–39) gibt es keinen Hinweis auf den heidnischen Ursprung der Menge. Auch der Hinweis bei Markus „einige von ihnen sind von weit her gekommen" (Mk 8,3) scheint bei Matthäus nicht auf.[23]

Obwohl Exegetinnen und Exegeten diese Frage diskutieren, ist Matthäus vielleicht spitzfindiger als allgemein angenommen in seiner Darstellung Jesu, der die Heiden mit Nahrung versorgt.[24] Matthäus tut alles, was er kann, um ein widersprüchliches Verständnis dessen, was Gott für das traditionelle Israel getan hat und was er für das „wahre Israel" tut, zu vermeiden. Dem zweiten Brotwunder unmittelbar vorausgehend finden sich die Perikopen von der Heilung der Tochter der kanaanäischen Frau (15,21–28) und der Heilung vieler Menschen „am See von Galiläa" (VV. 29–31). Das Thema der Heiden ist klar eingeführt durch die im Matthäusevangelium seltene Interaktion Jesu mit einem heidnischen Menschen, wie es in der Begegnung mit der kanaanäischen Frau und der Heilung ihrer Tochter geschieht (15,21–28). Das Interesse des Matthäus am Thema der Heiden findet sich aber auch in dem nur kurz berichteten, jedoch spektakulären Wunder „am See von Galiläa … auf einem Berg" (V. 29) in 15,29–31. Matthäus bearbeitet hier eine Perikope aus dem Markusevangelium.

In diesem Stadium der Wirksamkeit Jesu berichtet Mk 7,31–37 von der Heilung eines Taubstummen in der Dekapolis, einem heidnischen Land. In Entsprechung zu diesem Wunder erzählt Mt 15,29–31 etwas umständlich von Jesus „am See von Galiläa … auf einem Berg" (V. 29). Er heilt alle Lahmen, Krüppel, Blinden, Stummen, sowie viele andere Kranke (V. 30; siehe Jes 35,5–6). Die Heilungen führen dazu, dass eine nicht näher identifizierte Menge antwortet: „… sie priesen den Gott Israels" (V. 31). Das durch Jesus gewirkte Wunder auf dem Gipfel eines Berges, jedoch „am See von Galiläa", schafft eine Verbindung zwischen zwei anderen wichtigen „Bergszenen" im Matthäusevangelium: 5,1 – 7,28 (die Bergpredigt) und 28,16–20 (der letzte Auftrag des Auferstandenen an seine Jünger). Wie wir bei den allgemeineren Überlegungen zum Hintergrund des Matthäusevangeliums gesehen haben, hat Jesus am Beginn seines öffentlichen Lebens in der Bergpredigt gelehrt: „Bis Himmel und Erde vergehen, wird kein Jota und kein Häkchen des Gesetzes vergehen, bevor nicht alles geschehen ist" (5,18). Am Ende des Wirkens Jesu, als Himmel und Erde vergangen sind durch die Geschehnisse von Tod und Auferstehung, sendet Jesus seine Jünger aus, um bei allen Völkern Menschen zu seinen Jüngern zu machen (28,19).

In 15,29–31, am Ende seiner galiläischen Wirksamkeit, unmittelbar nach der Heilung der Tochter der kanaanäischen Frau, eröffnet Jesus bereits den Weg zu dieser Heidenmission am Ende des Evangeliums. Mit dem Schluss des Prologs (Mt 4,15–16) setzte Matthäus die Heiden auf seine Tagesordnung, indem er seinen Adressaten erklärt, dass Jesu Anwesenheit in Galiläa die Erfüllung von Jes 9,1–2 war:

Das Land Sebulon und das Land Naftali,
die Straße am Meer, das Gebiet jenseits des Jordan,
das heidnische Galiläa:
Das Volk, das im Dunkel saß,
hat ein helles Licht gesehen;
denen, die im Schattenreich des Todes wohnten,
ist ein Licht erschienen.

Eine anfängliche Verheißung einer solchen Erfüllung von Jes 9,1–2 findet sich in Jesu Wundertätigkeit auf dem Berg „am See von Galiläa" (15,29–31). Die beiden Abschnitte, die dem zweiten Wunder der Brotvermehrung bei Matthäus unmittelbar vorausgehen, sind auf ein heidnisches Publikum konzentriert: die Heilung der Tochter der kanaanäischen Frau (15,21–28) und die Heilung der Vielen von vielerlei Krankheiten (VV. 29–31). Die Verheißung von Jesu Gegenwart für die Heiden ist nun teilweise erfüllt. Es ist eine heidnische Menge, die ihr Erstaunen ausdrückt, indem sie „den Gott Israels" preist (V. 31).[25]

> Möglicherweise möchte Matthäus hier andeuten, dass die Menge aus Heiden besteht. Er würde dann auf die Geschichte von der Tochter der kanaanäischen Frau, mit dem offensichtlichen Zögern Jesu, seine heilenden Kräfte zugunsten eines Heiden zu gebrauchen, diesen Bericht von mehrfachen Heilungen von Heiden und der Bekehrung der heidnischen Menge zum Gott Israels folgen lassen. Sobald die Barriere des Privilegs einer Rasse an einem Punkt durchbrochen ist, ist die Mission Jesu nicht länger auf Israel beschränkt. Unter den Heiden heilt er die Behinderten – er gibt den Tauben das Gehör, den Stummen die Sprache und den Blinden das Augenlicht. Und in der nächsten Episode wird er die Heiden mit dem Brot des Lebens speisen, so wie er zuvor die Tausenden Israels gespeist hat.[26]

So ist der Schauplatz bereitet für das zweite Brotwunder (VV. 32–39). Die Menge, die Jesus speist, ist dieselbe, die gerade den Gott Israels gepriesen hat „am See von Galiläa". Die Speisung der riesengroßen Menge und das Einsammeln der sieben Körbe der übrig gebliebenen Reste zeigen, dass die Sendung zu den Heiden nicht beendet ist.[27] Ab 16,13–23 wird die Reise nach Jerusalem beginnen, die zum Vergehen von Himmel und Erde führen wird, sowie zur abschließenden Sendung zu „allen Völkern" (28,16–20). Die Verheißung der früheren Kontakte Jesu mit der heidnischen Welt ist nun Teil der Mission der Kirche.

Alle sind berufen, den einen Gott und Vater Jesu zu preisen. Die traditionellen Führer Israels (siehe 15,1–14), die Menschen aus Jesu Heimat (siehe 13,53–58), Herodes und sein Gefolge (siehe 14,1–12) sowie Petrus und die anderen Jünger (siehe 14,22–33; 15,15–20; 16,5–12.13–24) haben alle versagt in Bezug auf diesen Lobpreis, der vergleichbar der Antwort der Heiden in 15,31 gewesen wäre. Und doch speist Jesus inmitten all dieses Versagens sowohl Israel (14,13–21) als auch die Heiden (15,32–39). Tatsächlich gelangen die Heiden zum Lobpreis des Gottes Israels, als sie ihn kennenlernen durch die Person und Lehre Jesu (15,31). Trotz des Versagens der Führenden Israels und der Gründungsgruppe des „wahren Israels" (Petrus und die anderen Jünger), wird die Mission zu den Heiden betrieben. Matthäus hat sicherlich die scharfen Unterschiede zwischen einem jüdischen und heidnischen Mahl in Mk 6,31–44 und Mk 8,1–9 abgemildert, er steigert jedoch das Versagen sowohl des traditionellen Israels unter der Führung der blinden Pharisäer als auch des neuen Volkes Gottes – ängstliche und zweifelnde Jünger unter der Führung des ängstlichen und zweifelnden Petrus. Dennoch nährt Jesus, indem er die Jünger in seine Aufgabe einbindet (14,16–19; 15,36), ein versagendes Israel (14,13–21) und ein heidnisches Volk, das den Gott Israels gepriesen hat (15,31.32–39).

Die Jünger beteiligen sich an der Verteilung des Brotes bei beiden Wundern, aber Jesus macht die Verteilung möglich, indem er ihnen die Gestalten des Mahls gibt (14,19; 15,36). Matthäus bringt ein weiteres scharfsinniges Argument vor. Im Bericht darüber, wie Jesus im ersten Wunder seinen Jüngern das Brot gibt (14,19), verwendet er ein Tempus des griechischen Verbs „geben", das anzeigt, dass die Handlung in der Vergangenheit stattgefunden hat. Diese Handlung des „Gebens" ist nun beendet. Der Aorist des Verbs (Griechisch: *edōken*), der hier verwendet ist, deutet auf eine Zeitspanne in der Vergangenheit hin, die zu ihrem Abschluss gekommen ist.[28] Die Verwendung des Aorists, um von der Gabe der Jünger an eine gänzlich jüdische Gemeinde zu sprechen, zeigt für den Leser an, dass die Gemeinde nicht mehr als jüdische Gemeinde fortbestehen kann. Diese Ära liegt hinter den Erfahrungen des Matthäus und seiner Gemeinde. Im zweiten Wunder ist das Tempus des Verbs „geben" geändert, es wird im Imperfekt verwendet (Griechisch: *edidou*). Dieses griechische Tempus zeigt an, dass etwas in der Vergangenheit begonnen hat und dort bleibt, aber immer noch stattfindet.[29]

Es ist eine Handlung, die in der Geschichte Jesu und der ursprünglichen Jünger begonnen hat, als er Israel nährte. Es ist eine Handlung, die nun zum Abschluss gekommen ist (14,19). Aber Jesus wiederholt dieses Geschenk an eine heidnische Menschenmenge in der Speisung „aller Völker" (siehe 28,19). Diese Speisung dauert fort weit über das berichtete historische Ereignis hinaus. Die Aufmerksamkeit der Zuhörer konzentriert sich auf den Ort der Eucharistie im fortdauernden Leben der christlichen Gemeinde. Es findet sich hier ein Ruf zur Einheit, der einzigartig ist in der Behandlung der Brotwunder bei Matthäus. Israel, die Kirche und die heidnische Welt – wie sündig oder „kleingläubig" sie auch sein mögen – sind berufen, andere zu nähren und vom selben Herrn genährt zu werden.[30]

Hier spürt man den Grund für die unterschiedliche Erzählperspektive bei Matthäus im Vergleich mit seiner Quelle, dem Markusevangeliums. Der Erzähler bei Markus spricht kühn vom radikalen Bruch, der zwischen der Neuheit des Christentums und den nun obsolet gewordenen alten Wegen vollzogen werden muss. Jesus kann dort verkünden: „Auch füllt niemand jungen Wein in alte Schläuche. Sonst zerreißt der Wein die Schläuche; der Wein ist verloren und die Schläuche sind unbrauchbar. Junger Wein gehört in neue Schläuche" (Mk 2,22).

Bei Matthäus lehrt Jesus ganz anders:

> Auch füllt man nicht jungen Wein in alte Schläuche. Sonst reißen die Schläu-
> che, der Wein läuft aus und die Schläuche sind unbrauchbar. Jungen Wein
> füllt man in neue Schläuche, dann bleibt beides erhalten. (Mt 9,17)

Dasselbe Argument wird vorgebracht, als Jesus – in einer fast
autobiographischen Notiz – die Aufgabe des christlichen
Schriftgelehrten erklärt: „Deswegen gleicht jeder, der ein Jünger
des Himmelreichs geworden ist, einem Hausherrn, der aus seinem Schatz Neues und Altes hervorholt" (13,52).[31] Die Feinsin-
nigkeit, mit der Matthäus die beiden Brotwunder verwendet,
zeigt, dass die Verwirrung wegen der Trennung zwischen Juden
und Heiden heftig und komplex war. Ursprünglich eine jüdische Gemeinde, höchstwahrscheinlich im kosmopolitischen Antiochien angesiedelt, hat die christliche Gemeinde nun damit
begonnen, Heiden in ihre Mitte aufzunehmen. Das Evangelium,
das aus dieser Gemeinde hervorging, versuchte – trotz ihrer eigenen Sündigkeit und ihres „Kleinglaubens" – sowohl Juden als
auch Heiden zum einen Volk Gottes, versammelt um den einen
Tisch des Herrn, zu machen. Matthäus wollte sich weder von
Israel, in dem seine Gemeinde entstanden war, noch von der
Heidenmission, zu der nun die Gemeinde gesandt wurde, abwenden. Jesus ruft Juden und Heiden in das eine Volk Gottes.
Beide befinden sich auf einer Mission „zu allen Völkern". Jesus,
der mit ihnen alle Tage bis zum Ende der Welt sein wird (siehe
28,20), nährt sie alle am eucharistischen Tisch.

Das Letzte Abendmahl

Der Bericht des Matthäus von einem Mahl, das in der Nacht vor
Jesu Tod gefeiert wurde (26,3–75), blickt zurück auf die sorgfäl-
tige literarische Struktur von Mk 14,1–71: Das Versagen der
Jünger wechselt ab mit den Erlebnissen Jesu.[32] Nach der letzten
Leidensankündigung (26,1–2), die sich nur im Matthäusevan-
gelium findet, entfaltet sich der Text folgendermaßen:

A) – 26,3–5: Handlung *(Versagen)*
 B) – VV. 6–13: *Jesus* wird gesalbt
A) – VV. 14–16: Judas *(Versagen des Jüngers)*
 B) – VV. 17–19: *Jesu* Anweisungen für die Vorbereitung des Paschamahls
A) – VV. 20–25: Vorhersage des Verrats des Judas *(Versagen des Jüngers)*
 B) – VV. 26–30: das Abendmahl *Jesu* mit den Jüngern
A) – VV. 31–35: Vorhersage der Verleugnung des Petrus und des Versagens aller Jünger *(Versagen der Jünger)*
 B) – VV. 36–46: *Jesu* Erlebnis in Getsemani
A) – VV. 47–56: Verhaftung Jesu und Flucht der Jünger *(Versagen der Jünger)*
 B) – VV. 57–68: jüdisches Verhör *Jesu*
A) – VV. 69–75: die Verleugnungen des Petrus *(Versagen des Jüngers)*

Die Darstellung der Jünger durch die gesamte Erzählung des Matthäusevangeliums hindurch tendiert zu einer Abschwächung der scharfen Kritik bei Markus am Unglauben sowie der Furcht und Flucht der Jünger. Wie wir gesehen haben, betont Matthäus nicht ihren Unglauben, sondern ihre Unfähigkeit, wirklich zu verstehen. Sie verstehen zwar, leiden aber dennoch unter Zweifel und „Kleinglauben".[33] In der Passionsgeschichte (26,1 – 28,15) finden wir „die verurteilende Beschreibung ihres Verrats, ihrer Flucht und Verleugnung".[34] Daher zögert Matthäus beim Bericht von Jesu Letztem Mahl mit seinen Jüngern nicht, das zentrale literarische Muster – Vorhersage von Verrat, gemeinsames Mahl, Vorhersage von Verleugnung und Flucht – aufzunehmen und zu wiederholen (siehe 26,20–35; vgl. Mk 14,17–31).[35] Das Brot wird gebrochen und der Wein geteilt als die Gabe des Leibes und Blutes Jesu (26,26–29) innerhalb des Erzählrahmens von versagenden Jüngern (26,20–25: Judas; VV. 30–35: Petrus und alle anderen Jünger).

Der Text ist fast identisch mit Mk 14,17–31,[36] mit einigen geringfügigen, aber bedeutenden Veränderungen, die das Porträt der versagenden Jünger verstärken. In der Erzählung, die dem Mahl vorausgeht (26,21–25), steigert Matthäus das Drama vom Verrat des Judas. Das Markusevangelium hat einen allgemeinen Hinweis, dass „einer von euch" (Mk 14,18), „einer von euch Zwölf", Jesus verraten wird (14,20). Auf diesen Hinweis folgt die Klage über „den Menschen, durch den der Menschensohn ausgeliefert wird" (14,21). Judas wird bei Markus nie erwähnt, und er kommt auch nicht aktiv in der Geschichte vor. Matthäus verändert seine Quelle, um das persönliche Versagen des Judas zu unterstreichen. Zuerst liefert Jesus einen allgemeinen Hinweis: „Einer von euch wird mich ausliefern" (Mt 26,21). Dann verlagert Matthäus den markinischen Hinweis auf einen der Zwölf, „der mit mir in dieselbe Schüssel eintunkt" (Mk 14,20), um – mit einem speziellen Verweis auf die bereits vor aller Augen vollendete Handlung – festzustellen: „Der die Hand mit mir in die Schüssel eingetunkt hat" (Mt 26,23). Nach Jesu Klage über den Verräter betritt Judas aktiv den Schauplatz der Geschichte: „Da fragte Judas, der ihn auslieferte: Bin ich es etwa, Rabbi? Jesus antwortete: Du sagst es" (26,25). Im Matthäusevangelium wird wenig der Vorstellungskraft der Leser überlassen. Einer der Zwölf, dessen Name Judas war, ist der Verräter. Es wird eine Szene geschaffen, in der ein klar ausgewiesener und namentlich genannter Jünger, einer der Zwölf, an einem heiligen Mahl mit Jesus teilgenommen hat. Auf diesem Hintergrund, in dem das Thema des Verrats verstärkt und personalisiert worden ist, wird die Geschichte vom Abendmahl in einer *fast* mit Mk 14,22–26 identischen Weise erzählt.

Es gibt ein wichtiges Merkmal der matthäischen Version vom Letzten Mahl, das genauer betrachtet werden muss. Nur dort findet der Leser nämlich einen Zusatz zu den Worten Jesu über den Kelch: „zur Vergebung der Sünden" (Mt 26,28). Es gibt eine breite Übereinstimmung unter den Exegeten, dass Matthäus explizit gemacht hat, was implizit in den anderen

Traditionen bereits vorhanden war: der Bund setzt die Vergebung der Sünden voraus. Alle anderen Worte über den Kelch verweisen auf den Bund (siehe Mk 14,24; Lk 22,20; 1 Kor 11,25), nur Matthäus berichtet jedoch von den Worten im Munde Jesu, die von einem Bund „zur Vergebung der Sünden" sprechen. Diese Worte erinnern an Jer 31,34 und Jes 53,10–12.[37] Zweifellos erinnert Matthäus – mit seinem wohl bekannten Anliegen, die Handlungen Jesu in Beziehung zu den Verheißungen des Alten Testaments zu bringen – an die prophetische Verheißung eines Bundes für die Vergebung der Sünden. Aber ist das alles, was aus der Einfügung dieser Worte über die Vergebung der Sünden zu entnehmen ist? Das gesteigerte Interesse des Matthäus an der Sündigkeit der Menschen, die am gebrochenen Brot und vergossenen Kelch teilhaben, spielt eine Rolle bei der Interpretation dieses Zusatzes. Matthäus wiederholt den Bericht des Markus im Hinblick auf den Schauplatz und die Details des Mahls, jedoch mit einer deutlicheren Konzentration auf die Person des Judas. Ebenso wird das Bewusstsein der Leser für das Versagen aller Jünger im folgenden Abschnitt erhöht (VV. 30–35).

Der explizite Verweis auf das Blut des Bundes, das vergossen wird für viele *für die Vergebung der Sünden* (V. 28), spiegelt *sowohl* die liturgische Praxis der Gemeinde des Matthäus wider *als auch* die Botschaft des Verfassers, dass „durch die Teilhabe am einen Brot und das Trinken des einen Kelches die Jünger teilhaben an der Erlösungskraft des Sühneopfers Jesu".[38] Welche Jünger werden daran teilhaben? Jesus bricht seinen Leib und vergießt sein Blut für die Jünger, die sowohl vor als auch nach dem Mahlbericht genannt werden. Die angebotene Vergebung ist sicherlich verbunden mit der Verheißung eines neuen Bundes, aber auch mit der Sündigkeit der Verräter und Verleugner, die am Mahl mit Jesus teilhaben.[39] Ulrich Luz interpretiert die Vision des Matthäus vom christlichen Leben auf sehr sprechende Weise:

> Das Herrenmahl wirft nun ein Licht darauf, wie dies geschieht: so, daß die Gemeinde in ihrer Herrenmahlfeier Anteil an der Segenskraft des Todes Jesu gewinnt. Noch einmal zeigt sich hier, daß die Deuteworte zu Brotbrechen und

Becher keine bloß erklärenden Gleichnisse sind, sondern ein Zuspruch, welcher die Gemeinden im Ritus des Essens und Trinkens an der Segenskraft von Jesu Tod Anteil gewinnen läßt. Die Stellen im Matthäusevangelium, welche zur Vergebung der Sünden auffordern (18,21f.23–35; vgl. 6,12), gewinnen vom Herrenmahl her ihre Tiefe: *Anderen ihre Schuld zu vergeben heißt, an der Sendung Jesu zu partizipieren und der von ihm empfangenen Gabe zu entsprechen.*[40]

Matthäus überarbeitet wiederum geringfügig den Abschnitt, der von den zukünftigen Verleugnungen des Petrus und der Flucht aller Jünger handelt (26,31–35). Wie schon bei der Vorhersage der Verleugnungen des Judas (26,20–25) überarbeitet Matthäus seine Markus-Quelle so, dass das Versagen der Jünger spezifischer wird. Bei Markus behauptet Petrus, dass er Jesus nie im Stich lassen wird, „auch wenn alle Anstoß nehmen" (Mk 14,29). Bei Matthäus weist Petrus darauf hin, *warum* sie Anstoß nehmen könnten: „wegen/an dir" (Mt 26,33). Markus verbindet die anderen Jünger mit der Loyalitätsbeteuerung des Petrus auf allgemeine Weise: „Das Gleiche sagten auch alle anderen" (Mk 14,31). Matthäus aber macht diesen Verweis spezifischer: „Das Gleiche sagten auch *alle Jünger*" (Mt 26,35).

Matthäus berichtet vom Letzten Mahl Jesu mit seinen Jüngern für seine eigene Gemeinde, auf seine eigene Art und Weise. Es war notwendig, versagende Jünger mit Jesus in Verbindung zu bringen. Am eucharistischen Tisch erinnerten sich die Mitglieder der Gemeinde, in ihrer eigenen Sündhaftigkeit, dass ihre Gründungsjünger auch versagt hatten. Tatsächlich geht es Matthäus mit seiner geringfügigen, aber bedeutenden Neuinterpretation seiner Markus-Quelle noch mehr darum aufzuzeigen, dass es vor allem die Jünger waren, die versagten. Es sind eben diese versagenden Jünger, die Jesus auffordert: „Nehmt und esst" (26,26) und „Trinkt alle daraus" (26,27).

In der Passionsgeschichte des Markus erweisen sich die Jünger als unzuverlässig, feige, ihren Meister verleugnend und verratend. Der Bericht des Matthäus betont dies. In narrativer Form beschreibt der Erzähler, was sich im Vierten Evangelium im Munde Jesu findet: „Getrennt von mir könnt ihr nichts vollbringen" (Joh 15,5). Bis zur Passion sind die Jünger mit Jesus zusammen, oder sie wirken mit seiner Autorität (10,10); bei der Passion verlassen sie ihn, und ihre Autorität, ihr Verstehen und Mut verlässt sie. Und doch sind es solche fehlbaren Jünger, an die Jesus die letzte Beauftragung des Evangeliums richtet und denen er verheißt, dass er bei ihnen sein wird „bis zum Ende der Welt" (28,28).[41]

Ergebnis

Das Matthäusevangelium richtet sich an Jünger, die versagen. Ihr Versagen ist jedoch nicht das von Unglaube, Unwissenheit, Furcht und Flucht, wie im Markusevangelium. In gewisser Weise ist es sogar schlimmer! Sie verstehen sehr wohl, bleiben aber zurück hinter der völligen Hingabe, wie sie das matthäische Verständnis vom wahren christlichen Glauben verlangt. Da gibt es immer noch Zweifel und Zögern, wenn es darum geht, die sicheren Traditionen der Pharisäer und Sadduzäer hinter sich zu lassen und zur Heidenmission aufzubrechen und zu lehren, was Jesus sie gelehrt hat (siehe 28,19). Wie Markus – von dessen Passionsgeschichte er für seine Erzählung von Jesu Tod und Auferstehung abhängig ist – zeigt auch Matthäus die Eucharistie als die erlösende Gegenwart der unbedingten Selbsthingabe Jesu Christi für alle, für die Vergebung der Sünden, zur Stärkung gebrochener Menschen. Durch seine geringfügige Neufassung des Berichts, den er im Markusevangelium vorgefunden hat, wird die Erzählung des Matthäus von der Gegenwart Jesu für die Gebrochenen am eucharistischen Tisch komplexer. Etwas später als Markus verfasst, und in einem unterschiedlichen Kontext, wendet sich Matthäus einer komplexeren Situation zu. Sein Evangelium wendet sich an eine Gemeinde, in der sich sowohl Juden als auch Heiden am eucharistischen Tisch versammeln. Juden wie Heiden sind aufgerufen zu erkennen, dass der gebrochene Leib und das vergossene Blut Jesu – „erinnert" am eucharistischen Tisch – für sie sind, zur Vergebung ihrer Sünden (26,28).[42]

Eine neue *Tradition* hat begonnen in Jesu Person, Lehre, Tod und Auferstehung. Ein wesentlicher Bestandteil dieser *Tradition* war die Heidenmission. Dies war jedoch nicht die einzige Schwierigkeit, mit der die Gemeinde konfrontiert war. In der getreuen Weitergabe dieser neuen *Tradition* ging es Matthäus auch darum, das Gottesgeschenk der Tradition Israels zu bewahren: das Gesetz und die Propheten. Sein Evangelium beteuert, dass der christliche Weg eine Vervollkommnung der Wege Gottes in und durch Israel ist (siehe 5,17–18; 28,16–20). Die Gemeinde Jesu ist das neue Israel, eine völlige Ablehnung der Vergangenheit kam jedoch nicht infrage. Beide, Juden und Heiden, das „Alte" und das „Neue", waren versammelt und wurden genährt am Tisch des Herrn. Die Kirche, personifiziert in den Jüngern und besonders in Petrus, trat zum selben Tisch hinzu, um genährt zu werden in ihrer Gebrochenheit. Durch das ganze Evangelium hindurch versagen sowohl Israel als auch die Gründungsgestalten der christlichen Gemeinde. In seinem Bericht vom Letzten Abendmahl betont Matthäus das Versagen eines Jüngers namens Judas und der übrigen Jünger, zusammen mit Petrus. Er betont aber auch, dass das Blut des Bundes vergossen ist „zur Vergebung der Sünden" (26,28). Sowohl das Israel, in dem diese frühchristliche Gemeinde entstanden ist, als auch die Heiden, deren Missionierung nun die Aufmerksamkeit der Jünger in ihrem „Kleinglauben" (28,16–20) beansprucht und herausfordert, werden am selben Tisch des Herrn genährt.[43]

Fünftes Kapitel

Das Lukasevangelium

Das Lukasevangelium ist eine bemerkenswerte Stimme aus den allerersten Jahrzehnten der christlichen *Tradition.*[1] Viele der großen „Geschichten aus dem Neuen Testament" stammen aus diesem Evangelium: der Barmherzige Samariter (Lk 10,25–37), Marta und Maria (10,38–42), der Verlorene Sohn (15,11–32), der Reiche Mann und Arme Lazarus (16,19–31), der Pharisäer und der Zöllner (18,9–14), Zachäus auf dem Baum (19,1–10) sowie die Jünger auf dem Weg nach Emmaus (24,13–35). Wenn wir Weihnachten feiern, dann erinnern wir uns im Wesentlichen an die lukanische Geschichte von der Verkündigung, Geburt und Kindheit Jesu, die eng verbunden ist mit jener von der Verkündigung, Geburt und Kindheit Johannes' des Täufers.[2] Diese Geschichte ist voller Wunder: Ein alter Mann verliert seine Stimme und erlangt sie wieder. Engel lobpreisen Gott in der Höhe. Da sind die Freude einer jungfräulichen Mutter und die Begegnung zweier werdender Mütter, wissend, dass ihre Fruchtbarkeit ein Geschenk Gottes ist. Und Hirten werden von den Feldern zum neugeborenen König von Israel gerufen (1,1 – 2,52). Die dunkleren Seiten der matthäischen Kindheitsgeschichte (Mt 1–2) treten kaum in Erscheinung. Die Weisen aus dem Osten sind die einzigen Charaktere des Matthäusevangeliums, die bei unserem Weihnachtsfest vorkommen.[3]

Wie diese wenigen Beispiele zeigen, sind denkwürdige Geschichten reichlich vorhanden im Lukasevangelium. Die bleibenden Eindrücke, welche diese Geschichten in den Jahrhunderten christlicher Tradition hinterlassen haben, zeigen die Kunst des Verfassers, eindrucksvolle Erzählungen zu schaffen.[4] Wir dürfen die Kunstfertigkeit der Verfasser des Markus- und Matthäusevangeliums nicht unterschätzen. Wie wir sehen konnten, haben beide jeweils literarische Werke von großer Ausdruckskraft geschaffen. Dennoch übertrifft sie das Lukasevangelium mit seiner Aneinanderreihung von unvergesslichen und originellen Geschichten, die sich nur in diesem Evangelium finden. Die Wertschätzung der lukanischen Erzählkunst lässt sich in der weitverbreiteten Verwendung seiner Geschichten in der Literatur und Malerei der westlichen Kultur erkennen.[5]

Exegeten und Exegetinnen schauen hinter das Markusevangelium zurück, um ihm zugekommene Traditionen auszumachen.[6] Wie wir bei unserer Untersuchung der Verwendung der eucharistischen Tradition des Markus durch Matthäus gesehen haben, hatte Matthäus neben Markus auch noch andere Quellen (z. B. die Logienquelle „Q" und Material, das nur er hatte), um seine eigene Erzählperspektive zu entwickeln. Obwohl Lukas auch Markus und „Q" verwendete, ist die Identifizierung der übrigen Quellen für das dritte Evangelium keine so einfache Aufgabe. Exegeten diskutieren, ob solch traditionelle Teile der Geschichte Jesu wie sein Tod und seine Auferstehung von Lukas auf der Grundlage des Markusevangeliums erzählt worden sind, oder ob es sich um eine ganz andere Geschichte handelt.[7] Heutzutage geben sich die meisten zufrieden mit der Annahme, dass, allgemein gesagt, der Evangelist Lukas das Markusevangelium, die Logienquelle „Q", sowie singulär-lukanische Traditionen als Quellen zur Verfügung hatte, die er jedoch auf sehr kreative Art und Weise verwendete.[8]

Die Abschnitte im Lukasevangelium, die explizit oder implizit eucharistisch sind, zeigen diese kreativen Eigenschaften. Außer dem einen Bericht über die Speisung der Menge (Lk 9,10–17) und jenem vom Letzten Abendmahl (22,14–38), fügte Lukas die dramatischen Ereignisse vom Gang nach Emmaus am Ostertag (24,13–35) zu den Evangelien-Traditionen, die von Jesu Gegenwart für seine Jünger durch die Eucharistie erzählen, hinzu. Die letzte Begegnung zwischen Jesus und allen Jüngern in Jerusalem (24,36–52) enthält ebenso Hinweise auf die Eucharistie. Unsere Untersuchung hat bis jetzt eine gewisse Übereinstimmung aufgedeckt – trotz großer Unterschiede in den Erzählperspektiven – im Hinblick auf Jesu sich-selbst-schenkende

Gegenwart für die Schwachen und die Sünder, sowohl im Ersten Korintherbrief wie auch im Markus- und Matthäusevangelium. Dieses Kapitel untersucht nun die besondere Wiedergabe dieser Traditionen durch Lukas, sowie deren weitere Verwendung im lukanischen Sondergut. Dabei ist es angezeigt zu prüfen, ob der Verfasser des dritten Evangeliums der frühchristlichen *Tradition* über die Gegenwart Jesu für seine Jünger (die Kirche) in der Eucharistie treu bleibt.

Die Brotvermehrung

Markus und Matthäus berichten jeweils von zwei Wundern, bei denen Jesus die Menge speist. Das Lukasevangelium hat dagegen nur einen Wunderbericht (Lk 9,10–17).[9] Im Markus- und Matthäusevangelium bindet Jesus die Jünger eng an sich, indem er sie bei der Speisung der Menge durch die Verteilung des Brotes miteinbezieht (siehe Mk 6,37.41; 8,6; Mt 14,16.19; 15,36). Beide Berichte sind verfasst worden, um an die Feier der Eucharistie in der Gemeinde zu erinnern, insbesondere in der Beschreibung der Handlungen Jesu in Bezug auf das Brot: nehmen, die Augen erheben, den Lobpreis sprechen, brechen und geben. Wir haben die Berichte bei Markus und Matthäus innerhalb ihres weiteren literarischen Kontextes betrachtet, indem wir die beiden Brotwunder mit der größeren „Geschichte" verbanden und die Aufmerksamkeit auf das lenkten, was vor und nach diesen Berichten geschieht. Markus und Matthäus verwenden die Brotwundergeschichten, um Spaltungen und mögliche Sündigkeit in ihren jeweiligen Gemeinden anzusprechen. Indem die Evangelisten zurückblicken auf das Versagen der Jünger in der Geschichte Jesu, können sie Probleme der Spaltung in einer frühchristlichen Gemeinde ansprechen, sowie deren Versuchung, jemanden auszuschließen, besonders im Hinblick auf die Teilhabe am eucharistischen Tisch. Das Thema der Gegenwart des eucharistischen Jesus für seine schwachen Jünger wird nie verwendet, um zu tadeln oder zu entmutigen. Im Gegenteil, es wird verwendet, um versagende Jünger zu ermahnen und zu ermutigen, sowohl im „Damals" der Geschichte Jesu als auch im „Jetzt" der frühchristlichen Gemeinde, an die sich Markus und Matthäus jeweils wenden. Diese inspirierten Texte der Heiligen Schrift haben genau dasselbe getan durch all die Jahrhunderte hindurch.

Die lukanische Version dieses Ereignisses setzt einen ganz anderen Schwerpunkt. Zunächst platziert Lukas das Brotwunder an eine Stelle in seinem Bericht, wo er einen langen Abschnitt des Markusevangeliums ausgelassen hat. Die Ereignisse in Mk 6,44 – 8,26 berichten von der feindschaftlichen Begegnung Jesu mit den Führenden Israels im Streit darüber, was eine Person rein oder unrein macht (7,1–23). In zwei Bootsfahrten über den See warnt er seine versagenden Jünger vor den Gefahren ihrer Herzenshärte und Blindheit (6,45–52; 8,14–21). Exegeten verweisen auf diese Eigenart im Lukasevangelium allgemein als „die große Auslassung". Wie wir gesehen haben, steigert Markus (wiederholt von Matthäus, Mt 14,22 – 16,12) den Konflikt zwischen Jesus und Israel. Jesus bewegt sich weg von Israel und hinein in die heidnische Welt und fordert seine zögerlichen Jünger auf, es ihm gleich zu tun. Im Unterschied zu unserer Untersuchung der beiden Brotwundererzählungen bei Markus und Matthäus ist es nun die sogenannte lukanische „große Auslassung", welche den weiteren Kontext für das Brotwunder liefert.

Die beiden Bände des lukanischen Werks wurden in einer heidnischen Welt und für diese geschrieben. Diesen frühen Heidenchristen ging es, unter anderem, um die Frage ihres Ursprungs innerhalb der christlichen Bewegung.[10] Folglich ist ein wichtiges Thema, sowohl im Lukasevangelium als auch in der Apostelgeschichte, die Gründungsbedeutung der Apostel. Weit entfernt von den „Anfängen" der christlichen Bewegung war es nötig, diesen Christen zu zeigen, auf welche Weise sie zu diesen Anfängen gehörten, und dass sie allen Grund hatten zum Vertrauen in die ihnen überlieferte Botschaft (siehe Lk 1,1–4).[11]

Eine Methode des Lukas in diesem Bemühen ist es, die enge Verbindung der Jünger mit Jesus während seines Wirkens aufzuzeigen. Durch das ganze Evangelium und die Apostelgeschichte hindurch werden die Jünger bewusst dargestellt als jene, die die Erfahrungen Jesu in ihrem eigenen christlichen Leben wiederholen.[12] Diese Jünger waren die „Apostel", die schließlich dafür verantwortlich sind, die Person und Lehre Jesu Christi zu allen Nationen zu bringen (siehe Lk 24,46–47; Apg 1,8). Obwohl der Begriff „Apostel" bereits in seinem christlichen Sinn von Paulus gebraucht worden war (siehe z. B. Röm 1,1; 11,13; 1 Kor 1,1; 15,9; Gal 1,1.17.19), findet er sich kaum im Markus- und Matthäusevangelium.[13] Er ist jedoch sehr wichtig für das Lukasevangelium und die Apostelgeschichte. Das Nomen – vom griechischen Verb *apostellein*, das „aussenden" bedeutet – wird auf die „zwölf Apostel" angewandt, die ursprünglichen Missionare, die das Fundament der nach-österlichen Kirche bilden (siehe Lk 6,13). Sie waren das Bindeglied zwischen der Kirche in der Zeit des Lukas und der Zeit Jesu (siehe z. B. Lk 24,44–49; Apg 1,15–26).[14]

Der Abschnitt Lk 9,1–50 beendet den ersten Teil des Evangeliums und eröffnet den zweiten, da sich Jesus nach Jerusalem wendet (V. 51). Er ist geprägt von Erzählungen, die auf die entscheidende zukünftige Rolle der „Apostel" vorbereiten. An diesem Wendepunkt in der Erzählung konzentriert sich Lukas auf die „Apostel": Sie erhalten eine wichtige Unterweisung im Hinblick auf die Person Jesu und ihr eigenes Geschick, bevor sie sich mit Jesus auf den Weg nach Jerusalem machen (siehe 9,51: „Als sich die Tage erfüllten, dass er hinweggenommen werden sollte, fasste Jesus den festen Entschluss, nach Jerusalem zu gehen"; und VV. 52–56, die Verbindung der Jünger mit der Reise Jesu).[15]

Dieser Wendepunkt in der Geschichte beginnt damit, dass Jesus die Zwölf für ihre Mission unterweist. Danach werden sie ausgesendet (Lk 9,1–6; siehe auch Mk 6,6b–13). Während sie unterwegs sind, wird der Bericht über die Verwirrung des Herodes bezüglich der Person Jesu – die in solch grausigen Details bei Markus erzählt wird (Mk 6,14–29) – bei Lukas auf ein Minimum reduziert (9,7–9).[16] Er konzentriert die Aufmerksamkeit seiner Adressaten auf die Frage des Herodes nach der Person Jesu: „Wer aber ist dieser, von dem man mir solche Dinge erzählt?" (V. 9). Die Apostel kehren zurück und es folgt das Brotwunder (VV. 10–17).[17] Die lukanische Gegenüberstellung der Frage des Herodes und des Wunders Jesu dient teilweise der Beantwortung dieser Frage: Jesus wirkt große Zeichen und kann die Menge speisen. Aber das ist noch nicht alles.

Wie im Markus- und Matthäusevangelium bringt auch Lukas die Jünger in Verbindung mit der Speisung der Menge (9,13.16). Es gibt jedoch einen wesentlichen Unterschied in einigen Details. Sowohl bei Markus als auch bei Matthäus werden sie „die Jünger" genannt (Mk 6,35; Mt 14,15), aber in Lk 9,12 werden sie „die Zwölf" genannt. Anklänge an die Emmaus-Episode finden sich schon hier, da das eucharistische Ereignis stattfindet, „als der Tag zur Neige ging" (V. 12; siehe 24,29).[18] „Die Zwölf" ersuchen Jesus, die Leute wegzuschicken (V. 12), er aber fordert sie auf: „Gebt ihr ihnen zu essen!" (V. 13). Jesus nimmt von dem Wenigen ihrer fünf Brote und zwei Fische, blickt zum Himmel auf, segnet und bricht sie, „dann gab er sie den Jüngern, damit sie diese an die Leute austeilten" (V. 16). Nach der Speisung, mit ihren deutlich eucharistischen Untertönen (V. 16: nehmen, zum Himmel aufblicken, segnen, brechen, geben, an die Menge austeilen), bleiben zwölf Körbe übrig.[19] Wie Joseph A. Fitzmyer dazu bemerkte: „Die ‚zwölf' Körbe sind offensichtlich ein symbolischer Verweis auf die ‚Zwölf' in V. 12; jeder von ihnen bringt einen Korb voll zurück und sie haben nun genug, um noch andere zu speisen."[20] Die lukanische Sicht der Gründungsapostel sowie ihre Verbindung mit Jesus im Dienst der Speisung der Menge, sind sehr wichtig für seine Neu-Erzählung der traditionellen Geschichte vom Brotwunder. Die Verbindung der „Zwölf" in der Geschichte Jesu „damals" spricht zu einer Kirche, die zurückschaut, um ihre Wurzeln im Leben Jesu aufzuspüren und damit ihrem „Jetzt" Sinn zu geben.[21] „Jesus, der göttliche Hirte, speist das wahre Israel seiner Nachfolger durch die Hand der Führenden, seiner Diener."[22]

Weitere Antworten auf die Frage des Herodes liefert sodann das Bekenntnis des Petrus, dass Jesus „der Christus Gottes" ist (V. 20). Dieses wird ergänzt durch die Stimme aus dem Himmel, die verkündet, dass Jesus (der sich mit zwei anderen in den Himmel aufgefahrenen Gestalten aus Israels heiliger Vergangenheit unterhält, nämlich Moses und Elias) „mein auserwählter Sohn" ist (V. 35). Einige der Apostel (Petrus, Jakobus und Johannes) werden Zeugen dafür (VV. 28.32–33). Die Dämonenaustreibung, die *jenseits der Vollmacht der Jünger* war, führt zu Bestürzung und „alle waren außer sich vor Staunen über die Größe Gottes" (VV. 37–43).[23] Diese Reihe von Offenbarungen, welche auf die von Herodes in V. 9 gestellte Frage antworten, kommt zum Abschluss, als Jesus seinen Jüngern feierlich ankündigt: „Behaltet diese Worte in euren Ohren: Der Menschensohn wird nämlich in die Hände von Menschen ausgeliefert werden" (V. 44).

Ehrentitel und Hinweise auf die letztliche Vollmacht Jesu erzählen jedoch nicht die ganze Geschichte. Es gibt immer auch einen klaren Hinweis darauf, dass diese Ehre und Vollmacht nur durch das Erlebnis des Kreuzes kommen. Es ist nicht genug, „über alles zu staunen" (V. 43b). Dieses entscheidende Element in der Vorbereitung der Jünger, bevor sie sich mit Jesus auf den Weg nach Jerusalem machen, belehrt sie darüber, dass sie Jesus nachfolgen auf seinem Weg zu Leiden und Tod in Jerusalem. Dieses Bewusstsein wird von ihnen verlangt durch die Worte Jesu, die nur Lukas überliefert: „Behaltet diese Worte in euren Ohren" (V. 44). Hier findet sich eine ganz bewusste Verbindung der Jünger mit Jesus in der schrittweisen Offenbarung von Jesu Person, Würde und Schicksal. Die Jünger sind nicht nur die Empfänger dieser Offenbarung, sondern durch die gesamte Erzählung hindurch finden sich auch explizite Anweisungen an sie (siehe VV. 1–6.23–27.46–50). Als Höhepunkt der ersten Hälfte des Evangeliums und als Eröffnung der zweiten kündigt der

Erzähler an: „Als sich die Tage erfüllten, dass er hinweggnommen werden sollte, fasste Jesus den festen Entschluss, nach Jerusalem zu gehen. Und er schickte Boten vor sich her" (VV. 51–52). Die zukünftigen Gründungsapostel der Kirche sind nun in ihre Aufgabe eingewiesen und es ist ihnen gezeigt worden, wer es ist, dem sie nachfolgen. Sie machen sich auf den Weg nach Jerusalem zusammen mit Jesus (siehe VV. 52–56).

Dieser Überblick über Lk 9,1–50 zeigt, dass sich die Themen, die im Kontext der Brotwunderberichte bei Markus und Matthäus entfaltet werden, im Lukasevangelium nicht finden. Das Fehlen von Mk 6,44 – 8,27 // Mt 14,22 – 16,12 (die sogenannte „große Auslassung") zeigt den Leserinnen oder Zuhörern, die mit den Geschichten der anderen Synoptischen Evangelien vertraut sind, dass Lukas etwas anderes sagen wollte, als er die Tradition vom Brot- und Fischwunder verwendete.[24] Der Schlussabschnitt der galiläischen Wirksamkeit Jesu bei Lukas (9,1–50) wird betont durch die Unterweisung der zukünftigen „zwölf Apostel".[25] Es gibt jedoch drei weitere bedeutsame Mähler in diesem Evangelium: das Mahl Jesu mit den Aposteln am Tag der Ungesäuerten Brote (22,7.14–38), das Mahl Jesu mit zweien seiner Jünger in Emmaus (24,13–35) und schließlich das Mahl mit „den Elf", die in Jerusalem geblieben sind (24,36–49). Die Geschichte dieser Mähler wird erzählt werden, um zu zeigen, dass selbst Apostel und Jünger – denen ein privilegierter Zugang zu einem tieferen Verständnis dessen, wer Jesus war und was er im Begriffe war zu tun, gewährt wurde (9,1–50) – nicht immer den Unterweisungen entsprachen, die sie in den Tagen vor dem Aufbruch nach Jerusalem erhalten hatten (VV. 51–56). Trotz der Einzigartigkeit der lukanischen Version vom Letzten Abendmahl – zusammen mit dem Bericht vom Gang nach Emmaus und zurück nach Jerusalem sowie der letzten Unterweisung der Jünger vor Jesu Himmelfahrt – kehrt die *Tradition* der eucharistischen Gegenwart Jesu für schwache Jünger auch hier wieder.[26]

Das Letzte Abendmahl

Das Lukasevangelium enthält einen Bericht vom Letzten Mahl Jesu mit seinen Jüngern (22,14–38), der sich auffallend unterscheidet von den Berichten bei Markus (Mk 14,17–31) und Matthäus (Mt 26,14–35). Man geht davon aus, dass Lukas für diesen Teil der Geschichte wahrscheinlich nicht vom Markusevangelium abhängig war, sondern in kreativer Weise andere Quellen verarbeitete.[27] Deshalb konzentriert sich die heutige Exegese auf diese Erzählung als besonderes Beispiel für das literarische Geschick des Lukas, statt der Verwendung möglicher Quellen nachzugehen. Zwei Themen scheinen im Besonderen in diesem Bericht ineinander verwoben zu sein. Durch das ganze Lukasevangelium hindurch kann ein bemerkenswertes Interesse an Essen und Mählern festgestellt werden.[28] Dieses Thema erreicht einen Höhepunkt im Letzten Mahl, das Jesus vor seinem Tod mit den Zwölf feiert (22,14–38), sowie im Mahl, das der auferstandene Herr mit denselben Aposteln, jedoch ohne Judas, hält (24,36–49). Ein weiteres besonderes Merkmal des Letzten Abendmahls bei Lukas ist dessen Lokalisierung innerhalb einer langen „letzten Rede" Jesu an seine Jünger.[29]

Lukanische Mähler

Das Abendmahl, das in 22,14–38 berichtet wird, bringt eine lange Reihe von Mählern im Evangelium zu einem Höhepunkt. Diese sind durchgängig geprägt von Jesu Infragestellung des *status quo*: Er teilt den Tisch mit Sündern und er stellt die Pharisäer radikal infrage bei den vielen Gelegenheiten, bei denen er von ihnen zum Essen eingeladen wurde.[30]

Jesus hielt Mahl mit Levi, dem sündigen Zöllner. Darüber hinaus waren noch andere Sünder dabei, die Levi am Tisch versammelt hatte, um an der Gemeinschaft mit Jesus teilzunehmen (5,27–32). Als „Prophet" eingeladen (siehe 7,39), um Mahl zu halten mit einer anderen bedeutenden religiösen Persönlichkeit, nämlich dem Pharisäer Simon, zeigt Jesus, dass seine Liebe nicht in die Beschränkungen durch die konventionelle Religion gezwängt werden kann. Er erlaubt und ermutigt sogar die Intimität einer wegen ihrer Sünden bekannten Frau (7,37). Ihre Liebe hat sie zum Tisch des Mahles, und zur Vergebung durch Jesus, hingezogen (7,36–50). Wiederum zu Tisch mit den Pharisäern fordert Jesus diese heraus, ihren Mangel an wahrer Gerechtigkeit zu erkennen (11,37–54). Ein weiteres Mahl mit den Pharisäern nutzt Jesus für die Heilung eines an Wassersucht leidenden Mannes, und zwar an einem Sabbat, um die Art und Weise, wie die Pharisäer ihre Mähler „religiös" organisierten, infrage zu stellen und sie dazu zu bringen, seinem Beispiel zu folgen: „Wenn du ein Essen gibst, dann lade Arme, Krüppel, Lahme und Blinde ein. Du wirst selig sein, denn sie haben nichts, um es dir zu vergelten" (14,13–14; siehe 14,1–24).

Die Herausforderung, die Jesus durch seine Teilnahme an Mählern und seine Infragestellung des *status quo* in diesem Zusammenhang stellt, ist entscheidend für ein adäquates Verständnis der Erzählperspektive des Lukas. Wie alle Evangelien, so erzählt auch Lukas von Jesu Worten und Taten im „Damals", das in der Fachsprache „erzählte Zeit" genannt wird, um das „Jetzt" der christlichen Praxis infrage zu stellen. In seinem Kommentar zum Gleichnis vom großen Festmahl (14,16–24) zieht John R. Donahue die Schlußfolgerung:

> Innerhalb der christlichen Gemeinden toben weiterhin einige der heftigsten Debatten über Inklusion, oft konzentriert auf die Feier des Herrenmahls. Als jedoch der lukanische Jesus ein Gleichnis über das Essen des Brotes im Reich Gottes erzählte, zerstörte er die Erwartungen seiner Zuhörer, wer die geeigneten Tischgenossen sein würden. Kann dieses gleichnishafte Wort auch unsere Erwartungen herausfordern?[31]

Das letzte beredte Zeugnis für dieses wichtige lukanische Thema findet sich in 19,1–10. Es ist eine Episode, die hinsichtlich ihrer Bedeutung sowohl zurückblickt auf den bisherigen Evangelientext, als auch vorausweist auf die letzten Tage der Gegenwart Jesu. Die Begegnung und das Mahl mit Zachäus sind ein passender Höhepunkt auf der Reise Jesu nach Jerusalem. Dies ist die Stadt, von der er „hinweggenommen" werden wird (siehe 9,31.51), und ebenso der Ort, von dem aus die Jünger zu den Enden der Erde gesandt werden (siehe Apg 1,8). Als Jesus sich Jerusalem nähert, erblickt er Zachäus. Trotz des Murrens und der Empörung der Umstehenden verkündet Jesus öffentlich, dass er bei Zachäus einkehren und mit ihm Mahl halten wird – mit einem Oberzöllner und bekannten Sünder! Zachäus seinerseits verpflichtet sich auf den Weg Jesu, indem er verspricht, die Hälfte seines Vermögens den Armen zu geben. Christologie und Jüngerschaft gehen ineinander über in der wechselseitigen Selbsthingabe für die Gebrochenen.[32]

Jerome Neyrey bemerkte zur Funktion der Mähler Jesu innerhalb der lukanischen Erzählstrategie:

> Jesu inklusive Tischgemeinschaft spiegelt den inklusiven Charakter der lukanischen Kirche: Heiden, Prostituierte, Zöllner, Sünder, ebenso die Blinden, Lahmen, Krüppel und die Armen sind willkommen an seinem Tisch und in seinem Bund.[33]

Dieses Evangelium lässt keine Illusionen hinsichtlich der Zusammensetzung der Kirche Jesu Christi zu. Sie besteht nicht aus „vollkommenen Menschen". Im Gegenteil, sie besteht aus Menschen, die Christen geworden sind, weil sie das Zeugnis der Apostel für die Person und Botschaft Jesu angenommen haben (siehe 24,45–48). Der auferstandene Christus beauftragt seine Apostel:

> So steht es geschrieben: Der Christus wird leiden und am dritten Tag von den Toten auferstehen und in seinem Namen wird man allen Völkern Umkehr verkünden, damit ihre Sünden vergeben werden. Angefangen in Jerusalem, seid ihr Zeugen dafür. Und siehe, ich werde die Verheißung meines Vaters auf euch herabsenden. Ihr aber bleibt in der Stadt, bis ihr mit der Kraft aus der Höhe erfüllt werdet! (24,46–49; siehe auch Apg 1,8)

Auf dem Hintergrund dieser Mahlgemeinschaften mit Sündern können wir 22,14 am besten verstehen: „Als die Stunde gekommen war, legte er sich mit den Aposteln zu Tisch."[34] Trotz der Bedeutung für die Gesamtargumentation von Lukasevangelium und Apostelgeschichte, dass den Aposteln eine entscheidende und grundlegende Rolle nach Tod und Auferstehung Jesu zukommen wird, nehmen auch sie am Letzten Mahl mit ihrem Meister als Sünder und gebrochene Menschen teil. Sie sind die letzten in einer langen Reihe von gebrochenen und sündigen Menschen, die mit Jesus Mahlgemeinschaft hielten während seines Lebens und Wirkens.

Lukas versteht „die Gebrochenen", die am Tisch des Herrn versammelt sind, in einem weiteren und kühneren Sinne als Markus und Matthäus. Es ist nicht eine Frage von Heide und Jude, die am Tisch des Herrn teilnehmen, der gegründet ist auf Jüngern, die Jesus im Stich gelassen haben. Inmitten einer hauptsächlich heidnischen Kirche geschrieben, hat die Jesusgeschichte des Lukas wenig Interesse an solchen Fragen. Das dritte Evangelium zeigt ziemlich ausführlich, dass man auf verschiedenste Art und Weise als „Außenseiter" angesehen werden kann. Tatsächlich gelten sie für Lukas als besonders gesegnet (siehe 6,20–23). Da gibt es solche, die sich einer Sünde schuldig gemacht haben, wie etwa die Prostituierte und der Zöllner, aber auch Pharisäer, die an ihrer Selbstgerechtigkeit leiden. Da sind die Jünger, die Jesus im Stich lassen durch ihren schwachen Glauben, und jene aus der Gruppe der Zwölf, die ihn verleugnen (Petrus) und ihn verraten (Judas). Schließlich gibt es da die Heiden, sowie die materiell Armen und die physisch Behinderten von allen Straßen und Gassen, die am Tisch Jesu willkommen sind.[35]

Innerhalb dieser Szenerie von gebrochenen Menschen, denen die Möglichkeit einer wirklichen Rettung durch die Teilnahme am Mahl mit Jesus eröffnet wird, werden die Apostel in der Lage sein, allen Völkern ein beredtes Zeugnis zu geben für Reue und Sündenvergebung (24,47). Ihr eigenes Leben als Nachfolger und Apostel Jesu resultiert aus einer solchen Erfahrung. Sie erlebten selbst Reue und Vergebung, für die sie schließlich Zeugnis ablegen.[36] Wie Philip Esler gezeigt hat, wird Jesu Praxis der Mahlgemeinschaft mit Ausgestoßenen fort-

geführt werden von den Aposteln selbst, und zwar im zweiten
Band der an Theophilus adressierten „Bücher" (siehe Lk 1,3 – 4;
Apg 1,1), in der Apostelgeschichte. Während das Thema von
Jesu Annahme der Gebrochenen und ihnen gewährter Vergebung bezeichnend ist für seine Mahlgemeinschaft im Evangelium, ist es die Annahme der Heiden durch die frühe Kirche,
welche bezeichnend ist für die Tischgemeinschaften der Apostel
in der Apostelgeschichte. In seinem Kommentar zur Bekehrung
des Kornelius in Apg 10,1 – 11,18 stellt Esler fest: „Was für Lukas zählt, ist die Legitimierung der vollen Gemeinschaft zwischen Jude und Heide in der christlichen Gemeinde, nicht nur
die Zulassung von Heiden zu diesen Gemeinden."[37] Apostel,
die Vergebung und Zulassung zum Tisch des Herrn erfahren haben, sind in der Lage, eine solche Sendung zu anderen „Außen-
seitern" zu predigen und praktizieren.

Das Letzte Mahl

Das Thema der Gegenwart Jesu für die Gebrochenen und Sündigen durch das gesamte Evangelium hindurch – das die Basis
bildet für das, was die Apostel bis zum Ende der Welt bezeugen
werden – erreicht seinen Höhepunkt beim Letzten Abendmahl.
„Dieses Letzte Mahl beim Pascha-Fest krönt die Mähler, die all-
täglichen wie die festlichen, die er mit seinen Jüngern und mit
Sündern während seines irdischen Lebens gehalten hat."[38] Das
Thema der von Jesus gefeierten Mähler ist fortgesetzt im Letzten
Mahl. Wir haben bereits gesehen, dass Markus ein Muster verwendete, in dem sich die Handlungen Jesu einerseits und das
Versagen der Jünger andererseits in Mk 14,1–71 abwechselten,
und dass dieses literarische Muster in Mt 26,3 – 75 wiederholt
wurde.[39] Diese sorgfältig angeordneten Erzählungen berichteten
von den letzten Augenblicken der nicht versagenden Gegenwart
Jesu für seine versagenden Jünger. Lukas mag sich dieses Musters bewusst gewesen sein, da er offensichtlich ein ähnliches bei
der Abfassung von Lk 22,14 –38 verwendete.

Im lukanischen Bericht über das Letzte Abendmahl gibt es eine alternierende Abfolge von einerseits der Lehre Jesu über die Errichtung des Reiches Gottes durch seinen Tod und seine Auferstehung und die Einbeziehung der Apostel, und andererseits expliziten Hinweisen auf den zukünftigen Verrat und die Verleugnung durch dieselben Apostel. Der Abschnitt kann wie folgt dargestellt werden:

A) – 22,14–18: Das Teilen des ersten Kelches und die Verheißung der Erfüllung des Reiches Gottes.

B) – VV. 19–23: Der Bericht vom Mahl und die Vorhersage des Verrats des Judas.[40]

A) – VV. 24–30: Die Rolle, die die Jünger im Reich Gottes spielen werden.

B) – VV. 31–34: Das Gebet Jesu für Petrus und die Vorhersage, dass er dennoch Jesus verraten wird.

A) – VV. 35–38: Die Schwierigkeiten, denen die Jünger in ihrer zukünftigen Mission begegnen werden.[41]

Dieser Wechsel der Themen ist vorhanden und so kann Lukas die Tradition der Gegenüberstellung von Jesu gnadenvoller Selbsthingabe und den Menschen, denen er sie anbietet, fortsetzen. Es sind seine Jünger, die sich zusammensetzen aus einem Verräter, einem Verleugner und anderen, die nichts verstehen. Dieser Kontrast findet sich auch bei Markus und Matthäus.

Es gibt jedoch viele Unterschiede zwischen dem markinischen und lukanischen Schema. Es lässt sich feststellen, dass hinter Lk 22,14–38 eine andere literarische Form steht, insofern es auch eine Rede ist, in der Jesus seine letzten Worte an die Jünger richtet. Lk 22,14–38 ist jedoch *nicht nur* eine Abschiedsrede.[42] In Mk 14,1–71 stellten wir die Vermischung von direkter Rede und Erzählung fest. Die lukanische Entfaltung des Themas des Apostel-Versagens ist jedoch durchgängig, es findet sich nicht nur in den speziell dafür vorgesehenen Abschnitten (VV. 19–23.31–34).

Hier spürt man die Kunstfertigkeit des Geschichten-Erzählers. Die Sünder sind stark präsent. In V. 21 lesen wir: „Doch siehe, die Hand dessen, der mich ausliefert, ist mit mir am Tisch." Diese ominöse Notiz gibt den Ton an. Auf die Begriffsstutzigkeit und Gebrochenheit der Apostel im Allgemeinen wird durch den Bericht von einem Streit hingewiesen (V. 24). Die Verleugnung des Petrus wird vorausgesagt (V. 34). Es wird berichtet, dass die Apostel der „Stärkung" bedürfen werden (V. 32), was impliziert, dass sie schwach und gebrechlich sind. Darüber hinaus scheint es, dass sie die Anweisungen Jesu für ihre Mission in VV. 35–38 missverstehen. Während Jesus auf die Verhöre, Verhaftungen, Verfolgungen und den Tod hinweist, welche die Apostel bei ihrer Mission erwarten werden, und die sich tatsächlich in der Apostelgeschichte ereignen, verstehen sie seinen symbolischen Gebrauch des „Schwertes" wörtlich. Dies führt zur Bemerkung Jesu, dass sie die ganze Diskussion beenden sollen: „Genug davon!" (V. 38).[43] Thomas W. Manson hat diese letzte Reaktion Jesu auf seine versagenden Jünger als „die Äußerung eines gebrochenen Herzens" beschrieben.[44]

Der Tisch Jesu umfasst Judas, seinen Verräter, Petrus, der ihn verleugnet, und die sich streitenden und begriffsstutzigen Apostel. Jesus isst mit versagenden Menschen, sogar beim Letzten Abendmahl! Obwohl Lukas auf subtilere Weise als Markus oder Matthäus vorgeht, ist die Gegenwart Jesu für seine Jünger beim Letzten Abendmahl umso deutlicher eine Gegenwart für die Gebrochenen. Dieses Thema, das in so vielen Mahlszenen im Evangelium hervorgehoben wurde, wird nun in 22,14–38 zu einem passenden Abschluss geführt. Die Jünger werden würdige Kandidaten für die zukünftige Mission sein, die Zeugnis ablegen vor allen Vökern für die Umkehr und Vergebung der Sünden (24,47).[45]

Diese bunt gemischte Gruppe, die am Tisch des Herrn teilhat und die darauf hinweist, wie dieser Tisch in der Kirche gehandhabt werden soll, hat Markus Barth sehr treffend beschrieben:

Wer mit Jesus zu Tische sitzt, muss auch die anderen Gäste in Jesu Gesellschaft akzeptieren. Jesus ist nie ohne seine Erwählten, einschließlich besonders der Ausgestoßenen. Niemand kann Jesus für sich alleine haben. Jesus begegnet man mit einem seltsamen Gefolge – den Zöllnern und Sündern; den Armen und Gammlern von den Heckenzäunen und Gassen; einer berüchtigten Frau, der Jesus erlaubt, seine Füße zu berühren; den verlorenen Söhnen und so verräterischen und feigen Jüngern wie Judas und Petrus und den anderen Jüngern, die an Jesu letztem Mahl teilnahmen (von denen ihn keiner genug liebte, um für sein Begräbnis zu sorgen). Wer diese Tischgenossen Jesu als zu schlecht, zu minderwertig, zu klein, zu weit entfernt von der Erlösung ansieht, um ihnen an der Seite Jesu zu begegnen, der sieht, akzeptiert und glaubt Jesus nicht so, wie er wirklich ist. Wer sich zu gut und zu nobel vorkommt, um sich in dieser Gesellschaft zu befinden, kann nicht am Tisch des Herrn sitzen. Erst wenn die gerade erwähnten Gammler aufgenommen und bedient worden sind, ist Jesus aufgenommen, und erst dann akzeptiert er den ihm erwiesenen Dienst.[46]

Ein Mahl, das auch eine Abschiedsrede ist

Das andere wichtige Merkmal von Lk 22,14–38, das die neuere Forschung bemerkt hat, ist das Vorhandensein einer literarischen Form, die als „Abschiedsrede" bezeichnet wird. Wir haben bereits gesehen, dass die strukturierte Darstellung des Textes vom markinischen Gebrauch eines ähnlichen Musters von alternierenden Themen abweicht. Das hängt weitgehend damit zusammen, dass der lukanische Bericht vom Letzten Abendmahl *nicht nur* eine Erzählung von einem gemeinsamen Mahl ist, *sondern auch* eine Abschiedsrede. Die bewusste Verwendung dieser weithin anerkannten literarischen Form weist darauf hin, dass – obwohl die frühchristliche *Tradition* des Letzten Abendmahls erinnert wird – von einer einzigartigen literarischen Form Gebrauch gemacht wird.[47] Diese hebt jedoch die entscheidende Botschaft von Jesu Gegenwart für seine Jünger, wie sie in allen neutestamentlichen Berichten vom Letzten Mahl offenbar wird, nicht auf. Die Form eines Testaments, in Verbindung mit der *Tradition* von Jesu nicht versagender Gegenwart für seine schwachen Jünger, schafft eine Erzählung, die in ihrer literarischen Form zwar testamentarisch, aber nicht *nur* ein Testament ist.[48]

In Mk 14,1–71 bildete der Bericht von Jesu Worten und Handlungen über Brot und Wein beim Letzten Mahl den Mittelteil des Abschnitts (14,17–31). Dies ist im Lukasevangelium nicht der Fall. Hier ist dieser Bericht der zweite Teil des Abschnitts (22,19–23), der sich der Voraussage des Verrats des Judas widmet. In Lk 22,14–38 geht es nicht vorrangig um Jesu eucharistische Worte, sondern vielmehr um das letzte Zeugnis, das Jesus seinen Jüngern im Zusammenhang mit einem Mahl hinterließ, als er von ihnen Abschied nahm. Wie Paul Minear dazu bemerkt hat: „In dieser Geschichte liegt der Schwerpunkt nicht in den Einsetzungsworten, sondern, wie bei früheren Mählern, in den vier Schlüsselgesprächen zwischen Jesus und den Jüngern."[49]

Die Praxis, einem großen Mann angesichts seines nahenden Todes eine „Abschiedsrede" in den Mund zu legen, ist eine recht weit verbreitete Praxis in vielen religiösen Schriften der ersten drei Jahrhunderte der christlichen Zeit.[50] Sie ist besonders weit verbreitet in der biblischen Literatur.[51] Im Alten Testament finden wir Abschiedsreden in Genesis 47–50 (Jakob), Josua 23–24 (Josua) und Deuteronomium 31–34 (Moses). Tatsächlich kann das ganze Buch Deuteronomium als die Abschiedsrede des Moses angesehen werden. Im Neuen Testament hält Paulus eine Abschiedsrede in Milet (Apg 20,17–35) und auch Petrus wird dargestellt als einer, der eine Abschiedsrede hält (2 Petr 1,12–15). Jesus hält eine Form der Abschiedsrede in Lk 22,14–38 und in Joh 14,1–16,33. Es gibt bei den neutestamentlichen Exegeten und Exegetinnen ein beträchtliches Interesse an einer Reihe von jüdischen testamentarischen Texten, in denen diese Methode angewandt wurde, besonders *Die Testamente der Zwölf Patriarchen*, eine Schrift aus dem zweiten Jahrhundert v. Chr., die den letzten Worten Jakobs in Gen 49 nachgebildet ist.[52]

Die Hauptmerkmale einer Abschiedsrede finden ihre Entsprechung in Lk 24,14–38. Der lukanische Bericht vom Letzten

Mahl Jesu mit seinen Jüngern kann, außer der Entfaltung dieser Tradition, auch als ein gutes Beispiel für das Genre der Abschiedsrede gesehen werden.[53] Vier Elemente sind für dieses Genre grundlegend:

1. **Die Voraussage des Todes.** Die Rede wird vom Patriarchen, der im Begriff ist wegzugehen, als „Abschied" von seinen Jüngern verstanden. Deshalb gibt es einen Hinweis auf seinen bevorstehenden Tod in all diesen Testamenten. In einigen Fällen ist der Tod unerwartet (*Testament des Levi* 1,2; *Testament des Naphtali* 1,2–4; *Testament des Asser* 1,2). Diese Voraussage des Todes dient als Anlass für die Rede. In der *lukanischen Rede beim Letzten Abendmahl* findet sich dies in 22,15: „Mit großer Sehnsucht habe ich danach verlangt, vor meinem Leiden dieses Paschamahl mit euch zu essen", und in 22,22: „Der Menschensohn muss den Weg gehen, der ihm bestimmt ist." Frühere Verweise auf das künftige Leiden, den Tod und die Auferstehung des Menschensohns (9,22.44; 18,31–33) lassen bei den Adressaten keinen Zweifel aufkommen, dass ein Abschied durch Tod unmittelbar bevorsteht.

2. **Voraussagen von zukünftigen Angriffen auf die Jünger des sterbenden Anführers.** Dieses Merkmal der Abschiedsrede ist ebenfalls grundlegend für ihre Struktur. Eine Motivation für die Rede besteht darin, die Jünger zu warnen, dass sie sich in unmittelbarer Gefahr befinden. Die meisten Testamente stellen diese unmittelbare Gefahr als ein Zeichen der Endzeit dar. In der *lukanischen Rede beim Letzten Abendmahl* findet sich dieses Merkmal in 22,32–34: „… Ich aber habe für dich gebetet, dass dein Glaube nicht erlischt. Und wenn du wieder umgekehrt bist, dann stärke deine Brüder! … Ich sage dir, Petrus, ehe heute der Hahn kräht, wirst du dreimal leugnen, mich zu kennen." Es ist auch in 22,36 vorhanden: „Jetzt aber soll der, der einen Geldbeutel hat, ihn mitnehmen und ebenso die Tasche. Wer dies nicht hat, soll seinen Mantel verkaufen und sich ein Schwert kaufen." Hier, wie auch anderswo, finden wir eine Vermischung der

Tradition von den Verleugnungen des Petrus und ihrer Verwendung als Warnung innerhalb des Testaments.

3. **Eine Ermahnung zu vorbildlichem Verhalten.** Die Testamente widmen den in der Zukunft zu erleidenden Schwierigkeiten viel Aufmerksamkeit. Ihnen muss mit einem Verhalten begegnet werden, das die Mitglieder dieser Gruppe vor der Gefahr schützt, ihnen aber auch dabei hilft, diese Schwierigkeiten zu bewältigen. In der *lukanischen Rede beim Letzten Abendmahl* findet sich wiederum die Einfügung der einzigartigen lukanischen Verwendung seines Mahlthemas, bei dem die versagenden Jünger die Adressaten der Ermahnung sind. Die *Tradition* des Mahls und die literarische Form des Testaments verbinden sich hier. Die Aufforderung zu vorbildlichem Verhalten in der „Abschiedsrede" findet sich im Zusammenhang mit Jüngern, die sich streiten (22,24).[54] Die Ermahnung folgt dann in VV. 25–26:

> Die Könige herrschen über ihre Völker und die Vollmacht über sie haben, lassen sich Wohltäter nennen. Bei euch aber soll es nicht so sein, sondern der Größte unter euch soll werden wie der Jüngste und der Führende soll werden wie der Dienende (siehe VV. 24–27).

4. **Eine letzte Beauftragung.** Den Jüngern des scheidenden Patriarchen werden Anweisungen gegeben hinsichtlich ihrer Wiederherstellung nach seinem Weggang. In der *lukanischen Rede beim Letzten Abendmahl* ist die Vermischung mit dem traditionellen Thema der Gegenwart Jesu für die Gebrochenen an einem Mahltisch erneut eingefügt, da Petrus im Zusammenhang mit seiner künftigen Verleugnung beauftragt wird (VV. 33–34). Obwohl die Beauftragung an versagende Jünger erteilt wird, bleibt sie dennoch bestehen. Die Apostel sollen fortführen, was Jesus ihnen hinterlassen hat, auch nach seinem Weggang. Dies findet sich in Lk 22,31–32:

> Simon, Simon, siehe, der Satan hat verlangt, dass er euch wie Weizen sieben darf. Ich aber habe für dich gebetet, dass dein Glaube nicht erlischt. Und wenn du wieder umgekehrt bist, dann stärke deine Brüder![55]

Die lukanische Verwendung des Mahlthemas diente dazu zu zeigen, dass Jesus sein Letztes Abendmahl mit gebrochenen Jüngern hielt, während die Verwendung der literarischen Form der Abschiedsrede sie als seine legitimen Nachfolger einsetzt. Beide Themen sind für Lukas wichtig. Seine kunstfertige Erzählung hat die Verbindung von traditionellem Mahlthema und literarischem Muster einer Abschiedsrede möglich gemacht.[56] Durch diese Verbindung konnte Lukas die bei Markus und Matthäus vorhandene Tradition weiterführen: Jesu Gegenwart für die gebrochenen und sündigen Jünger. Er konnte aber auch eine wichtige *Tradition* innerhalb des heidnischen Umfeldes der lukanischen Kirche verstärken: Die Jünger und Apostel sind die legitimen Nachfolger des Jesus von Nazareth.

Die Jünger werden unterwiesen und beauftragt inmitten ihres Versagens (siehe besonders VV. 31–38). Lukas hat ein einzigartiges Beispiel des Genres der Abschiedsrede geschaffen. Jesu Jünger sind – trotz der Gebrochenheit ihrer Tischgemeinschaft mit dem Herrn – auch die Apostel, das heißt jene, die seine Gegenwart fortsetzen werden „für alle Völker" (24,47; Apg 1,8).[57] Ein scheidender Jesus beauftragt versagende Jünger in einer Abschiedsrede beim Letzten Mahl, in einer langen Reihe von Mählern, die er mit gebrochenen Menschen hielt. Die Botschaft ist klar:

> Jesus wird sich von ihnen nicht distanzieren, weil sie ihn im Stich lassen. Der Grundton seiner Wirksamkeit und besonders seiner Tischgemeinschaft ist gewesen: „Er wurde zu den Verbrechern gezählt" (Jes 53,12; Lk 22,37), sowohl aufgrund seines eigenen Wunsches als auch des Willens seiner Verfolger (siehe 23,32). Und er wird fortfahren, sein Leben mit Sündern zu teilen bei den Reich-Gottes-Mählern in der Zeit der Kirche.[58]

Der Gang nach Emmaus – und die Rückkehr nach Jerusalem

Die Evangelien nach Markus und Matthäus versprechen die Wiederherstellung der Gruppe von Jüngern, die versagt und sich aufgelöst hat, und zwar „jenseits" von Jesu Tod und Auferstehung. Dies geschieht in beiden Evangelien im Kontext des

Letzten Abendmahls, wenn Jesus sagt: „Ich werde nicht mehr von der Frucht des Weinstocks trinken bis zu dem Tag, an dem ich von Neuem davon trinke im Reich Gottes" (Mk 14,25; Mt 26,29). Weder Markus noch Matthäus berichten von einer Szene nach der Auferstehung, wo dieses Versprechen erfüllt wäre. Es war auch nicht notwendig, weil diese Prophezeiung ein Hinweis ist auf die Feier der Eucharistie, wie sie in den Gemeinden des Markus und Matthäus praktiziert wurde.

Im Lukasevangelium macht Jesus eine solche Vorhersage bei zwei Gelegenheiten (Lk 22,16.18) und geht damit über Markus oder Matthäus hinaus. Zweimal wird davon erzählt, wie der auferstandene Jesus mit seinen Jüngern Mahl hält.

Die erste dieser Mahlszenen findet sich in Lk 24,13–35, der Erzählung vom Gang nach Emmaus. Alle Episoden des Auferstehungsberichts sind miteinander verbunden durch die Betonung, dass alles an einem Tag geschah. Der Bericht beginnt mit der Nennung dieses Tages: „Am ersten Tag der Woche" (24,1). Als nächstes erfährt der Leser: „Am gleichen Tag waren zwei von den Jüngern auf dem Weg in ein Dorf namens Emmaus" (V. 13). Am Ende ihres Weges sagen die Weggefährten Jesu: „Bleibe bei uns; denn es wird Abend, der Tag hat sich schon geneigt" (V. 29). Nach dem Brotbrechen heißt es: „Noch in derselben Stunde brachen sie auf und kehrten nach Jerusalem zurück und sie fanden die Elf und die mit ihnen versammelt waren" (V. 33). Sie berichten diesen, aber da „trat er [Jesus] selbst in ihre Mitte" (V. 36). Dies ist die letzte Gegenwart Jesu für seine Jünger im Evangelium (siehe V. 51, wo er sie verlässt).

Das gesamte Lukasevangelium ist auf diesen „Tag" ausgerichtet gewesen. Als Jesus seine Reise nach Jerusalem in 9,51 begann, bemerkte der Erzähler dazu: „Als sich die Tage erfüllten, dass er hinweggenommen werden sollte, fasste Jesus den festen Entschluss, nach Jerusalem zu gehen." Diese „Reise" kommt zu ihrem Abschluss in Jerusalem durch das, „was in diesen Tagen dort geschehen ist" (24,18). An diesem Auferstehungstag spüren wir, dass wir uns am Ende einer langen Reise befinden. Tatsächlich ist eines der wichtigsten Themen des Lukasevangeliums und seines Begleitwerks, der Apostelgeschichte, das Thema der Reise.[59] Durch das ganze Evangelium hindurch führt eine Reise nach Jerusalem, wo die Osterereignisse stattfinden (siehe besonders 9,51). Am Beginn der Apostelgeschichte befindet sich die frühe Kirche noch in Jerusalem. Dort wird der Geist gegeben und von dort aus beginnt eine zweite Reise, die hinausführt zu den Enden der Erde.[60] Das Zentrum von Lukasevangelium und Apostelgeschichte ist die Stadt Jerusalem. Dort geschehen die Osterereignisse und Jesus geht von dort hinauf zu seinem Vater. In Jerusalem endet die Reise Jesu und die Reise der Apostel beginnt. Sie werden beauftragt, hinauszugehen zu allen Völkern, sollen jedoch in der Stadt bleiben, um dort die Gabe des Geistes zu erwarten (24,49). Sie empfangen den Geist (Apg 2,1–13), werden zum ersten Mal „Kirche", ein Herz und eine Seele, und feiern die Gegenwart des Herrn in ihren Mählern (Apg 2,42–47). Schließlich brechen sie jedoch von Jerusalem aus auf, als Zeugen „in ganz Judäa und Samarien und bis an die Grenzen der Erde" (Apg 1,8; siehe auch 20,7–11; 27,33–36).[61] Die Stadt Jerusalem fungiert als Angelpunkt, um den herum sich die Heilsgeschichte Gottes dreht.[62]

Da Jerusalem das Zentrum der Geschichte Gottes ist, signalisieren die Bemerkungen am Beginn der Emmaus-Erzählung die falsche Wahl der beiden Jünger.[63] „Am gleichen Tag" – inmitten der Osterereignisse – gingen zwei Jünger nach Emmaus, „das sechzig Stadien von Jerusalem entfernt ist" (24,13). Sie gehen *weg von Jerusalem* (Griechisch: *apo Ierousalēm*), dem Zentrum der Geschichte Gottes. Indem sie dies tun, wenden sie sich genau von dem Ort ab, an dem sich Gott offenbaren wird in seinem Sohn, der von Nazareth (Lk 1–2) nach Jerusalem gereist ist, jenem Ort, von dem aus er den Enden der Erde bekannt gemacht werden wird (Apg 1,8; 28,16–31).[64] Anders als Markus und Matthäus sagt Lukas seinen Lesern nie, dass die Jünger Jesus verlassen haben. Sie waren sogar beim Kreuz anwesend und schauten aus einiger Entfernung zu (siehe 23,49) und Frauen, die mit ihm zusammen waren seit seiner Zeit in Galiläa (8,1–3), sind ihm bis zum Grab gefolgt (23,55–56) und verkündeten die Osterbotschaft (24,9–10). Diese zwei Jünger jedoch haben dieses Muster durchbrochen. Sie gehen weg vom Ort und Tag der Osterereignisse. Dieser Aspekt des Gangs nach Emmaus ist zentral für die Auferstehungsgeschichte des Lukas.

Dieser Eindruck wird weiter verstärkt, sobald der Leser oder Hörer auf die Details des Berichtes selbst achtet. Die Osterereignisse haben die beiden Jünger vorrangig im Kopf und sie sind der Gegenstand ihres Gesprächs, als sie weggehen (V. 14) und sich der auferstandene Jesus zu ihnen gesellt und „mit ihnen geht" (V. 15). Die Verwendung des Namens „Jesus", gefolgt von „er selbst" (im Griechischen: *kai autos Iēsous*), macht es für den Leser oder Hörer deutlich (jedoch nicht für die Jünger), dass der Weggefährte mit Sicherheit Jesus ist.[65] Er hat sich vergebend den Sündern zugewandt – und sogar Erlösung angeboten – am Kreuz (23,34.39–43). Jetzt, als der Auferstandene, „geht er mit" diesen beiden Jüngern, die sich von Gottes Heilsgeschichte abwenden. Gott steht aber auch hinter dieser Begegnung. Lukas sagt nicht, dass sie Jesus nicht erkennen konnten, sondern: „Doch ihre Augen waren gehalten, sodass sie ihn nicht erkannten" (V. 16). Da gibt es einen mysteriösen „Anderen", der die Gegenwart Jesu mit den Jüngern lenkt, angedeutet durch den Gebrauch des göttlichen Passivums des Verbs (Griechisch: *ekratounto*).[66] Gott wird nicht als Subjekt der Handlung erwähnt, aber dennoch ist er der Verantwortliche. Wie sehr die Jünger sich auch von Gottes Geschichte abwenden mögen, Gott wendet sich nicht von ihnen ab.[67] Jesus beginnt das Gespräch, indem er sie fragt, worüber sie miteinander auf dem Weg gesprochen hätten. Sie gehen noch weiter weg von Jerusalem, indem sie über all das, was sich dort ereignet hat, sprechen. Aber bei der Frage Jesu bleiben sie stehen (V. 17).

Eine Andeutung von etwas Neuem taucht in der Geschichte auf, aber dies dauert nicht lange, da einer von den Jüngern, namens Kleopas, auf die Frage Jesu antwortet.[68] Er wundert sich, wie Jesus überhaupt eine solche Frage stellen konnte. Jeder Besucher in Jerusalem würde sicherlich wissen, „was in diesen Tagen dort geschehen ist" (V. 18). Es ist eine unglaubliche Ironie, als Kleopas Jesus – tatsächlich einen Besucher in Jerusalem, der von Galiläa dorthin gereist war – fragt, und damit einen Teil des Heilsplans Gottes zum Höhepunkt führt. Diese Reise war seit 9,51 im Gange, als Jesus sich Jerusalem zuwandte, „als sich die Tage erfüllten, dass er hinweggenommen werden sollte". Kleopas fragt eben diesen „Besucher", an dem all diese Ereignisse geschehen sind, warum er nichts davon weiß.[69] Jesus, der im Zentrum der Ereignisse stand, ist auch der Maßstab ihrer Bedeutung. Die zwei Jünger jedoch wissen nur von den Ereignissen, aber nichts über ihre letztendliche Bedeutung. Tatsächlich, „ihre Augen waren gehalten, sodass sie ihn nicht erkannten" (V. 16).

Ein katechetisch-liturgischer Prozess beginnt in V. 19, wo die Jünger, als Antwort auf Jesu weiteres Fragen über die Ereignisse, zeigen, wieviel sie wissen über „das, was geschehen ist" in Jerusalem. Entscheidend für ihre Antwort ist die Erklärung, was sie von Jesus erwartet hatten: „Wir aber hatten gehofft, dass er der sei, der Israel erlösen werde" (V. 21). Sie haben die Bedeutung von Jesu Leben, Lehre, Tod und Auferstehung nicht verstanden. Sie werden erst entdecken müssen, dass die Auferstehung Jesu die Auferstehung des Messias ist, jedoch „des Messias *Gottes*" (siehe 9,20), nicht des Messias ihrer Erwartungen. Jesu Art und Weise, dem Vater zu antworten, hat ihre Hoffnungen auf den, der Israel erlösen würde, nicht erfüllt. Sie wissen jedoch Bescheid über *die Tatsachen* von Jesu Leben, Lehre, Tod und Auferstehung:[70]

◆ Sie wissen von seinem Leben, seiner Lehre und wundertätigen Wirksamkeit: Jesus von Nazareth, ein Prophet, mächtig in Wort und Tat (V. 19).

◆ Sie wissen von seinem Tod: „Doch unsere Hohepriester und Führer haben ihn zum Tod verurteilen und ans Kreuz schlagen lassen" (V. 20).

◆ Sie wissen von den Ereignissen am Grab: „dazu ist heute schon der dritte Tag" (V. 21); Frauen sind früh am Morgen am Grab gewesen, „fanden aber seinen Leichnam nicht" (VV. 22–23).

◆ Sie haben sogar die Osterverkündigung gehört: Es gab eine Erscheinung von Engeln, die sagten, dass er lebe (V. 23).

◆ Falls möglicherweise das Zeugnis der Frauen nicht genug war, gingen „einige von uns zum Grab" und fanden es leer, „ihn selbst aber sahen sie nicht" (V. 24).

Die zwei Jünger auf dem Weg nach Emmaus wissen alles … ihn selbst aber sehen sie nicht (VV. 15–17). Sie haben sich nicht an die Worte Jesu erinnert (siehe 24,7–8.44) und verstehen deshalb nicht die *Bedeutung* dieser *Ereignisse*. So setzen sie ihren Gang weg von Jerusalem fort.[71]

Die Leser oder Zuhörerinnen begegnen der Praxis der lukanischen Kirche durch die nun folgende „Liturgie des Wortes". Jesus rügt die beiden Jünger wegen ihrer Torheit und erschließt ihnen das Wort, indem er ihnen erklärt, dass der Christus vieles erleiden musste, um so in seine Herrlichkeit zu gelangen (VV. 25–26). „Und er legte ihnen dar …, was in der gesamten Schrift über ihn geschrieben steht" (V. 27). Jesus geht mit diesen Jüngern, die den Weg Gottes verlassen haben, und dabei ereignet sich eine „Liturgie des Wortes". Er ruft ihnen ins Gedächtnis, dass der Christus leiden musste, um in seine Herrlichkeit einzugehen (V. 26). Sie hätten sich daran erinnern müssen, wie es auch die Frauen am Grab hätten tun sollen (siehe VV. 6–7). Es war nicht nur Jesus, der diese Wahrheiten gelehrt hat (siehe 9,22.44; 18,31–33), sondern es war auch die wahre Bedeutung der „gesamten Schrift", beginnend mit Moses und allen Propheten, deren Verheißungen Jesus erfüllt (V. 27).

Die Erzählung hat nun einen Wendepunkt erreicht. Die Initiative muss von den irrenden Jüngern ausgehen. Hat das Wort Jesu irgendeinen Eindruck auf sie gemacht? Das Griechische in V. 28 lautet: „Er gab vor *(prosepoiēsato)*, weitergehen zu wollen."[72] Jesus hat Gottes Plan durch die Erklärung der Schrift entfaltet. Nun müssen die Jünger irgendeine Initiative ergreifen als Antwort auf Jesu biblische Katechese.[73] Sie tun dies großzügig: „Bleibe bei uns; denn es wird Abend, der Tag hat sich schon geneigt" (V. 29). Als es Abend wird an diesem Oster-„Tag", wird die Kleinheit ihres Glaubens, die sie dazu brachte, Jerusalem und die Elf zu verlassen, überwunden durch die Gegenwart des auferstandenen Herrn (V. 15) und seine Belehrung, dass sie sich erinnern sollen (VV. 25–27). Es geschieht ein Prozess der Reue und Vergebung infolge des Handelns Jesu, der mit seinen schwachen Jüngern geht.

Beim Mahl erkennen die Jünger ihn am Brotbrechen (VV. 30–31). Jesus ist aufgebrochen, um diesen versagenden Jüngern zu folgen und mit ihnen zu gehen, als sie sich von Gottes Plänen für seinen Messias (siehe V. 26) entfernten. Er aber hat sie begleitet und ihnen das Wort Gottes erschlossen. Schließlich wird er am Brotbrechen erkannt.[74] Die Erinnerung an die vielen Mähler, die Jesus mit ihnen gehalten hat – und besonders das Mahl in der Nacht vor seinem Tod (22,14–38) – öffnet ihnen die Augen und weist voraus auf die vielen Mähler, die in der Zukunft gefeiert werden.[75] Berührt von Jesu Wort und Gegenwart in ihrem Versagen, besteht die unmittelbare Reaktion der Jünger darin, sich auf den Rückweg zu machen: „Noch in derselben Stunde brachen sie auf und kehrten nach Jerusalem zurück" (V. 33).[76] Der Gang „weg von Jerusalem" (V. 13: Griechisch: *apo Ierousalēm*) wird umgekehrt, als sie sich zurückwenden „nach Jerusalem" (V. 33: Griechisch: *eis Ierousalēm*). Sobald sie wieder an den Ort, den sie niemals verlassen hätten sollen, und zu den elf Aposteln, auf denen die Gemeinde gegründet ist, zurückkehren, stellen sie fest – bevor sie auch nur ein einziges Wort über ihr Erlebnis äußern können – dass der Osterglaube schon lebendig ist. Ihnen wird gesagt: „Der Herr ist wirklich auferstanden und ist dem Simon erschienen" (V. 34). Der Osterglaube ist in Jerusalem entstanden.

Die Verwendung des Namens „Simon" verdient Aufmerksamkeit. Am Beginn des Evangeliums erfahren die Leserinnen oder Hörer von einem Mann namens „Simon" (4,38). Im Zusammenhang mit einem wunderbaren Fischfang wird er zu einem Jünger Jesu berufen und Jesus führt einen neuen Namen für ihn ein: „Petrus" (siehe 5,8). Die Leser und Hörer werden an diese Wandlung erinnert in der lukanischen Liste der „zwölf Apostel": „Simon, den er auch Petrus nannte" (6,14). Von da an wird er im gesamten Evangelium „Petrus" genannt (siehe 8,45.51; 9,20.28.32–33; 12,41; 18,28). Beim Letzten Abendmahl, wo sich die Vermischung der Themen von Jesu Tischgemeinschaft mit den Gebrochenen und der Beauftragung seiner künftigen Apostel findet, ist er immer noch „Petrus" (22,8.34. 54.55.58.60–61). Nur in der Voraussage seiner künftigen Verleugnungen kehrt Jesus in emphatischer Weise zu dem Namen zurück, den er hatte, bevor er ein Jünger wurde: „Simon, Simon, der Satan hat verlangt, dass er euch wie Weizen sieben darf" (22,31). Die Rückkehr zu „Petrus" am Schluss der Worte Jesu ist schon ein Zeichen dafür, dass noch nicht alles verloren ist (V. 34). Dennoch ist es der versagende Simon, dem der auferstandene Herr erscheint, um ihn wieder einzusetzen in seine apostolische Rolle (24,34). Der Name „Simon", ohne jede Verbindung mit dem apostolischen Namen „Petrus", taucht nur vor der Berufung dieses Mannes zum Nachfolger Jesu auf (4,18) und dann am Ende der Emmaus-Geschichte, als die beiden versagenden Jünger wieder eingesetzt werden in Gottes Heilsgeschichte, die sich in Jerusalem ereignet. Dort ist ein anderer Sünder, Simon, ebenso gesegnet worden durch die Gegenwart des auferstandenen Herrn (24,34).[77]

Die Jünger, die versagt haben, sind zurückgekehrt zu einem anderen Jünger, der seinen Herrn im Stich gelassen hat. Diese Heimkehr ist jedoch geschehen, weil der auferstandene Herr sich ihnen zugewandt hat in ihrer Gebrochenheit und sich ihnen beim Brotbrechen zu erkennen gegeben hat:

> Hier ... finden wir Jesus beim Essen mit Ausgestoßenen, aber diesmal sind die Ausgestoßenen zwei seiner eigenen Jünger, die ihren Glaubensweg verlassen haben, aus Jerusalem geflohen sind, und sich auf ihren eigenen Weg gemacht

haben. Jesus übersteigt die Grenzen der Untreue und bricht das Brot der Versöhnung mit diesen Jüngern. Gestärkt durch den auferstandenen Jesus eilen Kleopas und sein Gefährte zurück nach Jerusalem und schließen sich wieder dem Weg der Jüngerschaft an.[78]

Zwei Jünger mit mangelndem Glauben hatten entschieden, „weg von Jerusalem" zu gehen (V. 13), und die Osterbotschaft verkündete die Gegenwart des auferstandenen Herrn für den schwachen Simon: „Der Herr ist wirklich auferstanden und ist dem Simon erschienen" (V. 34). Diese unvergessliche Geschichte, Gegenstand der bildenden Künste, Dichtung und dramaturgischer Darstellung über die Jahrhunderte hinweg, bewahrt die kraftvolle Botschaft im Zentrum des Lukasevangeliums: Trotz aller menschlichen Sünde und Schwäche ist das Reich Gottes definitiv errichtet worden durch Jesu Tod und Auferstehung. Es wird geschildert als gegenwärtig für schwache Jünger in der Feier der Eucharistie.

Der auferstandene Jesus unterweist und beauftragt seine Jünger

Die Rückkehr der zwei Jünger von Emmaus nach Jerusalem leitet über zur letzten Erscheinung Jesu vor den Aposteln. Während sie noch darüber sprachen, was Simon und die Emmaus-Jünger erlebt hatten, „trat er [Jesus] selbst in ihre Mitte". Der traditionelle Ostergruß Jesu „Friede sei mit euch!" löst nur Furcht aus, weil sie meinen, einen Geist zu sehen (VV. 36–37). In Übereinstimmung mit den anderen Evangelien erzeugt auch hier die Erscheinung des Auferstandenen Zweifel und Angst (siehe Mk 16,8; Mt 28,17; Joh 20,1–2.11–17.24–29). Weder das Zeigen seiner Hände und Füße, noch seine Aufforderung, ihn zu berühren, können die Apostel davon überzeugen, dass er kein Geist ist (VV. 39–40). Ihre Angst wird nicht zum Glauben, sondern zum Unglauben und Erstaunen, vermischt mit Freude (V. 41ab).[79] Es gibt nur einen Weg, diesen Unglauben und dieses Erstaunen aufzulösen: indem wiederum ein Mahl gefeiert wird und damit die lange Tradition der vielen Mähler, die Jesus während seines Lebens und Wirkens mit den Aposteln feierte, fortgesetzt wird (VV. 41c–43).[80] Und indem er sie an sein Wort und die Erfüllung der Schrift erinnert (VV. 44–46). Obwohl fast alle Kommentatoren argumentieren, dass „die Szene gedacht ist, um die Identität und physische Realität des auferstandenen Christus, der seinen Jüngern erschienen ist, zu betonen",[81] geht es noch um mehr. Jesus ist von diesem Zeitpunkt an mit den Aposteln zusammen, bis er sie verlässt bei der Himmelfahrt in V. 51. Der Tisch des Mahles ist der Ort, an dem er ihnen seine letzten Anweisungen, basierend auf der Schrift, erteilt (V. 46) und sie beauftragt, zu „allen Völkern" zu gehen (V. 47). Er führt sie hinaus nach Betanien, segnet sie und wird zum Himmel emporgehoben (VV. 50–51). Erst jetzt zeigen die Apostel ihren Glauben. Sie verehren ihn, indem sie vor ihm niederfallen (V. 52). Alle Angst, Zweifel und Erstaunen sind verschwunden. Wenn man den Abschnitt als eine Erzähleinheit liest, erkennt man enge Parallelen zwischen der Erfahrung der Emmaus-Jünger und der Erfahrung der elf Apostel.

Emmaus	*Jerusalem*
Reden miteinander (V. 14)	Reden miteinander (V. 35)
Jesus erscheint (V. 15)	Jesus erscheint (V. 36)
Er wird nicht erkannt (V. 16)	Er wird nicht erkannt (V. 37)
Jesus stellt eine rhetorische Frage (VV. 25–26)	Jesus stellt eine rhetorische Frage (VV. 38–40)
Unterweisung aufgrund der Schrift (V. 27)	Unterweisung aufgrund der Schrift (V. 44)
Offenbarende Handlungen mit Brot (VV. 30–31)	Offenbarende Handlungen mit Brot und Fisch (VV. 41–42)
Jesus entschwindet (V. 31)	Jesus entschwindet (V. 51)
Die Apostel kehren nach Jerusalem zurück (V. 33)	Die Apostel kehren nach Jerusalem zurück (V. 52)

Die Parallelen zwischen 24,13–35 und 24,36–52 legen es nahe, dass diese Erzählungen von den nachösterlichen Mählern in

Emmaus und Jerusalem sorgfältig aufgebaut sind, um die vielen Mähler im gesamten Evangelium zu einem Höhepunkt zu führen.[82] In Erfüllung der Verheißung Jesu beim Mahl vor seinem Tod verkündet nun seine Tischgemeinschaft mit seinen Jüngern (VV. 13–35) und Aposteln (VV. 36–49), dass das Reich Gottes gekommen ist (siehe 22,14–23).[83] Die Verwendung des Fisches in VV. 42–43 weist darauf hin, dass Jesus physisch anwesend ist unter ihnen, erinnert aber die Leserinnen und Leser auch an eine frühere Episode. Es gibt eine Verbindung, die das Evangelium umspannt, zwischen Jesu letzter Beauftragung der Elf in 24,36–39 und seiner ursprünglichen Formierung der Gruppe der Zwölf in 9,10–17, als er ihnen schon damals Brot und Fisch gegeben hat (9,16).

Durch den eucharistischen Tisch führte Jesus die Jünger, die in Emmaus ihren Weg verloren hatten, zurück nach Jerusalem. An einem anderen Tisch beauftragt er seine Apostel, vor allen Völkern Zeugnis zu geben für die Umkehr und Vergebung der Sünden (VV. 44–49). Die Tischgemeinschaft war durch Jesu Leiden und Tod unterbrochen. Sie ist nun wiederhergestellt durch seine Auferstehung, wie er verheißen hat (22,16.18). Die Apostel haben Versagen erlebt, in der Person des Petrus. Seine Verleugnungen haben ihn jedoch gereut und zur Umkehr geführt (22,54–62). Die Jünger haben Versagen erlebt im Gang des Kleopas und seines Gefährten *weg von Jerusalem*. Die Enttäuschung der beiden darüber, wie Gott durch seinen Christus gehandelt hat – der leiden musste, um in seine Herrlichkeit einzugehen, – ist überwunden worden durch Jesu Mitgehen mit ihnen und sein Erschließen der Schrift. Sie erlebten die Gegenwart des auferstandenen Herrn bei Tisch und sie führte zu Umkehr und Vergebung der Sünden (24,13–35).

Eine doppelte Dynamik ist in der Beauftragung der Apostel durch Jesus am Werk und beide Elemente werden ihre künftige Mission antreiben. Alles, was Jesus gesagt hat, ist die Erfüllung von Gottes Plan, entworfen im Gesetz des Moses, in den Propheten und Psalmen. Der leidende, gekreuzigte und auferstandene

Christus hat Gottes Plan erfüllt (VV. 44–46). Deshalb ist es die vorrangige Aufgabe der Apostel, allen Völkern die Umkehr und Vergebung der Sünden zu predigen (V. 47), weil sie selbst Zeugen geworden sind für die Erfüllung von Gottes Plan in und durch die Worte und Taten Jesu. Darüber hinaus ist es – wie in den beiden Begegnungen beim Mahl in VV. 13–35 und VV. 36–43 deutlich geworden – *ihre eigene Erfahrung von Umkehr und Vergebung der Sünden*, welche die Grundlage bildet für ihre Beauftragung zum Zeugnis für alle Völker (V. 47).[84] Die Geschichte des Lukas erzählt von Jüngern und Aposteln, die Umkehr und Vergebung der Sünden auf ihrem eigenen Weg mit Christus erfahren haben. Sogar in der Gegenwart des auferstandenen Herrn haben sie Angst, zweifeln und sind erstaunt (VV. 36–43). Der auferstandene Jesus sagt ihnen, sie sollen in der Stadt Jerusalem warten. Dort wird ihnen die Kraft aus der Höhe gegeben werden und von dort werden sie aufbrechen, um Umkehr und Vergebung der Sünden im Namen Jesu zu predigen (VV. 47–49). Als Nachfolger Jesu, die selbst gesündigt haben, sind sie besonders für diese Aufgabe geeignet![85]

Ergebnis

Wie das Markus- und Matthäusevangelium situiert auch das Lukasevangelium die eucharistische Gegenwart des Herrn inmitten vieler seiner Nachfolger, die als „gebrochen" beschrieben werden können: Sünder, ungläubige Jünger, versagende Apostel, die physisch Unreinen, die Marginalisierten und die Heiden. Der Bericht von der Speisung der Menge mit Brot (9,10–17) wiederholt nicht – obwohl er eucharistisch ist – die Fragen, die das Markus- und Matthäusevangelium an ihre Jünger-Gemeinden stellen, die nicht genügend offen waren für die Wege des Herrn. Der Bericht des Lukas dient der Formation der künftigen Missionare, der „zwölf Apostel", welche alle Völker speisen werden. Der weit verbreitete Gebrauch des „Mahl-Rahmens" durch das ganze Evangelium hindurch – um den Kontext für Jesu radikale Infragestellung des *status quo* zu liefern – ebnet den Weg für die Mähler, welche die lukanische Geschichte von Jesus abschließen. Sowohl beim Letzten Abendmahl als auch beim Mahl von Emmaus werden Jünger, die versagt und gesündigt haben, durch die Gegenwart des Herrn berührt. Beim Letzten Abendmahl (22,14–38) wird der Gesamthintergrund der vielen Mähler Jesu mit Sündern verwendet, um darauf hinzuweisen, dass er selbst hier bereit ist, die gebrochenen Menschen zu sich zu rufen. In diesen Hintergrund hat Lukas die Tradition einer Abschiedsrede eingefügt. Die Vermischung dieser beiden Merkmale – die Mähler Jesu und die Abschiedsrede – schafft ihre eigenen Schwierigkeiten. Jesu Anweisungen für die Zukunft ergehen an eine Gruppe von sich streitenden Jüngern (VV. 24–30) und er beauftragt Petrus, der ihn verleugnen wird (VV. 31–34). Dies führt zu einer uneinheitlichen Form der „Abschiedsrede", aber die Leser oder Zuhörerinnen verpassen nichts. Durch die Vermischung der beiden Merkmale erkennen sie, dass diese Mahlteilnehmer, auch wenn sie Sünder sein mögen, schließlich die Apostel werden und damit lebendige Zeugen für die Umkehr und Vergebung der Sünden (24,47). Entscheidend ist die Tatsache, dass diese Apostel etwas „bezeugen", was sie selbst erlebt haben.

An diesem ereignisreichen „Tag" der Auferstehung gehen sündige Jünger – enttäuscht wegen der seltsamen Wege Gottes, der beschloss, dass der Messias viel leiden müsse (siehe 9,22; 22,22; 24,26.46) – weg von Jerusalem. Durch die Liturgie des Emmaus-Gangs werden sie auf den Weg des Herrn zurückgeführt. Dies ist symbolisch verdichtet in jener Stadt, die tatsächlich das Zentrum ist, an dem Gott Jesus zu sich selbst zurückholt und die Apostel zu allen Völkern aussendet. Jesus folgt seinen versagenden Jüngern und ruft sie zu sich zurück durch das Brotbrechen (24,13–35). Durch das ganze Evangelium hindurch, dann beim Letzten Abendmahl und schließlich in Emmaus teilt Jesus seinen Tisch mit den Gebrochenen.[86]

Ein solches Lesen der eucharistischen Texte im gesamten Lukasevangelium, im Kontext des Erzählrahmens des Doppelwerks Evangelium – Apostelgeschichte, verstärkt die Ergebnisse unseres Lesens des Markus- und Matthäusevangeliums. Das einzigartige Neu-Erzählen des Letzten Mahls (22,14–38), die Hinzufügung des Emmaus-Gangs (24,13–35) und eine abschließende Begegnung des Auferstandenen mit den Aposteln (24,36–49), bis hin zu den traditionellen Erzählungen vom leeren Grab, von Erscheinungen und einer Beauftragung,[87] lässt darauf schließen, dass die lukanische Tradition das frühkirchliche Verständnis der Eucharistie als Gegenwart Jesu für die Gebrochenen zu einer noch größeren Tiefe geführt hat.

Sechstes Kapitel

Das Johannesevangelium

Jedes der sogenannten Synoptischen Evangelien – Markus, Matthäus und Lukas – hat eine je eigene Erzählperspektive. Wenn wir uns dem Johannesevangelium zuwenden, finden wir uns in einer anderen Welt wieder.[1] Die Gesamtgeschichte passt kaum jemals in das Schema der Synoptischen Evangelien und das Verständnis des Johannes von Leben, Lehre, Tod und Auferstehung Jesu ist einzigartig.[2] Das vierte Evangelium ist vor allem geprägt von der Überzeugung, dass Gott das Geschenk seines Sohnes der Welt, die er so sehr liebt, gegeben hat, damit sie das Leben habe (siehe 3,16–17).[3] Im Lichte der übereinstimmenden *Tradition* bei Paulus, Markus, Matthäus und Lukas müssen wir in unserer Untersuchung der Frage nachgehen, ob es bei Johannes Hinweise darauf gibt, dass dieses „Geschenk" sich in der Welt und in der Kirche manifestiert durch die eucharistische Gegenwart Jesu für die Gebrochenen.

Heutige Interpretationen des Johannesevangeliums nehmen eine sehr unterschiedliche Haltung ein in Bezug auf das Vorhandensein einer sakramentalen Lehre in diesem Evangelium. Einige Exegeten haben argumentiert, dass viele Ereignisse im Leben Jesu tief durchdrungen sind von einem sakramentalen Verständnis des Handelns Gottes in Jesus. Wo die Möglichkeit einer sakramentalen Lehre gegeben sei, wende Johannes diese auch an.[4] Andere wiederum haben behauptet, dass Johannes kein Interesse an der Vorstellung von Sakramenten hatte und durchaus anti-sakramental sein könnte.[5] Wir können innerhalb dieser Untersuchung keinen Überblick über die exegetische Diskussion geben.[6] Es gibt in der johanneischen Geschichte keine explizit sakramentale Lehre. Viele heutige Exegetinnen und Exegeten finden jedoch subtile Hinweise auf eine eucharistische Lehre durch das gesamte Evangelium hindurch.[7] Das Wunder bei der Hochzeit zu Kana (2,1–11) kann symbolisch interpretiert werden, indem der von

Jesus besorgte Wein als eucharistisch gesehen wird. Die johanneische Version des Wunders der Brotvermehrung (6,1–15) spiegelt einen eucharistischen Hintergrund wider, wie es auch bei den synoptischen Erzählungen der Fall war. Die Menschen „setzen sich" zum Mahl (VV. 10–11), Jesus „nimmt", „spricht das Dankgebet" (Griechisch: *eucharistēsas*) und teilt Brot und Fisch an die Menge aus (V. 11). Reste bleiben übrig und werden eingesammelt (VV. 12–13). Das „Zeichen" des Brotes wird jedoch missverstanden (VV. 14–15). Wie so oft bei johanneischen Wundern führt das Missverständnis des „Zeichens" zu einem Streitgespräch, hier über das Brot vom Himmel (VV. 25–59).[8] Eine symbolische Leseweise des Evangeliums ist auch auf Jesu Gabe seiner selbst bei der Fußwaschung angewendet worden (siehe besonders 13,15), „als analog im Inhalt innerhalb des Kontextes der Erzählung vom Abendmahl".[9] Die Allegorie über den Weinstock (15,1–5) wird manchmal ebenso als eucharistisch angesehen wegen der wiederholten Verwendung des Themas „Bleiben".[10]

Diese (keineswegs erschöpfende) Auflistung von „Hinweisen" im Johannesevangelium zeigt, dass beträchtlicher Aufwand betrieben worden ist, um eine sakramentale Unterweisung in diesem Evangelium aufzuspüren. Einiges davon ist phantasievoll.[11] Johannes widmet *nirgends* einen expliziten und offenkundigen Abschnitt dem eucharistischen Mahl Jesu mit seinen Jüngern.

Eucharistische Hinweise in Johannes 6,1–15; 6,51–58 und 19,34

Von mehreren vorgeschlagenen Abschnitten, die einen eucharistischen Hintergrund haben, treten drei deutlich hervor: 6,1–15; 6,51c–58 und 19,34.[12] Der erste Abschnitt, die johanneische Version des Brot- und Fischwunders, enthält viele spezifisch johanneische Themen. In Übereinstimmung mit 5,1–10,42, wo es um die Feier der jüdischen Feste geht, datiert Johannes zum Beispiel das Wunder zur Zeit des Pascha (siehe 6,4). Er möchte Jesu Gabe des Brotes auch mit der mosaischen Gabe des Manna in Verbindung bringen und so erscheint in V. 3 thematisch „der Berg", der den Sinai ins Gedächtnis ruft.[13] Der Bericht des Wunders selbst hat viel gemeinsam mit den synoptischen Berichten, besonders Mk 6,31–44, Mt 14,23–31 und Lk 9,10–17.[14]

Entsprechend dem johanneischen Verständnis von Jesus als allwissend, wirft dieser das Problem der Speisung der Menge auf, um seine Jünger auf die Probe zu stellen, denn er selbst weiß schon, was er tun wird (VV. 5–6). Die Jünger weisen darauf hin, dass sie nur wenig anzubieten haben, nämlich fünf Gerstenbrote und zwei Fische (VV. 7–9). Von da an hat Jesus die Situation unter Kontrolle (VV. 10–13). Er lässt die fünftausend Leute sich setzen für das Mahl. Dann nahm (Griechisch: *elaben*) er die Brote, sprach das Dankgebet (Griechisch: *eucharistēsas*) und teilte sie an die Leute aus. Dasselbe tut er mit dem Fisch. Jesus selbst teilt Brot und Fisch aus, im Unterschied zu den Synoptikern, wo er die Jünger in die Verteilung einbezieht. Die übrig gebliebenen Brotstücke werden eingesammelt (V. 13). Das Mahl hat ein offenes Ende, da die Brotstücke (Griechisch: *ta klasmata*) – ein Ausdruck, der in der frühen Kirche verwendet wurde, um auf die eucharistischen Gestalten zu verweisen – nun in den zwölf Körben zur Verfügung stehen. Der Wunderbericht ist, wie auch bei den Synoptikern, reich an einer Sprache, die die Feier des Herrenmahls in Erinnerung ruft: nehmen, Dank sagen, austeilen, sammeln und Brotstücke.[15] Dies sind Ausdrücke, die sich in den frühesten Berichten über die Eucharistie in christlichen Gemeinden finden.[16] Wie in den Synoptischen Evangelien weist auch hier der johanneische Gebrauch dieser bekannten Ausdrücke darauf hin, dass seine Gemeinde die Eucharistie feierte. Den Leserinnen oder Hörern des Evangeliums ist klar, dass das Brotwunder auf die eucharistische Speisung der Menge durch Jesus verweist. Aber bei Johannes führt diese symbolische Gabe an die Menschen, mit offenem Ende, zu einem Missverständnis. In Erinnerung an die Verheißung, dass ein Prophet wie Moses in den Tagen des Messias zurückkehren würde, identifizieren die Leute ihn als „den

Propheten" und wollen ihn zwingen, ihr König zu werden. Jesus aber geht weg (VV. 14–15).[17]

Die eucharistische Anspielung in 6,1–15 endet, als Jesus sich seinen Jüngern bei der Überfahrt über den stürmischen See als „ICH BIN ES" offenbart (VV. 16–22; siehe V. 20). Die Menschenmenge, die er am Ufer des Sees gespeist hat, ist bei dieser Begegnung nicht mehr dabei. Nur den Jüngern im Boot wird diese weitere Offenbarung Jesu als die Gegenwart des Göttlichen zuteil.[18] Die zwei Wunder (VV. 1–15 und VV. 16–22) führen zu einer langen Rede an die Menge, die gespeist wurde und dann Jesus und den Jüngern nach Kafarnaum gefolgt ist (VV. 22–24). Obwohl das Thema „Brot vom Himmel" die Rede bestimmt (VV. 25–29), spricht Jesus zur Menge und den Jüngern nicht über die Eucharistie. Für den Uneingeweihten kann dies überraschend kommen. Johannes verwendet jedoch die jüdische Tradition, dass die Gabe des Manna „vom Himmel" aufgehört hatte, als Israel das Gelobte Land betrat (siehe Ex 16,35; Jos 5,10–12). Dennoch nährte der Herr sein Volk auch weiterhin. Er ersetzte das Manna durch ein anderes „Brot vom Himmel": das durch Moses gegebene Gesetz. In der gesamten Rede (VV. 25–29) betont Jesus, dass die Menge durch das von Moses und den Vätern Israels gegebene Brot nicht gesättigt werden wird (VV. 27–30). Dieses Brot steht nicht mehr zur Verfügung und die Patriarchen sind gestorben. Nur Jesus kann das wahre Brot vom Himmel geben: Er wird ihnen Gott zu erkennen geben. Nur er kann dies tun, da er der Sohn Gottes ist. Glaube an Jesus, den Sohn Gottes, bringt ewiges Leben. Nur der Sohn kennt den Vater, kommt von ihm und macht ihn somit bekannt (VV. 31–50).[19] Das Gesetz wurde durch Moses gegeben; die Fülle der Gabe der Wahrheit geschah in und durch Jesus Christus (siehe 1,17; ÜA).[20]

Diese Lehre kann nur Schwierigkeiten bringen für die nachösterliche johanneische Gemeinde, Gläubige, die „nicht sehen und doch glauben" (siehe 20,29). Wenn sie Leben empfangen durch den Glauben an die Offenbarung Jesu als des Sohnes Gottes (siehe VV. 29.35.40.47), wo begegnet ihnen dann diese

Offenbarung Gottes? Jesus beendet die Rede, indem er auf diese Frage eine Antwort gibt für die ursprünglichen Leser und Hörer des Evangeliums sowie für die Gläubigen aller Zeiten. In VV. 51–58 spricht Jesus vom Essen des Fleisches des Menschensohnes und vom Trinken seines Blutes (VV. 53–54). In der explizit eucharistischen Terminologie von VV. 51–58 hören die Mitglieder der johanneischen Gemeinde des ersten Jahrhunderts, dass sie sich für oder gegen Gottes Offenbarung in seinem Sohn entscheiden müssen in ihrer Eucharistiefeier.[21] Dort begegnen sie der Offenbarung Gottes in und durch seinen Sohn, wenn sie das Fleisch des Menschensohnes essen und sein Blut trinken. Es ist im gebrochenen Brot und vergossenen Blut der eucharistischen Feier, dass sie „auf den blicken (werden), den sie durchbohrt haben" (19,37).[22] Dasselbe Problem, mit dem die nachösterlichen johanneischen Leserinnen oder Hörer konfrontiert sind – mit der „Abwesenheit des irdischen Jesus" zu leben –, steht auch hinter dem Bericht vom Blut und Wasser, die aus der geöffneten Seite des gekreuzigten Jesus nach seinem Tode fließen (19,34). Das johanneische Denken ist geprägt von einer Theologie des Kreuzes als Jesu höchste Errungenschaft. Dort wird Jesus erhöht (siehe 3,13–15; 8,28; 12,23.32–33) und er verherrlicht den Vater (7,37–39; 12,28; 13,31–32, usw.).[23] Aber die johanneische Darstellung des gekreuzigten Jesus als Offenbarung Gottes, der die Welt so sehr geliebt hat, dass er seinen einzigen Sohn dahingab (siehe 3,16), wirft eine weitere Frage auf, ähnlich wie in der Rede von 6,25–50. Wo können die johanneischen Gemeindeglieder, die „nicht sehen und doch glauben" (20,29), diese Offenbarung eines Gottes der Liebe am Kreuz finden und erfahren? Wo blicken sie auf ihn (19,37)? Die Antwort findet sich im Bericht des Johannes vom Blut und Wasser, die aus der Seite des durchbohrten Jesus strömen (19,34). Besonders wichtig für das Verständnis dieses Berichts ist das folgende, selten vorkommende direkte Eingreifen des Johannes in die Erzählung. Er betont mit einer gewissen Leidenschaft, dass das, was ihnen erzählt wird, wahr ist. Sie hören es von einem Zeugen und er erzählt ihnen vom Fließen des Blutes und des Wassers aus dem gekreuzigten Jesus, „damit auch ihr glaubt" (19,35).[24]

Die Botschaft der Rede Jesu in 6,25–59 würde die johanneischen Leser oder Hörerinnen, die nach einer Erfahrung in ihrem eigenen Leben als glaubender Gemeinde suchen, zu der Frage führen, wo die Offenbarung in seinem Sohn gefunden werden kann. Auf ähnliche Weise sorgt der Bericht von der Offenbarung der Herrlichkeit Gottes am Kreuz für ein paralleles Bedürfnis in der Gemeinde: Wo kann eine spätere glaubende Gemeinde diese Offenbarung erfahren? In 19,34 (wie in 6,51–58) antwortet Johannes auf die Bedürfnisse einer frühchristlichen Gemeinde, indem er ihren Mitgliedern sagt, dass sie die Gegenwart des Durchbohrten in ihren eucharistischen Feiern finden werden.[25]

Die obige kurze Skizze dieser eucharistischen Abschnitte im Johannesevangelium – 6,1–15; 5,51–58 und 19,34 – liefert den Beweis dafür, dass Johannes und seine Gemeinde die Eucharistie feierten. Solche Feiern werden von Johannes als selbstverständlich vorausgesetzt, wenn er seine Gemeinde auf die Offenbarung Gottes im gebrochenen Brot und vergossenen Blut des gekreuzigten Jesus hinweist. Ebenso klar ist, dass Johannes sein Verständnis von der Rolle der Eucharistie im Leben der Gemeinde dazu verwendet, um einen theologischen und pastoralen Zugang zu entwickeln, wie er sich in den anderen neutestamentlichen Texten, die wir untersucht haben, nicht findet. In diesem Evangelium gibt es ein Verständnis der Eucharistie als „Gegenwart", wie auch in den anderen Evangelien, aber Johannes adaptiert diese Theologie, um auf die Bedürfnisse einer Gemeinde, die ihre Distanz zu den erlösenden Ereignissen des Lebens und Todes Jesu spürt (siehe 20,29), zu antworten. Johannes entfaltet keine Erzählungen, die explizit von der Taufe und Eucharistie sprechen. Er setzt diese Feiern als selbstverständlich voraus. Seinen Leserinnen oder Hörern ist unmittelbar bewusst, dass diese grundlegenden christlichen Erfahrungen hinter seinen Hinweisen stehen. „Es ist in den Sakramenten der Taufe und Eucharistie, dass die johanneische Kirche die Gegenwart des Abwesenden finden kann."[26]

Diese Botschaft wurde an eine Gemeinde gerichtet, die sich – am Ende des ersten Jahrhunderts – fragte, wo und wie sie den Christus, den Sohn Gottes, finden könnte, an ihn glauben und so Leben haben könnte in seinem Namen (siehe 20,30–31). Johannes gab seiner besorgten Gemeinde eine bedeutende Antwort.[27] Das Thema der „Gegenwart" ist offensichtlich, wie bei unseren anderen neutestamentlichen Zeugen. Es gibt aber ein weiteres gemeinsames Element durch alle eucharistischen Texte des Neuen Testaments hindurch: Jeder von ihnen blickt zurück auf die liebende Selbsthingabe Jesu in der Kreuzigung im Hinblick auf deren Bedeutung. Sowohl 6,51–58 als auch 19,34 ergeben nur im Lichte des Kreuzes einen Sinn. Aber das Verständnis der Eucharistie als Jesu Gegenwart für die Gebrochenen, das im Ersten Korintherbrief, im Markus-, Matthäus- und Lukasevangelium entdeckt werden kann, findet sich nicht in diesen Abschnitten des Johannesevangeliums (6,1–15; 6,51–58; 19,34). Dennoch blicken alle neutestamentlichen Zeugen auf die Feier der Eucharistie in der Gemeinde als die erlösende Gegenwart des Gekreuzigten im Hinblick auf ihre Bedeutung.

Es gibt einen weiteren Abschnitt im Johannesevangelium, der – manchmal als „sakramental" vorgeschlagen – besondere Beachtung verdient: die Erzählung von der Fußwaschung und die Gabe des Brotbissens in Joh 13,1–38.[28] Nach der feierlichen Ankündigung, dass Jesus, der wusste, dass seine Stunde gekommen war, um zum Vater zurückzukehren, im Begriff ist, seine außergewöhnliche Liebe für die Seinen „bis zur Vollendung" zu zeigen (13,1), wird von einer Fußwaschung und einem Mahl berichtet. Die Fußwaschung enthält Anspielungen auf die Taufe (siehe 13,6–11).[29] Die christliche Tradition hat die in 13,1–38 berichteten Ereignisse auch mit der Eucharistie in Verbindung gebracht, im Licht des offensichtlich eucharistischen Schwerpunktes, der sich in den Berichten vom Letzten Abendmahl in allen drei Synoptischen Evangelien findet. In vielen christlichen

Traditionen wird Joh 13,1–15 – der Abschnitt vom „Beispiel", das Jesus den Seinen durch das Waschen ihrer Füße gibt – als Evangelium bei der Feier am Gründonnerstag, dem liturgischen Gedenken an das Letzte Abendmahl, verwendet.

Bezeichnenderweise aber findet sich im vierten Evangelium kein paralleler Bericht zu Rahmen und Ritual beim Mahl wie in den Synoptischen Evangelien. Die am nächsten kommende johanneische Parallele findet sich in einem ganz anderen Kontext: in einer Rede am Ufer des Sees von Tiberias (siehe 6,1). Hier begegnen wir Worten (jedoch keinen Handlungen), die an Jesu Letztes Abendmahl erinnern. Er sagt seinen Jüngern und „den Juden": „Das Brot, das ich geben werde, ist mein Fleisch für das Leben der Welt" (6,51).[30] Johannes hat seinen Bericht von Jesu Letztem Mahl mit seinen Jüngern als Rahmen für eine lange „Abschiedsrede" an sie verwendet (14,1 – 16,33), umrahmt von der Erzählung von der Fußwaschung und der Gabe des Brotbissens (13,1–38) sowie einem abschließenden Gebet (17,1–26). Wenn man mögliche eucharistische Anspielungen in der Verwendung des Bildes vom Wein und dem Verb „bleiben" in 15,1–11 ablehnt,[31] bleibt nur eine Stelle in 13,1 – 17,26, wo die eucharistische Praxis der johanneischen Gemeinde zum Zuge kommen kann: im Bericht von der Fußwaschung und der Gabe des Brotbissens, mit den damit verbundenen Reden und Ereignissen in 13,1–38. Die Möglichkeit eucharistischer Elemente im johanneischen Bericht von Jesu letzter Nacht mit seinen Jüngern in 13,1–38 verdient besondere Aufmerksamkeit.

Das Problem der Abschiedsrede

Joh 13,1–38 ist Teil einer größeren literarischen Einheit, der sogenannten „Abschiedsrede" (13,1 – 17,26), die geprägt ist von einer Reihe hinlänglich bekannter literarischer Spannungen.[32] Ein Exeget, der sich mit viel Energie der Untersuchung von Joh 13–17 gewidmet hat, Fernando F. Segovia, schrieb 1982: „Heutzutage wird kaum ein Exeget vehement daran festhalten, dass Joh 13,31 – 18,1 eine literarische Einheit darstellt, so wie sie jetzt gegeben ist."[33]

Die Spannungen, die Exegeten in Joh 13,1 – 17,26 entdecken, haben zum Versuch geführt, verschiedene „Schichten" ausfindig zu machen, die unterschiedliche historische Momente in der Erfahrung und Reflexion der johanneischen Gemeinde widerspiegeln und die aneinandergereiht worden sind, um den Abschnitt als ganzen zu bilden. So ist Joh 13,1 – 17,26 die abschließende Sammlung von vielen Traditionen, die erinnert, erzählt und vielleicht aufgeführt wurden, zu verschiedenen Zeiten und in verschiedenen Situationen im Leben der johanneischen Kirche, vor der Abfassung des Johannesevangeliums, wie es uns im christlichen Kanon der Heiligen Schrift überkommen ist.[34] Zweifellos hat 13,1 – 17,26 eine lange und komplizierte literarische Geschichte und wir können etwas von dieser Geschichte, welche die Geschichte der Gemeinde selbst widerspiegelt, durch sorgfältige Analyse aufspüren.[35] Ein Lesen der Rede in ihrer jetzigen Form zeigt, dass – aufgrund der literarischen Form allein – 13,1–38 (eine Erzählung) und 17,1–26 (ein Gebet) für sich stehen. Joh 14,1 – 16,33 kann zu Recht als eine Rede gesehen werden. Sie ist jedoch auch durch seltsame Widersprüche und Spannungen geprägt, insbesondere die Worte Jesu in 14,31 („Steht auf, wir wollen von hier weggehen"), die nirgendwo hinzuführen scheinen. Es findet sich eine Wiederholung von Themen aus 14,1–31 in 16,4–33, wobei Kapitel 16 eleganter die Themen aus Kapitel 14 wiederholt: Jesu Abschied, die Motivation dafür und die Konsequenzen.[36] Die Allegorie des Weins und ihr Thema des „Bleibens" sowie die im Gegensatz dazu stehenden Worte Jesu über Hass und Gewalt, die sich in 15,1 – 16,5 finden, sind einzigartig und scheinen für manche Exegeten eine wenig logische Verbindung zu haben zu den Reden in den Kapiteln 14 und 16.[37]

Wenn 13,1 – 17,26 für den Interpreten literarische Probleme darstellt, finden sich auch ernsthafte Spannungen innerhalb der Erzählung von Joh 13,1–38.[38] Es scheint eine doppelte Interpre-

tation der Szene von der Fußwaschung zu geben. Die erste
(VV. 6–11) spricht davon, dass die Jünger Anteil haben am Tod
Jesu, mit Anspielungen auf die Taufpraxis. Das Thema ist in V. 12
nicht mehr vorhanden. Ein mehr ermahnender Abschnitt folgt in
VV. 12–20, der verfasst wurde, um zur Nachahmung Jesu zu er-
muntern. Weil dieser als „moralisch" im Ton beurteilt wurde, ist
er oft als spätere Hinzufügung gesehen worden zu dem, was
ursprünglich eine theologische Reflexion über Jesu Selbsthingabe
an seine Jünger in Liebe war und eine Einladung an die Jünger,
sich ihm anzuschließen in der liebenden Hingabe ihrer selbst.[39]
Es wird weithin angenommen, dass VV. 31–38 getrennt werden
sollen von den mehr erzählerischen Berichten von der Fußwaschung und der Gabe des Brotbissens in VV. 1–30. Es erscheint
umständlich, das verhängnisvolle Hinausgehen des Judas vom
Obergemach in die Finsternis (V. 30) zu verbinden mit Jesu
triumphierender Verkündigung: „Jetzt ist der Menschensohn
verherrlicht und Gott ist in ihm verherrlicht. Wenn Gott in ihm
verherrlicht ist, wird auch Gott ihn in sich verherrlichen und er
wird ihn bald verherrlichen" (VV. 31–32).[40] Die Verkündigung
der Verherrlichung des Menschensohnes wird als Beginn der
eigentlichen Abschiedsrede gesehen.[41] Einige Exegeten verstehen
VV. 31–38 als die ursprüngliche Einleitung zu 13,31 – 14,31, die
frühere Form der Abschiedsrede,[42] während andere sie als feierliche einführende Zusammenfassung für die gesamte Rede in
ihrer Letztform sehen.[43]

Geschichten von Ereignissen, die am Abend vor Jesu Verhaftung, Verhör und Hinrichtung stattfanden; einige Reden bei Jesu
Abschied; die künftige Mission, die Leiden und Verpflichtungen
seiner Jünger; und ein Abschiedsgebet – sie alle hatten ihre voneinander unabhängige Geschichte im Erzählen der johanneischen Gemeinde. Dieser Prozess des Erzählens und Neu-Erzäh-
lens der johanneischen Tradition ist wohl oft wiederholt
worden, bis schließlich das kanonische Johannesevangelium auftauchte in der Gestalt, wie sie uns durch die christlichen Jahrhunderte zugekommen ist. Wegen dieses Prozesses ist das

Endprodukt – auch wenn es manchmal unsaubere Nähte hat – durch und durch „johanneisch" in all seinen Teilen.[44] Ein Verfasser nahm bewusst diese verschiedenen Schichten aus dem berichteten Gedächtnis seiner Gemeinde und fügte sie aneinander, um so den Abschnitt 13,1 – 17,27 zu bilden, wie wir ihn heute haben. Wie offensichtlich die Nähte für das Auge des literarischen und historischen Kritikers auch sein mögen, sobald die verschiedenen Teile von 13,1 – 17,26 zusammengefügt waren, ist der Leser herausgefordert, etwas aus dieser jetzt vorliegenden Erzählung zu machen. Der Leser strebt danach, „wenn auch unbewusst, alles zu einem einheitlichen Muster zusammenzufügen".[45] Wenn fast ein Drittel des Evangeliums 13,1 – 17,26 gewidmet ist, dann muss dies für den Verfasser von besonderer Bedeutung gewesen sein, was auch immer die Quellen und die Geschichte innerhalb der Entwicklung der johanneischen Gemeinde und seines Evangeliums gewesen sein mögen. Ein Verfasser versucht, mit Leserinnen in und durch die Erzählung zu kommunizieren. Dass eine solche Kommunikation weiterhin stattfindet, zeigt sich durch das fortdauernde Lesen des Textes in der Kirche. Segovia, der 1982 pessimistisch war bezüglich der literarischen Einheit des Abschnitts, sprach 1991 von der Notwendigkeit, „sich dem Charakter von 13,31 – 16,33 zuzuwenden als einem künstlerischen und strategischen Ganzen, mit einer sehr einheitlichen und kohärenten literarischen Struktur und Entwicklung, einheitlichen und kohärenten strategischen Anliegen und Zielen, und einer besonderen rhetorischen Situation."[46]

Die literarische Gestaltung von Johannes 13,1–38

Nach den Reflexionen sowohl des Erzählers (12,37–43) als auch Jesu (12,44–50), die den johanneischen Bericht über die öffentliche Wirksamkeit Jesu abschließen, lenkt 13,1 die Erzählung in eine neue Richtung. Jesus ist mit seinen Jüngern allein im Obergemach. Es ist „der bedeutendste Übergang im Evangelium, der nicht nur die Fußwaschungsszene einleitet, sondern die gesamte zweite Hälfte des Evangeliums".[47] Wo aber endet diese Einheit? Sollen wir nur 13,1–30 in Betracht ziehen oder beabsichtigte der Verfasser, dass auch VV. 31–38 als Teil der Geschichte von der Fußwaschung und der Gabe des Brotbissens gelesen werden sollen?[48] Der Stoff von VV. 31–38 ist keine reine Rede. Er enthält auch den Bericht von einer Begegnung zwischen Simon Petrus und Jesus in VV. 36–38, wo auch seine künftigen Verleugnungen vorausgesagt werden. Dieser Abschnitt hängt eng zusammen mit ähnlichen Prophezeiungen in einem früheren Teil der Erzählung, der vom künftigen Verrat des Judas berichtete (VV. 10b–11.21–22), und greift das frühere Missverständnis des Petrus bezüglich der Geste der Fußwaschung durch Jesus auf (siehe VV. 6–10a). Es gibt noch andere literarische Hinweise, welche die Worte Jesu an Petrus in VV. 36–38 in Verbindung bringen mit seinen früheren Worten über Judas in VV. 10b–11, insbesondere Jesu Zusage, dass das, was Petrus *jetzt* nicht wissen und verstehen kann, *später* klar werden wird (V. 7; VV. 36–37; siehe auch V. 19).

Ein Merkmal von Joh 13,1–38 ist die regelmäßige Wiederkehr eines typisch johanneischen Ausdrucks: „Amen, amen ich sage euch" (siehe VV. 16.20.21.38). Dieser Ausdruck findet sich *nur* im Johannesevangelium, und zwar an 24 Stellen.[49] Er scheint in 13,1–38 öfters auf (viermal) als in jedem anderen Kapitel des Evangeliums und er findet sich nur dreimal im restlichen Teil der Abschiedsrede (14,12; 16,20.23).[50] Der zweite Verweis auf den Verrat des Judas (V. 21) beginnt mit diesem johanneischen Ausdruck, während die Prophezeiung der Verleugnungen des Petrus damit schließt (V. 38). Die Verwendung des johanneischen Ausdrucks „Amen, amen ich sage euch" am Beginn und am Ende der Prophezeiungen von Verrat und Verleugnung in VV. 21–38 mag VV. 31–38 enger mit 13,1–30 verbinden als mit dem restlichen Teil der Rede in den Kapiteln 14–17. Das Thema des Versagens des Judas und des Petrus spielt in der eigentlichen Rede keine weitere Rolle mehr. Es kehrt erst in der

Passionsgeschichte wieder, als ein Hauptelement im Drama (18,1–11.15–18.25–27).[51]

Die johanneische Verwendung des doppelten „Amen" dient als wichtiger Hinweis auf die Gesamtstruktur dieses Teils der Erzählung. Johannes platzierte das doppelte „Amen" in VV. 17.20.21 und 38, um die folgende sorgfältig strukturierte Handlung zu schaffen:

1. **Verse 1–17:** Die Fußwaschung wird in dramatischer Weise berichtet und eine Reihe von Diskussionen umgibt die Erzählung. Dieser Teil enthält die johanneischen Kommentare (siehe VV. 1–5), das Gespräch zwischen Jesus und Petrus (VV. 6–10a) und Jesu Worte an Judas (VV. 10b–11), inmitten des Versagens und der Unwissenheit der Jünger. *Dieser Teil endet mit dem doppelten „Amen" in VV. 16–17.*

2. **Verse 18–20:** Jesus spricht zu seinen Jüngern; seine Worte bilden die literarische Mitte des Abschnitts. *Dieser Teil endet mit dem doppelten „Amen" in V. 20.*

3. **Verse 21–38:** In einer Erzählung, die VV. 1–17 entspricht, erzählt Johannes von der Gabe des Brotbissens; eine Reihe von Diskussionen umgibt die Erzählung. Der Kontext von Verrat und Verleugnung verstärkt sich (VV. 21–30.36–38). *Dieser Teil beginnt und endet mit einem doppelten „Amen" in V. 21 und in V. 38.*

Im ersten Hauptteil von VV. 1–38 erscheint das doppelte „Amen" in V. 16, das zwei Feststellungen Jesu eröffnet: eine über das Verhältnis zwischen Sklave und Herr (V. 16) und die andere über Wissen und Tun (V. 17). Diese Feststellungen von VV. 16–17 blicken zurück auf die Bemerkungen der johanneischen Einleitung in VV. 1–5, wo die Themen von (a) Jesus und „den Seinen", (b) Jesu „Wissen" und (c) Jesu „Tun" ausbuchstabiert sind: „Jesus *wusste*, dass seine Stunde gekommen war ... Da er *die Seinen* liebte, die in der Welt waren, liebte er sie bis zur Vollendung. (13,1) ... Jesus, der *wusste*, dass ihm der Vater alles in die Hand gegeben hatte, ... *stand* vom Mahl *auf, legte* sein Gewand *ab* und *umgürtete sich* mit einem Leinentuch" (VV. 3–4).

Jesu „Wissen", dass seine Stunde gekommen ist und dass ihm der Vater alles in die Hand gegeben hat, führte zu einem aktiven „Tun": Er liebte seine Jünger *bis zur Vollendung* (Griechisch: *eis telos*) und als ein Zeichen dafür wäscht er ihre Füße; Wissen geht über in Handlung.[52] Joh 13 beginnt mit einer Botschaft an die Leser oder Hörerinnen, dass Jesu „Wissen" und „Tun" das Leben der Jünger berührt, die er bedingungslos liebt („bis zur Vollendung"). Es folgt die Erzählung von der Fußwaschung Jesu an seinen Jüngern und seiner Aufforderung, „Anteil an ihm zu haben". Am Ende dieses Teils, nach der feierlichen Einleitung durch das doppelte „Amen", sagt Jesus seinen Jüngern, dass sie – in ihrer Beziehung zu ihm als Sklaven und Gesandte (V. 16) – aufgerufen sind zu wiederholen, was „der Meister" getan hat. Selig sind sie, wenn sie dies wissen und danach handeln (V. 17). Er hat ihnen ein „Beispiel" gegeben (V. 15).

Das Verb „wissen" kommt wiederum in V. 18 vor: „Ich weiß wohl, welche ich erwählt habe." Aber ein anderes Thema taucht auf, das sich in VV. 1–17 nicht gefunden hat. Es wird nicht nur Jesu Wissen betont, sondern auch die Tatsache, dass er seine Jünger „erwählt" hat. Er hat sie jedoch nicht nur „erwählt", sondern sie sollen auch seine „Gesandten" werden: „Wer einen aufnimmt, den ich senden werde, nimmt mich auf" (V. 20). Die „Erwählten" werden weiter beschrieben als „jeden, den ich sende". Die eng verknüpften Themen von Erwählen und Senden, welche Jesu Hoffnung umgeben, dass seine Jünger schließlich zum Glauben daran, wer er ist, kommen werden (V. 19: „damit ihr, wenn es geschehen ist, glaubt: ICH BIN ES"), bilden eine Einheit, abgerundet durch das doppelte „Amen" in V. 20.

Das doppelte „Amen" beginnt und beendet VV. 21–38. Dieser Teil ist auch umrahmt von Jesu Prophezeiungen des Versagens der Glieder seines innersten Freundeskreises, der Jünger, mit denen er seinen Tisch teilt: Judas (VV. 21–30) und Petrus (VV. 36–38). Verflochten mit dem Abschnitt über den Verrat des Judas ist das Thema der Gabe des Brotbissens. Nachdem Judas ihn genommen hat, verlässt er das Obergemach und die Leidensgeschichte nimmt ihren Anfang. Dies ist die Bedeutung der Einleitung der Worte Jesu über die Verherrlichung in V. 31a: „Als Judas hinausgegangen war ...“ Die Handlung des Judas ist entscheidend für das johanneische Verständnis von der Verherrlichung Jesu durch das Kreuz. Man sollte keinen Bruch in der Erzählung erzwingen zwischen dem Hinausgehen des Judas in die Nacht in V. 30 und den Worten Jesu in VV. 31–32. Johannes verweist klar auf Judas in V. 31a (wörtlich: „Als er *deshalb* hinausgegangen war“ [ÜA]; Griechisch: *hote oun exêlthen*), weil er möchte, dass die Leserinnen oder Hörer beides miteinander *verbinden*. Es besteht eine logische und kausale Verbindung zwischen dem Hinausgehen des Judas in die Finsternis (VV. 30–31a) und der Verherrlichung Jesu durch das Kreuz (VV. 31b–32).

Die Gabe des Brotbissens: eine eucharistische Interpretation

Der letzte Teil der Erzählung, VV. 21–38, konzentriert sich auf Jesu Gabe des Brotbissens an Judas und ihre Nachwirkungen, innerhalb des Kontextes von Missverständnis, Prophezeiungen von Verrat und Verleugnungen, verbunden mit Jesu Gebot zu lieben, wie er geliebt hat (VV. 34–35). Ein Überblick über den johanneischen Gebrauch des Themas der Taufe in VV. 1–17 – ein Abschnitt, der viele parallele Merkmale zu VV. 21–38 aufweist – leitet für unsere Untersuchung das Verständnis der Implikationen von Jesu Gabe des Brotbissens an Judas. Aufmerksamkeit verdient auch die zentrale Aussage in VV. 18–20, die einen Schlüssel liefert für die Bedeutung der vorausgehenden und nachfolgenden Handlungen und für die folgende Parallele zu VV. 1–17 in VV. 21–38, die von der Gabe des Brotbissens handelt.[53]

Die Fußwaschung und ihre Nachwirkungen (VV. 1–17): eine Skizze

Entscheidend für die Interpretation von Joh 13,1–38 sind die einleitenden Worte des Erzählers in 13,1. Jesus ist sich bewusst, dass die Stunde seiner Rückkehr zum Vater unmittelbar bevorsteht und das „Ende" seines Lebens mit den Jüngern nahe ist: „Da er die Seinen liebte, die in der Welt waren, liebte er sie *bis zur Vollendung*" (Griechisch: *eis telos*). Der Ausdruck (wörtlich) „bis zum Ende" hat eine doppelte Bedeutung. Er verweist offensichtlich auf ein *chronologisches* Ende. Für Johannes bedeutet dies Jesu Tod, Auferstehung und Rückkehr zum Vater. Aber auch die *Qualität* der Liebe Jesu für die Seinen wird durch diesen Ausdruck angedeutet. Er liebte sie nicht nur bis zum Zeitpunkt seines Abschieds durch Tod, Auferstehung und Hinaufgang zum Vater, sondern er liebte sie auch in einer für menschliche Maßstäbe unvorstellbaren Weise. Er liebte sie „vollendet".[54]

Der erste Erzählteil, Jesu Fußwaschung an seinen Jüngern und die Gabe des Brotbissens an Judas, beginnt mit einer Liebeserklärung und endet mit dem typisch johanneischen doppelten „Amen" (VV. 16–17). Er entfaltet sich in drei Abschnitten, die bestimmt sind durch die Ereignisse und deren Hauptakteure:

1. **Verse 1–5:** Der Erzähler kündigt an, dass Jesus „weiß", dass die Stunde seines Weggangs zum Vater gekommen ist. Was gleich erzählt wird, zeigt die höchste Vollendung der Liebe Jesu für die Seinen (V. 1). Auf diese Worte folgt unmittelbar ein Hinweis, dass der Teufel schon in seinem Herzen entschieden hat, dass Judas Jesus verraten wird (V. 2). Allzu oft heißt es in Übersetzungen: „der Teufel hatte Judas schon ins Herz gegeben" (EÜ). Dies gibt das Griechische jedoch nicht korrekt wieder[55] und stört die Erzählung, denn erst in V. 27, nachdem Judas den Bissen genommen hat, fährt der Satan in ihn. All dies zu „wissen" hält Jesus nicht davon ab, mit seiner Handlung zu beginnen. Er bereitet sich vor und

wäscht den Jüngern die Füße (VV. 3–5). Wie wir festgestellt haben, gehen Jesu *Liebe* und *Wissen* in die *Tat* über.

2. **Verse 6–11:** Petrus wehrt sich dagegen, dass Jesus seine Füße wäscht, und dieser unterhält sich mit ihm (VV. 6–10b). Hier taucht die Verbindung zwischen der Fußwaschung und der Praxis der Taufe auf. Petrus kann „keinen Anteil" haben an Jesus, wenn er nicht bereit ist, von ihm gewaschen zu werden (V. 8). Durch die Fußwaschung hat der Jünger „Anteil" an den Heilswirkungen von Jesu Tod und Auferstehung.[56] Das führt zur ersten Feststellung Jesu über den künftigen Verrat des Judas (VV. 10c–11).

3. **Verse 12–17:** Jesus unterweist seine Jünger über die Bedeutung dessen, was er für sie getan hat, und trägt ihnen auf, seinem Beispiel folgend das Gleiche zu tun (VV. 12–15). Weithin als eine spätere „Moralisierung" der Fußwaschung gesehen, ist es jedoch nichts dieser Art. Das Vorbild des Lehrers und Herrn, der in Selbsthingabe für die Seinen kniet, muss fortgeführt werden als ein Erkennungsmerkmal der Nachfolger Jesu. Er hat ihnen ein Beispiel gegeben, das sie in ihrem Leben des Dienstes wiederholen sollen, was auch immer ihre zukünftigen Rollen beinhalten mögen. Die Wahl des griechischen Wortes für „Beispiel" (V. 15: *hypodeigma*) setzt das Thema der Selbsthingabe in Liebe, sogar bis zum Tod, fort. Der griechische Ausdruck, der sich im gesamten Neuen Testament nur hier in Joh 13,15 findet, taucht in einigen bekannten jüdischen Texten auf, die von einem vorbildlichen Tod sprechen (LXX 2 Makk 6,28; 4 Makk 17,22–23; Sir 44,16). „Jesu Tod … wie er hier durch die Fußwaschung gedeutet wird, ist der Lebens- und Verhaltensmaßstab für die gläubige Gemeinde."[57] Das doppelte „Amen" beendet diesen Teil, in welchem den Jüngern aufgetragen wird, Sklaven ihres Meisters zu sein, seliggepriesen aufgrund ihres Wissens, das in Handlung übergeht (VV. 16–17). Am Beginn des Abschnitts ging Jesu Liebe und Wissen in Handlung über in VV. 1–5. In einem schön ausbalancierten Satz

schließt der Abschnitt mit den Worten Jesu an die Jünger: „Wenn ihr das *wisst* – selig seid ihr, wenn ihr danach *handelt*" (V. 17).[58] Als Jesus seine Liebe in der Tat durch die Fußwaschung zeigte, gab er ihnen ein Beispiel: Sie sollen die Liebe in der Tat zeigen, indem sie seinem Beispiel folgen (V. 15), bis zum Tod – bis zum Ende, zur Vollendung *(eis telos).*

Die zentrale Aussage (VV. 18–20)

Das bemerkenswerte Mittelstück von 13,1–38 findet sich in VV. 18–20.[59] Zwischen VV. 1–17 und VV. 21–28 wird die Erklärung gegeben sowohl für die Fußwaschung als auch die Gabe des Brotbissens. Trotz seiner Kürze ist der Abschnitt in drei unterschiedliche Aussagen gegliedert:

1. **V. 18:** Jesus hat *schwache* Jünger erwählt, von denen einer ihn verraten wird.
2. **V. 19:** Der Grund dafür: Er hat dies getan, „damit ihr, wenn es geschehen ist, glaubt: ICH BIN ES."
3. **V. 20:** Feierlich – indem er seine Worte mit dem doppelten „Amen" einleitet – *sendet* Jesus diese Jünger *aus,* damit sowohl er selbst als auch der, der ihn gesandt hat, aufgenommen werden.

In V. 18 und V. 20 spricht Jesus über seine Beziehung zu den Jüngern. Er weiß, wen er erwählt hat, und er ist sich bewusst, dass einer von ihnen ihn hintergehen wird. Er erinnert an Ps 41,10, indem er feststellt, dass einer von denen, die mit ihm zu Tische liegen und sein Brot essen (Griechisch: *ho trōgōn mou ton arton*), sich gegen ihn erhoben hat (V. 18). Der Verräter, der durch die ganze Erzählung hindurch lauerte (siehe VV. 2.10c–11), wird in V. 18 wieder genannt. Trotz ihres Versagens und Verrats hat *Jesus diese Jünger erwählt.* In V. 20 weist er darauf hin, dass er sie nicht nur erwählt hat (V. 18), sondern sie auch aussenden wird (V. 20). Indem er diesen zentralen Abschnitt mit einem weiteren doppelten „Amen" schließt, versichert ihnen Jesus, dass er sie aussendet, damit sie ihn bekannt machen können, genauso wie er den Vater bekannt gemacht hat. Wer seine Gesandten aufnimmt, wird deshalb auch den Vater aufnehmen. *Jesus wird diese Jünger aussenden, um sowohl den Vater als auch den Sohn bekannt zu machen.* Für diese bemerkenswerte Mission hat Jesus unwissende, schwache Jünger erwählt und ausgesandt, sogar einen, der ihn verraten wird.

Die Frage nach dem „Warum" muss gestellt werden. Ausgerechnet solche zu erwählen und auszusenden, die versagen und ihn verraten und verleugnen, ergibt eigentlich keinen Sinn. Die Antwort auf die Frage nach dem Grund dafür wird in V. 19 gegeben, der zentralen Aussage innerhalb von 13,1–38: „Ich sage es euch schon jetzt, ehe es geschieht, *damit ihr, wenn es geschehen ist, glaubt: ICH BIN ES*" (Griechisch: *hina pisteusēte hotan genētai* **hoti egō eimi**). In Jesu Akt der Fußwaschung – der seine vollendete Liebe-bis-zum-Tod für seine Jünger, die ihn nicht verstehen und ihn verraten werden, symbolisiert – wird der Gott und Vater Jesu offenbart.[60] Dem wird kurz danach die Gabe des Brotbissens entsprechen, die ebenso von der Selbsthingabe bis zum Tod für Jünger, die ihn nicht verstehen, ihn verraten und verleugnen, zeugt (VV. 21–38). Die bedingungslose Selbsthingabe Jesu am Kreuz für seine schwachen Jünger hat noch nicht stattgefunden, sie wird jedoch vorweggenommen in den Gesten der Liebe, in der Fußwaschung und der Gabe des Brotbissens. Der Leser oder Hörer *der Geschichte* weiß, dass das, was durch diese Gesten vorweggenommen ist, am Kreuz stattfinden wird, aber die Jünger *in der Geschichte* wissen es nicht. Sie verharren in ihrer Unwissenheit und ihrem Missverständnis und machen weiter mit ihren falschen Versprechungen.

Der nachösterlichen johanneischen Gemeinde wird erzählt, dass Jesus Jünger erwählt und ausgesandt hat als Träger seiner Gegenwart und der Gegenwart des Vaters, der ihn gesandt hat (VV. 18.20). Er sagt seinen Jüngern all dies jetzt, vor dem Ereignis des Kreuzes, damit, wenn diese vollendete Offenbarung der Liebe stattfindet, sie glauben können, dass er die Gegenwart des Göttlichen unter ihnen ist (V. 19: ICH BIN ES). Die früheren Aussagen über die – den kulturellen Normen entgegengesetzten – Handlungen Jesu in seinem Beispiel für die Jünger sind schon überraschend (VV. 12–15). Seine Offenbarung jedoch, warum er sich selbst bedingungslos in Liebe seinen von ihm erwählten und ausgesandten Jüngern hingibt, die ihn nicht nur nicht in derselben Weise lieben, sondern ihn verleugnen, verraten und missverstehen werden, übersteigt jede mögliche menschliche Erklärung. Das ist es, was es bedeutet zu lieben *bis ans Ende* (V. 1; Griechisch: *eis telos*), vollendet, in einer Weise, die die Welt niemals verstehen kann. Die Liebe Jesu für die Seinen *bis zum Ende* ist die Offenbarung der unbegreiflichen Liebe Gottes. In diesen Gesten der liebenden Selbsthingabe, in Vorwegnahme des Kreuzes, macht Jesus die Liebe Gottes bekannt. Sie zeigen Jesu Liebe-in-Aktion für überwältigte Leserinnen oder Hörer *der Geschichte*, die selbst schwache Jünger und Jüngerinnen Jesu sind.[61]

Die Gabe des Brotbissens und ihre Nachwirkungen (VV. 21–38)

Entsprechend der Struktur von VV. 1–17 hat der Schlussteil von 13,1–38 ebenso drei Teile:

1. **VV. 21–25:** Der Erzähler weist auf Jesu tief emotionale Verfassung hin. Beginnend mit einem doppelten „Amen" sagt Jesus wiederum den künftigen Verrat durch einen seiner Jünger voraus. Der Liebesjünger fragt, auf die Bitte des Simon Petrus hin, wer dies sein könnte.
2. **VV. 26–30:** Jesus weist darauf hin, dass er den Brotbissen seinem Verräter geben wird. Ein kurzes Gespräch zwischen Jesus und Judas folgt auf die Gabe des Brotbissens. Niemand am Tisch versteht, was geschieht, als Judas hinausgeht in die Finsternis der Nacht.
3. **VV. 31–38:** Als Judas geht, beginnt die Passion. Jesus verkündet, dass der Augenblick der Verherrlichung des Men-

schensohnes und der Offenbarung der Herrlichkeit Gottes
„jetzt" ist. Er gibt ein neues Gebot: Sie sollen einander lieben
wie er sie geliebt hat. Petrus verbleibt in seinem Missverständnis Jesu und seines Schicksals. Jesus sagt seine dreifache Verleugnung vor dem Hahnenschrei voraus, eingeleitet mit einem
zweifachen „Amen". Damit endet dieser Abschnitt.

In V. 21 beginnen die Worte Jesu mit dem doppelten „Amen".
Er wirft die Frage nach dem Verräter auf und beginnt ein Gespräch mit den Seinen, in dessen Verlauf die Identität des Ver-
räters am Tisch aufgedeckt werden wird (V. 26; siehe V. 18). Es
gibt auch eine Parallele zwischen V. 1, wo der Erzähler von Jesu
Wissen und Liebe berichtete, und V. 21a, wo ein weiteres emotionales Erlebnis Jesu erwähnt wird: Er ist im Innersten erschüttert. Eine Verbindung mit dem Kreuz wurde in V. 1 hergestellt
durch jene Worte, die von Jesu Liebe für die Seinen *bis zum
Ende* sprachen. Das Kreuz ist wiederum nahe in den Worten
„im Innersten erschüttert".[62] Jesus weist darauf hin, dass einer
der Jünger, die am Tisch zugegen sind (siehe VV. 12.18), ihn
verraten wird. Diese Worte lösen eine Reaktion unter den Jüngern aus, die sich nicht innerhalb der Welt Jesu bewegen. Sie
waren „ratlos (Griechisch: *aporoumenoi*), weil sie nicht wussten,
wen er meinte" (V. 22).[63] Unwissenheit, Verwirrung und Missverständnis gehen weiter (siehe VV. 6.7.9.12–13).

Der Liebesjünger taucht zum ersten Mal in der Geschichte
auf.[64] Er liegt zu Tisch, „an der Seite Jesu" (V. 23), eine Position
zärtlicher Nähe.[65] Trotz seiner Ehrenposition ist er in der Rat-
losigkeit von V. 22 eingeschlossen. Petrus, dem Liebesjünger
nachgeordnet, sagt ihm, er solle Jesus fragen, von wem er
spreche (V. 24). Dieser besondere Jünger, wie alle anderen Jünger am Tisch, weiß nicht um die volle Bedeutung der Worte
Jesu. Seine Frage zeigt Unwissenheit und führt zu den folgenden
Worten und Handlungen: „Herr, wer ist es?" (V. 25).

Der, der ihn verraten wird, wird teilhaben an einer intimen
menschlichen Geste am Tisch: den Brotbissen eintauchen und

ihn teilen (V. 26a). Jesu Handlung erfüllt seine Worte: „Dann tauchte er das Brot ein, *nahm es* und gab es Judas, dem Sohn des Simon Iskariot" (V. 26b). Da die meisten frühen Ausleger von Joh 13 die Möglichkeit, dass der dem Judas gegebene Brotbissen eucharistisch verstanden werden könnte, nicht akzeptieren konnten, ist die Textüberlieferung hier sehr gestört. Die obige Übersetzung von V. 26b nimmt die griechischen Wörter „und er nahm" *(lambanei kai)* als ursprünglich an.[66] Wir werden weiter unten auf die Bedeutung dieses Details zurückkommen. Erst nach dem Empfang des Bissens fährt der Satan in Judas (V. 27a). In V. 2 wurde dem Leser gesagt, dass der Teufel entschieden hatte, dass Judas Jesus verraten würde, aber in V. 27a fährt der Satan in Judas. Er ist nun Teil eines satanischen Programms, diametral entgegengesetzt zum Programm Gottes, das in Jesus offenbart ist. Doch in einer ausgezeichneten letzten Liebesgeste teilt Jesus den eingetauchten Brotbissen mit seinem künftigen Verräter (V. 26). Hat der schlechteste Jünger in der Geschichte (siehe 6,70–71; 12,4–6; 13,2) teil an einem Brotbissen, der auf die Eucharistie hinweist (13,26)?[67] Geschieht das Unglaubliche auch weiterhin, da Jesu unbedingte Liebe (V. 1: *bis zum Ende/zur Vollendung*) sich in seinen Handlungen offenbart?

Da Jesu vollkommene Liebe für seine versagenden Jünger (V. 1) nicht als Schlüssel für die Interpretation von Joh 13 erkannt wird, schrecken fast alle Exegeten und Prediger vor einer eucharistischen Interpretation zurück, wie sie durch die im letzten Abschnitt aufgeworfenen Fragen vorgeschlagen wird.[68] Jene, die den Abschnitt als eucharistisch angesehen haben, verwendeten 1 Kor 11,29 für die Behauptung, dass Satan in den sündigen Judas fuhr, weil dieser den eucharistischen Brotbissen ohne Unterscheidung genommen habe.[69] Diese Interpretation hat jedoch keinen Platz in der johanneischen Geschichte von Jesu unglaublicher Liebe für seine Jünger.[70]

Wenn wir zurückblicken auf VV. 18–20, das Zentrum von 13,1–38, als Jesus sich in V. 18 an seine Jünger wandte, da sagte er ihnen, dass die Ereignisse, die nun geschehen werden, eine

Erfüllung von Ps 41,10b sein werden: „Der mein Brot isst, hat seine Ferse gegen mich erhoben." Die Übersetzung der Septuaginta (LXX) des ersten Teils des Psalmverses („Der mein Brot isst") verwendet das reguläre griechische Wort für das menschliche Essen *(esthiō)*. Aber in 13,18 verwendet Johannes das Verb „kauen, mit den Zähnen zerkleinern" *(trōgō)*.[71] Johannes hat bewusst das Verb im Griechischen der Septuaginta durch ein kräftigeres und physischeres Wort ersetzt.[72] Das Verb *trōgō* wird im Johannesevangelium sonst nur noch im eucharistischen Abschnitt 6,51–58 verwendet, wo es *viermal* vorkommt (6,54. 56.57.58). Umrahmt von Verwendungen des üblichen Wortes für das menschliche Essen *(phagō*: siehe 6,51.52.53.58), taucht das physischere Verb in 6,51–58, dem explizitesten eucharistischen Abschnitt im Evangelium, auf.[73] In 13,18 änderte Johannes die Septuaginta-Version eines alttestamentlichen Textes, indem er die Gabe des Brotbissens an Judas mit den christlichen Traditionen um das Letzte Abendmahl verband (siehe auch Mk 14,18 und Lk 22,21, wo auch Ps 41,10 den Hintergrund liefert). Diese eucharistischen Hinweise werden den ursprünglichen Lesern oder Hörerinnen des Johannesevangeliums wohl nicht entgangen sein.

Da ist aber noch etwas anderes. Oben habe ich „und er nahm" in meine Übersetzung von V. 26 aufgenommen, aber diese Worte finden sich nicht in einigen frühen Manuskripten.[74] Sie erinnern an Jesu bewusste Handlung des „Nehmens" des Brotes in den Brotwundern aller vier Evangelien (Mk 6,41; 8,6; Mt 14,19; 15,36; Lk 9,16; Joh 6,11), welche die eucharistische Vorstellung und Praxis der frühen Kirche widerspiegelt. Derselbe Ausdruck findet sich in den synoptischen und paulinischen Berichten vom Letzten Abendmahl (Mk 14,22; Mt 26,26; Lk 22,19; 1 Kor 11,23).[75] Geht man von den eucharistischen Hinweisen, die in der johanneischen Verwendung des Verbs in 13,18 und in 6,51–58 enthalten sind, aus, muss man an der Ursprünglichkeit der Worte, die darauf hinweisen, dass Jesus den Brotbissen *nahm*, bevor er ihn dem Judas gab, festhalten.[76] Die künftige eucharistische Feier der Gegenwart Jesu in der Gemeinde-Eucharistie ist ein Unterthema des Mahls und der Gabe des Brotbissens (VV. 21–38), so wie ein künftiges Tauf-Ritual ein Unterthema der Fußwaschung ist (VV. 1–17). Jesus gibt den Brotbissen dem am meisten verachteten Protagonisten in der Erzählung. Die ursprünglichen Adressaten des Evangeliums, und alle nachfolgenden christlichen Leserinnen oder Hörer, sind von dieser Vorstellung entsetzt gewesen. Aber Jesu nie versagende Liebe für *solche* Jünger, eine Liebe, die sich sogar dem Archetyp des bösen Jüngers zuwendet, offenbart den einzigartigen Gott und Vater Jesu Christi, der die Welt bedingungslos liebt (siehe 3,16–17; 13,18–20).

Eine kurze „Nebenbemerkung" zur Rezeptionsgeschichte dieses Abschnitts ist angebracht. Über Jahrhunderte hinweg sind Christen – wenn sie Joh 13,1–38 so gelesen haben, als wäre es ein genauer Bericht über das, was tatsächlich in dieser Nacht geschah – entsetzt gewesen über die Vorstellung, dass Jesus den eucharistischen Brotbissen mit Judas geteilt haben sollte. Dieses Entsetzen beeinflusst die exegetischen Entscheidungen sogar der kritischsten Ausleger. Angesichts der vielfältigen eucharistischen Traditionen, die wir untersucht haben (zumindest Markus/Matthäus; Lukas/Paulus; Johannes), und der zentralen liturgischen Bedeutung des „Gedächtnisses" dieses Mahls über die Jahrhunderte hinweg, ist es unmöglich, aus den Angaben des Neuen Testaments festzustellen, *was tatsächlich geschah* beim Mahl in dieser Nacht. Wie in der frühen Kirche und in nachfolgenden Jahrhunderten sind auch viele heutige Christen entsetzt über eine Interpretation, die einen eucharistischen Hintergrund von Jesu Gabe des Brotbissens an Judas in Joh 13,26 vertritt. Wir müssen uns befreien von unseren Vermutungen, *was tatsächlich geschah* in dieser Nacht, um zu erkennen, dass Johannes uns eine unübertreffliche Erzählung vermacht hat, um die überwältigende Größe der Liebe Gottes, die sich in und durch Jesus manifestiert hat, zu vermitteln. Eine Zug-um-Zug Rekonstruktion dessen, was Jesus getan oder nicht getan haben mag in dieser Nacht, entzieht sich unserer historischen Kenntnis. Wir verfügen nicht über genügend Angaben und das, was wir haben (bei Paulus und in allen vier Evangelien), kann nicht in einen einheitlichen, historisch verifizierbaren Bericht gepresst werden.

Weitgehend unbeachtet ist jedoch die Tatsache, dass dieselbe Möglichkeit sich in den synoptischen Berichten vom Letzten Abendmahl findet. Judas hat sich schon mit dem Komplott, Jesus zu töten, vertraut gemacht (Mk 14,10–11; Mt 26,14–16; Lk 22,3–6), und dennoch ist er beim Letzten Abendmahl anwesend (Mk 14,17–21; Mt 26,20–25; Lk 22,14.21–23). Nirgends wird dem Leser gesagt, dass er weggegangen sei. Tatsächlich lässt Lukas Jesus sagen: „Doch siehe, die Hand dessen, der mich ausliefert, ist mit mir am Tisch" (Lk 22,21).

Kehren wir zurück zu unserem Lesen von VV. 21–38. Den Lesern oder Hörerinnen ist mehrmals gesagt worden, dass Jesus um das Vorhaben des Judas *weiß* (VV. 2.10c–11.18.21–26). Satans Pläne für Judas entfalten sich nun: Satan fährt in Judas (V. 27a). Jesus schickt Judas auf seinen Weg und empfiehlt ihm, seine Aufgabe so schnell wie möglich zu erfüllen (V. 27b). Es finden sich keine subtilen Allegorien hinter diesen Worten Jesu. Es sind dramatische Worte, die zu VV. 28–29 hinführen und auf die allgemeine Unwissenheit der Jünger hinweisen. Keiner von denen am Tisch hat verstanden. Dies „keiner" (Griechisch: *oudeis*) schließt auch den Liebesjünger ein (V. 28). Wie ist es möglich, dass *keiner* versteht, nach der Klarheit der Frage und der Antwort darauf in Wort und Tat in VV. 25–26?

Es herrschen Unwissenheit und Verwirrung, und das Beste, das *einige der Jünger* tun können, ist zu vermuten, dass Jesus zu Judas, dem Verwalter der Kasse, sagt, er solle einige Einkäufe für das Fest tätigen oder etwas den Armen geben (V. 29). Unmittelbar nach dem Empfang des Brotbissens ging Judas hinaus und es war Nacht (V. 30a). Nun vom Satan beherrscht geht Judas weg vom Licht der Welt (siehe 1,4.7; 8,12; 9,5), in die Nacht und die Finsternis derer, die Jesus ablehnen und planen, ihn zu töten (siehe 1,5; 3,2; 8,12; 9,4; 11,10; 12,35.46). Am Beginn der Wirksamkeit Jesu ging Nikodemus, einer „der Juden", von der Nacht zu Jesus (3,2). Diese Reise dauert immer noch an (siehe 7,50–51; 19,38–42).[77] Jetzt, da Jesu Leben zu Ende geht, geht einer „der Seinen" weg vom Licht in die Nacht (13,30a).

Die Handlung des Judas führt zu einem „Triumphschrei" Jesu.[78] Der Verfasser verbindet Jesu Verkündigung in VV. 31–32 mit dem Weggang des Judas.[79] Die Leserinnen oder Hörer wissen schon, dass Jesus „erhöht" werden wird, um Gott bekannt zu machen (siehe 3,13–14; 8,28), um alle an sich zu ziehen (12,32–33). Da dies der Fall ist, führt der Weggang des Judas in die Finsternis, um Jesus zum Tode zu verraten (V. 31a), *logischerweise* zur Aussage Jesu in VV. 31b–32. Themen, die sich über das Evangelium hinweg angekündigt haben, bündeln sich nun. Die „Stunde" ist gekommen (siehe 12,23.27.31; 13,1); nun ist die Zeit für die Verherrlichung des Menschensohnes und damit die Verherrlichung Gottes (11,4; 12,23.28). Am Kreuz beginnt Jesus seine „Stunde" der Verherrlichung; aber sein Tod wird „die Herrlichkeit Gottes" offenbaren. Der Begriff „Herrlichkeit" (Griechisch: *doxa*), einst verwendet, um die sichtbare Manifestation Gottes am Sinai zu beschreiben, ist im Evangelium durchgängig verwendet, um auf die Werke Jesu hinzuweisen (siehe 2,11; 5,44; 7,18; 11,4.40; 12,41.43). In diesen Werken wurde Gott offenbar und das Kreuz wird Ort und Zeit sein, wo diese Manifestation ihre Vollkommenheit, ihr Ziel, ihr Ende/ihre Vollendung *(telos)* erreichen wird.[80]

Weil Judas von Satan vereinnahmt wurde, nachdem er den Brotbissen bekommen hat, in einer radikalen Zurückweisung der Liebe Gottes, die sich in und durch Jesu Gabe des Brotbissens offenbarte (V. 31a), wird Jesus „erhöht" werden. Jesus kann deshalb verkünden, dass *jetzt* der Menschensohn verherrlicht werden wird und die Herrlichkeit Gottes in der Verherrlichung Jesu durch das Kreuz erkannt werden wird (VV. 31b–32b). Die Verherrlichung Jesu und die Offenbarung der Herrlichkeit Gottes, die so eng mit der Kreuzigung verbunden sind, werden *jetzt* geschehen (V. 32c).[81]

Das Hinausgehen des Judas bringt die von Jesus in VV. 18–20 verheißenen Ereignisse auf den Weg, als die Zeit und den Ort, wo die von Jesus erwählten und gesendeten Jünger zum Glauben kommen können, dass Jesus die Offenbarung Gottes ist (V. 19: „damit ihr, wenn es geschehen ist, glaubt: ICH BIN ES").

Jesus wendet sich seinen Jüngern zu und spricht sie mit einem Kosewort an: „kleine Kinder" (V. 33; Griechisch: *teknia*), wodurch die Darstellung von Jesu bedingungsloser Liebe für seine versagenden Jünger verstärkt wird. Er blickt jedoch zurück auf Worte, die er zu „den Juden" in einer zornigen Begegnung gesprochen hat, wie sie in 7,33 berichtet ist.[82] Jesus erinnert sich an diesen Moment in der Vergangenheit, der von Konflikt und Gefahr geprägt war, und sagt seinen Jüngern, dass sie ihn suchen, aber nicht finden werden. Der Grund dafür ist, wie er „den Juden" gesagt hat: „Wohin ich gehe, dorthin könnt ihr nicht gelangen" (V. 33; siehe 7,34). Die Leser oder Hörerinnen finden in dem einen Vers (V. 33) sowohl ein Kosewort als auch eine Aussage Jesu, dass eine Zeit nahe ist, in der er nicht mehr bei seinen Jüngern sein wird, und eine mögliche Verbindung der Jünger mit „den Juden". So wie „die Juden" nicht verstehen wollten und konnten, wer Jesus war und wohin er ging bei seiner Rückkehr zum Vater, so ist es auch bei den unwissenden und versagenden Jüngern Jesu. Und doch bleiben sie seine Jünger, seine „kleinen Kinder", verloren, aber geliebt, in ihrer Unwissenheit, ihrem Missverständnis und Versagen (V. 33).

Diesen „kleinen Kindern" gibt er ein neues Gebot (VV. 34–35). Vorher hat Jesus den Jüngern ein Beispiel gegeben (V. 15a). Sowohl das Beispiel als auch das neue Gebot sind eng verbunden mit Jesu Forderung, dass seine Jünger ihm in die liebende Selbsthingabe bis zum Tod folgen, die symbolisiert ist in der Fußwaschung und im Brotbissen. Dies war auch impliziert in der Aufforderung, dem Beispiel Jesu zu folgen, damit die Jünger auch so handeln *wie Jesus an ihnen gehandelt hat* (V. 15b). Es wird nun expliziter in dem neuen Gebot, einander zu lieben, *sogar wie Jesus sie geliebt hat* (V. 34b). Die Verbindung zwischen dem Beispiel und dem Gebot ist deutlich.[83] Jünger Jesu werden als solche erkannt, weil sie einander lieben, wie Jesus sie geliebt hat (V. 35). In der Zeit der Abwesenheit Jesu (siehe V. 33) sollen sie die Liebe Jesu wiederholen, um die bedingungslose Liebe, welche die Lebensweise Jesu kennzeichnete, zu vergegenwärtigen (VV. 34–35).[84]

In V. 7a sagte Jesus zu Petrus: „Was ich tue, verstehst du *jetzt* noch nicht." Zum Beweis für diese Feststellung Jesu fragt Petrus jetzt, was mit der nahe bevorstehenden Abwesenheit Jesu gemeint ist, wenn dieser an einen Ort gehen wird, wohin sie nicht gelangen können (V. 36a). Jesus wiederholt die Worte, die er in V. 33 zu allen Jüngern gesagt hat: Er geht an einen Ort, an den ihm Petrus *jetzt* nicht folgen kann. Jesus sagt dem Petrus, dass, auch wenn er ihm *jetzt* nicht folgen kann (V. 36b), er ihm *später* folgen wird (V. 36c; siehe V. 7b). Es besteht eine erzählerische Spannung zwischen dem *Jetzt* dieser Geschichte, da versagende und missverstehende Jünger im Zentrum der Handlung stehen (VV. 7a.36b), und einer Zeit des *Später*, wenn die Situation verändert sein wird (VV. 7b.36c; siehe 2,22; 12,16; 21,18–19).[85]

Petrus jedoch behauptet, dass keine Spannung besteht. An früherer Stelle versuchte er Jesus Vorschriften zu machen, *ob* er sich die Füße waschen lassen sollte (VV. 6–8), und dann *wie* er gewaschen werden sollte (V. 9). Nun stellt er Jesus eine Frage, die zeigt, dass es keinen Weg gibt, den er nicht bereit wäre mit Jesus zu gehen (V. 37). Petrus denkt dabei an einen menschlichen Weg zu einem Ort und in einer Zeit, die gefährlich sind. Jesus aber spricht von seiner Rückkehr zum Vater. Petrus und Jesus bewegen sich auf zwei verschiedenen Ebenen und die Leserinnen oder Hörer erkennen, dass die beiden aneinander vorbeireden. Petrus behauptet, dass er bereit sei, sein Leben hinzugeben für Jesus, so wie der Gute Hirte früher gesagt hat, dass er sein Leben für seine Schafe hingeben wird (siehe 10,11.15.17). Dies ist genau das, was Jesus von seinen Jüngern verlangt, indem er ihnen ein Beispiel (V. 15) und ein neues Gebot

(VV. 34–35) gibt. Eine solche Liebe aber strömt aus einer radikalen Nachfolge Jesu und niemals daraus, dass man die eigene Weltsicht dem Plan Gottes aufdrängt.

Jesus sagt voraus, dass dem Petrus sein eigenes Unverständnis einen Strich durch die Rechnung machen wird. Er wird versagen, indem er Jesus dreimal verraten wird, bevor der Hahn kräht (V. 38). Der Rahmen des Mahls endet hier, getaucht in das Licht, das von Jesu unglaublicher Demonstration seiner unbedingten Liebe für „die Seinen" *bis zum Ende* (V. 1) ausgeht, das umso strahlender ist angesichts der umgebenden Finsternis des bevorstehenden Verrats Jesu durch Judas (siehe VV. 2.10–11.18.21–30.31a), des Unverständnisses des Petrus und aller anderen Jünger (VV. 6–9.28–29.36–37) sowie der künftigen Verleugnungen durch Petrus (V. 38).

Ergebnis

Joh 13,1–38 erzählt vom Unverständnis, Verrat und der Verleugnung Jesu durch die Jünger, mit denen er seinen Tisch teilt. Jesus aber bindet sich an dieselben Jünger, seine „kleinen Kinder", die er vollendet liebt bis zum Tod (13,1), denen er die Füße wäscht (VV. 4–11) und mit denen er einen Brotbissen teilt, sogar mit seinem Verräter (VV. 21–30). Das Zentrum der Erzählung ist entscheidend für die Gesamtbotschaft von 13,1–38. Jesus weiß, wen er erwählt hat. Diese Jünger, deren Füße er gewaschen hat (VV. 1–17), und Judas, der den Brotbissen bekommen hat (VV. 21–38), werden sich gegen ihn wenden (siehe V. 18). Diese sind es, die er erwählt hat. Die grausame Realität, dass sie sich gegen ihn wenden (VV. 2–3. 10–11.21–30.36–38), ihren Gastgeber hintergehen (V. 18b), ändert nichts daran. Tatsächlich wird er sie aussenden als seine und seines Vaters Stellvertreter (VV. 18a.20). Es ist in der Annahme dieser versagenden, aber dennoch geliebten, Jünger, dass man sowohl Jesus als auch den Vater aufnehmen wird (V. 20).

In Jesu Auswahl und Sendung von unverständigen und versagenden Jüngern – dramatisch dargestellt im äußersten Versagen des Judas und des Petrus – ist Jesu Einzigartigkeit und Einheit mit Gott zu erkennen. Seine Liebe zu den versagenden Jüngern ist vor allem der endgültige Beweis für seinen Anspruch, derjenige zu sein, der Gott bekannt macht (V. 19: ICH BIN ES). Jesus offenbart die Liebe Gottes nicht durch irgendeinen lauten Beifall, der durch eine menschliche Erfolgsgeschichte erreicht worden wäre, sondern indem er diese engen Freunde und Gefährten, die ihn verraten und verleugnet haben, liebt bis hinein in den Tod. Das ist die Botschaft, die der johanneische Jesus seinen Jüngern hinterlässt, als sie sich um seinen Tisch versammeln in der Nacht vor seinem Tod. Erst nach den Ereignissen in naher Zukunft, wenn diese Dinge „geschehen" sind, können die Jünger erkennen und glauben, dass Jesus für sich beanspruchen kann: ICH BIN ES. Sie werden „bis zum Ende" geliebt sein (13,1) von jemandem, den sie verraten und verleugnet haben. Dies ist ein bemerkenswertes Verständnis von Gott, von Jesus und seiner sich-selbst-hingebenden Liebe für sie, seine Jünger. Gottes Liebe, die alle menschlichen Kriterien und Erfahrungen übersteigt und herausfordert, wird offenbart. Genauso überraschend ist, dass die Jünger – trotz Unverständnis, Versagen, Verrat und Verleugnung – Jesus nachahmen sollen, indem sie einander lieben, wie er sie geliebt hat, sodass die Welt sie als Jünger Jesu Christi erkennen kann (VV. 15.20.34–35). „So wie die Tragödie menschlicher Blindheit herausgearbeitet wird, so auch die Größe der göttlichen Liebe."[86] Sowohl die Jünger in der Geschichte als auch die Leser oder Hörerinnen brauchen noch mehr Unterweisung, bevor die Ereignisse „der Stunde" verwandelt werden können vom Versagen *jetzt* in das Wissen (V. 6) und die Nachfolge, die *später* geschehen werden.

Die eucharistischen Elemente in Joh 13 sind nicht die Hauptmerkmale des Kapitels. Die Geschichte von der Gabe des Brotbissens ist jedoch zentral für die Gesamtbotschaft des johanneischen Jesus, der die Kirche zu einer neuen Qualität der

Liebe aufgerufen hat (13,13–17.34–35). Er war dazu in der Lage, weil er sich selbst in Liebe seinen Jüngern schenkte, die ihn nicht annähernd in derselben Weise liebten. Tatsächlich schenkte er sich sogar dem Judas! Xavier Léon-Dufour hat scharfsichtig darauf hingewiesen, dass die eucharistischen Traditionen der frühesten Kirche in zwei Formen überliefert worden sind: in der kultischen Form und in der testamentarischen Form.[87] In seiner Untersuchung des johanneischen Materials schreibt er bezüglich der Kapitel 13–16, dass sie die kultische Form vermeiden und das bedeutende eucharistische Zeugnis in testamentarischer Form enthalten: „Die Liebe, die die Christen füreinander haben, ist das reale Symbol der Gegenwart Christi in dieser Welt."[88] Ich bin der Meinung, dass dieselbe Botschaft, basierend auf der früheren und außergewöhnlichen Offenbarung der Liebe Gottes in Jesus (13,18–20), nachgewiesen werden kann durch eine Untersuchung der Struktur und Theologie von 13,1–38, wo Jesu Gabe des Brotbissens noch Hinweise auf den eucharistischen Kult in der johanneischen Gemeinde enthält.

Johannes führt die Tradition fort, welche die Eucharistie mit einem Brotwunder in Verbindung brachte (6,1–15.51–58), und fügt einen weiteren eucharistischen Hinweis hinzu, um die Offenbarung der sich-selbst-gebenden Liebe Jesu am Kreuz damit zu verbinden (19,34–35). Diese Abschnitte spiegeln die eucharistische Praxis der nachösterlichen johanneischen Gemeinde wider. Eine Gemeinde, die keine physische Erfahrung der Gegenwart Jesu in ihrer Mitte mehr hat, wird darüber belehrt, dass er im gebrochenen Leib und im vergossenen Blut ihrer Eucharistiefeiern gefunden werden kann. Der Verfasser dieser Geschichte Jesu wäre nicht in der Lage gewesen, das in dieser Weise zu erzählen, wenn eine frühchristliche Gemeinde nicht die Eucharistie gefeiert hätte. Johannes setzt die eucharistische Tradition und Praxis als selbstverständlich voraus. Trotz ihrer unterschiedlichen pastoralen und theologischen Verwendung in den einzelnen Schriften des Neuen Testament bleibt ein festes

Element: Die Eucharistie ist konzentriert auf Jesu liebende Selbsthingabe am Kreuz.

Auf spektakuläre Art und Weise wiederholt und vertieft jedoch das Johannesevangelium, was wir bereits im Ersten Korintherbrief des Paulus und im Markus-, Matthäus- und Lukasevangelium entdeckt haben: Die Eucharistie ist die Feier und Verkündigung der Gegenwart Jesu für die Gebrochenen. Es geht hier um eine eucharistische *Tradition*, die die Feier der Eucharistie mit der Gegenwart Jesu für die Gebrochenen verbindet – mit Jüngern, die versagen und sündig sind. Wie Sandra Schneiders festgestellt hat: „Jesu Handlung war subversiv für die sündigen Strukturen, an denen nicht nur Petrus [und Judas], sondern wir alle ein starkes persönliches Interesse haben."[89]

Siebtes Kapitel

Scheidung, Wiederverheiratung und die Eucharistie

Das neutestamentliche Zeugnis von Leben, Lehre, Tod und Auferstehung des Jesus von Nazareth hat viele Gesichter. Dass verschiedene Verfasser ihre Erfahrungen und ihr Verständnis der Eucharistie unterschiedlich umgesetzt haben, wie es unsere Untersuchung auf den Seiten dieses Buches gezeigt hat, ist nur ein Beispiel dafür. Für heutige Christen ist das oft nur schwer zu begreifen, da sie wenig vertraut sind mit der Entwicklung der frühchristlichen Literatur und der Entstehung der Heiligen Schrift der Kirche.[1] Die Schriften des Neuen Testaments sind inspirierte Gründungsdokumente der christlichen Geschichte. Bevor die Dokumente, die schließlich zum Neuen Testament wurden, auftauchten, war das christliche Geschichten-Erzählen schon lebhaft im Gange. Eine Liste der Schriften, die als Heilige Schrift der christlichen Kirche akzeptiert wurden, brauchte drei Jahrhunderte, bis sie abgeschlossen wurde.[2] Obwohl ein Produkt der frühchristlichen Erfahrungen, vermittelt das Neue Testament „was tatsächlich geschah", und wie die vom Geist geleitete Kirche über die Bedeutung dieser Ereignisse nachdachte (*Dei Verbum* 12). Das Christentum schaut zurück auf die Texte des Neuen Testaments als ein autoritatives, inspiriertes Zeugnis, das unsere Augen öffnet für die „Tatsache" des Jesus von Nazareth, sowie die Gegenwart des Geistes, der die Kirche anleitet zu einer autoritativen Interpretation der „Bedeutung" der vielen folgenden Implikationen, die sich aus diesem Ereignis ergeben haben.

Das Neue Testament bezeugt das Letzte Abendmahl, das Jesus mit seinen schwachen Jüngern hielt. Es wurde zum ersten von vielen Abendmählern, in denen der gekreuzigte und auferstandene Christus seiner Kirche seit Jahrhunderten gegenwärtig ist. Alle Versionen der eucharistischen Worte Jesu in den Synoptischen Evangelien sind geprägt durch das Wort „bis"

(Griechisch: *heōs*). Paulus verwendet einen parallelen Ausdruck (Griechisch: *achri hou*) in seinem zusätzlichen, persönlichen Kommentar zu den von ihm berichteten Worten Jesu:

> „... bis *(heōs)* zu dem Tag, an dem ich von Neuem davon trinke im Reich Gottes." (Mk 14,25)
> „... bis *(heōs)* zu dem Tag, an dem ich mit euch von Neuem davon trinke im Reich meines Vaters." (Mt 26,29)
> „... bis *(heōs)* das Reich Gottes kommt." (Lk 22,18)
> „... verkündet ihr den Tod des Herrn, bis *(achri hou)* er kommt." (1 Kor 11,26)

Inmitten von Verrat, Verleugnung und dem Schrecken eines bevorstehenden Todes erzählen alle Berichte von der zuversichtlichen Verkündigung Jesu, dass er in der Zukunft seinen Jüngern gegenwärtig sein wird bei einem Mahl, das die Gegenwart Gottes unter ihnen kennzeichnen wird. Paulus fügt einen entscheidenden Hinweis hinzu, der die Feier des Rituals mit Leben und Praxis der späteren gläubigen Christen verbindet, indem sie den Tod des Herrn verkünden, bis er kommt. Der eucharistische Kult wird einem eucharistischen Lebensstil Nahrung geben und so den gekreuzigten und auferstandenen Jesus als Teil der menschlichen Geschichte erachten bis zu seiner letzten Wiederkehr. Für den Glauben der christlichen Kirchen war das Letzte Abendmahl das erste von vielen Abendmählern, die im christlichen Ritual und christlichen Leben fortdauern würden bis zum Ende der Zeiten.[3]

Jesu Tischgemeinschaft mit den Gebrochenen

In dieser Untersuchung ging es darum, die Botschaft jedes einzelnen neutestamentlichen Verfassers, der explizite Überlegungen zu Bedeutung und Feier der Eucharistie hinterlassen hat, ans Licht zu bringen. Paulus und alle Berichte der Evangelien erzählen die Geschichte eines Ereignisses, das im „Damals" des Lebens Jesu stattgefunden hat, um das „Jetzt" einer bestimmten Gemeinde in der frühesten christlichen Kirche herauszufordern –

und darüber hinaus. Indem die heutige Kirche diese inspirierten Texte unserer Heiligen Schrift liest und verkündet, fordert sie weiterhin unseren heutigen eucharistischen Glauben und unsere eucharistische Praxis heraus – „jetzt".

Obwohl die einzelnen Berichte sich unterscheiden, gibt es eine Übereinstimmung zwischen dem Bericht des Paulus und den Erzählungen der Evangelien über dieses Mahl. Sie alle wenden sich der erlösenden Wirkung von Jesu Tod und Auferstehung zu im Hinblick auf deren Bedeutung. Jesus verwandelt ein traditionell-rituelles Mahl, indem er das Brot bricht und den Wein teilt als eine Verheißung seiner liebenden Selbsthingabe in seinem gebrochenen Leib und seinem vergossenen Blut.[4] Dieses Ereignis, allgemein das Letzte Abendmahl genannt, wird von den meisten Exegeten und Exegetinnen als grundlegendes Ereignis, auf dem die Feier der Eucharistie – eines der wichtigsten Rituale der christlichen Traditionen – gegründet ist, gesehen.[5] Außer der engen Verbindung mit Jesu Passion haben Paulus und die Verfasser der Evangelien ihre eucharistischen Lehren auch dazu verwendet, um eine weitere wichtige Vorstellung zu vermitteln: Die Eucharistie ist die Gegenwart Jesu für die Gebrochenen, die Verräter, die Verleugner, die von Angst Geplagten, die Armen und die an den Rand Gedrängten, ebenso wie für die Reichen. Das Vorhandensein dieses Themas in der unterschiedlichen Verwendung einer Mahltradition im johanneischen Bericht von Jesu letztem Abend mit seinen Jüngern in Joh 13,1–38 ist ein starker Hinweis darauf, dass es für das frühchristliche Verständnis der Eucharistie zentral war. Die Brotwunder im Markusevangelium (6,31–44; 8,1–10) und im Matthäusevangelium (14,13–21; 15,32–39) sind ebenfalls von diesem Thema bestimmt. Es findet sich *nicht* in den Brotwundern im Lukas- und Johannesevangelium. Diese Evangelisten berichten nur von *einem* Brotwunder und haben eine andere Erzählperspektive in diesem Stadium ihrer Geschichte von Jesus.

Zweifellos teilte Jesus den Tisch mit anderen. Gibt es irgendwelche Hinweise auf die Menschen, mit denen er seinen Tisch teilte? Was war die Reaktion seiner Zeitgenossen auf seine Praxis der Mahlgemeinschaft? Das Zeugnis des Neuen Testaments ist einheitlich. Wir haben bereits gesehen, dass ein Teil des lukanischen Materials von Jesu Mahlgemeinschaft mit Sündern und Ausgestoßenen handelte, aber das Zeugnis dafür reicht viel weiter als der lukanische Bericht. Nach den Evangelien waren Jesu Zeitgenossen entsetzt, dass er bereit war, seinen Tisch mit Sündern zu teilen (Mk 2,15; Lk 15,1–2), bewusst den Tisch von Zöllnern aufzusuchen (Lk 19,5) und einer Prostituierten zu erlauben, ihn bei einem Tisch zu bedienen, bei dem er ein geladener Gast war (Lk 7,36–38). In solchen Situationen war seine Tischgemeinschaft höchst unpassend für einen religiösen Führer oder Rabbi. Er teilte aktiv seinen Tisch mit den Nicht-Religiösen. Einige Abschnitte in den Evangelien liefern einen deutlichen Bericht von solchen Mählern (siehe Mk 2,16–17; Mt 11,19; Lk 15,1–2; 19,8), während andere indirekt auf Jesu Mahlgemeinschaft mit Sündern und Nicht-Religiösen verweisen (Mt 20,1–16; 21,28–32; Lk 7,41–43).

Wir haben Berichte davon, wie Jesus seinen Tisch, und den von anderen, in einer solchen Art von Tischgemeinschaft teilte und wir hören auch von Ärger und Entsetzen, die dadurch unter „den Religiösen" ausgelöst wurden (siehe Mk 2,16; Mt 11,19; Lk 15,2; 19,7; siehe auch Lk 15,25–32). Und als ob das noch nicht genug wäre, berichten die Evangelien auch davon, dass die Gebrochenen, Sündigen, „die Ungerechten" bevorzugt wurden und erfreut waren, eine solche Gemeinschaft zu teilen (Lk 19,9; Mk 2,19). Jesu Gleichnisse kommen oft auf diese Praxis zurück, indem sie kühn vom Reich Gottes sprechen als einem Ort, an dem die anerkannten Herrschenden in Religion, Geschichte und Kultur umgestoßen, die Ausgestoßenen und Sünder jedoch am Tisch willkommen sein werden (Lk 14,12–24; 15,11–32; Mt 8,11; 11,16–19).[6]

Die Evangelien stimmen also darin überein, dass Jesus seinen Tisch mit Sündern und Ausgestoßenen, mit den Gebrochenen, teilte, und dass er kühn von einem solchen Teilen als einem

Zeichen des Hereinbrechens von Gottes Gegenwart als König sprach. Es ist unwahrscheinlich, dass solche Erzählungen und Gleichnisse *ex nihilo,* aus dem Nichts heraus, geschaffen wurden, um der Anwesenheit von einigen sozial inakzeptablen Leuten in der späteren christlichen Gemeinde eine solide Basis zu geben. Jesus von Nazareth teilte seinen Tisch mit den an den Rand Gedrängten und Zurückgewiesenen der Gesellschaft. Dies war eine der verstörenden authentischen Praktiken des öffentlichen Lebens Jesu. Sie kam den Geschichten-Erzählern und Missionaren zu, die die Traditionen der Evangelien aufgrund der Erinnerung an Jesu eigenen Lebensstil bildeten. Diese Schlussfolgerung wird von allen anerkannt, die zu Leben und Praxis des historischen Jesus geforscht haben.[7]

> Seine Mahlgemeinschaft mit ‚Zöllern und Sündern' ... ist überhaupt keine Verkündigung in Worten, sondern ein ausagiertes Gleichnis; es ist ein Aspekt der Wirksamkeit Jesu, der für seine Nachfolger überaus bedeutsam und überaus anstößig für seine Kritiker gewesen sein muss.[8]

Die frühe Kirche gründete ihr Verständnis der Eucharistie auf das gefährliche Gedächtnis der Tischgemeinschaft Jesu. Und wenn sie sich an ihre Anfänge „erinnerte", akzeptierte sie auch die gefährliche Erinnerung daran, wie Jesus seinen Tisch mit den gebrochenen Menschen seiner Gesellschaft und Kultur teilte. Die Eucharistie war dabei keine Ausnahme. So wie Jesus seinen Tisch mit den Gebrochenen und Ausgestoßenen teilte, waren die frühen Christen aufgerufen, ihren eucharistischen Tisch mit den Gebrochenen zu teilen. Obwohl eine sich entwickelnde Liturgie und Theologie der Eucharistie in den neutestamentlichen Berichten zu finden sind, sind sie auf der Grundlage des Gedächtnisses an Jesu Mähler während seiner Wirksamkeit gegründet. „Dieses festliche Mahl verlängert und steigert die häufigen Mähler, die Jesus und die Zwölf teilten; viel mehr als jedes vorhergehende Mahl ist es erfüllt vom Empfinden einer feierlichen Erwartung."[9] Die frühesten christlichen Gemeinden verstanden ihre Feiern nicht als die einer vollkommenen Kirche, die eine vollkommene Gemeinde an ihrem Tisch willkommen heißt.[10]

Zurückblickend auf die Erfahrung von Versagen und Sündigkeit, welche die historischen Anfänge der Kirche prägte, sprachen die neutestamentlichen Verfasser kühn von der Liebe Jesu, der seinen Tisch, und seinen Leib und sein Blut, mit ihnen und für sie teilte.

Die früheste Kirche blickte zurück auf eine *Tradition* von Jesu Mahlgemeinschaft mit den Gebrochenen und an den Rand Gedrängten. Sie bringt diese *Tradition* zum Ausdruck in ihrem Nachdenken über die Eucharistie in den Berichten von der Brot- und Fischvermehrung in allen vier Evangelien. In der erzählenden Darstellung des Letzten Mahls Jesu mit seinen Jüngern in den Evangelien und mit der paulinischen Beschreibung der Worte und Taten Jesu „in der Nacht vor seinem Tode" wird dieses Thema fortgeführt. Unsere lange Untersuchung der Begegnung des Paulus mit seiner Gemeinde von Korinth sowie des Markus-, Matthäus-, Lukas- und Johannesevangeliums hat uns an diesen Punkt gebracht.

Wir befinden uns nun in einer guten Position, um einen weiteren Schritt in unserer Untersuchung des Neuen Testaments zu machen. Wenn der Tisch Jesu die Gebrochenen einschließt, was hat dann das Neue Testament denen zu sagen, die unter zerbrochenen Beziehungen und Ehen leiden? Die Synode zu Ehe und Familie ist mit den kritischen Fragen von Scheidung, Wiederverheiratung und Teilnahme am eucharistischen Mahl konfrontiert. Dem Prozess des *Ressourcement* folgend, der für jede Erneuerung der katholischen *Tradition* so entscheidend ist, müssen wir darüber nachdenken, was uns das Neue Testament über Ehe und Scheidung sagt. Sind gegenwärtige Praktiken in einigen christlichen Kirchen, insbesondere in der katholischen Kirche, ein Spiegel der authentischen *Tradition*, die uns von unseren inspirierten Anfängen her zugekommen ist?

Scheidung und Wiederverheiratung im Neuen Testament

Jesu Lehre über die Scheidung ist eine Frage von zentraler Bedeutung für die christlichen Kirchen.[11] Wenn die Traditionen um die Gabe der Eucharistie geprägt sind durch einen Ausdruck von Liebe und Mitleid für die Schwachen, der uns erstaunt zurücklässt, was ist dann mit Jesu Lehre über Scheidung und Wiederverheiratung? Diese Frage, veranlasst durch die Anliegen von Papst Franziskus und die Tagesordnung der Bischofssynode zu Ehe und Familie, ist die Motivation für diese Untersuchung. Um eine Entsprechung zwischen der Lehre des Neuen Testaments über die Eucharistie und der Lehre des Neuen Testaments über Ehe und Scheidung zu versuchen, müssen weitere Auslegungsprinzipien geklärt werden.[12] Angesichts des spärlichen Materials in der Bibel, das sich mit dieser Frage beschäftigt, ist es nicht verwunderlich, dass sehr wenig Material im Neuen Testament der Einstellung Jesu zu Scheidung und Wiederverheiratung gewidmet ist. Was sich jedoch bei Paulus, Markus, Matthäus und Lukas findet, stößt bei heutigem Empfinden auf Widerstand und verlangt nach einer kurzen, aber klaren Analyse, wenn wir nun diese Studie zu einem Abschluss bringen. Eine unkritische Bekräftigung, dass Jesus die Scheidung verboten habe, wird dem nicht gerecht, was in unserer inspirierten Heiligen Schrift erinnert wird. Der Tatsache, dass er es getan hat, muss jedoch ihre entsprechende Bedeutung zugemessen werden.[13] Aber Jesu Verbot der Scheidung und Wiederverheiratung ist nicht das einzige Wort in dieser Angelegenheit, das sich auf den Seiten des Neuen Testaments findet. Eine Vernachlässigung der Feinheiten, die in den pastoralen und theologischen (Neu-)Interpretationen des Paulus, Markus und Matthäus – von der Kirche als inspiriertes Wort Gottes angenommen – zum Ausdruck kommen, würde die Lehre des Neuen Testaments als Ganzes verraten.

Im Hinblick auf die Texte findet sich Jesu Lehre über Scheidung und Wiederverheiratung in 1 Kor 7,10–11, Mk 10,1–12,

Mt 5,32; 19,1–12 und Lk 16,18. Das Material selbst stammt jedoch aus drei Quellen:

1. Paulus (1 Kor 7,10–11)
2. „Q" (Mt 5,32 und Lk 16,18)
3. Markus (Mk 10,11–12, Parallele in Mt 19,11–12).[14]

Auf der Grundlage dieser drei Quellen werden die Überlegungen zur Lehre des Neuen Testaments über Scheidung und Wiederverheiratung in vier Schritten ausgeführt werden:

1. Können wir mit Sicherheit sagen, was Jesus über Ehe und Scheidung gesagt hat, aufgrund der frühesten Traditionen: Paulus, „Q" und Mk 10,11–12?
2. Was sagt Paulus, in Verwendung dieser Tradition, zu dieser Frage im Jahre 54 n. Chr., als er mit 1 Kor 7,8–16 in die Situation einer griechisch-römischen Christengemeinde hinein spricht?
3. Wie verwendet Markus dieselbe Jesus-Tradition im Kontext des Römischen Reiches um das Jahr 70 n. Chr., wenn er in Mk 10,1–12 von der Debatte Jesu mit den Pharisäern und seiner nachfolgenden Diskussion mit seinen Jüngern berichtet?
4. Schließlich, wie verwendet Matthäus diese Tradition, sowohl in seiner Bearbeitung seiner Quelle „Q" als auch in seiner Neufassung von Mk 10,1–12 in Mt 19,3–12, in der zweiten Hälfte der 80er-Jahre n. Chr.?[15]

Nicht jedes Wort des Jesus von Nazareth, das in einer Übersetzung des Neuen Testaments steht, wurde tatsächlich von ihm so gesprochen. Nicht jede von ihm vollzogene Handlung, die dort berichtet wird, hat notwendigerweise genauso stattgefunden, wie sie dort beschrieben ist. Die Evangelien legen Zeugnis ab von dem, was Jesus während seines Lebens getan und gesagt hat. Sie spiegeln aber auch die pastoralen und theologischen Anliegen der inspirierten Schriften, die von der Kirche als ihr Neues Testament angenommen worden sind. Die frühesten christlichen Verfasser (Paulus in den 50er-Jahren, „Q" von 50–70, Markus um 70, Matthäus und Lukas in den späten 80ern) blicken auf Jesus zurück. Sie informieren ihre Leserinnen oder Hörer über Jesus von Nazareth, aber sie gehen darüber hinaus.[16] Sie unterweisen eine christliche Leserschaft auch über das, was Gott in und durch das Jesus-Ereignis für die Menschheit vollbracht hat. Eins führt zum andern, aber das Letztere entwickelt mit großer Regelmäßigkeit die von Jesus herkommenden Traditionen weiter, um die Bedürfnisse einer Gemeinde, für die ein Verfasser jeweils schreibt, anzusprechen. Diese „Schreiben" wurden in der Folge zu einem Teil der christlichen Heiligen Schrift, weil man erkannte, dass sie als „Wort Gottes" auch in der weitergehenden Geschichte der Kirche etwas zu sagen haben.

Hinter dieser einfachen Feststellung verbirgt sich ein wichtiges Prinzip der Interpretation für eine Kirche (wie die katholische Kirche), die das Neue Testament als Teil ihrer inspirierten Heiligen Schrift versteht (siehe *Dei Verbum* 17–20). Das Wort Gottes im Neuen Testament darf nicht *nur* mit den Worten Jesu, die wir gewiss auf diesen Seiten finden können, identifiziert werden. Das Wort Gottes ist *auch* die weitergehende Interpretation und Anwendung dieser Worte, wie sie in der Lehre der frühesten und inspirierten christlichen Verfasser entfaltet wurden, um zur Kirche zu sprechen.

Ein wichtiges Beispiel aus der christlichen Geschichte zeigt die Wahrheit dieser Feststellung. Es wird allgemein angenommen, dass das Johannesevangelium, das um 100 n. Chr. verfasst wurde, das theologisch am meisten entfaltete Dokument im Neuen Testament ist. Frei heraus verkündet es, dass Jesus von Nazareth der Christus war, das präexistente Wort Gottes (Joh 1,1–2), der einzige Sohn Gottes (1,14), der „ICH BIN ES" (13,19 u. a.), der Menschensohn und der Messias, der sich immer seiner Einheit mit Gott bewusst war und deshalb in autoritativer und einzigartiger Weise Gott bekannt gemacht hat (6,25–59 u. a.). Aus der Einheit mit Gott, die der Logos schon seit vor aller Zeit innehat (Joh 1,1 – 2,14), kehrt Jesus zum Vater zurück (20,18), um die Gabe des Parakleten zu senden

(14,15–17.25–26; 15,26–27; 16,7–11.12–15; 19,30; 20,21–23).[17] Die Lehre des Johannesevangeliums, von der das Meiste sich sonst nirgends so explizit im Neuen Testament findet,[18] wurde zur Hauptstütze für die schließlich vollzogene Artikulierung des Glaubens der christlichen Kirche auf den Konzilen von Nicäa (325 n. Chr.), Konstantinopel (381 n. Chr.), Ephesus (431 n. Chr.), Chalzedon (451 n. Chr.) und wiederum Konstantinopel (553 n. Chr.).[19] Wenn Christen ihren Glauben bekennen, dann tun sie dies in einer Sprache, die durch das Johannesevangelium geprägt worden ist, und nicht einfach durch das, was Jesus von Nazareth *tatsächlich sagte* zwischen 28 und 30 n. Chr.

Jenseits des Rahmens dieser Studie könnte dasselbe gesagt werden im Hinblick auf die formative Rolle der Paulusbriefe, geschrieben in den 50er-Jahren des ersten christlichen Jahrhunderts, in der Entwicklung der späteren *christlichen Tradition*. Jesus verstand seinen bevorstehenden Tod in gewisser Weise als „für andere". Aber es waren die inspirierten Schriften des Apostels Paulus, die der erlösenden Bedeutung von Tod und Auferstehung Jesu Christi eine so zentrale Stellung innerhalb seines Denkens und seiner Lehre beigemessen haben, dass diese prägend wurde für alle folgende christliche Lehre – und Praxis.[20] Die Offenbarung Gottes für die Welt findet sich nicht *entweder* im Wort Gottes in der Bibel *oder* in der formellen Lehre der Konzile. Sie findet sich in *beiden*. Tatsächlich würde es ohne Johannes und Paulus sehr wenig geben in der Lehre der Konzile. Schrift und Tradition „entspringen demselben göttlichen Quell" (*Dei Verbum* 9). „Die Heilige Überlieferung und die Heilige Schrift bilden den einen der Kirche überlassenen heiligen Schatz des Wortes Gottes" (*Dei Verbum* 10). Offensichtlich kann Gottes Offenbarung nicht nur in den Worten Jesu gefunden werden, die verlässlich in Leben und Lehre des Jesus von Nazareth zurückverfolgt werden können. Im Folgenden wird zuerst der Frage nachgegangen, was Jesus von Nazareth tatsächlich über Scheidung und Wiederverheiratung sagte. Sobald dies festgestellt ist, müssen wir untersuchen, was die früheste Kirche

(Paulus, Markus und Matthäus) ihren eigenen Gemeinden weitergab in den Briefen bzw. den Evangelien, die als integraler Bestandteil des Wortes Gottes für die Kirche akzeptiert wurden. Wie beim Beispiel der Anwendung der Christologien des Johannesevangeliums und der Paulusbriefe in der schließlich erfolgten Herausbildung der *christlichen Tradition,* so gilt auch für das kirchliche Verständnis und die Praxis in Bezug auf Ehe, Scheidung, Wiederverheiratung und Zulassung zum eucharistischen Tisch – wir müssen *das ganze Bild sehen.*

Jesus von Nazareth

Jesus von Nazareth war ein Jude, der weitgehend im Galiläa des von Rom besetzten Palästina in der ersten Hälfte des ersten sogenannten „nachchristlichen" Jahrhunderts lebte und wirkte. Als solcher war er ein Produkt traditionell-palästinischen Denkens und Handelns. Das bedeutet, dass er durch die Lehre der mosaischen Torah geprägt wurde.[21] Ehebruch war ein Kapitalverbrechen. Nach Lev 20,10 und Dtn 22,22 müssen beide gegen das Gesetz Verstoßende sterben. Das Verbot findet sich auch im Dekalog (Ex 20,19; Dtn 4,10; 5,20–21).[22] Erstaunlicherweise war jedoch die Frage der Scheidung und Wiederverheiratung kein Hauptanliegen der jüdischen Gesetzestradition. Es wurde selbstverständlich davon ausgegangen, dass Scheidung und Wiederverheiratung stattfanden. Die Tradition gewährleistete, dass der männliche Partner stets die Kontrolle über die Situation hatte. Es gibt nur eine Stelle in der Torah, die sich im Detail mit dieser Frage beschäftigt: Dtn 24,1–4.[23] Der Text selbst ist im Hebräischen ein einziger langer Satz. Sein Hauptanliegen ist es, zu gewährleisten, dass einer Frau, die vom Mann aus dem Haushalt entlassen wird, nicht erlaubt ist, in die intime Situation zwischen Mann und Frau zurückzukehren, indem sie zum Ehemann zurückkehrt, der sie entlassen hat. Dies wird als „das Land der Sünde verfallen lassen" angesehen (V. 4). „Das ist, bemerkenswerterweise, der Umfang des Scheidungsrechts im Pentateuch."[24] Derselbe grundlegende Zugang zur Frage findet sich bei den Propheten (bereits Teil der Heiligen Schrift Israels) und in der Weisheitsliteratur (eine bedeutende pseudo-philosophische Reflexion, die Israels allmähliche Integration in die sie umgebende hellenistische Welt widerspiegelt, jedoch mit alten Wurzeln in der Tradition Israels).[25]

Von christlichen Gelehrten wird oft beim Propheten Maleachi 2,10–16 Zuflucht genommen. Die englische Revised Standard Version gibt V. 16 so wieder: „For I hate divorce, says the Lord the God of Israel" („Denn ich hasse die Scheidung, spricht der Herr, der Gott Israels"). Die deutsche Einheitsübersetzung lautet: „Wenn einer seine Frau aus Abneigung verstößt, spricht der HERR, Israels Gott, dann bedeckt er sein Gewand mit Gewalttat, spricht der HERR der Heerscharen." Die Anmerkungen in der Revised Standard Version weisen zu Recht auf den spekulativen Charakter dieser Übersetzung hin. Der Satz ist uns innerhalb eines verdorbenen hebräischen Textes zugekommen, sodass die englische (und analog die deutsche) Übersetzung in der vorliegenden Fassung keinen Sinn ergibt. Indem er ein Bild verwendet, das sich auch andernorts bei den Propheten findet (z. B. bei Jesaja, Jeremia, Ezechiel und Hosea),[26] kritisiert Mal 2,10–16 Jerusalem und Juda für ihre Untreue gegenüber Gott, indem er ihr Verhalten vergleicht mit dem von Männern, die ihren Frauen untreu geworden sind. Nach sorgfältiger Erwägung des Hebräischen von V. 16 stellt John Meier jedoch kategorisch fest, dass der Text nicht sagt: „I hate divorce" („Ich hasse die Scheidung"). Am ehesten gelingt es ihm, eine verwirrende englische Übersetzung für das verwirrende Hebräisch hervorzubringen, die lautet: „For [or: ‚if'; or ‚when'; or ‚indeed'] he hated [or possibly: ‚hating'], send away! [or possibly ‚to send away'].„[27] („Denn [oder: falls, oder: wenn, oder: tatsächlich] er hasste [oder möglicherweise: hassend], schick weg! [oder möglicherweise: wegzuschicken].") Dieselbe Verwirrung findet sich in den griechischen Übersetzungen des Hebräischen. Und in der lateinischen Vulgata heißt es bei Mal 2,16: *„cum odio habueris*

dimitte" („wenn [oder: weil] du [sie] hasst, schick [sie] weg").
Spätere christliche Ausleger und rabbinisches Denken nahmen
für einen biblischen Beweis des absoluten Scheidungsverbots
Rekurs auf Mal 2,16. Dies ist jedoch ein Missbrauch des Origi-
naltextes (der verworren bleibt), und er hätte Jesus von Nazareth in keiner Weise beeinflusst. Wie wir sehen werden, wendet
sich Jesus – wenn es um die Diskussion der Scheidung geht –
den Torah-Texten von Deuteronomium und Genesis zu, Maleachi erwähnt er jedoch niemals.

Es gibt noch andere Zeugnisse jüdischen Denkens, die aus
derselben Zeit stammen, vor allem Philo von Alexandrien (20
v. Chr. – 40 n. Chr.), ein Jude, der eifrig daran arbeitete, jüdische
Traditionen für eine hellenistische Welt relevant zu machen,
und Josephus (37–100 n. Chr.), ein jüdischer Historiker, der bedeutende Kommentare über den Jüdischen Krieg und die Geschichte jüdischen Denkens und jüdischer Praxis schrieb. Beide
zeigen nur ein minimales Interesse in Sachen Ehe und Scheidung und wiederholen lediglich die Gesetzgebung von Dtn
24,1–4. Es gibt offenbar kleinere Angelegenheiten, mit denen
sie sich befassen und die ihren speziellen kulturellen Kontext
widerspiegeln.[28]

Die am Toten Meer gefundenen Qumran-Schriften werfen
weitere Fragen auf bezüglich der Einstellung der jüdischen Sekte
des ersten Jahrhunderts, welche diese Dokumente geschaffen
hat und die allgemein als Gruppe der Essener identifiziert wird.
Viel ist herausgeholt worden aus zwei Texten, die auf ein Verbot
der Ehescheidung hindeuten, das Damaskusdokument (CD
4,20–21) und die Tempelrolle (11QTempel 57,15–19). Der erste
Text, das Damaskusdokument, ist ein schwer zu interpretieren-
der Text. Er ist weithin übersetzt worden als eine Verdammung
derer, die sich zu ihren Lebzeiten zwei Frauen nehmen, mag
aber besser als das Verbot von mehreren Frauen verstanden werden. Der zweite Text, die Tempelrolle, stellt sich vor, wie es sein
wird, wenn der ideale König in naher Zukunft herrschen wird.
Eines der aufschlussreichen Argumente gegen das Scheidungs-

verbot in Qumran ist, dass es keinen Beleg für irgendeine solche Praxis in der Gemeinderegel (1QS) gibt. Das Damaskus-dokument wurde für Essener-Gemeinden allgemein geschrie-ben; die Gemeinderegel bestimmt das Leben der Gemeinde in Qumran.[29] Wurde die Gemeinde in Qumran auch generell als Minderheit einer Sektengruppierung angesehen, die für das Scheidungsverbot eintrat und eine sektiererische Linie innerhalb des Judentums widerspiegelt, zu der auch Jesus gehörte,[30] so ist eine neuere Untersuchung der Situation in Qumran zurückhal-tender. Während eine solche Sicht der Scheidung und Wieder-verheiratung in Qumran nicht ausgeschlossen ist, besagt die Mehrheitsmeinung nun: Obwohl „die Essener die Polygamie verboten, bleibt ihre Stellung zur Scheidung ein Fragezeichen."[31]

Dies ist der kulturelle, religiöse und gesetzliche Rahmen für Jesu Lehre über die Ehescheidung. Unser frühestes Zeugnis ist 1 Kor 7,10–11. Die Untersuchung der eucharistischen Abschnit-te in 1 Kor 10–11 lieferte bereits den Hintergrund dieser enthu-siastischen frühchristlichen Gemeinde. Paulus antwortet auf eine Reihe praktischer, pastoraler sowie theologisch bedeut-samer Probleme. Oft beginnt er seine Überlegungen mit dem Ausdruck „was nun betrifft ..." (Griechisch: *peri de*: 7,1.25; 8,1; 12,1; 16,1), wenn er auf Anfragen zur korinthischen Lebens-situation eingeht, da sie nun in der neuen, durch Tod und Auf-erstehung Jesu begründeten Existenz leben.[32] Sein allgemeines Prinzip ist, dass sie so bleiben sollen, wie sie sind.[33] Das sagt er ihnen auch in Bezug auf ihren ehelichen Stand in 7,1–9. Bis zu diesem Punkt seiner Argumentation drückt er seine eigene Mei-nung aus. Er wird das Rat-Geben aus diesen Gründen in VV. 12–16 wieder aufnehmen (siehe V. 12: „sage ich, nicht der Herr"). Aber in VV. 10–11 lässt er seine eigene Meinung beiseite und präsentiert ein Wort Jesu zur Scheidung:

> Den Verheirateten gebiete nicht ich, sondern der Herr: Die Frau soll sich vom Mann nicht trennen – wenn sie sich aber trennt, so bleibe sie unverheiratet oder versöhne sich wieder mit dem Mann – und der Mann darf die Frau nicht verstoßen.

Es gibt zwei bemerkenswerte Aspekte an diesen Worten, von denen Paulus behauptet, dass sie von Jesus stammen. Am bedeutendsten ist, dass Paulus berichtet, Jesus habe die Scheidung verboten. Die Frau dürfe ihren Mann nicht verlassen (V. 10), und wenn sie es tue, müsse sie zu ihm zurückkehren (V. 11a). Kein Ehemann dürfe seine Frau entlassen (V. 11b). Als zweites setzt Paulus – ganz im Unterschied zu dem, was sich in jüdischer Tradition findet, – als selbstverständlich voraus, dass eine Frau auf ihre eigene Initiative hin ihren Mann verlassen könne.

Für das letztere Element mag es eine Reihe von möglichen Erklärungen aus der Lehre Jesu geben,[34] uns geht es aber um das erstere. Im Unterschied zur paulinischen Verwendung der erinnerten Worte Jesu in der Nacht vor seinem Tod in 11,23–25 haben wir in 7,10–11 keine wörtliche Verwendung von tatsächlichen Worten des Jesus von Nazareth. Die durchgängige Beteuerung des Paulus, dass er in seiner eigenen Vollmacht lehrt (VV. 1–9 und VV. 12–16), und der dramatische Wechsel zu einer „Weisung", die vom Herrn kommt (V. 10), wenn er die Scheidung verbietet, ist ein früher Beweis für Jesu Verbot von Scheidung und Wiederverheiratung.[35] Paulus bietet keinen Rahmen für dieses „Wort des Herrn", aber das frühe Zeugnis in Mt 5,32 und die Parallele in Lk 16,18 (und daher „Q"-Material) bietet zwei verschiedene Erzählrahmen für eine Tradition, die auf die Worte Jesu zurückblickt.[36]

Im Lukasevangelium spricht Jesus, ziemlich überraschend, die Frage der Ehescheidung nur ein einziges Mal an, nämlich in Lk 16,18. Wie wir bereits gesehen haben, finden sich diese Worte in einer recht lose verbundenen Reihe von Lehren Jesu, die zwischen sein Gleichnis vom klugen Verwalter (16,1–9) und dem Gleichnis vom reichen Mann und armen Lazarus (VV. 19–30) eingeschaltet sind. Die meisten dieser Lehren sind auf irgendeine Weise mit dem Thema von Reichtum und Besitz, das sich in den beiden Gleichnissen findet (siehe VV. 10–13.14–15), verbunden, während VV. 16–17 wichtige lukanische Anliegen berühren: der Platz Johannes' des Täufers sowie von Gesetz und Propheten in

Gottes Plan. Höchst überraschend folgt V. 18: „Wer seine Frau aus der Ehe entlässt und eine andere heiratet, begeht Ehebruch; auch wer eine Frau heiratet, die von ihrem Mann entlassen worden ist, begeht Ehebruch."[37]

Das Thema der Scheidung scheint bei Matthäus zweimal auf.[38] In 19,1–12 berichtet er auf seine eigene Art und Weise von einer Begegnung zwischen Jesus und den Pharisäern, die ursprünglich in Mk 10,1–12 überliefert ist. Wie wir weiter unten sehen werden, berichtet Matthäus von dieser Diskussion über die Scheidung zwischen Jesus und den Pharisäern, indem er zwar Mk 10,1–12 als seine Quelle verwendet, aber auf seine eigene Weise. Sie fügt sich kohärenter in den Erzählkontext als dies bei Lk 16,18 der Fall war, denn Matthäus behandelt die Frage der Scheidung in 5,32 innerhalb einer Reihe von ethischen Anweisungen in den Antithesen von 5,17–48. Indem er die Worte des Dekalogs, die die Ehescheidung verbieten (Ex 20,14 und Dtn 5,18), kommentiert, weitet er seinen Kommentar auf die Gesetzgebung von Dtn 24,1–4 aus. Er bemerkt dazu: *„Ich aber sage euch*: Wer seine Frau entlässt, *obwohl kein Fall von Unzucht vorliegt*, liefert sie dem Ehebruch aus; und wer eine Frau heiratet, die aus der Ehe entlassen worden ist, begeht Ehebruch" (Mt 5,32).

Die Nähe der beiden Lehren zueinander ist deutlich. Sobald man die redaktionellen Zusätze des Matthäus – „Ich aber sage euch" und „obwohl kein Fall von Unzucht vorliegt" – weglässt, ist die Möglichkeit, dass Lk 16,18 und Mt 5,32 aus derselben Quelle („Q") stammen, sehr reell.

Matthäus 5,32	Lukas 16,18
(a) Wer seine Frau entlässt, *obwohl kein Fall von Unzucht vorliegt,*	Wer seine Frau aus der Ehe entlässt *und eine andere heiratet,*
(b) liefert sie dem Ehebruch aus;	begeht Ehebruch;
(a) und wer eine Frau heiratet, die aus der Ehe entlassen worden ist,	auch wer eine Frau heiratet, die von ihrem Mann entlassen worden ist,
(b) begeht Ehebruch.	begeht Ehebruch.

Wenn man stilistische und geringfügige inhaltliche Änderungen der beiden Verfasser berücksichtigt (Lukas stellt klar, während Matthäus die Einzelheiten der Scheidung von Mann und Frau voraussetzt), dann weisen die literarische Struktur und die Botschaft dieses Abschnitts darauf hin, dass Matthäus und Lukas dieselbe Quelle verwendeten. Dieser Abschnitt aus der Quelle „Q" weist zurück auf einen sehr frühen Bericht von einem Wort Jesu, das die Scheidung verbot, schon vor Matthäus und Lukas, das sich aber nicht bei Markus findet. Im Unterschied zum Wort bei Paulus, das er als vom Herrn stammend zitiert, zieht der Abschnitt aus „Q" keine Initiative der Frau in Betracht. Zumindest in dieser Hinsicht ist es eine Fortsetzung der jüdischen Tradition.

Unter Berücksichtigung der Angaben in 1 Kor 7,10–11 (wo Paulus ein Wort Jesu zu paraphrasieren scheint), sowie Mt 5,32 und Lk 16,18 („Q"), sind Exegeten und Exegetinnen in der Lage, eine mögliche „primitive Form" dieses Jesuswortes vorzuschlagen, das seinen Ursprung im Munde Jesu im Laufe seines Wirkens hatte.[39] Semitische Ausgewogenheit, Komplexität und Dichte widerspiegelnd, die der Bedeutung des behandelten Themas entspricht, zeigt sich ein zweiteiliger Spruch:

Teil 1a: Wer seine Frau entlässt und eine andere heiratet,
Teil 1b: begeht Ehebruch.
Teil 2a: Und wer eine aus der Ehe entlassene Frau heiratet,
Teil 2b: begeht Ehebruch.[40]

Ob man diese „Rekonstruktion" als Jesu eigene Worte akzeptiert oder nicht, es besteht kein Zweifel, dass Jesus von Nazareth Ehescheidung und Wiederverheiratung verbot.[41] Unser Blick auf die Gesellschaft und religiöse Praxis in der Zeit Jesu zeigt, dass eine solche Lehre einzigartig war. „Jesus, der Jude, steht im Widerspruch zur mosaischen Torah, wie sie von der Hauptströmung des Judentums vor, während und nach seiner Zeit verstanden und praktiziert wurde."[42]

Obwohl Jahrhunderte und Welten voneinander entfernt, gibt es doch eine gewisse Parallele zwischen der Herausforderung durch Jesu Lehre damals und heute. Die moderne Gesellschaft ist so strukturiert, rechtlich und gesellschaftlich, dass sie die Praxis von Scheidung und Wiederverheiratung akzeptiert und (unter gewissen Umständen) sogar dazu ermutigt. Obwohl die Praxis von Scheidung und Wiederverheiratung zur Zeit Jesu nicht so weit verbreitet war, zeigte Dtn 24,1–4, dass ein Mann seine Frau entlassen und eine andere heiraten konnte (siehe Mk 10,3–4; Mt 19,7).[43] Jesus widersprach dieser Lehre und Praxis.

Im Lichte der Schlussfolgerungen, zu denen er in seiner großen Studie zu Jesus von Nazareth als eines marginalen Juden gelangte, zeigt John Meier, wie das Verbot Jesu von Scheidung und Wiederverheiratung auf seine Zeitgenossen gewirkt haben mag. Ich werde seine Worte ausführlich zitieren und später auf sie zurückkommen in meinen Überlegungen zu den theologischen Entwicklungen, wie sie sich in Mk 10,1–12 und der Parallele Mt 19,1–12 finden.

> Jesus präsentierte sich seinen jüdischen Zeitgenossen bewusst als der eschatologische Prophet, der die Aufgabe des Elijah, mit der Neusammlung Israels in der Endzeit zu beginnen, ausführte, während er zugleich auch Wunder wie jene des Elijah wirkte. Diese Wunder wurden gedeutet als Zeichen des Reiches Gottes, das im Kommen war und das doch, in einer Weise, schon gegenwärtig war in der Wirksamkeit Jesu. In diesem hoch aufgeladenen Kontext einer zukünftigen und zugleich schon realisierten Eschatologie mag der eschatologische Prophet namens Jesus gewisse Arten von Verhalten, die vorauswiesen – wie es sein gesamtes Wirken tat – auf den letzten Zeitabschnitt der Wiederherstellung Israels als Gottes heiliges Volk, schon jetzt als bindend eingeschärft haben.[44]

1 Korinther 7,8–16: Gott hat uns zum Frieden berufen

In 1 Kor 7,1 lenkt Paulus seine Aufmerksamkeit auf eine Reihe von Angelegenheiten, die mit der Ehe zu tun haben, mit seinem üblichen Hinweis „was nun betrifft" (Griechisch: *peri de* …). Indem er an seine über-enthusiastischen Neuchristen schreibt, teilt er ihnen mit, dass es nichts „Neues" geben solle in der Art und Weise, wie sich Mann und Frau zueinander verhalten sollen, obwohl er persönlich seinen eigenen, höchstwahrscheinlich zölibatären, Lebensstil favorisiert, aber zugesteht, dass nicht alle diese Gnadengabe von Gott haben (V. 7).[45] Dann spricht er nacheinander die Sache der Unverheirateten und Witwen an (VV. 8–9), der Verheirateten (VV. 10–11) und schließlich die Situation einer Frau, die mit einem Ungläubigen verheiratet ist (VV. 12–16). Zur ersten und dritten Frage bringt er seine eigene Meinung vor: „sage ich" (V. 8); „sage ich, nicht der Herr" (V. 12). Wie wir gesehen haben, weist er in Bezug auf die Verheirateten darauf hin, dass „nicht ich (gebiete), sondern der Herr" (V. 10), was uns zurückführt zu den frühesten Berichten über Jesu Scheidungsverbot.

Wie er es bereits in seiner allgemeinen Diskussion in Bezug auf sexuelle Angelegenheiten getan hat (VV. 1–7), so sagt Paulus auch in VV. 8–9 den Gemeindegliedern, dass sie in ihrem gegenwärtigen Stand verbleiben sollen. Aber in VV. 12–16 geht er weiter und diskutiert, was eine hinreichend verbreitete Realität in der paulinischen Gemeinde von Korinth gewesen sein muss: ein Mann (V. 12) oder eine Frau (V. 13), die mit einem/einer Ungläubigen verheiratet sind.[46] Wie in der gesamten Diskussion empfiehlt Paulus, dass sie in ihrer gegenwärtigen Ehe bleiben sollen. Er gibt den Grund für diese Empfehlung an: die Möglichkeit der gegenseitigen Heiligung eines Paares durch die Ehe, sowie der daraus folgenden Heiligung der Kinder (siehe V. 14).[47] Kritisch hingegen ist seine Empfehlung: „Wenn aber der Ungläubige sich trennen will, soll er es tun. Der Bruder oder die Schwester ist in solchen Fällen nicht wie ein Sklave gebunden" (V. 15abc).[48] Wiederum liefert er gute Gründe für diese Entscheidung: Es kann keine Sicherheit geben, dass eine solche Mischehe zur Rettung führen wird (V. 16).[49] Das grundlegende Prinzip menschlicher Beziehungen muss aufrechterhalten werden: „zu einem Leben in Frieden hat Gott euch berufen" (V. 15d). Unmittelbar nach dem Bericht der Worte Jesu, dass sich verheiratete Paare nicht trennen dürfen, wendet sich Paulus der schwierigen Situation von Paaren und Familien in Korinth zu, in der die Verbindung zwischen einem/einer Gläubigen und einer/einem Ungläubigen schädigend wirkt für ein zentrales Element von Gottes Ruf (siehe das Griechische von V. 15d: *keklē-ken*), nämlich die Berufung der Christen, in Frieden zu leben (Griechisch: *en de eirēnēi*).[50] Paulus liest diese Situation im Licht der göttlichen Berufung der Christen zu Frieden und Rettung und weist die Christen in Korinth an, dass eine Trennung statt-finden soll.

Paulus sieht die Notwendigkeit, die besonderen Umstände einer Mischehe zwischen einem Heiden und einem Christen *anzupassen*, und *kehrt* Jesu Entscheidung, die Scheidung zu ver-bieten, *um*. Es muss jedoch beachtet werden, dass Paulus dem gläubigen Partner, der zweifellos in dem in VV. 10 – 11 erinner-ten Wort des Herrn unterwiesen und ihm verpflichtet ist, nicht gestattet, den Prozess der Trennung in die Wege zu leiten. Die Initiative muss vom nicht-gläubigen Partner kommen.[51] Jesus hat das traditionell-jüdische Verständnis von der Möglichkeit der Scheidung *umgekehrt*. Paulus tut nun dasselbe mit der Lehre Jesu (VV. 10 – 11), indem er die Trennung eines christlichen von einem nicht-christlichen Partner *erlaubt*. Es gab zweifellos außergewöhnliche pastorale Gründe für diese Entscheidung, die getroffen wurde, um den Gott-gegebenen Frieden in der korinthischen Gemeinde zu erhalten.[52] Paulus scheint über diese Entscheidung keinesfalls besorgt zu sein. Nebeneinandergereiht mit dem Wort des Herrn (VV. 10 – 11) gibt er in VV. 12 – 16 Anweisungen, die mit VV. 10 – 11 nicht übereinstimmen, die sich aber klar der Situation in der Kirche von Korinth *an-passen*.[53] Es gibt keinen Hinweis des Paulus, ob der christliche Ehepartner wieder heiraten durfte. Was er über die Wieder-verheiratung in V. 11 sagte („bleibe unverheiratet"), mag auch hier weiterhin gelten.[54] Pheme Perkins schlägt vor, dass Paulus möglicherweise erwartet, dass die Partner von V. 7 geleitet wer-den: „Ich wünschte, alle Menschen wären unverheiratet wie ich. Doch jeder hat seine eigene Gnadengabe von Gott, der eine so, der andere so."[55]

Die oben gegebene zusammenfassende Erklärung macht deutlich, dass es im Zusammenhang mit der Interpretation von

1 Kor 7,12–16 eine Reihe von Rätseln gibt.[56] Entscheidend für diese Studie ist jedoch, dass es *innerhalb der Heiligen Schrift des Christentums* eine Adaptierung des absoluten Scheidungsverbots Jesu gibt.[57] Paulus steht jedoch nicht allein da mit der Einführung einer Ausnahme.

Markus 10, 1–12//Matthäus 19, 1–12 (sowie Matthäus 5,32)

Wie wir gesehen haben, verwendet Matthäus regelmäßig Markus als eine seiner Hauptquellen. Er hat jedoch für gewöhnlich etwas Eigenes zu sagen und wiederholt Markus nicht wörtlich. Der Bericht von Jesu Debatte mit den Pharisäern über die Ehescheidung ist ein gutes Beispiel dafür.[58]

Markus 10,1–12	*Matthäus 19,1–12*
[1] Von dort brach Jesus auf und kam nach Judäa und in das Gebiet jenseits des Jordan.	[1] Als Jesus diese Reden beendet hatte, verließ er Galiläa und zog in das Gebiet von Judäa jenseits des Jordan.
Wieder versammelten sich viele Leute bei ihm und er lehrte sie, wie er es gewohnt war.	[2] Viele Menschen folgten ihm nach und er heilte sie dort.
[2] Da kamen Pharisäer zu ihm und fragten: Ist es einem Mann erlaubt, seine Frau aus der Ehe zu entlassen? Damit wollten sie ihn versuchen.	[3] Da kamen Pharisäer zu ihm, um ihn zu versuchen, und fragten: Darf man seine Frau aus jedem beliebigen Grund aus der Ehe entlassen?
[3] Er antwortete ihnen: Was hat euch Mose vorgeschrieben?	
[4] Sie sagten: Mose hat gestattet, eine Scheidungsurkunde auszustellen und die Frau aus der Ehe zu entlassen.	[**Umgestellt:** [7] *Sie sagten zu ihm: Wozu hat dann Mose vorgeschrieben, der Frau eine Scheidungsurkunde zu geben und sie aus der Ehe zu entlassen?*
[5] Jesus entgegnete ihnen: Nur weil ihr so hartherzig seid, hat er euch dieses Gebot gegeben.	[8] *Er antwortete: Nur weil ihr so hartherzig seid, hat Mose euch gestattet, eure Frauen aus der Ehe zu entlassen.*
[6] Am Anfang der Schöpfung aber hat Gott sie männlich und weiblich erschaffen.	*Am Anfang war das nicht so.*]

[4] Er antwortete: Habt ihr nicht gelesen, dass der Schöpfer sie am Anfang männlich und weiblich erschaffen hat

[7] Darum wird der Mann Vater und Mutter verlassen [8] und die zwei werden ein Fleisch sein. Sie sind also nicht mehr zwei, sondern ein Fleisch.

[5] und dass er gesagt hat: Darum wird der Mann Vater und Mutter verlassen und sich an seine Frau binden und die zwei werden ein Fleisch sein? [6] Sie sind also nicht mehr zwei, sondern ein Fleisch.

[9] Was aber Gott verbunden hat, das darf der Mensch nicht trennen.

Was aber Gott verbunden hat, das darf der Mensch nicht trennen.

[7] Sie sagten zu ihm: Wozu hat dann Mose vorgeschrieben, der Frau eine Scheidungsurkunde zu geben und sie aus der Ehe zu entlassen? [8] Er antwortete: Nur weil ihr so hartherzig seid, hat Mose euch gestattet, eure Frauen aus der Ehe zu entlassen.
Am Anfang war das nicht so.

[Umgestellt: [11] *Er antwortete ihnen: Wer seine Frau aus der Ehe entlässt und eine andere heiratet, begeht ihr gegenüber Ehebruch.* [12] *Und wenn sie ihren Mann aus der Ehe entlässt und einen anderen heiratet, begeht sie Ehebruch.*]

[9] Ich sage euch: Wer seine Frau entlässt, *obwohl kein Fall von Unzucht vorliegt* (Griechisch: *mē epi porneia*), und eine andere heiratet, der begeht Ehebruch.

[10] Zu Hause befragten ihn die Jünger noch einmal darüber.

[10] Da sagten seine Jünger zu ihm: Wenn das Verhältnis des Mannes zur Frau so ist, dann ist es nicht gut zu heiraten.

[11] Er antwortete ihnen: Wer seine Frau aus der Ehe entlässt und eine andere heiratet, begeht ihr gegenüber Ehebruch. [12] Und wenn sie ihren Mann aus der Ehe entlässt und einen anderen heiratet, begeht sie Ehebruch.

> ¹¹ Jesus sagte zu ihnen: Nicht alle können dieses Wort erfassen, sondern nur die, denen es gegeben ist. ¹² Denn manche sind von Geburt an zur Ehe unfähig, manche sind von den Menschen dazu gemacht und manche haben sich selbst dazu gemacht – um des Himmelreiches willen. Wer das erfassen kann, der erfasse es.

Mt 18,1–35 berichtet von der Rede Jesu über die Gemeinde und ihre interne Disziplin. In typisch matthäischem Stil endet der Diskurs und Matthäus geht weiter zur nächsten Episode in 19,1ab und nimmt seine Verwendung von Markus in V. 2c wieder auf (siehe Mk 10,1). Von da an sind die nebeneinandergestellten Parallelen im obigen Diagramm klar. Matthäus verändert den Hinweis des Markus, dass Jesus eine große Menschenmenge lehrte, indem er feststellt, dass er sie heilte (Mk 10,1–2; Mt 19,1–2). Es ist hier nicht der Ort für eine detaillierte Betrachtung der beiden Begegnungen, aber eine Erklärung des Originals bei Markus und der Anpassung durch Matthäus kann skizziert werden.

Mk 10,1–9 ist wie ein traditionelles rabbinisches Streitgespräch gestaltet. Die Frage der Ehescheidung wird gestellt. Markus weist auf die Feindseligkeit der Pharisäer hin: Sie stellten ihm eine Frage, um „ihn [zu] versuchen" (V. 2). Jesus antwortet mit einer weiteren Frage, indem er die Pharisäer auffordert, ihre Anfrage innerhalb der Lehre des Gesetzes zu verorten (V. 3). Sie antworten, indem sie die allgemeine Bedeutung von Dtn 24,1–4 zitieren (V. 4). Jesus jedoch entgegnet mit einer Korrektur des Torah-Verständnisses der Pharisäer, indem er zeigt, dass dies nicht Gottes ursprünglicher Plan war. Es wurde – durch Moses – erlaubt nur wegen der Hartherzigkeit in Israel. Der *ursprüngliche* Plan Gottes, *am Anfang der Schöpfung*, findet sich in Gen 1,27 und 2,24 (VV. 5–8). Dies liefert seine Antwort auf die ursprüngliche Frage (siehe V. 2) mit den Worten: „Was aber Gott verbunden hat, das darf der Mensch nicht trennen" (V. 9).[59] Jesus hat die Torah mit der Torah beantwortet und die Pharisäer verstummen. Aber „zu Hause" (= „im Haus"), als die Jünger ihn deswegen fragen, verschiebt er das Argument von der Scheidung zum Ehebruch.[60] Markus verwendet „das Haus" regelmäßig als den Ort, an dem Jesus seine Jünger unterweist (siehe 3,20; 7,17–23; 9,28.33). Ein Mann oder eine Frau, der/die entlässt und wieder heiratet, „begeht Ehebruch" (VV. 11–12). Obwohl Ehebruch im Gespräch Jesu mit den Jüngern eingeführt worden ist, besteht eine logische Verbindung zu dem, was Jesus die Pharisäer gelehrt hat. Die Torah hat eine Gesetzgebung gegen Ehebruch (Ex 20,19; Dtn 4,10; 22,22; Lev 20,10). Jesus lehrt seine Jünger (und sie sind die Zuhörer dessen, was sich in 10,1–31 findet), dass die Praxis der Pharisäer zu einem Bruch der Torah führt, da Scheidung und Wiederverheiratung Ehebruch ist.[61] Jesu absolutes Scheidungsverbot in Mk 10,1–12 klingt an den früheren Bericht in 1 Kor 7,10–11 an. Da Markus in der römischen Welt schreibt, spricht er die Möglichkeit der Scheidung und Wiederverheiratung (und folglich des Ehebruchs) auf Seiten sowohl des Mannes als auch der Frau an.

Matthäus hat nicht das Vor- und Zurückparieren, das rabbinische Streitgespräche kennzeichnet. Die Pharisäer stellen Jesus auf die Probe, indem sie fragen, ob es gesetzlich erlaubt ist, seine Frau *aus jedem beliebigen Grund* zu entlassen (V. 3).[62] Matthäus lässt Jesus unmittelbar mit Gen 1,27 und 2,24 antworten (VV. 5–6). Erst als die Pharisäer durch Jesus in die Enge getrieben werden, wenden sie sich Dtn 24,1–4 zu (V. 7). Jesus antwortet mit der Herzenshärte Israels, indem er seine frühere Antwort aus Genesis aufgreift und ihnen sagt: „Am Anfang war das nicht so" (V. 8). Die markinische Platzierung der Verbindung zwischen Scheidung und Ehebruch (Mk 10,11–12) verwendet Matthäus, um die Begegnung zwischen Jesus und den Pharisäern zu beenden (V. 9), anstatt an die

Jünger gerichtet zu sein. Matthäus, der eine mehr jüdische Tradition spiegelt, betrachtet den Mann als denjenigen, der eine Scheidung initiieren und damit Ehebruch begehen könne. Die Frau ist nicht berücksichtigt. Wie bei Markus (10,10–12) schließt Matthäus die Episode mit einer Erklärung für die Jünger in 19,10–12, aber die Gespräche sind sehr verschieden. Matthäus verwendet seine eigenen Sondertraditionen, die sich sonst nirgends im Neuen Testament finden.[63] Die Jünger können sich nicht vorstellen, wie ein solches Verbot gehen soll. Wenn man sich nicht scheiden lassen kann, dann sollte die Institution der Ehe vermieden werden (V. 10). Jesus antwortet, dass die niemals versagende Gabe der Treue in der Ehe ein besonderes Geschenk Gottes ist (V. 11; an 1 Kor 7,1 erinnernd), und schließt mit dem berühmten Spruch über das Eunuch-Sein um des Himmelreiches willen (V. 12).[64]

Innerhalb dieser Parallel-Erzählungen bei Markus und Matthäus gibt es zwei bedeutende Sachverhalte, die einer näheren Betrachtung bedürfen:

1. Matthäus berichtet, dass Jesus in seiner Begegnung mit den Pharisäern die Scheidung verbietet, außer im Falle von Unzucht (19,9: Griechisch: *mē epi porneia*). Diese Ausnahme muss für Matthäus und seine christliche Gemeinde von Bedeutung gewesen sein. Sie fand sich nicht in Mk 10,11–12, der Quelle, die Matthäus verwendet. Er fügt dieselbe Überlegung – außer bei Unzucht – auch in 5,32 ein (Griechisch: *parektos logou porneias*), wo der ursprüngliche „Q"-Abschnitt (siehe Lk 16,18) eine solche Möglichkeit nicht erlaubte (siehe Lk 16,18).

Es ist bemerkenswert, dass Matthäus, wenn er zwei seiner Hauptquellen verwendet – „Q" (siehe Lk 16,18) und das Markusevangelium (siehe Mk 10,1–12) – er das absolute Scheidungsverbot, das sich in beiden findet, *einschränkt*. Was vielleicht noch bemerkenswerter ist für heutige neutestamentliche Exegeten ist die Tatsache, dass er genau denselben Ausdruck verwendet, um die Motivation für diese Ausnahme zu beschreiben. Das verwendete griechische Wort, *porneia*, ist bekanntermaßen ein Wort, das schwer genau zu übersetzen ist. Das ist deswegen der Fall, weil eine Reihe verschiedener griechischer Ausdrücke verwendet werden in Hinblick auf spezifische sexuell-unmoralische Handlungen, aber *porneia* ist ein generellerer Begriff, der auf jede von ihnen, oder auf alle, angewendet werden kann.[65] Bei seiner Verwendung von „Q" mildert Matthäus das absolute Scheidungsverbot Jesu, indem er „außer im Fall von *porneia*" hinzufügt. Und seine Neufassung der Markusvorlage ist in ähnlicher Weise gemildert durch die Worte „außer bei *porneia*".

Angesichts der Bedeutung der beiden Ausnahmen ist die Frage, was Matthäus mit seinem Gebrauch von *porneia* gemeint hat, verständlicherweise seit Langem eine Quelle der Debatte und Diskussion.[66] Es muss hier keine Entscheidung getroffen werden und was ich vorschlagen werde, ist nur eine von vielen Möglichkeiten. Die Situation der frühchristlichen Gemeinde, an die sich das Matthäusevangelium wendet, war, wie wir gesehen haben, geprägt durch die Anwesenheit sowohl von Juden wie auch Heiden. Zweifellos wird die eheliche Situation innerhalb der Gemeinde, die Paulus in 1 Kor 7,12–16 ansprach, auch hier vorhanden gewesen sein, trotz des unterschiedlichen kulturellen und religiösen Hintergrunds in Korinth und Antiochien. In der neugegründeten christlichen Gemeinde wird es Ehen gegeben haben, welche von einigen der vorchristlichen *heidnischen* Mitglieder eingegangen worden sind. Für die christliche Gemeinde, und insbesondere für die matthäische Gemeinde, in der die Gesetzesobservanz verlangt war (siehe 5,17–19), wurden diese heidnischen Ehen als *porneia* angesehen. Wir müssen nicht genau entscheiden, was dies bedeutete, und der generelle Ausdruck, der in der Einheitsübersetzung verwendet wird, nämlich „Unzucht", ist zweckdienlich. Ich vermute, dass die paulinische Verwendung von *porneia* in 1 Kor 5,1, um auf die inzestuöse Beziehung zwischen einem Mann und der Frau seines Vaters zu verweisen, wegweisend ist für die Bedeutung in Mt 5,32 und 19,9.[67] Was auch immer man von diesem Vorschlag hält, Matthäus verlangt, dass Ehen, die von dem geprägt sind, was die christliche Gemeinde als *porneia* erachtete, beendet werden sollen. In seiner Neufassung von Mk 10,1–12 fügt Matthäus VV. 10–12 hinzu, die sich nur bei ihm finden. Darin werden die Jünger instruiert (wiederum in einer Weise, die an 1 Kor 7,8–9 anklingt), dass sie, sobald sie von der inakzeptablen Ehesituation befreit sind, allein bleiben sollen.[68] Eine solche Forderung wird jedoch als extrem schwierig anerkannt. Es ist nicht jedem möglich, so zu leben, und nur jene, denen eine solche Lebensweise gegeben ist, sollten sie praktizieren (V. 12d; siehe 1 Kor 7,7–9).[69]

Was auch immer die genaue Situation, die Matthäus anspricht, gewesen sein mag, und welche genaue Bedeutung auch immer er dem Wort *porneia* geben wollte, das Entscheidende daran ist, dass er zwei Quellen verwendete, die die Erinnerung an Jesu absolutes Verbot der Scheidung und Wiederverheiratung berichten („Q" und Markus), und er *beide* modifziert (Mt 5,32; 19,9).[70] Es handelt sich hier ganz deutlich um ein weiteres Moment im sich entwickelnden theologischen und pastoralen Bewusstsein der frühesten Kirche, das ziemlich frei und *übereinstimmend* eine Lehre Jesu einschränkt. Dies ist ein weiterer Hinweis *innerhalb der inspirierten Seiten unserer christlichen Heiligen Schrift*, der zeigt, dass es für die Kirche notwendig ist, Jesu scharfe eschatologische Lehre neu zu überdenken im Lichte der langfristigen pastoralen Situation der sich entwickelnden christlichen Kirche. Wie Craig Keener betont hat:

> In der Praxis begannen die frühen Christen sogleich, die Scheidungsworte Jesu einzuschränken; andere Grundsätze Jesu, wie die Unschuldigen nicht zu verurteilen (12,7) oder der Grundsatz der Barmherzigkeit (23,23), würden sie unter bestimmten Umständen gezwungen haben, dies zu tun. ... Paulus und die Ausnahmen des Matthäus (Mt 5,32; 19,9; 1 Kor 7,15.27–28) machen zwei Drittel der vorhandenen christlichen Hinweise auf die Scheidung im ersten Jahrhundert aus.[71]

2. Jesu Verwendung von Genesis in beiden Berichten, sowie seine Erklärung des Scheidungsverbots, ist begründet in Gottes Plan „am Anfang der Schöpfung" (Mk 10,6a) und „am

Anfang" (Mt 19,4b.8c). Der Streit zwischen Jesus und den Pharisäern über Scheidung und Wiederverheiratung in Mk 10,1–12 folgt aus Jesu Verwendung der Torah-Texte Gen 1,27 und 2,24, um ihre Verwendung des Torah-Textes Dtn 24,1–4 als Grund für ihre Erlaubnis der Ehescheidung zu überwinden. Ob es ihm gelingt oder nicht, diese Angelegenheit zu beenden, indem er einen Text verwendet, der „vor" der durch Moses überlieferten Gesetzgebung in Dtn 24,1–4 steht – wegen der Hartherzigkeit Israels – Jesu Erklärung, warum die Genesis-Texte die Diskussion beenden, liefern die Worte „am Anfang der Schöpfung" (Griechisch: *apo tēs arches ktiseōs*), mit denen seine Zitate aus Genesis beginnen (Mk 10,6; siehe auch Mt 19,8). Eine entscheidende theologische Feststellung muss hier gemacht werden, bevor wir uns einer historischen Frage zuwenden.

Jesu Berufung auf Texte der Genesis und sein expliziter Verweis auf „den Anfang" lokalisiert Jesu Beschreibung der Situation zwischen Frau und Mann im Garten Eden! Gen 1,27 und 2,24 beschreiben die Situation zwischen einem Mann (Adam) und einer Frau (Eva) *vor* dem Hineinkommen der Sünde in die menschliche Geschichte (siehe Gen 3,1–24). Markus (gefolgt von Matthäus) stellt Jesu Lehre dar als die Wiederherstellung von Gottes ursprünglichem Plan: „am Anfang *(archē)* der Schöpfung" (Markus) und „am Anfang" *(archē)* (zweimal bei Matthäus). Wie Joel Marcus zu Recht bemerkte: „Jesus und die markinischen Christen sind Menschen, die sich freuen über das Licht der Morgendämmerung eines neuen Zeitalters – welches auch der wiedererlangte Strahlenglanz von Eden ist."[72] Aber die Sünde ist in die Welt gekommen und theologisch stellen wir nun fest, dass nur Jesus von Nazareth die vollkommene menschliche Verfassung, wie sie Gott beabsichtigte, verkörperte. Diese Vollkommenheit ist im biblischen Bericht von Adam und Eva dargestellt, aber eine solche Vollkommenheit ist der menschlichen Verfassung abhandengekommen (Gen 3). Der Verlust der Herrlichkeit dieser Anfänge durch Adams Sünde und Ungehorsam ist überwunden worden durch die universale Bedeutung des Gehorsams Jesu, wie sie in seinem Tod und seiner Auferstehung offenbart ist. Aber die Geschichte Adams und die Geschichte Jesu Christi verlaufen nebeneinander durch die menschliche Geschichte hindurch. Dies ist nirgends trefflicher festgestellt als in den engen, kontrastierenden Parallelen, die Paulus zwischen Adam und Christus in Röm 5,12–21 zieht. Christen müssen in der Zwischenzeit leben, dazu berufen, sich der Christus-Geschichte anzuschließen und die Adam-Geschichte zurückzuweisen.[73] Wie die Geschichte trefflich zeigt, befindet sich die Menschheit „in einem Prozess": Das Ideal von Gottes ursprünglichem Schöpfungsplan ist niemals ganz vorhanden gewesen in der Ambivalenz dieser Geschichte.[74]

Die Einführung des paulinischen Gedankens von der „neuen Schöpfung" (siehe Gal 2,15; 1 Kor 5,17) wirft eine weitere Frage auf. Beim Nachdenken über Jesu kühne Ablehnung der Torah, indem er die Praxis der Ehescheidung verbot, haben wir vorhin die Argumentation von John Meier gehört: Jesus verstand sich selbst als der eschatologische Prophet und wurde von denen, die ihm nachfolgten, auch so verstanden.

> In diesem hoch aufgeladenen Kontext einer zukünftigen und zugleich schon realisierten Eschatologie mag der eschatologische Prophet namens Jesus gewisse Arten von Verhalten, die vorauswiesen – wie es sein gesamtes Wirken tat – auf den letzten Zeitabschnitt der Wiederherstellung Israels als Gottes heiliges Volk, schon jetzt als bindend eingeschärft haben.[75]

Sowohl Paulus (in den 50er-Jahren n. Chr.) als auch Markus (um 70 n. Chr.) setzten diese Darstellung Jesu fort. Sie führen jedoch nicht nur Jesu Lehre weiter, indem sie ihren Blick auf „das Ende" hin richten, um die Einzigartigkeit Jesu und seiner Lehre zu erklären.[76] Sie greifen auch auf die Anfänge der Schöpfung zurück. Diese Tendenz ging weiter, da die frühe Kirche ein immer tieferes Verständnis der Bedeutung Jesu entwickelte.[77] Paulus verweist auf einen präexistenten Christus in Phil 2,6–11. Diese Entwicklung findet dann ihren höchsten Ausdruck im Prolog des Johannesevangeliums, wo Jesus als der Logos Gottes beschrieben ist, der in einer einzigartigen

Einheit der Zeit „am Anfang" weilte (Joh 1,1–2; Griechisch: *en archēï*).[78]

Mk 10,1–12 und Mt 19,1–12 enthalten diese theologische Tradition.[79] Die Überzeugungskraft des Scheidungsverbots Jesu kommt von seinem Hinweis, dass es im Garten Eden keine Scheidung gegeben hat. Christen und Christinnen leben nicht im Garten Eden, sondern in der Ambivalenz der heutigen menschlichen Geschichte. Die heutige katholische Gesetzgebung verbietet die Scheidung aufgrund der Tatsache, dass Jesus dies getan hat. Dieser Standpunkt lässt jedoch eine wichtige theologische Wahrheit außer Acht, indem davon ausgegangen wird, dass das „Ideal" von Gottes ursprünglicher Schöpfung vom allerersten Moment des langen, und oft komplizierten, „wirklichen" Weges einer christlichen Ehe vorhanden ist. Was primär eine christologische Eingebung der frühen Kirche war, wird übertragen und zu einem entscheidenden Element der Ehegesetzgebung (*Canon* 1141). Die Verwechslung des „Idealen" mit dem „Realen" im Leben unvollkommener Menschen, die sich in ihrem christlichen Leben bemühen (und manchmal versagen), erfordert eine neuerliche Untersuchung durch die höchste kirchliche Autorität.

Ausschluss von der Tischgemeinschaft

Ein wichtiges Merkmal aller Formen christlichen Lebens ist die Feier des Herrenmahls. Die römisch-katholische Kirche hat die Eucharistie in feierlicher Weise beschrieben als „die Quelle und den Höhepunkt christlichen Lebens" (Vatikanum II, *Lumen Gentium* 11; *Sacrosanctum Concilium* 10) und eine solche Beschreibung wird freudig geteilt von vielen christlichen Gemeinschaften. Im Zentrum einer christlichen Gemeinde steht der Ruf nach der authentischen Feier der Eucharistie. Aber das christliche Leben ist nicht auf seine liturgische Feier der Eucharistie beschränkt. Diese ist der Ort, an dem der gesamte „Rhythmus" des christlichen

Lebens wahrgenommen werden kann (ihre Quelle), und das Ideal, das Christen und Christinnen herausfordert, mehr zu lieben (ihr Höhepunkt). Die Feier der Eucharistie verlangt aber auch, ein eucharistisches Leben zu führen: „In der Teilnahme am eucharistischen Opfer ... bringen sie das göttliche Opferlamm Gott dar *und sich selbst mit ihm*" (*Lumen Gentium* 11; Hervorhebung von mir). Unsere Untersuchung zeigte, dass die Botschaft von der Gegenwart des Herrn für die Gebrochenen Teil der neutestamentlichen Botschaft im Hinblick auf die Eucharistiefeier ist.

Die neutestamentlichen Texte über die Eucharistie wurden von einem christlichen Volk geschaffen, das sich seiner Sündhaftigkeit bewusst war, und das am eucharistischen Tisch genährt und herausgefordert wurde. Das Neue Testament weist aber auch darauf hin, dass die frühesten Gemeinden merkten, dass es Situationen gab, in denen sie das Recht, und sogar die Pflicht, hatten, gewisse Mitglieder von der Gemeinde und ihrem Leben auszuschließen. Besonders bedeutend in dieser Hinsicht sind 1 Kor 5 und Hebr 6,18.[80] Das Neue Testament kann nicht selektiv gelesen werden, um für eine „frei-für-alle" Zulassung zum eucharistischen Tisch zu plädieren. Diese Untersuchung darf nicht so verstanden werden. Es ist wichtig, sich bewusst zu sein, dass die frühe Kirche ein wachsendes Gefühl der „Exklusivität" empfand, was notwendigerweise schließlich zur Entfernung gewisser Leute aus der Gemeinde, und damit vom Tisch des Herrn, führte. Der Ausschluss von der Gemeinde, wie er im Neuen Testament bezeugt ist, gründete primär im sich entwickelnden Verständnis der Person Jesu in der frühen Kirche und ihrer Antwort auf ihn als Gemeinde der Glaubenden.[81] Das Eingreifen des Paulus in Korinth, indem er verlangt, den in einer Inzestbeziehung lebenden Mann „aus eurer Mitte zu stoßen" (1 Kor 5,2), ist motiviert durch das Thema des letzten Kommens Christi: „damit sein Geist am Tag des Herrn gerettet wird" (5,5). Die Notwendigkeit der Reinheit in der Gemeinde basiert auch auf einer christologischen Motivation:

Schafft den alten Sauerteig weg, damit ihr neuer Teig seid! Ihr seid ja schon ungesäuertes Brot; denn als unser Paschalamm ist Christus geopfert worden. Lasst uns also das Fest nicht mit dem alten Sauerteig feiern, nicht mit dem Sauerteig der Bosheit und Schlechtigkeit, sondern mit den ungesäuerten Broten der Aufrichtigkeit und Wahrheit! (5,7–8)

Wie Murphy-O'Connor kommentiert hat: „Das Vorhandensein einer mit Christus unvereinbaren Haltung innerhalb der Gemeinde setzt die Freiheit aller aufs Spiel, weil die schützende Barriere gegen das Wertesystem der ‚Welt' (= ‚Sünde') geschwächt worden ist."[82] Eine solche eklatante Unordnung darf nicht toleriert werden. Eine Gemeinde, die gegründet ist auf der sich selbst opfernden Liebe Jesu – des Paschalamms (siehe auch 11,23–25) –, muss in Anerkennung dieser Tatsache leben.[83] Was in Korinth geschah, ist deshalb vollkommen inakzeptabel. Die Tolerierung dieser Situation durch die korinthische Gemeinde – anstatt die Qualität ihrer selbst-hingebenden Liebe, in der Nachahmung Christi, zu zeigen (5,7; 11,23–25) – stellt sie außerhalb der Qualität der Liebe der Heiden, unter denen sie leben: „Allgemein hört man von Unzucht unter euch, und zwar von Unzucht, wie sie nicht einmal unter den Heiden vorkommt" (5,1). Der Ausschluss ergibt sich logischerweise aus dem tiefsten Glauben des Paulus an das Erlösungsgeschehen in Tod und Auferstehung Jesu Christi.[84]

Hebr 6,1–8 plädiert ebenfalls dafür, gewisse Leute von der Gemeinde zu trennen.[85] Hier ist die christologische Grundlage für eine solche Trennung offensichtlich. Der Verfasser ermahnt die Empfänger des Traktats, die Pflicht zu akzeptieren, dass sie in ihrem christlichen Glauben und ihrer christlichen Praxis voranschreiten müssen (VV. 1–3).[86] Sie sollen hinausgehen über das, „was man zuerst von Christus verkünden muss" und sich „dem Vollkommeneren zuwenden" (V. 1). Den Leserinnen und Lesern wird sofort klargemacht, dass die Lehren des Glaubens (VV. 2–3) mit dem, „was von Christus verkündet" wird (V. 1), zu tun haben. Auf ihrem Weg zu einem reifen Christsein werden den Christinnen und Christen jedoch die Gefahren des

Abfalls begegnen (VV. 4–8). Es gibt einen Hinweis auf die Art des betreffenden Abfalls: „… sie [schlagen] den Sohn Gottes noch einmal für sich ans Kreuz [...] und [machen ihn] zum Gespött" (V. 6).[87] Die allgemeine Bedeutung dieses schwierigen Abschnitts ist, dass einige Christen, die sich all der Privilegien des christlichen Lebens erfreuten (VV. 4–5), die Überheblichkeit und den Unglauben derer, die ursprünglich Jesus kreuzigten, wiederholen können. Es ist nicht möglich, solche Abgefallenen erneut zur Umkehr zu bringen (VV. 4–6). Sie sind wie ein gut bewässertes Feld, das die Gaben Gottes empfangen hat, jedoch nur Dornen hervorbrachte; sie werden durch Feuer vernichtet werden (VV. 7–8). Die Sache, um die es geht, ist die Ablehnung Jesu Christi, nicht ein moralisches Verhalten.[88] Brooke F. Westcott hat vorgeschlagen: „Möglicherweise ist da der weitere Gedanke im Bild der Kreuzigung, dass Christus im Gläubigen wohnt. Vom Glauben abzufallen heißt daher, ihn zu töten."[89] Jetzt, wie damals, kann es keine Zulassung zur Gemeinschaft, die die Eucharistie sowohl zwischen Christus und den Gläubigen als auch unter den feiernden Gläubigen schafft (siehe 1 Kor 10,16–17), für die geben, die Jesus Christus nicht als den Christus, den Sohn Gottes und Retter, annehmen (siehe, u. v. a., Mk 1,1; Mt 16,16; Lk 9,20; Joh 20,30–31; Röm 1,1–4).

Soweit es das neutestamentliche Zeugnis betrifft, sind die Gründe für einen Ausschluss von der Gemeinde, und damit von der Eucharistie, eine Glaubensangelegenheit und nicht die eines moralischen Verhaltens.[90] Sowohl 1 Kor 5 als auch Hebr 6,1–8 weisen darauf hin, dass moralische Fehler oft einer fehlerhaften Christologie (1 Kor, Hebr) oder einer fehlerhaften Ekklesiologie (1 Kor) entspringen. Unser Zutritt zu diesem zentralen Geheimnis christlichen Lebens kann nicht „frei-für-alle" sein. Die Tradition des Ausschlusses von der Eucharistie für jene, die wissentlich, willentlich, bewusst und beabsichtigt die „Kommunion" mit denen, die an Christus, den Sohn Gottes und Retter glauben, zerbrechen, muss aufrechterhalten werden. Es ist jedoch ein gleichberechtigtes Anliegen, dass die christliche

Kirche die Wahrheit der kostbaren Einsicht des Neuen Testaments anerkennt: Die Eucharistie ist stets ein Geschenk des Herrn für seine versagende Gemeinde. Es geht um den Erhalt des Gleichgewichts zwischen, einerseits, einem Verständnis der Eucharistie als eines Ortes, an dem sich Sünder versammeln, um ihre Umkehr zum Ausdruck zu bringen, um genährt und herausgefordert zu werden von ihrem Herrn, und, andererseits, einer heiligen Begegnung, die nicht herabgewürdigt werden darf durch die Zulassung derer, die kein Recht haben auf eine solche „Kommunion" mitsamt ihrer Verpflichtung zum beständigen Streben danach, zu leben wie Jesus gelebt hat.

Wir haben die Bedeutung des Verständnisses von Jesu Gegenwart für seine versagenden Jünger in der frühen Kirche gesehen, sowie deren Verpflichtung, diese „Gegenwart" fortzusetzen in der Feier der Eucharistie. Wir sind uns auch bewusst, dass jene, die vorsätzlich und öffentlich die „Kommunion", die Gemeinschaft (koinōnia), zerbrechen, keinen Platz bei der Feier unserer eucharistischen „Kommunion" haben. Wir müssen bessere Kriterien für die Zulassung zum Tisch des Herrn entwickeln. Dabei sollte man zurückschauen auf die doppelte Bedeutung des Wortes „Kommunion" (koinōnia), wie sie sich in 1 Kor 10,14–22 findet. Die durch wahres eucharistisches Leben geschaffene „Kommunion" erweist den „Leib Christi" als gegenwärtig in den eucharistischen Feiern der Kirche.

Jene, die die Unvollkommenheit und sogar Sündhaftigkeit ihres Lebens anerkennen, jedoch keine andere Wahl haben, sollten nicht ausgeschlossen werden. Oft findet sich eine Gabe seiner selbst, die Christus ähnlich ist, in diesen Situationen. Viele leiden sehr an der Ambivalenz ihrer Situation, bewahren aber dennoch ihre Treue zur christlichen Kirche und ihren Werten. Viele befinden sich in Situationen, in denen das Leben selbst von einer Wahl abhängt, die sie vom Tisch des Herrn ausschließt. In solchen Situationen mag eine Entscheidung nicht einmal eine Wahl sein, insofern ihnen eine Reaktion durch Umstände, auf die sie keinen Einfluss hatten, aufgezwungen wurde.

Dies kann zum Ausschluss derer führen, die sich der täglichen Nachfolge des gekreuzigten Christus widmen. Sie finden sich regelmäßig unter den Armen und Leidenden in der Gesellschaft. Die einzigen Wahlmöglichkeiten im Leben, die ihnen zur Verfügung stehen, sind jene, die sie gegenwärtig vom Tisch des Herrn ausschließen.[91]

Es gibt jedoch gute Gründe dafür, jene vom eucharistischen Tisch auszuschließen, die überheblich ablehnen, was Gott in und durch die Person Jesu für uns getan hat. „Jene, die nicht mit Jesus essen konnten, waren jene, die ihn ablehnten, nicht jene, die er ablehnte: Seine Einladung war für alle, die ihm antworteten. Er machte keine Ausnahmen."[92]

Ergebnis

Die Spaltung innerhalb der katholischen Kirche in Bezug auf die in dieser Untersuchung diskutierten Angelegenheiten zeigt einen sich vertiefenden Riss in der „Kommunion", die für echte eucharistische Feiern nötig ist (siehe 1 Kor 11,17–34). Es ist, wie Paulus gesagt hat, eine Frage der richtigen „Unterscheidung des Leibes des Herrn" (siehe 1 Kor 11,29). Wir ignorieren oft die Schreie der wirklich Leidenden und der Armen, einschließlich hervorragender Christen und Christinnen, die geschieden und wiederverheiratet sind. Sie haben in solchen Debatten kein Mitspracherecht, tragen jedoch deren Konsequenzen.

> Die Vollmacht, ein Zeuge für Christus zu sein, die der Kirche und allen ihren Gliedern gegeben ist, wurde abgeändert in den Anspruch, dass die Kirche die reiche und gnädige Vermittlerin von Gnade und Erlösung ist. So ist die Kirche blind geworden für ihre wesentliche Armut (vgl. 2 Kor 4,8; Offb 3,17). Die herrlichen Barockkirchen, mit ihren vergoldeten Altarwänden und lieblichen Engeln an der blauen, himmelsgleichen Decke, übermitteln deutlich eine Botschaft: Wer die Kirche betreten hat, hat schon das himmlische Reich betreten. So scheint die Kirche, mit ihren Sakramenten, der Versuchung verfallen zu sein, die Herrlichkeit von Gottes eigenem Reich zu repräsentieren, wenn nicht sogar fast zu ersetzen.[93]

Wenn wir die Evangelien verkünden, erkennen wir, dass Jesus in seiner eucharistischen Gegenwart nicht nur zu den versagenden und gebrochenen Jüngern in den Geschichten der Evangelien kommt. Er ist gegenwärtig für alle versagenden und gebrochenen Jünger und Jüngerinnen aller Orte und aller Zeiten: seine schwache, aber gnadenerfüllte Kirche, „zugleich heilig und immer der Reinigung bedürftig" (*Lumen Gentium* 8). Es ist jedoch leicht, eine Anfrage an „die Institution" zu richten. Wir berühren hier eine grundlegende Ungerechtigkeit, derer wir alle schuldig sind. Wir haben in dieser Angelegenheit die Tendenz, eine Botschaft zu predigen und eine andere zu leben. Die Eucharistie häufig aufzusuchen in meinem eigenen Empfinden, würdig zu sein, lässt keinen Raum für die Gegenwart eines eucharistischen Herrn, der mich ausfindig macht in meiner Gebrochenheit. Er fordert mich heraus, weiterzumachen mit der riskanten und schwierigen Aufgabe, ein christliches Leben in seiner Nachahmung zu führen.

Eine Antwort auf die in dieser Untersuchung aufgeworfenen Fragen kann nicht gefunden werden, indem man sich auf gute pastorale Praxis beruft oder auf die Wichtigkeit, Gottes Barmherzigkeit und Mitgefühl sichtbar zu machen. Pastorale Praxis, Barmherzigkeit und Mitgefühl sind entscheidend für die Sendung der Kirche, das Antlitz Christi in der Welt widerzuspiegeln. Aber worum es hier geht, das ist die Meinung Vieler, dass die gegenwärtige Praxis ein entscheidendes Element der katholischen *Tradition* ist. Die Möglichkeit der Zulassung von wiederverheirateten Geschiedenen zur vollen Teilhabe am eucharistischen Tisch muss der Tatsache ins Auge sehen, dass die gegenwärtige Gesetzgebung in dieser Angelegenheit tatsächlich auf einer „verfälschten Tradition" (Ratzinger) beruht.[94] Sie greift nicht zurück auf die Gründungs-*Tradition* der frühesten Kirche, da Verständnis und Verwaltung der Ehe als Sakrament in die relativ neuere Kirchengeschichte gehören.

Die Zeit der Patristik, besonders unter dem Einfluss von Augustinus, sah die Ehe als ein sekundäres Element im Leben

von Christen, im Vergleich zu den vom Reich Gottes verheißenen Reichtümern. Das Mittelalter war ebenso ambivalent, da
die Scholastiker Schwierigkeiten damit hatten, zu verstehen,
wie die Ehe Gnade vermittelte. Petrus Abaelard (1079–1142),
der die Ehe zusammen mit Taufe, Firmung, Eucharistie und
Krankensalbung einordnet, kann immer noch schreiben: „Unter
ihnen [diesen Sakramenten] gibt es eines, das nicht von Nutzen
ist für das Heil und doch ein Sakrament von gewichtiger Angelegenheit ist, nämlich der Ehestand, denn eine Frau nach Hause
zu führen ist nicht verdienstlich für das Heil, aber es ist erlaubt
um des Heiles willen wegen der Unkeuschheit" (*Epitome theologiae Christianae* 28; PL CLXXVIII:1738). Im Jahre 1439, während des Versuchs, die Einheit mit den Ostkirchen auf dem
Konzil von Florenz wiederherzustellen, legte das *Dekret für die
Armenier* zum ersten Mal in der katholischen Geschichte fest,
dass dieses Sakrament Gnade enthält und Gnade denen vermittelt, die es würdig empfangen (DH 1327).

Diese Position wurde formell kanonisiert auf dem Konzil
von Trient (1543–1563).[95] Im Jahre 1520 lehnte Martin Luther
(in seiner Schrift *De captivitate Babylonica ecclesiae praeludium*)
die Ehe als Sakrament ab, da sie keine Begründung in der Heiligen Schrift hat. Dieser Meinung schloss sich das nachfolgende
Lutherische Glaubensbekenntnis im *Augsburger Bekenntnis*
(1530) an. Die Reformatoren befürworteten auch die Praxis
der Ehescheidung als das kleinere von zwei Übeln. Das Konzil
von Trient definiert ausdrücklich die Ehe als Sakrament, das
von Christus eingesetzt ist (unter Verwendung von Eph 5,25.32)
und Gnade vermittelt, in seiner *Lehre über das Sakrament der
Ehe* von 1563 (DH 1799–1800). Die Konzilsväter verurteilten
alle, die diese Lehre ablehnten, im ersten *Canon*, der dem
Dekret angefügt wurde (DH 1801). Im fünften *Canon* verurteilten sie alle als häretisch, die behaupteten, dass eine Ehe aufgelöst werden könne (DH 1805).

Die komplizierte Geschichte, die von diesen formellen Entscheidungen von 1563 zu unserer gegenwärtigen Gesetzgebung

führte, bedarf einer detaillierten Forschung, die jenseits des Rahmens dieses Projekts und der Fähigkeiten des Autors liegt.[96] Aber die katholische Kirche hat sich kurzsichtig auf Jesu Verbot der Ehescheidung und Wiederverheiratung konzentriert (1 Kor 7,10–11; Mk 10,1–12) und der Wahrheit keine Beachtung geschenkt, dass *die inspirierte Offenbarung des Wortes Gottes in ihren Heiligen Schriften nach einer Anpassung des Verbots Jesu verlangt* (1 Kor 7,12–14; Mk 10,6//Mt 19,8; Mt [1,19?]; 5,32; 19,9). Unsere Gesetzgebung bezüglich Ehe, Scheidung und Zulassung zum eucharistischen Tisch sollte das überwältigende Zeugnis der eucharistischen Lehre des Neuen Testaments akzeptieren: Die Eucharistie ist die Gegenwart Jesu Christi unter uns in seinem *Leib, gebrochen für gebrochene Menschen.* Glieder der Gemeinde, die geheiratet haben und dann geschieden wurden, die jedoch ihre Bindung an Christus und seine Kirche bewahren, zählen zu diesen *gebrochenen Menschen.*

Die christliche Kirche hat ihre Lehre und Praxis niemals nur darauf gegründet, was als die authentische Lehre und Praxis des historischen Jesus aufgezeigt werden kann. Wie wir früher in unseren Überlegungen gesehen haben, holten die grundlegenden Konzile, die viel von dieser *christlichen Tradition* schufen, weit aus auf *alles im Neuen Testament,* und besonders auf das Johannesevangelium und die Paulusbriefe, um ihre Glaubensregel festzulegen und sie in ihren großen Glaubensbekenntnissen auszudrücken.[97] Es sollte kein „Herauspicken und Auswählen" in Bezug auf das Wort Gottes geben. Die Debatten sind oft gefärbt durch die Behauptung, dass die Kirche selektiv sei in Bezug auf das, was sie aus der Lehre Jesu auswählt. Dabei verweist man auf Forderungen wie das Abhauen der Hand und des Fußes oder das Herausreißen des Auges (siehe Mk 9,43–47). Diese sind nicht im Kirchenrecht gesetzlich verankert, während die Autorität Jesu, die die Ehescheidung verbietet (und die sich nur in 1 Kor 7,10–11 und Mk 10,1–12 findet), dort sehr wohl zu finden ist (siehe *Canon* 1055). Solche Debatten können manchmal oberflächlich sein, aber sie enthalten auch eine

Herausforderung. Martin Hengel hat einem Spruch Jesu, der sich in „Q" findet, besondere Aufmerksamkeit geschenkt und er argumentiert, dass dieser Spruch der Kern von Jesu eigenem Empfinden seines Charismas ist: „Lass die Toten ihre Toten begraben; du aber geh und verkünde das Reich Gottes" (Lk 9,60//Mt 8,22).[98] Das Wort Gottes in der christlichen Kirche zu leben, ist keine leichte Sache.[99]

Ein wichtiger Grundsatz der Interpretation war immer im Spiel bei der Entwicklung der *christlichen Tradition* und in der notwendigen Verpflichtung der Kirche, eine effektive Rolle zu spielen in einer zunehmend gut informierten Welt. Das ist nie ein einfacher Prozess gewesen. Er bringt Spannung und Missverständnis hervor, wie die Geschichte der Ökumenischen Konzile, vom Konzil von Nicäa (325 n. Chr.) bis zum Zweiten Vatikanischen Konzil (1962–1965), zeigt. Die Kirche blickt jedoch nicht einfach zurück auf die identifizierbaren Worte Jesu, um ihre grundlegenden Lehr- und Moralwahrheiten festzulegen. Sie reflektiert ihre biblische und kirchliche Tradition, im Dialog mit einem sich ständig erweiternden Bestand an Wissen und Erfahrung. Wie es Benjamin Edsall ausgedrückt hat:

> Wir alle haben bestimmte Bereiche von Fachkenntnis und zuweilen können die verschiedenen Dinge, die man entdeckt oder erkennt, in Konflikt geraten mit dem Verständnis, das man von einem Aspekt der Theologie oder Schrift hat – oder vielleicht wahrscheinlicher, mit dem Verständnis *eines anderen.* Aber wir sehen hier, dass die andernorts entdeckte und/oder artikulierte Wahrheit einen *positiven* Einfluss haben kann auf das Verständnis von Schrift und Theologie. Natürlich fehlt uns der Vorteil der Rückschau und einer kanonisierten Bestätigung unserer interpretativen Entscheidungen. Wenn aber das, was wir herausfinden, tatsächlich wahr ist, dann ist das, was wir in Zeiten äußeren Einflusses tun, dass wir zurückkehren zu unseren inneren Ressourcen – in unserem Fall die Schrift und die lebendigen Traditionen der Kirche –, um Wege zu finden, die neue Information zu verhandeln oder anzupassen.[100]

Der Umgang der Kirche mit den geschiedenen Wiederverheirateten muss *das gesamte Bild* in Betracht ziehen. Die frühe Kirche erkannte, dass Jesus eine „neue Schöpfung" begonnen hat. Deshalb forderte sie die Gläubigen auf, der Sünde zu widerstehen und sie zu überwinden, geleitet vom Beispiel Jesu und belebt durch die vergebende und lebensspendende Gnade aufgrund seines Todes und seiner Auferstehung (siehe Röm 5,12–21; Mk 10,6; Mt 19,4.8). Innerhalb derselben inspirierten Seiten begann die früheste Kirche eine *Tradition* in der Erkenntnis, dass nur Jesus die „neue Schöpfung" inkarnierte. Der Rest der Menschheit muss danach streben, ein christliches Leben zu führen, das gefangen ist in der Ambivalenz der weiterhin vorhandenen Adams- und Christus-Geschichten (siehe Röm 5,12–21), in der Zuversicht, dass „wo jedoch die Sünde mächtig wurde, […] die Gnade übergroß geworden [ist]" (Röm 5,20). Folglich erlaubten Paulus und Matthäus, ohne Bedenken, ihren schwachen Gemeindegliedern eine Ausnahme gegenüber dem absoluten Scheidungsverbot (1 Kor 7,14–16; Mt 5,32; 19,19).

Dies ist die *authentische Tradition*, wie sie sich innerhalb der geisterfüllten formativen Jahrzehnte des Christentums herausbildete. Sie sollte uns leiten, wenn wir das gesamte Neue Testament lesen, auf der Suche nach der Führung, die dort zu finden ist.[101] Niemand hat dies besser, und autoritativer, ausgedrückt als Joseph A. Fitzmyer:

> Wenn Matthäus unter Inspiration dazu bewegt werden konnte, dem Spruch Jesu über die Ehescheidung, die er in einer absoluten Form entweder in seiner Markusquelle oder in „Q" vorgefunden hat, einen Ausnahmesatz hinzuzufügen, oder wenn Paulus gleichermaßen unter Inspiration in sein Schreiben eine Ausnahme aufgrund seiner eigenen Autorität einfügen konnte, warum kann dann die geistgeleitete institutionelle Kirche einer späteren Generation nicht eine ähnliche Ausnahme machen im Hinblick auf Probleme, mit denen christliches Eheleben ihrer Zeit konfrontiert ist, oder auf die sogenannte zerbrochene Ehe?[102]

In Anerkennung dieser *authentischen Tradition* wird die kirchliche Leitung einsehen, dass ihre gegenwärtige Gesetzgebung auf einer späten, theologisch unbegründeten, *verfälschten Tradition* beruht. Die Kirche muss sich den verwirrenden Herausforderungen der modernen Gesellschaft stellen durch eine Untersuchung ihrer *Tradition* und nicht bloß auf der Grundlage guter pastoraler Praxis oder dem Wunsch, mehr Barmherzigkeit und

Mitgefühl denen gegenüber zu zeigen, die ihrer bedürfen, wie wertvoll diese für das Christentum auch sein mögen. Nachdem das gesagt ist, werden jedoch eine stärkere Manifestation einer guten pastoralen Praxis und eine spektakuläre Manifestation von Gottes Barmherzigkeit und Mitgefühl zwangsläufig folgen aus der Akzeptanz und Implementierung einer *authentischen Tradition*, die von unserem Ursprung her kommt. Mit dieser Meinung schließe ich.

Die rätselhaften Worte, die sich im Vorspann dieses Buches fanden, erschienen erstmals im bemerkenswerten Italienisch von Dante Alighieris *Göttlicher Komödie*. Es ist nun an der Zeit, zu ihnen zurückzukehren. Sehr früh bei Dantes Durchschreiten des Purgatoriums versichert ihm der lateinische Dichter Vergil, der ihn begleitet, dass jeder, dem er an diesem Ort begegnet, für das Paradies bestimmt sei. Dante ist höchst erstaunt, Manfred hier vorzufinden, den unehelichen Sohn des Heiligen Römischen Kaisers Friedrich II. Manfred wurde in der Schlacht von Benevento im Jahr 1266 getötet, beim gescheiterten Versuch, die Autorität des Kaiserreichs auf der italienischen Halbinsel wiederherzustellen. Manfred hat einige seiner engen Verwandten ermordet, um seine eigene Karriere zu fördern, und er machte sich einer Reihe anderer Sünden schuldig, einschließlich Trunkenheit und Ausschweifungen. Es wurde sogar behauptet, dass er seinen Vater getötet habe. Er wurde von einem Papst zum Häretiker erklärt und von einem anderen exkommuniziert. *Aber Dante findet ihn im Purgatorium!* Dante ist höchst erstaunt, dass dieser Mann gerettet werden würde. Manfred erklärt, wie es ihm gelungen ist, dem Inferno zu entkommen.

… io mi rendei,
piangendo, a quei che volontier perdona.
Orribil furon li peccati miei;
ma la bontà infinita ha sì gran braccia,
che prende ciò che si rivolge a lei.

Ich übergab mich selbst,
weinend, Ihm, der bereitwillig verzeiht.
Meine Sünden waren furchtbar;
aber die unendliche Güte hat solch weite Arme,
dass sie nimmt, was sich ihr zuwendet.
(Purgatorium III 119–123)[103]

Anmerkungen

Einführung

1   Die Worte „gebrochen für euch" sind breit bezeugt in den frühen Handschriften, es bleiben jedoch Zweifel bezüglich ihrer Ursprünglichkeit. Siehe John T. Carroll, *Luke: A Commentary*. NTL (Louisville, KY: Westminster John Knox, 2012), 430–432, zur Ablehnung der Ursprünglichkeit (obwohl er sie für einen sehr frühen [2. Jh.] liturgischen Zusatz hält). Für die Einbeziehung, siehe François Bovon, *Das Evangelium nach Lukas*. EKK III/1–4. 4:238–246. Zu weiteren Details, siehe Bruce M. Metzger, *A Textual Commentary on the Greek New Testament* (London/New York: United Bible Societies, 1971), 562. Die deutsche EÜ, wie auch die englische RSV, führen den Zusatz in einer Anmerkung an.

2   Francis J. Moloney, „The Eucharist as the Presence of Jesus to the Broken", *Pacifica* 2 (1989), 151–174; idem, *A Body Broken for a Broken People: Eucharist in the New Testament* (Melbourne: Collins-Dove, 1990).

3   Peabody, MA: Hendrickson Publishers, 1997.

4   Christa Pongratz-Lippitt, „Remarried Divorcees Issue. A Test Case for Church's Credibility, German Bishops Convinced", *National Catholic Reporter*, December 29 (2014): 1. Der Artikel ist eine Zusammenfassung des Dokuments der Arbeitsgruppe der Deutschen Bischofskonferenz zur Vorbereitung auf die Bischofssynode 2014/2015, das am 24. November 2014 veröffentlicht und am 22. Dezember 2014 der Presse vorgestellt wurde (Pressemitteilung Nr. 218). Zu den Dokumenten der Deutschen Bischofskonferenz und Texten zur Bischofssynode 2014/2015, siehe *Die pastoralen Herausforderungen der Familie im Kontext der Evangelisierung*. Arbeitshilfen 273 (Bonn: Sekretariat der Deutschen Bischofskonferenz, 2014), insbesondere das Dokument (s.o.), „Theologisch verantwortbare und pastoral angemessene Wege zur Begleitung wiederverheirateter Geschiedener. Überlegungen der Deutschen Bischofskonferenz zur Vorbereitung der Bischofssynode", 42–76. „Aus der Sicht der Mehrheit der deutschen Bischöfe sind die gegenwärtigen Richtlinien zum pastoralen Umgang mit zivil geschiedenen und wiederverheirateten Gläubigen problembehaftet und stellen diese sowie ihre Seelsorger vor kaum zu überwindende Schwierigkeiten." (57) „Eine Reihe von Bischöfen hält die bestehenden Regelungen für theologisch geboten und pastoral angemessen ... Die große Mehrheit der Bischöfe stellt die Frage, ob es nicht doch theologische Gründe gibt, die unter bestimmten Bedingungen eine Zulassung von zivil geschiedenen und wiederverheirateten Gläubigen zum Sakrament der Buße und zur

Kommunion möglich machen, wenn die rechtliche Möglichkeit der Annullie-rung sich als nicht realisierbar herausstellt." (49). – Diese Position wurde er-neut bekräftigt durch Kardinal Dr. Reinhard Marx (Erzbischof von München und Freising, Vorsitzender der Deutschen Bischofskonferenz und Mitglied des Kardinalskollegiums, das Papst Franziskus bei der Erneuerung der Kurie be-rät) in einem Interview mit Luke Hansen, SJ, in der Memorial Church an der Stanford University (Kalifornien) am 18. Januar 2015.

5   Der Titel der englischen Originalausgabe lautet: *A Body Broken for a Broken People. Divorce, Remarriage, an the Eucharist.*

6   Siehe Francis J. Moloney, „Vatican II and ‚The Study of the Sacred Page' as ‚The Soul of Theology' (*Dei Verbum* 24)", in: *God's Word and the Church's Council: Vatican II and Divine Revelation.* Ed. Mark O'Brien/ Christopher Monaghan (Adelaide: ATF Theology, 2014), 19–40.

7   Ich setze voraus, dass Mt und Lk sowohl das MkEv als auch eine wei-tere gemeinsame Quelle, für gewöhnlich „Q" genannt (= „Quelle"), ver-wendeten. Für eine sehr klare Darstellung dieser weit verbreiteten Hypothe-se, siehe John S. Kloppenborg, *Q, the Earliest Gospel: An Introduction to the Original Stories and Sayings of Jesus* (Louisville, KY: Westminster John Knox, 2008), 1–40. Jedoch können weder Mk, Mt noch Lk durch ihre „Quellen" hinlänglich verstanden werden. Sie entstanden im Kontext einer lebendigen Tradition, die einer wissenschaftlichen Analyse nie ganz zugäng-lich ist.

8   Es gibt einen Hinweis darauf im „längeren Markusschluss" in Mk 16,12–13. Dieser Abschnitt gehört nicht zum ursprünglichen MkEv, son-dern ist ein späterer Zusatz eines Schreibers. Siehe Francis J. Moloney, *The Gospel of Mark: A Commentary* (Grand Rapids, MI: Baker Academic, 2012), 355–362; Adela Yabro Collins, *Mark*. Hermeneia (Minneapolis, MN: Fort-ress, 2007), 802–818.

9   Die Originalität des LkEv ist ein gutes Beispiel für diese in Anm. 6 er-wähnte „lebendige Tradtion".

10   Siehe z. B. Robert Kysar, *The Fourth Evangelist and His Gospel: An Examination of Contemporary Scholarship* (Minneapolis, MN: Augsburg, 1975), 249–259. Er beschließt seinen ausgezeichneten Überblick über die gegenwärtige Forschung mit der Feststellung: „Das vierte Evangelium re-präsentiert sicherlich eine Außenseiter-Form des Christentums, in dem die Sakramente zumindest am Anfang nicht bekannt waren oder praktiziert wurden" (259).

11   Zur Bedeutung eines solchen Zugangs, siehe Francis J. Moloney, *Rea-ding the New Testament in the Church: A Primer for Pastors, Religious Edu-cators, and Believers* (Grand Rapids, MI: Baker Academic, 2015), 1–21. Die-ses Kapitel hat die Überschrift: „Catholic and Critical: The Challenge of

Scripture in the Catholic Tradition" („Katholisch und kritisch: Die Herausforderung der Schrift in der katholischen Tradition").

12 Pongratz-Lippitt, „Remarried Divorcees Issue", 1. Die deutschen Bischöfe schließen sich hier Papst Franziskus an (*Evangelii Gaudium* 47). Siehe „Theologisch verantwortbare und pastoral angemessene Wege zur Begleitung wiederverheirateter Geschiedener" (Arbeitshilfen 273), 67.

13 Für weitere Überlegungen dazu, siehe Francis J. Moloney, *Love in the Gospel of John: An Exegetical, Theological, and Literary Study* (Grand Rapids, MI: Baker Academic, 2013), 214, Anm. 12.

14 Xavier Léon-Dufour, *Sharing the Eucharistic Bread: The Witness of the New Testament*. Transl. Matthew J. O'Connell (New York: Paulist, 1987).

Erstes Kapitel

1 Für eine Studie zur historischen Entwicklung der Theologie und Feier der Eucharistie in der westlichen Tradition, siehe Josef Andreas Jungmann, *Missarum sollemnia: eine genetische Erklärung der Römischen Messe* (Freiburg i. Br.: Herder o. J.). Für eine umfassendere Studie der frühchristlichen Zeit, siehe Andrew B. McGowan, *Ancient Christian Worship: Early Church Practices in Social, Historical, and Theological Perspective* (Grand Rapids, MI: Baker Academic, 2014).

2 So sehr eine derartige Praxis heutzutage auch als selbstverständlich angenommen wird, gibt es doch Belege dafür, dass dies nicht immer und überall der Fall war. Siehe Michael Theobald, „Eucharist and Passover: the two ‚loci' of the liturgical commemoration of the Last Supper in the Early Church", in: *Engaging with C.H. Dodd on the Gospel of John: Sixty Years of Tradition and Interpretation*. Ed. Tom Thatcher/Catrin H. Williams (Cambridge: Cambridge University Press, 2013), 231–254.

3 Siehe unten S. 229–234.

4 Hinter dem heutigen Kirchenrecht im Hinblick auf Ehe und Zutritt zum eucharistischen Tisch steht einerseits die komplexe Geschichte der Sakramentalität der Ehe, die erst spät in der christlichen Geschichte auftauchte, und andererseits die Frage nach der individuellen Eignung für den Empfang der eucharistischen Gestalten. Obwohl beide Fragenbereiche schon vorher ihre je eigene Geschichte hatten, wurden sie von der katholischen Kirche erst auf dem Konzil von Trient im 16. Jh. als Antwort auf die protestantische Reformation festgelegt. Diese Fragen werden später in unserer Untersuchung kurz dokumentiert.

5 Für einen kurzen historischen Überblick, mit weiteren Literaturangaben, siehe die Artikel „Canon Law" und „Corpus Iuris Canonici", in: *The Oxford Dictionary of the Christian Church*. Ed. Frank L. Cross/Elizabeth A. Livingstone. (Oxford/New York: Oxford University Press, 2. Aufl. 1974), 231.349.

6   Für die Dokumente des Zweiten Vatikanischen Konzils werde ich die lateinischen Titel verwenden. Zu den deutschen Titeln siehe Karl Rahner/Herbert Vorgrimler, *Kleines Konzilskompendium* (Freiburg i. Br.: Herder, 8. Aufl. 1972).

7   Die Übersetzung der *Canones* ist entnommen aus: Codex des Kanonischen Rechts (Kevelaer: Butzon & Bercker, 5. Aufl. 2001).

8   Ich bin nicht sehr vertraut mit der gegenwärtigen Forschung und Diskussion zum Kirchenrecht, aber es erstaunt mich, dass in der heutigen Debatte unter Katholikinnen und Katholiken nicht mehr gemacht wurde aus dem, was es heißt, sich „einer schweren Sünde bewusst" zu sein *(qui conscius est peccati gravis)*, und welche Bedingungen gegeben sein mögen für die Feststellung „keine Gelegenheit zur Beichte" *(deficiat opportunitas confitendi)*. Der Brief der deutschen Bischöfe der Oberrheinischen Provinz aus dem Jahr 1994 und die darauf folgende Diskussion (siehe unten Anm. 14) widmeten sich nicht im Einzelnen der kanonischen Gesetzgebung. Die Diskussion ist allgemein auf „pastorale" Fragen und die Notwendigkeit des Mitgefühls konzentriert. Für die Behandlung dieser seit Langem vertretenen Position in der katholischen Kirche ist diese Motivation – obwohl löblich – doch unzureichend.

9   Für die nachfolgende Diskussion dieser Frage in der römisch-katholischen Kirche, besonders auf der Familiensynode von 1980 und im darauf folgenden Apostolischen Schreiben von Papst Johannes Paul II., *Familiaris Consortio*, siehe John M. Huels, *One Table, Many Laws: Essays on Catholic Eucharistic Practice* (Collegeville, MN: Liturgical Press 1986), 74–84. Für die Bekräftigung der Tradition des Ausschlusses, siehe *Familiaris Consortio* 84. Siehe dazu auch das Dokument der Deutschen Bischofskonferenz, „Theologisch verantwortbare und pastoral angemessene Wege zur Begleitung wiederverheirateter Geschiedener" (Arbeitshilfen 273), 50–52.

10   Es gibt ein weit verbreitetes Missverständnis unter Katholikinnen und Katholiken, dass allein schon die Scheidung bedeutet, dass die geschiedene Person – selbst eine unschuldige, die im Scheitern der Beziehung Unrecht erlitten hat, – vom Empfang der eucharistischen Gestalten ausgeschlossen sei. Dies ist jedoch nicht richtig. Erst nach einer Wiederheirat, ohne kanonische Annullierung der ersten Ehe, ist geschiedenen Katholiken und Katholikinnen die volle Teilhabe am eucharistischen Tisch nicht erlaubt.

11   Die gegenwärtige Position der katholischen Kirche beschreibt Huels, *One Table, Many Laws*, 85–97.

12   Ich bin mir sehr wohl bewusst, dass es noch viel mehr zur ökumenischen Frage zu sagen gibt, besonders zur Ekklesiologie und Theologie des Amtes, vor allem zur letzteren. Eine unkritische und willkürliche „Interkommunion" ohne Berücksichtigung der eigenen Theologie des Amtes

kann zu ernsthaften ökumenischen Problemen führen. Aus diesem Grund habe ich den Ausdruck „not fully prepared" („nicht ganz vorbereitet") gewählt, da seine Unbestimmtheit eine Vielzahl an Schwierigkeiten abdecken kann.

13   Als Anekdote sei angemerkt: Es scheint, dass die rigide Haltung der katholischen Kirche in dieser Angelegenheit einer der Hauptgründe für den gegenwärtigen Massenexodus von Katholikinnen und Katholiken aus dem Leben der Kirche, besonders der Sonntagsmesse, ist. Es ist behauptet worden, dass die größte christliche Konfession in den USA jene der ehemaligen praktizierenden Katholiken sei.

14   Diese Gesetzgebung wurde 1994 durch die Glaubenskongregation erneut konstatiert, nachdem ihre Revision von den drei deutschen Bischöfen der Oberrheinischen Provinz gefordert worden war. Für den Text des Briefes der Glaubenskongregation und den folgenden Brief der Bischöfe an ihre Pfarrer, siehe „Einspruch und Bekräftigung. Schreiben der Glaubenskongregation und Brief der Bischöfe von Freiburg, Mainz und Rottenburg-Stuttgart zu wiederverheirateten Geschiedenen", *Herder-Korrespondenz* 48 (1994): 565–571. Papst Franziskus, und viele Synodenteilnehmer, haben darum gebeten, dass dem biblischen und theologischen Hintergrund dieser strittigen Frage Beachtung geschenkt werden soll. Dieses Buch ist ein Versuch dazu.

15   Die Päpstliche Kommission für die Auslegung des Kirchenrechts.

16   Dies ist am deutlichsten im Brief der Oberrheinischen Bischöfe, in dem sie den Heiligen Stuhl um eine Neubeurteilung seiner Gesetzgebung baten. Für den Text („Respekt vor der Gewissensentscheidung") siehe *Herder-Korrespondenz* 47 (1993): 460–464.

17   Siehe Markus Barth, *Rediscovering the Lord's Supper: Communion with Israel, with Christ, and among the Guests* (Atlanta, GA: John Knox, 1988), 2: „Es ist ein öffentlicher Skandal, dass viele christliche Gemeinschaften die Lehre und Feier der Eucharistie als ein Mittel der Exkommunikation ausnutzen. Dieser Skandal besteht weiter, obwohl mutige und riskante Schritte unternommen werden von Seiten der Pfarrer und Priester, der studentischen Gruppierungen und Gelehrten, der Diakone und sogenannten Laien, um diese Situation in mehreren Ländern zu beseitigen." Barths provozierendes Buch, das jede Vorstellung von Realpräsenz, oder von Amtspriestertum und hoher Sakramentalität, herunterspielt, ist einseitig, bietet aber einige ausgezeichnete exegetische und pastorale Argumente.

18   Ich bin mir bewusst, dass einige katholische Priester und Bischöfe mit dem Grundsatz des „inneren Forums" arbeiten in der Frage der Zulassung der wiederverheirateten Geschiedenen zur Eucharistie, angesichts eines Briefes von Kardinal Seper vom 11. April 1973. Für eine sorgfältige, befürwortende Studie zu diesem Zugang, siehe Huels, *One Table, Many Laws,*

74–84. Erklärungen von führenden Persönlichkeiten der Glaubenskongregation, besonders ihres Präfekten Kardinal Joseph Ratzinger (vor seiner Wahl als Papst Benedikt XVI.), haben deutlich gemacht, dass der Vatikan diesen Umgang mit dem Problem nicht befürwortet.

19 Papst Paul VI., Die Wege der Kirche. Rundschreiben *Ecclesiam Suam* (Leutesdorf: Johannes-Verlag 1966).

20 Selbst auf die Gefahr hin, die Sache etwas zu verwirren, werde ich den Ausdruck *Tradition* in Kursivschrift verwenden, um auf die Artikulierung des christlichen Glaubens und der christlichen Praxis zu verweisen, wie sie über die Jahrhunderte entstanden sind und die einen zentralen Teil des Glaubens und der Praxis des Christentums darstellen. Ich werde den Ausdruck „Tradition" und „Traditionen" verwenden, um auf Glaubensüberzeugungen und Praktiken zu verweisen, die an bestimmten Orten und zu bestimmten Zeiten kommen und gehen, die jedoch nicht Teil des Kerns von Glaube und Praxis der Kirche sind, wie bedeutend auch immer sie gewesen sein mögen – oder immer noch sind – für einige Menschen an bestimmten Orten. Das grundlegende Werk dazu bleibt nach wie vor Yves M.-J. Congar, *Tradition and Traditions: A Historical Essay and a Theological Essay* (London: Burns & Oates, 1966). Für neuere Überlegungen dazu, siehe Moloney, *Reading the New Testament in the Church*, 191–201.

21 Rosemary Radford Ruether, *Sexismus und die Rede von Gott. Schritte zu einer anderen Theologie* (Gütersloh: Gütersloher Verlagshaus Gerd Mohn, 2. Aufl. 1996), 35f.

22 Siehe John S. Grabowski, „Divorce, Remarriage and Reception of the Sacrament", *America* (October 8, 1994): 20–24. Zitat auf S. 24.

23 Bericht von Pongratz-Lippitt, „Remarried Divorcees Issue", 1.

24 Siehe dazu nun: Walter Kasper, *Barmherzigkeit: Grundbegriff des Evangeliums – Schlüssel christlichen Lebens* (Freiburg i. Br.: Herder, 2012).

25 Ich bin Dr. Ben Edsall dankbar, dass er diese wichtige Frage aufgeworfen hat. Dieser Prozess der pastoralen und theologischen Entwicklung *innerhalb des Neuen Testaments* ist klar aufgezeigt in seinem noch unveröffentlichten Vortrag „Watching Jesus Do Theology: Debating the Sadducees over Resurrection" an der Seattle School of Theology and Psychology am 2. Juni 2014.

26 Es gibt natürlich viele weitere komplexe hermeneutische Fragen, die aufgeworfen werden könnten in einer Diskussion über die Verwendung von Texten der *Vergangenheit* in der christlichen Kirche, um ihr Denken und ihre Praxis in der *Gegenwart* zu leiten. Diese kritische Frage liegt vielen heutigen Debatten in den christlichen Kirchen zugrunde, wie etwa der Debatte um Frauenpriestertum und Bischöfinnen, gleichgeschlechtliche Ehe, künstliche Empfängnisregelung, usw. Siehe, unter vielen anderen Studien

zu dieser Frage, Anthony C. Thiselton, *New Horizons in Hermeneutics: The Theory and Practice of Transforming Biblical Reading* (London: Harper Collins, 1992).

27 Siehe John W. O'Malley, *What Happened at Vatican II* (Cambridge, MA: Harvard University Press, 2008), 40–43.300–302.

28 Vieles ist zu dieser Frage, die, wie wir sehen werden, auf dem Zweiten Vatikanischen Konzil bewusst vage gelassen wurde, geschrieben worden. Wer sich dafür interessiert, sollte den schönen Aufsatz von David N. Power lesen: „The Holy Spirit: Scripture, Tradition and Interpretation", in: *Keeping the Faith: Essays to Mark the Centenary of Lux Mundi*. Ed. Geoffrey Wainwright (London: SPCK, 1989), 152–178. Siehe auch Moloney, *Reading the New Testament in the Church*, 191–201.

29 Siehe z. B. die ältere kritische, jedoch etwas bilderstürmerische Studie von Dennis Nineham, *The Use and Abuse of the Bible: A Study of the Bible in an Age of Rapid Cultural Change*. Library of Contemporary Philosophy and Religion (London: Macmillan, 1976) und die einfachere, aber kreativere Studie von Henry Wansbrough, *The Use and Abuse of the Bible* (London: T. & T. Clark, 2010). In jenen Jahren ist vieles geschehen innerhalb der Bibelwissenschaft und dies hat auch im Tonfall dieser beiden Bände seinen Niederschlag gefunden.

30 Zu dieser Frage siehe die kurzen, aber hilfreichen Überlegungen von Ignace de la Potterie, „Principles for the Christian Interpretation of Sacred Scripture", in: *The Hour of Jesus: The Passion and Resurrection of Jesus according to John. Text and Spirit* (Slough: St Paul Publications, 1989), 182–190. Siehe auch Raymond E. Brown, „Critical Biblical Exegesis and the Development of Doctrine", in: *Biblical Exegesis and Church Doctrine* (New York: Paulist, 1985), 26–53; Francis J. Moloney, „Whither Catholic Biblical Studies?" *ACR* 66 (1989): 83–93.

31 Rudolf Schnackenburg, „Die Funktion der Exegese in Theologie und Kirche", in: *Maßstab des Glaubens: Fragen heutiger Christen im Licht des Neuen Testaments* (Freiburg i. Br.: Herder, 1978), 20. Für eine eingehendere kritische Diskussion dieser sorgfältig formulierten Erklärung, siehe Joseph Ratzinger, „Die Weitergabe der göttlichen Offenbarung", in: *Das Zweite Vatikanische Konzil*. LThK (Freiburg i. Br.: Herder, 1967), Teil II, 515–528. Für eine neuere Publikation, siehe Moloney, *Reading the New Testament in the Church*, 16–19.

32 In einem denkwürdigen Moment lässt Alessandro Manzoni, der Autor eines berühmten italienischen Romans, dessen Schönheit auf der reichen Würdigung von traditionellen Werten beruht, seinen „Erzähler" weise bemerken: „Und du weißt, dass Traditionen allein, wenn du ihnen nicht zu Hilfe kommst, immer zu wenig sagen" (*I Promessi Sposi: Storia Milanese del Secolo XVII*. Ed. Fausto Ghisalberti [Mailand: Hoepli, 1973], XXXVIII: 48).

33   Wichtige Beiträge im Hinblick auf die Begrenztheit des *sola Scriptura* werden in neuerer Zeit von protestantischen Gelehrten geliefert. Siehe z. B. Ernst Käsemann, „Thoughts on the Present Controversy about Scriptural Interpretation", in: *New Testament Questions of Today* (London: SCM, 1969), 268–285; Peter Stuhlmacher, „Historische Kritik und theologische Schriftauslegung", *TLZ* 103 (1978): 59–127; James Barr, *The Scope and Authority of the Bible*. ET 7 (London: SCM, 1980). Zum Fundamentalismus, siehe James Barr, *Fundamentalism* (London: SCM, 1977).

34   Zum Prozess, der die Bücher des NT hervorbrachte und den ntl. Kanon begründete, siehe Moloney, *Reading the New Testament in the Church*, 45–63.

35   Siehe Robert C. Gregg (ed.), *Athanasius: The Life of Antony and the Letter to Marcellinus*. CWS (London: SPCK, 1980), 30–32.

36   William H. C. Frend, *The Rise of Christianity* (London: Darton, Longman & Todd, 1984), 423.

37   Für eine eingehendere Studie zu dieser Frage, die zu dieser Schlussfolgerung geführt hat, siehe Moloney, *Reading the New Testament in the Church,* 196–201.

38   Wie Power, „The Holy Spirit: Scripture, Tradition and Interpretation", 167, bemerkt: „Im Achten darauf, was von der Bibel her verkündet oder in der Liturgie gefeiert wird, oder was in der Tradition weitergegeben wird, muss die Kirche genau hinhören auf ein Wort, das aus einer tieferen Erfahrung von Erlösung heraus spricht als die paradigmatischen Sprechmuster, die von patriarchalen, hierarchischen oder technologischen Kulturen übernommen worden sind."

39   Siehe besonders Moloney, *Reading the New Testament in the Church*, 196–201.

40   Siehe besonders Papst Franziskus, *Evangelii Gaudium,* Abschnitte 110–175.

41   de la Potterie, *The Hour of Jesus*, 157, drückt das sehr gut aus: „Treue zur Tradition besteht nicht bloß in der Wiederholung dessen, was schon gesagt worden ist, sondern in der Nachfolge und Ausweitung der Dynamik einer Bewegung. Es geht darum, mit den neuen, uns zur Verfügung stehenden Mitteln die Tradition weiterzuführen. Jede Epoche ist ein Glied in der Kette einer lebendigen Tradition, in einem Prozess, der bis zur Parusie weitergehen wird."

42   Die Erzählungen der Evangelien sind viel jüngeren Datums: das MkEv entstand um 70 n. Chr., das MtEv und LkEv entstanden Mitte der 80er-Jahre n. Chr., und das JohEv gegen Ende des 1. Jh. n. Chr. Für eine kurze Einführung zu jedem Evangelium, siehe Moloney, *Reading the New Testament in the Church*, 113–139.

43 Siehe Francis J. Moloney, „John 6 and the Celebration of the Eucharist", *DRev* 93 (1975): 243–251, und idem, „The Function of Prolepsis in the Interpretation of John 6", in: *The Interpretation of John 6*. Ed. R. Alan Culpepper. BibIntS 22 (Leiden: Brill, 1997), 129–148.

44 Die klassische Studie bleibt jene von Joachim Jeremias, *Die Abendmahlsworte Jesu*. (Göttingen: Vandenhoeck & Ruprecht, 4. Aufl. 1967). Einen befriedigenderen Zugang zu diesen Fragen unternimmt Xavier Léon-Dufour, *Sharing the Eucharistic Bread*, 183–202. Für eine Infragestellung der Klassifizierung der beiden Traditionen als „Jerusalemer" und „Antiochenische" Tradition, siehe den Aufsatz von Michael Theobald, „Eucharist and Passover: the two ‚loci' of the liturgical commemoration", 231–254. Siehe auch Joseph A. Fitzmyer, *First Corinthians*. AYB 32 (New Haven, CT: Yale University Press, 2008), 435–444.

45 John D. Crossan, *The Historical Jesus: The Life of a Mediterranean Jewish Peasant* (Edinburgh: T. & T. Clark, 1991), 360–367. Abgesehen von Crossans breiter Voreingenommenheit im Hinblick darauf, was Jesus als galiläischer Landbewohner getan oder nicht getan haben würde, wird der Unterschied in der literarischen Form zwischen der Ermahnung der *Didache* und den Erzählungen der ntl. Berichte nicht berücksichtigt. Crossan ist jedoch nicht der einzige, dem dies entgangen ist. Siehe auch Paul F. Bradshaw, *The Search for the Origin of Christian Worship* (Oxford/New York: Oxford University Press, 2002), 47–55.131–143; Francis Watson, „I Received from the Lord: Paul, Jesus, and the Last Supper", in: *Jesus and Paul Reconnected*. Ed. Todd Still (Grand Rapids, MI: Eerdmans, 2007), 103–124. Michael Theobald, „Eucharist and Passover: the two ‚loci' of the liturgical commemoration", 231–254, ist der Meinung, dass hinter den eucharistischen Traditionen des NT *zwei* Traditionen stehen: eine, die Jesu Worte und Handlungen enthielt, und eine andere, die die Ostereignisse insgesamt erinnerte. Zur Verteidigung der Historizität des Mahls, siehe Ed Parish Sanders, *The Historical Figure of Jesus* (Harmondsworth: Penguin Books, 1993) 263–264; Gerd Theißen/Annette Merz, *Der historische Jesus. Ein Lehrbuch* (Göttingen: Vandenhoeck & Ruprecht, 3. Aufl. 2001), 359–386; Fitzmyer, *First Corinthians*, 430–431.

46 Für einen hilfreichen Überblick über die Forschung zur historischen Frage vom Anfang des 20. Jh. bis 1986, siehe Jerome Kodell, *The Eucharist in the New Testament*. ZSNT (Wilmington, DE: Michael Glazier, 1989), 22–37.

47 Für eine theoretische Untermauerung der Bedeutung eines narrativen Zugangs zu jenen Texten, die die ntl. Autoren aus ihren Quellen zusammengefügt haben, siehe Francis J. Moloney, „Narrative Criticism of the Gospels", *Pacifica* 4 (1991): 181–201. Siehe auch Léon-Dufour, *Sharing the Eucharistic Bread*, 181–182. Dieser methodische Zugang ignoriert nicht die

geschichtliche Dimension, sein Hauptinteresse gilt jedoch der theologischen „Perspektive", die durch die Erzählung vermittelt wird.

48 Im Detail, siehe Léon-Dufour, *Sharing the Eucharistic Bread*, 77–78 und 336, Anm. 1. Gustave Martelet, *The Risen Christ and the Eucharistic World* (London: Collins, 1976), 97: „Es ist in der Praxis unmöglich, eine überzeugende Genealogie der Texte vorzulegen." Siehe jedoch die Zusammenfassung von Vorschlägen und den spekulativen Versuch, einen ursprünglichen Text ausfindig zu machen, in Theißen/Merz, *Der historische Jesus*, 371–373.

49 Zur theologischen Bedeutung eines „narrativen Zugangs" zu den biblischen Schriften, siehe Power, „The Holy Spirit: Scripture, Tradition and Interpretation", 168–170.

50 Brown, „Critical Biblical Exegesis", 33.

51 Ratzinger, „Die Weitergabe der göttlichen Offenbarung", in: *Das Zweite Vatikanische Konzil*, 524f.

52 Ratzinger, „Die Heilige Schrift im Leben der Kirche", in: *Das Zweite Vatikanische Konzil*, 576 (Hervorhebung von mir).

53 Ich stimme überein mit Brown, „Critical Biblical Exegesis", 52: „Weder eine fundamentalistische Interpretation des NT, die spätere Dogmen mit großer Klarheit schon im Zeitalter des NT vorfindet, noch eine liberale Sicht, die alles, was über Jesus hinausgeht, zurückweist, werden der katholischen Geschichte gerecht."

Zweites Kapitel

1 Siehe Philippe H. Menoud, „The Acts of the Apostles and the Eucharist", in: *Jesus Christ and the Faith: A Collection of Studies by Philippe H. Menoud*. PTMS 18 (Pittsburgh, PA: Pickwick, 1978), 84–106.

2 Siehe dazu jede gute Einleitung in das NT, z. B. die klassische von Werner G. Kümmel, *Einleitung in das Neue Testament* (Heidelberg: Quelle & Mayer, 1973), 198–218, oder jene neueren Datums von Raymond E. Brown, *An Introduction to the New Testament*. ABRL (New York: Doubleday, 1997), 511–526. Siehe besonders Raymond F. Collins, *First Corinthians*. SP 7 (Collegeville, MN: The Liturgical Press, 1999), 16–29; Fitzmyer, *First Corinthians*, 21–53. Für eine ausführliche Verortung der paulinischen Wirksamkeit in Korinth, siehe Jerome Murphy-O'Connor, *St. Paul's Corinth: Texts and Archeology*. GNS 6 (Wilmington, DE: Michael Glazier, 1983). Zu Hauskirchen und Eucharistie sowie Tempel, Bankette und Leib, siehe Murphy-O'Connor, *St. Paul's Corinth*, 153–167, und Fitzmyer, *First Corinthians*, 428–429. Hilfreich auch Robert Banks, *Paul's Idea of Community: The Early House Churches in Their Historical Setting* (Exeter: Paternoster, 1979).

3 Ich treffe diese Feststellung im Bewusstsein, dass einige sie infrage stel-

len. Siehe oben S. 250, Anm. 45. Zum paulinischen Bericht in 1 Kor 11,22–25 und seine Beziehung zum Letzten Abendmahl Jesu, siehe Fitzmyer, *First Corinthians*, 430.436–444.

4 Für einen hilfreichen Versuch, die Geschichte der Traditionsbildung – angefangen vom Jesus-Ereignis bis hin zu den Erzählungen im NT – aufzuspüren, siehe Léon-Dufour, *Sharing the Eucharistic Bread*, 157–179.

5 Die schriftlichen Dokumente des NT sind lediglich ein Teil der Reflexion der frühen Kirche. Die lebendige Tradition der frühesten Kirche war weitgehend mündlicher Natur. Was in den schriftlichen Dokumenten des NT aufscheint, ist vergleichbar mit der Spitze eines Eisbergs, der aus dem Wasser herausragt. Ein viel größerer Teil ist nicht verschriftlicht, und damit nicht sichtbar. Das ist auch bei Paulus der Fall. Wir können einige Aspekte des paulinischen Verständnisses der Eucharistie erkennen, weil er sich mit Missständen in Korinth befassen musste. Die paulinische Intervention vermag uns jedoch kein vollständiges Bild von der eucharistischen Vorstellung und Praxis in der frühesten Kirche zu liefern.

6 Für ein hervorragendes Beispiel der paulinischen Verwendung von Erinnerung in der frühesten Kirche, um die Bedeutung der Selbsthingabe Jesu im Tod festzustellen, siehe Dale C. Allison Jr., *Constructing Jesus: Memory, Imagination, and History* (Grand Rapids, MI: Baker Academic, 2010), 392–433.

7 Der Ausdruck „literarischer Kontext" bezieht sich auf alles, was vor und nach einem betreffenden Abschnitt steht, innerhalb der Gesamtstruktur und Gesamtbotschaft des Ersten Korintherbriefs als eines literarischen Dokuments. Der Ausdruck „historischer Kontext" verweist auf die Situation im Leben der ersten Christen in Korinth, die Paulus dazu veranlasste, sie an ihre Eucharistiefeiern zu „erinnern" und an die Verbindung zum Tod Jesu, wie er sie gelehrt hatte (siehe VV. 23–26).

8 Ich entschuldige mich für den Gebrauch der exklusiv „männlichen" Sprache. Sie wird aus Respekt für die RSV beibehalten (analog meist auch die EÜ), sowie für das griechische Original *(dokimazetō de anthrōpos)*. Eine generische Wiedergabe (z. B. mit „man") oder eine inklusive (z. B. „Mann oder Frau") würde einen sehr schwerfälligen Text ergeben. Deshalb findet sich gelegentlich in dieser Studie eine exklusive Sprache.

9 Augustinus, *In Johannis Evangelium Tractatus CXXIV*, LXII.1–6 (CCSL XXXVI, 483–485). Das Denken der katholischen Kirche wurde auf dem Konzil von Trient gekonnt zu einer Synthese zusammengefügt.

10 Die Abkürzung DH wird vielen Leser/innen fremd sein. Wie Sie in der Liste der Abkürzungen vorne im Buch sehen, bezieht sie sich auf ein grundlegendes Nachschlagewerk, das von Theologen verwendet wird. Zuerst von Heinrich Denzinger herausgegeben, stammten spätere Ausgaben von Adolf

Schönmetzer, mittlerweile von Peter Hünermann. Es ist eine unschätzbare Sammlung aller wichtigen Lehren der Dogmatik und Moraltheologie der katholischen Kirche, unter Angabe ihrer jeweiligen Entstehungskontexte (z. B. Konzil von Florenz, Konzil von Trient, Erstes Vatikanisches Konzil, usw.), durch die lange Geschichte hindurch. Die Nummern nach der Abkürzung DH finden sich an den Rändern.

11 Es ist interessant, die besten dieser Handbücher zu konsultieren. Siehe z. B. I.A. de Aldama, F.A.P. Solá Severino Gonzales und J. F. Sagüés, *Sacrae Theologiae Summa*. Biblioteca de Auctores Cristianos II/73 (Madrid: La Editorial Catolica, 1953), 280–281. Der Verfasser dieses Teils (I.A. de Aldama) ist gemäßigt in seinen Behauptungen und ist sich der Schwierigkeiten bewusst, die sich durch das Lesen des Abschnitts innerhalb des Gesamtkontextes ergeben. Trotzdem wird das traditionelle Argument vorgebracht. Eine ähnliche Vorsicht zeigt sich bei Henry Davis, *Moral and Pastoral Theology*. HeythS 11. 4 Bände (London: Sheed & Ward, 1959), 3:101–102. Nach Verweis auf die üblichen Normen bezüglich der notwendigen Heiligkeit für das Hinzutreten zur Eucharistie schlussfolgert der Verfasser: „Die Verpflichtung zur Beichte bewusster, nicht vergebener Todsünden vor der Feier der Messe oder dem Empfang der Heiligen Kommunion ist wahrscheinlich eine Verpflichtung des Kirchenrechts" (101). In einer Anmerkung verweist Davis explizit auf 1 Kor 11,28 und folgert, dass diese Stelle „nicht klar die Existenz eines göttlichen Gebots beweist" (101, Anm. 1).

12 Siehe oben S. 38–48.

13 Siehe, u.v.a., die hilfreiche Studie von Wendell L. Willis, *Idol Meat in Corinth: The Pauline Argument in 1 Corinthians 8 and 10*. SBLDS 68 (Chico, CA: Scholars Press, 1985), und besonders John Fotopoulos, *Food Offered to Idols in Roman Corinth: A Social-Rhetorical Reconsideration of 1 Corinthians 8:1–11:1* (Tübingen: Mohr Siebeck, 2003). Fotopoulos bietet einen ausgezeichneten Überblick über die Forschungslage sowie den religiösen und kulturellen Hintergrund des römischen Korinth, der Auswirkungen auf die dortigen Christen hatte, auf den Seiten 1–48 (Forschung) und 49–178 (religiöser und kultureller Hintergrund).

14 Es gibt Hinweise darauf, dass die Autorität des Paulus in Korinth geschwächt war. Siehe James C. Hanges, *Paul, Founder of Churches: A Study in Light of Evidence for the Role of „Founder-Figures" in the Hellenistic-Roman Period* (Tübingen: Mohr Siebeck, 2012), 378–433, besonders die Seiten 391–400; Benjamin A. Edsall, *Paul's Witness to Formative Early Christian Instruction* (Tübingen: Mohr Siebeck, 2014), 98–121.170–175. Dennoch interveniert er regelmäßig in der korinthischen Situation, wofür die hin und her gehenden Diskussionen in 1 Kor ein Beleg sind sowie die Hinweise

auf eine Reihe von verschiedenen Interventionen in 2 Kor (siehe die Zusammenfassung bei Edsall, *Paul's Witness*, 59).

15   Siehe dazu Brendan J. Byrne, *Reckoning with Romans: A Contemporary Reading of Paul's Gospel*. GNS 18 (Wilmington, DE: Michael Glazier, 1986), 20–25; Moloney, *Reading the New Testament in the Church*, 93–106.

16   Siehe Barth, *Rediscovering the Lord's Supper*, 65. Dieses Thema taucht, in unterschiedlicher Weise, durch die Paulusbriefe hindurch auf. Siehe z. B. Röm 15,1–3: „Wir müssen als die Starken die Schwäche derer tragen, die schwach sind, und dürfen nicht für uns selbst leben. Jeder von uns soll dem Nächsten zu Gefallen leben, zum Guten und zur Auferbauung. Denn auch Christus hat nicht sich selbst zu Gefallen gelebt; vielmehr steht geschrieben: Die Schmähungen derer, die dich schmähen, sind auf mich gefallen." Rom war nicht Korinth, und die Probleme waren zweifellos sehr unterschiedlich. Die Sorge des Paulus für die Schwachen ist jedoch gleichbleibend. Siehe Brendan Byrne, *Romans*. SP 6 (Collegeville, MN: The Liturgical Press, 1996), 423–425; Frank J. Matera, *Romans*. PCNT (Grand Rapids, MI: Baker Academic, 2010), 320–322. Matera interpretiert zu Recht: „Wenn die Schwachen und die Starken Gott als eine im Glauben geeinte Gemeinschaft preisen, dann werden Gott und Jesus Christus gepriesen werden" (322). Siehe auch 325–326.

17   Zur sozio-rhetorischen Bedeutung, dass Paulus sich selbst als Beispiel verwendet, siehe Fotopoulos, *Food Offered to Idols*, 223–227: „positives Beispiel für den Verzicht auf die apostolische Freiheit zugunsten der Schwachen" (223). Dieses „Beispiel" geht mühelos über in das negative Beispiel aus der Geschichte Israels in 10,1–13 (siehe 227–233).

18   Für eine sehr hilfreiche Studie zu diesem entscheidenden Abschnitt, siehe Brendan Byrne, *Paul and the Christian Woman* (Homebush: St Paul Publications, 1988), 1–14.

19   Die paulinische Diskussion der Rolle von Frauen in den Versammlungen hat zu umfangreichen Debatten geführt. Einige haben sogar die Meinung vertreten, dass 1 Kor 11,2–16 so gar nicht hierher passt und deshalb eine spätere Einfügung sein muss. Diese Behauptung wird weitgehend zurückgewiesen. Für gute Diskussionen dieses schwierigen Abschnitts, siehe Byrne, *Paul and the Christian Woman*, 31–58; Pheme Perkins, *First Corinthians*. PCNT (Grand Rapids, MI: Baker Academic, 2012), 132–141. Siehe auch die ausführliche Behandlung dieses Abschnitts bei Fitzmyer, *First Corinthians*, 404–425 und Collins, *First Corinthians*, 393–424. Collins überschreibt sehr treffend diesen Teil seines Kommentars: „Lasst Männer Männer und Frauen Frauen sein."

20   Besonders Walter Schmithals, *Gnosis in Korinth. Eine Untersuchung zu den Korintherbriefen* (Göttingen: Vandenhoeck & Ruprecht, 2. Aufl. 1965).

Für einen guten Überblick, siehe C. Kingsley Barrett, *The Second Epistle to the Corinthians*. BNTC (London: A. & C. Black, 1973), 36–50.

21 Für eine Darstellung der gespaltenen Gemeinde, siehe Jerome Murphy-O'Connor, „Eucharist and Community in First Corinthians", *Worship* 50 (1976): 370–372; 51 (1977): 64–69.

22 Hier ist Vorsicht geboten. Paulus vertritt nicht einfach eine Zulassung zum Tisch für alle. Darauf verweist auch der Ausschluss eines sich in einer inzestuösen Beziehung befindenden Mannes aus der Gemeinde (1 Kor 5,1–6). Der Ausschluss erfolgt jedoch wohlgemerkt in der Hoffnung auf eine spätere Wiederzulassung (siehe VV. 5–6).

23 Exegeten haben argumentiert, dass 1 Kor 10,1–22 nicht in diesen Kontext gehört. Für einen Überblick und eine Verteidigung der Logik des paulinischen Arguments, siehe Günther Bornkamm, „Lord's Supper and Church in Paul", in: *Early Christian Experience* (London: SCM, 1969), 123–125.152–154. Siehe auch Willis, *Idol Meat in Corinth*, 268–275. Die meisten heutigen Exegetinnen und Exegeten plädieren stark für die Einheit des paulinischen Arguments in diesem gesamten Abschnitt von 1 Kor. Siehe Richard A. Horsley, *1 Corinthians*. ANTC (Nashville, TN: Abingdon, 1998), 134–142; Perkins, *First Corinthians*, 121–131; Anders Eriksson, *Tradition as Rhetorical Proof: Pauline Argumentation in 1 Corinthians*. ConBNTS 29 (Stockholm: Almqvist & Wiksell International, 1998), 135–173; Fotopoulos, *Food Offered to Idols*, 208–250 (siehe seine Darstellung der rhetorischen Einheiten, die 8,1–11,1 konstituieren, 200–206); sowie Edsall, *Paul's Witness*, 74–88.

24 Für die Bedeutung des paulinischen Verweises auf sich selbst als Beispiel Christi – um diese Herausforderung tatsächlich und historisch zu interpretieren – siehe Jerome Murphy-O'Connor, *Becoming Human Together: The Pastoral Anthropology of St. Paul*. GNS 2 (Wilmington, DE: Michael Glazier, 1982), 141–153.

25 Die RSV übersetzt das Griechische wenig hilfreich mit „übernatürliche" Speise und „übernatürlicher" Trank („supernatural food", „supernatural drink"). Die EÜ übersetzt ähnlich mit „geistgeschenkte" Speise und „geistgeschenkter" Trank.

26 Siehe dazu Barrett, *The First Epistle to the Corinthians*, 218–229; Perkins, *First Corinthians*, 121–125.

27 BDF, 220 (par. 427): „Sowohl *ou* als auch *mē* werden noch in Fragen wie im klassischen Griechisch verwendet …; oft *ouki*, wenn eine bejahende Antwort erwartet wird, *mē* … wenn eine negative Antwort erwartet wird."

28 Für eine genaue Studie zur Bedeutung von *koinōnia* an dieser Stelle, siehe Léon-Dufour, *Sharing the Eucharistic Bread*, 209–211; Jerome Murphy-O'Connor, „Eucharist and Community in First Corinthians", *Worship* 51

(1977): 58–59; Fotopoulos, *Food Offered to Idols*, 233–235. Für eine breitere Untersuchung zum Hintergrund des Begriffs, siehe Willis, *Idol Meat in Corinth*, 167–181. Zu seiner Verwendung in VV. 16–17, siehe 200–212. Der Begriff *metechein* wird von Paulus als Äquivalent von *koinōnein* verwendet. Siehe dazu Willis, *Idol Meat*, 196–197.

29 Jerome Murphy-O'Connor, *1 Corinthians*. NTM 10 (Wilmington, DE: Michael Glazier, 1979), 97. Siehe auch Léon-Dufour, *Sharing the Eucharistic Bread*, 211–213.

30 Siehe, u.v.a., Horsley, *1 Corinthians*, 140–141. Barth, *Rediscovering the Lord's Supper*, 33–42, argumentiert entschieden dagegen. Der Schlüssel für sein Argument liegt in seiner Behauptung, dass V. 17a als eine christologische Erklärung gelesen werden sollte: „Es gibt ein Brot (Jesus Christus)." Sein Argument ist etwas erzwungen und verfälscht den Gang der paulinischen Argumentation in 10,14–22.

31 Ein weiterer wichtiger Aspekt des paulinischen Evangeliums steht hier auf dem Spiel: der Monotheismus. Siehe Edsall, *Paul's Witness*, 103: Paulus „charakterisiert seine Gesprächspartner als strenge Monotheisten – in gewisser Weise sogar strenger als sich Paulus selbst herausstellt (10,19–22)." Siehe auch Fotopoulous, *Food Offered to Idols*, 235.249.

32 Bornkamm, „Lord's Supper and Church in Paul", 127.

33 Für die Bedeutung von VV. 1–13 für das Gesamtargument des Paulus, siehe Willis, *Idol Meat in Corinth*, 123–163; Fotopoulos, *Food Offered to Idols*, 208–223.

34 Wie 1 Kor zeigt, ist Paulus nicht immer zufrieden mit diesen „Variationen". Siehe 1 Kor 5,1 – 6,20; 11,1 – 15,58 für Hinweise auf eine „paulinisch-sanktionierte" Gemeinde.

35 Es ist hilfreich zu bemerken, dass Paulus dieselbe Methode des „Erinnerns" bei zwei anderen Gelegenheiten in 1 Kor verwendet. In 11,23 ruft er den Korinthern ins Gedächtnis, was sie von ihm über die Eucharistie gelernt haben, und in 15,1–3a was sie von ihm über die Auferstehung gelernt haben. Bei beiden Gelegenheiten weist Paulus auch darauf hin, dass das, was sie von ihm gelernt haben, eine frühere *Tradition* ist, die ihm selbst auch zugekommen ist.

36 Bornkamm, „Lord's Supper and Church in Paul", 144. Siehe auch Gerd Theißen, „Soziale Integration und sakramentales Handeln. Eine Analyse von 1 Cor. XI 17–34", in: *Studien zur Soziologie des Urchristentums* (Tübingen: Mohr, 3. Aufl. 1989), 290–317; Murphy-O'Connor, *St. Paul's Corinth*, 153–161.

37 Siehe dazu Frank J. Matera, *God's Saving Grace: A Pauline Theology* (Grand Rapids, MI: Eerdmans, 2012), 134–142.

38 Zur inneren Logik von 11,17–34, siehe Fitzmyer, *First Corinthians*, 426.

39 Luc Dequeker/Willem Zuidema, „The Eucharist and St Paul: 1 Cor. 11.17–34", *Conc* 4 (1968): 28.

40 Bornkamm, „Lord's Supper and Church in Paul", 134–138, argumentiert, dass der paulinische Text die Praxis eines gemeinsamen Mahls vor der sakramentalen Handlung erkennen lässt. Paulus wendet sich gegen den Missbrauch dieses vorausgehenden Mahls. Siehe dazu die Diskussion bei Collins, *First Corinthians*, 430–131. Theißen, „Soziale Integration und sakramentales Handeln", ist – wie andere – der Meinung, dass es heute unmöglich ist festzustellen, wie das Mahl selbst organisiert worden ist. Die entscheidenden Elemente waren das Brechen des Brotes und das Reichen des Kelches im Namen des Herrn.

41 Die genaue Art der Spaltung wird kontrovers beurteilt. Teilten die Reicheren nicht mit den weniger Privilegierten oder warteten sie nicht auf diese? Die Diskussion hängt von der Bedeutung des griechischen Verbs *prolambanei* ab („nehmen, bevor andere das Ihre haben" oder „schon mit dem Essen anfangen"?) in V. 21. Der Gedanke des „Wartens" wird gestützt durch den Imperativ „wartet aufeinander" *(allêlous ekdechesthe)* in V. 33. Für welche Bedeutung man sich auch entscheidet, der grundlegende soziale Standpunkt ist derselbe: Die Armen waren benachteiligt. Zur Diskussion, siehe Barrett, *The First Epistle to the Corinthians*, 262.276.

42 Theißen, „Soziale Integration und sakramentales Handeln", 293–297. Siehe auch Conzelmann, *Der erste Brief an die Korinther,* 230, Anm. 26; Bornkamm, „Lord's Supper and Church in Paul", 126, und besonders der ausführliche Überblick von Barry Smith, „The Problem with the Observance of the Lord's Supper in the Corinthian Church", *BBR* 20 (2010): 517–544.

43 Siehe Murphy-O'Connor, *1 Corinthians*, 110–111.

44 Barrett, *The First Epistle to the Corinthians*, 263–264. Für eine interessante Studie des sozialen und theologischen Hintergrunds dieser Schwierigkeiten, siehe Theißen, „Soziale Integration und sakramentales Handeln", 290–317. Siehe auch Murphy-O'Connor, „Eucharist and Community in First Corinthians", 64–69; Collins, *First Corinthians*, 416–421.

45 Paulus verwendet diese ironische Vorgehensweise in Bezug auf seine Gemeinden bei mehreren Gelegenheiten. Indem er Formulierungen verwendet, die sie bereits kennen und verwenden, fordert er sie auf, zu praktizieren, was sie predigen, d. h. ihr Leben mit ihren Worten in Einklang zu bringen. Wie in 1 Kor 11,23–26 ist diese Vorgehensweise auch besonders eindrucksvoll in Phil 2,5–11, wo er der mit sich selbst beschäftigten Gemeinde von Philippi einen Hymnus in Erinnerung ruft, der von Jesu Selbstentäußerung bis zum Tod spricht. Siehe Moloney, *Reading the New Testament in the Church*, 102–106.

46 Für eine ausgezeichnete und detaillierte Diskussion zur Geschichte und Bedeutung der paulinischen Version des Einsetzungsberichts, siehe Fitzmyer, *First Corinthians*, 436–444.

47 Die lukanische Version der eucharistischen Worte enthält dieselbe Aufforderung (siehe Lk 22,19). Siehe dazu Léon-Dufour, *Sharing the Eucharistic Bread*, 102–116. Siehe den aufschlussreichen Vergleich der verschiedenen Versionen der Worte Jesu über Brot und Kelch bei Perkins, *First Corinthians*, 143–144.

48 Siehe Francis J. Moloney, „Synchronic Interpretation", in: *The Oxford Encyclopedia of Biblical Interpretation*. Ed. Steven McKenzie. 2 Bände (Oxford/New York: Oxford University Press, 2013), 2:345–354.

49 Dies ist besonders stark, wenn man V. 24 liest als „mein Leib, gebrochen für euch". Zur Verteidigung dieser Lesart, siehe Jacques Duplacy, „A propos d'un lieu variant de 1 Co 11,24: ,Voici mon corps (-, rompu, donné etc.) pour vous'", in: *Le Corps et le Corps du Christ dans la Première Épître aux Corinthiens*. Congress de l'ACFEB, Tarbes 1981. LD 114 (Paris: Cerf, 1983), 27–46; Collins, *First Corinthians*, 432.

50 Léon-Dufour, *Sharing the Eucharistic Bread*, 113, drückt dies sehr gut aus: „Hier haben wir wiederum die drei Dimensionen der Erinnerung: (1) Mithilfe der jetzigen kultischen Handlung (2) gehen wir zurück zu Jesus, der an einem Punkt in der Geschichte die Gegenwart Gottes, des Erlösers, manifestierte und verwirklichte, und (3) der immerwährende Rettung schenkt ... Er ist hier, und ich habe es nicht erkannt! Er ist hier, und so öffne ich mich für die vielen Menschen." Siehe auch Collins, *First Corinthians*, 427–430.

51 Genaueres zu dieser Perspektive, siehe Hans Kosmala, „Das tut zu meinem Gedächtnis", *NT* 4 (1960): 81–94; Peter Henrici, „,Do this in remembrance of me': The sacrifice of Christ and the sacrifice of the faithful", *Comm* 12 (1985): 146–157; Fitzmyer, *First Corinthians*, 440–441. Siehe die umfassende Studie von Fritz Chenderlin, „*Do This as My Memorial.*" AB 99 (Rom: Biblical Institute Press, 1982).

52 Henrici, „Do this in remembrance of me", 148–149. Zu einer ähnlichen Position von Seiten eines Dogmatikers, siehe Karl Rahner, *Praxis des Glaubens. Geistliches Lesebuch*. Ed. Karl Lehmann/Albert Raffelt (Zürich: Benziger/Freiburg i. Br.: Herder, 2. Aufl. 1984), 273–278. Siehe z. B. S. 274: „Die Gnade der Eucharistie empfängt man nur, insofern man das in ihr ankommende Opfer mitvollzieht."

53 Gegen Barth, *Rediscovering the Lord's Supper*, 42–44, lese ich V. 26, wie alle Kommentatoren, als einen paulinischen Kommentar zu VV. 23–25, nicht als Teil seiner eucharistischen Tradition. Das heißt jedoch nicht, dass die Elemente, aus denen der Kommentar besteht, nicht in sich selbst „traditionell" gewesen wären. Die Tatsache, dass sie in Lk 22,19 aufscheinen, ist

ein guter Hinweis darauf, dass sie bereits Teil der Tradition waren. Siehe dazu Conzelmann, *Der erste Brief an die Korinther*, 237–238; Barrett, *The First Epistle to the Corinthians*, 270; Collins, *First Corinthians*, 425–431; Eriksson, *Traditions as Rhetorical Proof*, 187–189; Edsall, *Paul's Witness*, 86.

54   Für eine weitere Überlegung zu diesem Argument, mit Literaturangaben, siehe John D. Laurance, „The Eucharist as the Imitation of Christ", *TS* 47 (1986): 286–296. Besonders hilfreich ist der Überblick über die gegenwärtige Diskussion auf den Seiten 291–294. Bornkamm, „Lord's Supper and Church in Paul", 140–141. Eriksson, *Traditions as Rhetorical Proof*, 188: „Was Paulus in 11,26 sagt, ist, dass Gläubige, die das Herrenmahl feiern, den Tod des Herrn in seiner eschatologischen Bedeutung verkündigen." Siehe auch Beverley Gaventa, „‚You Proclaim the Lord's Death‘: 1 Corinthians 11:26 and Paul's Understanding of Worship", *RevExp* 80 (1983): 377–387.

55   Ich argumentiere nicht, dass es in V. 26 *nur* um den eucharistischen Lebensstil derer, die die Eucharistie feiern, geht. Es geht *auch* darum. Siehe Léon-Dufour, *Sharing the Eucharistic Bread*, 220–227. Siehe auch Kodell, *The Eucharist in the New Testament*, 80: „Exegeten ist bewusst geworden, dass beide Gedanken im Aufruf zur Erinnerung enthalten sein können: die Eucharistie als Erinnerung an Gott und als Erinnerung an die Nachfolger Jesu. Gott wird erinnert an seine Bundesverheißungen in Jesus, damit er sie erfülle, und die Jünger werden an Jesu Selbsthingabe in Leben und Tod erinnert, damit sie sein Beispiel nachahmen." Siehe auch Jeremias, *Die Abendmahlsworte Jesu*, 196–252, und die schönen theologischen Überlegungen zu 11,2 – 14,40, welche die oben vertretenen Positionen stützen, bei Perkins, *First Corinthians*, 166–170.

56   See Murphy-O'Connor, „Eucharist and Community in First Corinthians", 60–62.

57   Henrici, „Do this in remembrance of me", 155. Siehe auch Laurance, „The Eucharist as Imitation of Christ", 289: „Wahrhaft christliche Handlungen enthalten nicht nur Christus in seinen erlösenden Ereignissen … sondern sie tun dies, weil dieselben Ereignisse gewissermaßen in sich die Wirklichkeit jedes christlichen Lebens in dieser Welt einschließen." Siehe die Überlegungen von Martelet, *The Risen Christ and the Eucharistic World*, 170–173.

58   Nils A. Dahl, „Anamnesis: Memory and Commemoration in Early Christianity", in: *Jesus in the Memory of the Early Church* (Minneapolis, MN: Augsburg, 1976), 13. Siehe auch die Seiten 21–24 zum eucharistischen Gedächtnis, mit der Schlussfolgerung: „Frühes Christentum war nicht nur Glaube und Gottesdienst, sondern auch eine Lebensweise" (24).

59   Wie es Fitzmyer, *First Corinthians*, 426, ausdrückt: „Es kann keine wirkliche Feier des Herrenmahls geben, solange ihre liturgischen Versamm-

lungen durch unwürdiges Verhalten, das trennend und parteilich wirkt, beeinträchtigt werden, und nicht von derselben Sorge ‚für andere', die Jesus beim Letzten Abendmahl bekundete, geprägt sind." Heutige Autoren und offizielle Dokumente setzen diese unkritische Verwendung von 1 Kor 11,27–28 fort, ohne jeden Verweis auf den literarischen und theologischen Kontext. Siehe z. B. Everett A. Diederich, „Reflections on Post-Conciliar Shifts in Eucharistic Faith and Practice", *Comm* 12 (1985): 234. Siehe auch „Propositions on the Doctrine of Christian Marriage", in: *International Theological Commission: Texts and Documents 1969–1985*. Ed. Michael Sharkey (San Francisco, CA: Ignatius Press, 1989), 174.

60 Siehe z. B. Antonio Piolanti, *The Holy Eucharist* (New York: Desclée, 1961), 45–46; Pierre Benoit, „The Accounts of the Institution and What They Imply", in: *The Eucharist in the New Testament: A Symposium*. Ed. Jean Delorme et al. Transl. E.M. Stewart (London: Geoffrey Chapman, 1964), 93. Ein heutiger katholischer Exeget, Murphy-O'Connor, *1 Corinthians*, 114, kommentiert folgendermaßen: „Es wird manchmal gesagt, was Paulus hier verlangt, ist, dass die Teilnehmer die Eucharistie von gewöhnlichem Essen unterscheiden sollen, aber dies passt nicht zum Kontext und verrät eine Voreingenommenheit im Hinblick auf die Lehre von der Realpräsenz, die für eine viel spätere Zeit charakteristisch ist."

61 Siehe die Diskussion von Barrett, *The First Epistle to the Corinthians*, 273–275. Siehe auch Bornkamm, „Lord's Supper and Church in Paul", 148–152.

62 Gegen Theißen, „Soziale Integration und sakramentales Handeln", 294–295. Dieser argumentiert, dass die Worte über das Brot eine „praktische Bedeutung" haben: „Dies Brot ist für euch alle da." Paulus hat den Tod des historischen Jesus, der sich selbst hingegeben hat, im Sinn, nicht die allgemeine Verfügbarkeit des Brotes. Letzteres ist eine Konsequenz des Ersteren. Siehe Kodell, *The Eucharist in the New Testament*, 78–81.

63 Siehe Fitzmyer, *First Corinthians*, 446–447. Rahner hat dies in seiner Verwendung von 1 Kor 11,29 geschätzt, siehe *Praxis des Glaubens*, 278: „Für immer gilt das Wort des Apostels (1 Kor 11,29): Gerade durch die Sünden gegen die Nächstenliebe essen und trinken wir uns im Mahl des Herrn das Gericht."

64 Diese Überlegungen verdanke ich einer persönlichen Mitteilung von Brendan Byrne, SJ. Siehe auch Dequeker/Zuidema, „The Eucharist and St Paul", 29–30; sowie Charles Perrot, „Lecture de 1 Co 11:17–34", in: *Le Corps et le Corps du Christ dans la Première Epître aux Corinthiens*, 96: „Unter den Korinthern ist es nicht die ‚Realpräsenz' ihres Herrn, die ihnen Schwierigkeiten bereitet, sondern das Kreuz … und dieses Thema klingt durch den ganzen Brief."

65 Fitzmyer, *First Corinthians*, 446.

66 1 Kor 11,30 spricht von den Schwachen, Kranken und Toten in der Gemeinde und verbindet dieses Phänomen mit ihrem jämmerlichen Gebrauch des Tisches des Herrn. Dieser schwierige Vers zeigt, dass die destruktiven Kräfte des alten Zeitalters, Krankheit und Tod, immer noch wirksam sind. Es bedeutet aber auch, dass sie ihnen vom Herrn geschickt worden sind, um sein Gericht zu vollstrecken. Siehe Collins, *First Corinthians*, 436–437. Zum gesamten Abschnitt VV. 30–34, siehe Bornkamm, „Lord's Supper and Church in Paul", 150. Während Krankheit und Tod offensichtlich auf die Tatsache hinweisen, dass wir alle sterben und mit Gottes letztem Gericht konfrontiert sein werden, haben sie auch einen erzieherischen Wert *bereits während unseres Lebens*: sie warnen uns davor, dass wir am Ende unseres Lebens nicht selig werden könnten. Siehe dazu Fitzmyer, *First Corinthians*, 448.

67 Léon-Dufour, *Sharing the Eucharistic Bread*, 229.

68 Conzelmann, *Der erste Brief an die Korinther*, 238; Collins, *First Corinthians*, 435–441. Siehe auch William F. Orr/James A. Walther, *1 Corinthians*. AB 32 (New York: Doubleday, 1976), 274: „Das Gericht erfolgt, weil sie nicht die göttliche Natur dieser Gemeinschaft unterscheiden und schuldig daran sind, sie zu zersplittern und ihre ärmeren Mitglieder schlecht zu behandeln."

69 Theißen, „Soziale Integration und sakramentales Handeln", 316.

70 Barth, *Rediscovering the Lord's Supper*, 68: „Es ist … absurd, eine Person, die von Christus eingeladen ist und sich danach sehnt, dem Ruf Christi zu folgen, davon abzuhalten, am Tisch zu sitzen. Diese sehr suspekten und verdammenswerten Personen könnten Boten Christi sein."

71 Siehe auch die Bermerkungen von Martelet, *The Risen Christ and the Eucharistic World*, 37–39.

72 Zu einer wichtigen Studie jüngeren Datums, siehe Allison, *Constructing Jesus*, 387–433.

73 Léon-Dufour, *Sharing the Eucharistic Bread*, 288. Siehe auch 283–289, auf denen die letzten Abschnitte basieren.

Drittes Kapitel

1 Für eine ausführliche Analyse der neuen literarischen Gattung, die von Markus geschaffen wurde und der die anderen Evangelisten folgten, siehe Collins, *Mark*, 19–43.

2 Das JohEv ist nicht literarisch abhängig von den früheren Evangelien. Der Verfasser verwendet das MkEv nicht auf dieselbe Art und Weise wie es Matthäus und Lukas getan haben. Er wusste jedoch um die früheren Berichte, wie wir in mehreren Abschnitten im JohEv (bes. in 6,1–72) sehen können. Siehe dazu D. Moody Smith, *John among the Gospels* (Columbia,

SC: University of South Carolina Press, 2001). Für einige weitere Überlegungen zu dieser Frage, siehe unten S. 287, Anm. 2.

3 Für eine heutige Darstellung jedes einzelnen Evangeliums, siehe Francis J. Moloney, *The Living Voice of the Gospel: The Gospels Today* (Melbourne: Garratt Publishing, 2006), und eine neuere, kürzere Darstellung bei Moloney, *Reading the New Testament in the Church*, 113–139.

4 Jene, die infrage stellen, dass der Bericht über ein Letztes Abendmahl mit Jesus begann, behaupten stets, dass das JohEv kein Wissen um diese Tradition zeige. Ich werde den Beweis erbringen, dass der Johannesevangelist sich sehr wohl dieser Tradition bewusst war, sie jedoch auf andere Weise verwendete.

5 Aus Respekt für die Tradition werde ich stets auf die Verfasser des MkEv, MtEv, LkEv und JohEv als „Markus", „Matthäus", „Lukas" und „Johannes" verweisen, ohne damit etwas über ihre historische Identität aussagen zu wollen oder auch über deren Geschlecht. Ich werde männliche Pronomina verwenden. Diese Namen wurden mit den Evangelien im 2. Jh. assoziiert. Einer der Gründe, jeder Geschichte ihren eigenen Verfasser zu geben, war es, damit ihre jeweilige Individualität sicherzustellen. Es gab nämlich damals die Tendenz, eine einzige Geschichte aus den vier Geschichten zu konstruieren, was die Einzigartigkeit von Mt, Mk, Lk und Joh gefährdete. Siehe Martin Hengel, „The Titles of the Gospels and the Gospel of Mark", in: *Studies in the Gospel of Mark* (Philadelphia, PA: Fortress, 1985), 64–84.

6 Eine andere Möglichkeit des Zugangs zur Erzählperspektive des Markus besteht darin, seine eigenen Beiträge zu den ihm überkommenen Traditionen aufzuspüren. Dies kann eine spekulative Aufgabe sein, aber eine diesem Anliegen gewidmete Arbeit hat eine beträchtliche markinische Kreativität gezeigt in den Abschnitten, die wir in Betracht ziehen. Siehe E.J. Pryke, *Redactional Style in the Markan Gospel: A Study of Syntax and Vocabulary as Guides to Redaction in Mark*. SNTSMS 33 (Cambridge: Cambridge University Press, 1978), 159–160.162.171–172.

7 Meyer H. Abrams, *A Glossary of Literary Terms* (New York: Holt, Reinhart & Winston, 1985), 144.

8 Eine narrativ-kritische Theorie unterscheidet zu Recht zwischen (1) einem *historischen Autor* („Markus"), (2) einem Verfasser, dessen Erzählperspektive durch die Erzählung zum Ausdruck kommt, gemeinhin *impliziter Autor* genannt, und (3) einem *Erzähler*, der Stimme, die tatsächlich in der Erzählung gehört wird. Der Einfachheit halber (und weil weithin anerkannt ist, dass in den christlichen Evangelien des 1. Jh. die Stimme des Autors, des impliziten Autors und des Erzählers als ein und dieselbe angesehen werden können) werde ich diese drei literarischen Merkmale im Namen des Verfas-

sers des jeweiligen Evangeliums zusammenfallen lassen. Hier werde ich „Markus" verwenden. Für genauere Studien zu dieser Theorie, siehe Stephen D. Moore, *Literary Criticism and the Gospels: The Theoretical Challenge* (New Haven, CT: Yale University Press, 1989); Francis J. Moloney, „Narrative Criticism of the Gospels", *Pacifica* 4 (1991): 181–201; Robert M. Fowler, *Let the Reader Understand: Reader-Response Criticism and the Gospel of Mark* (Minneapolis, MN: Fortress, 1991).

9   Für eine breitere Behandlung, siehe Francis J. Moloney, *Mark: Storyteller, Interpreter, Evangelist* (Peabody, MA: Hendrickson Publishers, 2004), 159–181. Für die folgenden Überlegungen, insbesondere im Hinblick auf den eucharistischen Hintergrund von Mk 6,31–44 und 8,1–9, habe ich hilfreiche Anregungen erhalten durch Donald Senior, „The Eucharist in Mark: Mission, Reconciliation, Hope", *BTB* 12 (1982): 67–72.

10   Zu den Charakteren im MkEv, siehe David Rhoads, Joanna Dewey, Donald Michie, *Mark as Story: An Introduction to the Narrative of a Gospel* (Philadelphia, PA: Fortress, 1999), 98–136; Elizabeth Struthers Malbon, *In the Company of Jesus: Characters in Mark's Gospel* (Louisville, KY: Westminster John Knox, 2000); idem, „Characters in Mark's Story: Changing Perspectives on the Narrative Process", in: *Mark as Story: Retrospect and Prospect*. Ed. Kelly R. Iverson/Christopher W. Skinner. RBS 65 (Atlanta, GA: SBL Press, 2011), 45–69; Christopher W. Skinner/Matthew Ryan Hauge (eds.), *Character Studies in the Gospel of Mark*. LNTS 483 (London: Bloomsbury/T. & T. Clark, 2014).

11   Zur Handlung des MkEv, siehe Rhoads, Dewey, Michie, *Mark as Story*, 73–97; Moloney, *Mark: Storyteller, Interpreter, Evangelist*, 47–58; R. Alan Culpepper, *Mark*. SHBC (Macon, GA: Smith & Helwys, 2007), 18–25.

12   Für eine sehr schöne kritische Übersicht zu diesem Thema im MkEv, einschließlich einer Einschätzung der gegenwärtigen Forschungslage, siehe C. Clifton Black, *The Disciples According to Mark: Markan Redaction in Current Debate*. JSNTSup 27 (Grand Rapids, MI: Eerdmans, 2012).

13   William J. Harvey, *Character and the Novel* (London: Chatto & Windus, 1965), 56.

14   Zu diesem Teil des Evangeliums, siehe Moloney, *The Gospel of Mark*, 171–214. Siehe die ausgezeichneten Kommentare von Craig A. Evans, *Mark 8:27–16:20*. WBC 34B (Nashville, TN: Thomas Nelson, 2001), 3–135; Joel Marcus, *Mark*, AYB 27–27A (New York: Doubleday/New Haven, CT: Yale University Press, 2000–2009), 2:590–766.

15   Siehe Moloney, *The Gospel of Mark*, 299–300; Harry Fleddermann, „The Flight of a Naked Young Man (Mark 14:51–52)", *CBQ* 41 (1979): 412–418; Culpepper, *Mark*, 511–513; Marcus, *Mark*, 2:999–1000.

16   Der Abschnitt Mk 16,9–20, der sich in vielen Bibelausgaben findet,

wurde dem Evangelium hinzugefügt. Wie die Anmerkung dazu in der weithin verwendeten *New Jerusalem Bible* (London: Darton, Longman & Todd, 1985), 1685, erklärt: „Der längere Markusschluss, VV. 9–20, ist in den als kanonisch angenommenen Corpus der inspirierten Schriften einbezogen, obwohl wichtige Handschriften ihn auslassen, und er scheint nicht von Markus zu stammen. Er hat einen unterschiedlichen Stil und ist kaum mehr als eine Zusammenfassung der Erscheinungen des auferstandenen Christus, mit anderem Material, die alle aus den verschiedenen neutestamentlichen Schriften abgeleitet werden könnten." Das ursprüngliche Evangelium endete mit 16,8. Siehe dazu Norman Perrin, *The Resurrection Narratives: A New Approach* (London: SCM, 1977), 20–22. Für weitere Details, siehe Moloney, *The Gospel of Mark*, 340–341.355–362; Collins, *Mark*, 803–818.

17 Siehe Moloney, *The Gospel of Mark*, 342–354. Ferner, Neil Q. Hamilton, „Resurrection, Tradition and the Composition of Mark", *JBL* 84 (1965): 415–421; Culpepper, *Mark*, 585–586.

18 Siehe Moloney, *The Gospel of Mark*, 350–354; Thomas E. Boomershine/Gilbert L. Bartholomew, „The Narrative Technique of Mark 16:8", *JBL* 100 (1981): 213–223; Thomas E. Boomershine, „Mark 16:8 and the Apostolic Commission", *JBL* 100 (1981): 225–239. Siehe auch J. Lee Magness, *Sense and Absence: Structure and Suspension in the Ending of Mark's Gospel*. SemeiaSt (Atlanta, GA: Scholars Press, 1986); Evans, *Mark 8:27–16:20*, 539–540.

19 Theodore J. Weeden, *Mark – Traditions in Conflict* (Philadelphia, PA: Fortress, 1976), 50–51.

20 Siehe Robert C. Tannehill, „The Disciples in Mark: The Function of a Narrative Role", *JR* 57 (1977): 386–405; Moloney, *Mark: Storyteller, Interpreter, Evangelist*, 185–199.

21 Abrams, *A Glossary*, 127.

22 Für eine hervorragende jüngere Studie zu dieser Frage, siehe Gregg S. Morrison, *The Turning Point in the Gospel of Mark: A Study in Markan Christology* (Eugene, OR: Pickwick Publications, 2014).

23 Für weitere Details, siehe Moloney, *The Gospel of Mark*, 16–22; Marcus, *Mark*, 1:62–64.

24 Zu dieser Perspektive, siehe Francis J. Moloney, *Beginning the Good News: A Narrative Approach*. BibSt 1 (Homebush: St. Paul Publications, 1992), 43–71. Siehe auch Marcus, *Mark*, 1:137–140.168–171.

25 Der handschriftliche Befund für das Vorkommen des Ausdrucks „Sohn Gottes" in Mk 1,1 wird seit Langem diskutiert, und die Exegeten und Exegetinnen sind diesbezüglich gespalten. Für eine neuere starke Verteidigung seiner Ursprünglichkeit sowie einen sehr guten Überblick über die Diskus-

sion, siehe Tommy Wasserman, „The ‚Son of God‘ was in the Beginning (Mark 1:1)“, *JTS* 62 (2011): 20–50.

26   Zu dieser dreifachen Einteilung von Mk 1,14 – 8,30, siehe u. a. Moloney, *The Gospel of Mark*, 18–19. Siehe besonders Marcus, *Mark*, 2:589–592.

27   Zum ersten Mal hervorgehoben von Robert H. Lightfoot, *History and Interpretation in the Gospels* (London: Hodder & Stoughton, 1935), 113–117; Mk 6,6b – 8,30 wird beherrscht von einer literarischen Struktur, die durch die zwei Brotwunder bestimmt ist. Für die Entfaltung und Anwendung auf die Interpretation dieses Teils des Evangeliums, siehe Moloney, *The Gospel of Mark*, 116–117.

28   Zu den eucharistischen Elementen in der Tradition, siehe Robert M. Fowler, *Loaves and Fishes: The Function of the Feeding Stories in the Gospel of Mark*. SBLDS 54 (Chico, CA: Scholars Press, 1981), 132–147. Siehe auch Sanae Masuda, „The Good News of the Miracle of the Bread: The Tradition and its Markan Redaction“, *NTS* 28 (1982): 201–203; Moloney, *The Gospel of Mark*, 130–132.154–155.

29   Für eine detaillierte Studie zur Entwicklung, die von einem Speisungswunder im Leben Jesu zur eucharistischen Umgestaltung dieser Geschichte durch Markus führte, siehe Jean-Marie van Cangh, *La Multiplication des Pains et l'Eucharistie*. LD 86 (Paris: Cerf, 1975), 67–109.

30   Siehe Francis J. Moloney, „Mark 6:6b–30: Mission, the Baptist, and Failure“, *CBQ* 63 (2001): 663–679.

31   Siehe Moloney, *The Gospel of Mark*, 143–144.

32   Philip Esler, *Community and Gospel in Luke–Acts: The Social and Political Motivations of Lucan Theology*. SNTSMS 57 (Cambridge: Cambridge University Press, 1987), 89–91, analysiert Mk 7,1–30 und sein Verständnis von Speisegesetzen und Tischgemeinschaft. Er schlussfolgert: „Wir sollen sicherlich dieses Bild als eine Rechtfertigung für die eucharistische Gemeinschaft von Juden und Heiden in der christlichen Gemeinde sehen.“

33   Siehe Moloney, *The Gospel of Mark*, 144–148.

34   Zur Bedeutung der jüdischen und heidnischen Speisungen, siehe van Cangh, *La Multiplication des Pains*, 111–131, und jüngst Moloney, *The Gospel of Mark*, 154–156.

35   Léon-Dufour, *Sharing the Eucharistic Bread*, 185; Marcus, *Mark*, 2:410.420–421. Für Crossan, *The Historical Jesus*, 332–353, feierte Jesus „Mähler ohne Grenzen“ und dies ist eines der Hauptmerkmale seines „Reiches ohne Courtage“.

36   Siehe Brendan Byrne, *A Costly Freedom: A Theological Reading of Mark's Gospel* (Collegeville, MN: The Liturgical Press, 2008), 121–133.

37   Der Abschnitt 14,17–31 wird nicht von allen als eine Einheit gesehen. Einige Exegeten trennen VV. 26–31 vom Abendmahl wegen der Worte „und

sie gingen hinaus" in V. 26. So etwa Vincent Taylor, *The Gospel According to St. Mark* (London: Macmillan, 1966), 548. Andere wiederum trennen VV. 27–31 und verbinden V. 26 mit VV. 22–25, da sie im Singen des Hymnus (V. 26) einen Hinweis auf den Gebrauch der zweiten Hälfte der Hallel-Psalmen als Abschluss der Tischgemeinschaft sehen. So z. B. William L. Lane, *Commentary on the Gospel of Mark*. NICNT (Grand Rapids, MI: Eerdmans, 1974), 509–510. Die gesamte „Handlung" von 14,1–72 verlangt meine Einteilung.

38 Für eine Skizze der Rhetorik des MkEv, siehe Rhoads, Dewey, Michie, *Mark as Story*, 39–62. Siehe auch H.C. Kee, *Community of the New Age: Studies in Mark's Gospel* (London: SCM, 1977), 50–76.

39 Siehe Rhoads, Dewey, Michie, *Mark as Story*, 46–47.

40 Angesichts des geringen Anteils der Menschen, die in der Antike lesen und schreiben konnten, hat sich die neuere Interpretation zunehmend auf den mündlichen Vortrag der Evangelien als ihre anfängliche Vermittlungsform konzentriert. Siehe die hilfreiche Studie von Kelly R. Iverson, „Performance Criticism", in: *The Oxford Encyclopedia of Biblical Interpretation* (New York/Oxford: Oxford University Press, 2013), 2:97–105. Siehe auch den hilfreichen Aufsatz von David Rhoads, „Performance Criticism: An Emerging Methodology in Second Temple Studies", *BTB* 36 (2006): 118–133.164–184; sowie Joanna Dewey, „The Survival of Mark's Gospel: A Good Story?" *JBL* 123 (2004): 495–507. Für eine maßgebliche Studie, die das MkEv innerhalb der antiken Erwartungshaltung an einen Vortrag positioniert, siehe Whitney T. Shiner, *Proclaiming the Gospel: First Century Performance of Mark* (Harrisburg, PA: Trinity Press International, 2003). Wichtige Anfragen kommen jedoch von Larry W. Hurtado, „Oral Fixation and New Testament Studies? ‚Orality', ‚Performance' and Reading Texts in Early Christianity", *NTS* 60 (2014): 321–340.

41 Siehe Moloney, *The Gospel of Mark*, 106–111.

42 Zu Mk 11,12–25, siehe Moloney, *The Gospel of Mark*, 221–228. Zur markinischen Praxis der „Rahmung" (fachlich „Einschaltung" genannt), siehe Rhoads, Dewey, Michie, *Mark as Story*, 51–52; Kee, *Community of the New Age*, 54–56; Thomas Shepherd, „The Narrative Function of Markan Intercalation", *NTS* 41 (1995): 522–540. John R. Donahue, *Are You the Christ? The Trial Narrative in the Gospel of Mark*. SBLDS 10 (Missoula, MT: Scholars Press, 1973), 57–63, verwendet die Einschaltung für sein Lesen der markinischen Berichte über den Prozess Jesu. Es wird oft davon ausgegangen, dass Markus ein zu naiver Autor war, um solche Methoden zu verwenden. Die Antwort Donahues auf diese Sicht ist: „Die vorliegende Arbeit bewegt sich in Opposition zu den obigen Ansichten durch die Untersuchung dessen, was Markus tatsächlich getan hat, nicht was er getan oder nicht getan haben könnte" (3).

43 Zu dieser Strukturierung, siehe Rudolf Pesch, *Das Markusevangelium*. HThK II/1–2 (Freiburg i. Br.: Herder, 1977), 2:370–373. Klemens Stock, *Boten aus dem Mit-Ihm-Sein: Das Verhältnis zwischen Jesus und den Zwölf nach Markus*. AnBib 70 (Rom: Biblical Institute Press, 1975), eine genaue Studie zur Beziehung zwischen Jesus und den Zwölf, bemerkt dazu: „Man muss in 14,17–31 eine bewusst konstruierte Einheit sehen" (167). Siehe auch die Überlegungen von Culpepper, *Mark*, 528–531.

44 Siehe Moloney, *The Gospel of Mark*, 276–279. Léon-Dufour, *Sharing the Eucharistic Bread*, 187–188, identifiziert dieses Muster als die „Gegenüberstellung von Licht und Finsternis", aber er bezieht dies nur auf den Abschnitt bis V. 31. Einige Kommentatoren machen einen Bruch in der Erzählung nach 14,52, da 14,53–72 vom jüdischen Verhör berichtet und 15,1–20 vom römischen Verhör. Dieser Klassifizierung von 14,53 – 15,20 als „Jesus unter Anklage" (siehe z. B. Byrne, *A Costly Freedom*, 230–238) entgehen die dramatischen Einschübe der Verleugnung durch Petrus (14,66–72) sowie die ironische Königsproklamation durch Pilatus (15,1–5) und die Soldaten (15,16–20). Léon-Dufours „Gegenüberstellung von Licht und Finsternis" geht verloren.

45 Siehe Norman Perrin, „The Christology of Mark: A Study in Methodology", *JR* 51 (1971): 173–187; Moloney, *The Gospel of Mark*, 171–214. Dieses Verständnis ist heute weitgehend akzeptiert. Siehe z. B. Marcus, *Mark*, 2:590–766.

46 Siehe besonders Donald Senior, *The Passion of Jesus in the Gospel of Mark*. PS 2 (Wilmington, DE: Michael Glazier, 1984), 47–67.

47 Zur Bedeutung von Mählern in der biblischen Tradition, siehe Léon-Dufour, *Sharing the Eucharistic Bread*, 35–38.

48 Zu diesem Abschnitt, siehe Vernon K. Robbins, „Last Meal: Preparation, Betrayal, and Absence", in: *The Passion in Mark: Studies on Mark 14–16*. Ed. Werner Kelber (Philadelphia, PA: Fortress, 1976), 29–34; der Beitrag findet sich auf den Seiten 21–40. Die Studie von Robbins (der der Interpretation von Theodore Weeden folgt) versteht die Jünger als negative Charaktere. Die Jünger liegen ganz falsch und deshalb verwendet sie der Verfasser als Hintergrund für die Präsentation einer Erzählperspektive, die ihre Fehler „korrigiert", wie sie vermutlich in der markinischen Gemeinde vorkamen. Für einen kritischen Überblick und eine Zurückweisung dieser Forschung, siehe Jack D. Kingsbury, *The Christology of Mark's Gospel* (Philadelphia, PA: Fortress, 1983), 25–45; Marcus, *Mark*, 1:75–79.

49 Léon-Dufour, *Sharing the Eucharistic Bread*, 60–62.117–118.130–132. 195–196 besteht zu Recht auf diesem „dialogischen" Charakter des Berichts bei Mk und Mt.

50 Siehe Donald H. Juel, *Messiah and Temple: The Trial of Jesus in the Gos-*

pel of Mark. SBLDS 31 (Missoula, MT: Scholars Press, 1977), sowie eine jüngere und breit angelegte Studie von Timothy C. Gray, *The Temple in the Gospel of Mark: A Study of Its Narrative Role* (Grand Rapids, MI: Baker Academic, 2010).

51 Was hier gesagt ist, schmälert keineswegs die Bedeutung der Worte und Handlungen Jesu über Brot und Kelch. Markus brauchte seine Jüngergemeinde jedoch nicht darüber belehren. Seine natürliche Verwendung eucharistischer Sprache und Symbole weist darauf hin, dass seine Adressaten in dieser Frage keine weitere Belehrung benötigten. Die Feier der Eucharistie war bereits Teil ihres Lebens und sie waren sich sehr wohl bewusst, was die Worte und Handlungen bedeuteten. Markus verwendet dies, um zu zeigen, auf welche Weise das, was sie feiern, Auswirkungen auf ihr Leben als Jünger haben sollte.

52 Léon-Dufour, *Sharing the Eucharistic Bread*, 196.

53 Senior, „The Eucharist in Mark", 71.

54 Siehe Moloney, *Mark: Storyteller, Interpreter, Evangelist*, 191–197.

Viertes Kapitel

1 Für Antiochien als dem Entstehungsort des MtEv und eine Studie zur Bedeutung der Stadt und ihrer christlichen Gemeinde im frühesten Christentum, siehe Raymond E. Brown/John P. Meier, *Antioch and Rome: New Testament Cradles of Catholic Christianity* (New York: Paulist, 1983), 12–86. Dieser Teil des Buches stammt von John Meier.

2 Zum allgemeinen Hintergrund, siehe Moloney, *Reading the New Testament in the Church*, 22–44. Unter den vielen Studien zu dieser Zeit findet sich ein ausgewogener Überblick über dieses Stadium in der religiösen und politischen Geschichte Israels bei David M. Rhoads, *Israel in Revolution 6–74 C.E: A Political History Based on the Writings of Josephus* (Philadelphia, PA: Fortress, 1976).

3 Dieser Ausdruck stammt von Krister Stendahl, *The School of St. Matthew* (Philadelphia, PA: Fortress, 1968), xi. Im Unterschied zu vielen Exegeten denke ich nicht, dass die Hauptstoßrichtung des Evangeliums eine „Polemik" zwischen der matthäischen Gemeinde und der Synagoge ist. Die Trennung von der Synagoge führte jedoch zu einer Identitätskrise und Verwirrung unter den Neubekehrten in der Gemeinde. Eine parallele Krise erlebte auch das Judentum nach dem Krieg, das nun ohne seine Heilige Stadt, seinen Tempel, Kult und sein Priestertum, usw. war. Israel suchte ebenso nach seiner Nachkriegsidentität. Siehe William D. Davies, *The Setting of the Sermon on the Mount* (Cambridge: Cambridge University Press, 1966), 256–272; Jacob Neusner, *Ancient Israel after the Catastrophe: The Religious World View of the Mishnah* (Charlottesville, VA: University Press of Virginia, 1983).

4   Für eine Darstellung der Gesamtstruktur und Theologie des MtEv, siehe Moloney, *The Living Voice of the Gospel*, 93–126.

5   David C. Sim, *The Gospel of Matthew and Christian Judaism*. SNTW (Edinburgh: T. & T. Clark, 1998), 252–255, löst dieses Dilemma, indem er behauptet, dass die matthäischen Christen allen Einzelheiten des Jüdischen Gesetzes, einschließlich der Beschneidung, völlig verpflichtet waren. Weniger sicher, aber dennoch naheliegend, dass die Praxis Israels in der Zeit nach der Auferstehung Jesu fortgeführt werden sollte, sind sich die hervorragenden Kommentatoren W.D. Davies/Dale C. Allison, *A Critical and Exegetical Commentary on the Gospel of Matthew*. ICC (Edinburgh: T. & T. Clark, 1988–1997), 3:685, und Ulrich Luz, *Das Evangelium nach Matthäus*. EKK I/1–4 (Düsseldorf: Benziger/Neukirchen-Vluyn: Neukirchener Verlag, 1997), 4:451–453.

6   Es ist zu beachten, dass die beiden Wunder an Heiden nicht für die Krankenheilung der jeweils bittenden Person geschehen. Der Hauptmann und die kanaanäische Frau bitten für andere. Das mag auch ein subtiler Hinweis für die Adressaten sein, dass sie sich über ihre eigenen Bedürfnisse hinaus der Heidenmission zuwenden sollten. Siehe Donald Senior, *Matthew*. ANTC (Nashville, TN: Abingdon Press, 1998), 97–99.180–183; Craig S. Keener, *A Commentary on the Gospel of Matthew* (Grand Rapids, MI: Eerdmans, 1999), 268–270.417–418; Donald Hagner, *Matthew*. WBC 33–33A (Dallas, TX: Word, 1993–1995), 1:205–206, 2:443; Luz, *Matthäus*, 2:11–17.429–438.

7   Donald Senior, *The Passion of Jesus in the Gospel of Matthew*. PS 1 (Wilmington, DE: Michael Glazier, 1985), 157: „Diese Details, von denen die meisten typisch für jüdische Beschreibungen der Endzeit sind, verleihen dem matthäischen Bericht eine Spannungsgeladenheit und verstärken den Eindruck, dass vom Moment des gehorsamen Todes Jesu an ein neues und entscheidendes Zeitalter der Erlösung begonnen hat." Siehe auch Davies/Allison, *Matthew*, 3:628–636.664–666; Luz, *Matthäus*, 4:359–371.

8   Für ein detailliertes Argument dieser Interpretation, siehe John P. Meier, *Law and History in Matthew's Gospel*. AnBib 71 (Rom: Biblical Institute Press, 1976), 25–40. Siehe auch Dale C. Allison, *The End of the Ages Has Come: An Early Interpretation of the Passion and Resurrection of Jesus* (Philadelphia, PA: Fortress, 1985), 40–50.

9   Dieser Satz bedarf einer Erklärung, die hier nur in zusammenfassender Weise gegeben werden kann. Matthäus ist überzeugt, dass die Bewegung „von der anderen Straßenseite", von der Synagoge, zur christlichen Gemeinde Teil des ewigen Plans Gottes war, der nun ermöglicht wurde in und durch Jesus Christus. Gott hat seine „Meinung nicht geändert" im Hinblick auf sein erwähltes Volk. Matthäus versteht das christliche Volk

als „das wahre Israel". Die Synagoge hat sich verirrt auf ihrem Weg, was durch die Vernichtung Jesu hervorgehoben wird. Die stete Behauptung des Matthäus, dass durch das, was in Jesus geschieht, die Schrift „erfüllt" wird, ist nur eine Weise, dies zu zeigen (siehe 1,22–23; 2,5–6.14–15.17–18.23; 3,3.14). Jesus „erfüllt alle Gerechtigkeit". Francis J. Moloney, „Matthew 5:17–18 and the Matthean Use of *dikaiosunē*", in: *Unity and Diversity in the Gospels and Paul*. Ed. Christopher W. Skinner/Kelly R. Iverson. ECL 7 (Atlanta, GA: SBL Press, 2012), 33–54.

10   Zu diesen Fragen, siehe oben S. 243, Anm. 6.

11   Eine sorgfältige Untersuchung der Charaktere, Handlung und Rhetorik bei Matthäus zeigt eine andere Stoßrichtung als die narrative Struktur bei Markus. Siehe dazu Jack D. Kingsbury, *Matthew as Story* (Philadelphia, PA: Fortress Press, 1986). Siehe auch Moloney, *The Living Voice of the Gospel*, 107–119.

12   Dies wird von Kommentatoren stets aufgezeigt. Für einen guten Überblick, siehe B. Rod Doyle, „Matthew's Intention as Discerned by His Structure", *RB* 95 (1988): 39–41.

13   Siehe oben S. 91–93.

14   Zur Darstellung des Simon Petrus im MtEv, siehe Raymond E. Brown, Karl P. Donfried, John Reumann (eds.), *Peter in the New Testament: A Collaborative Assessment by Protestant and Roman Catholic Scholars* (Minneapolis, MN: Augsburg/New York: Paulist, 1973), 75–107. Siehe auch die bedeutenden jüngeren Studien von Martin Hengel, *Der unterschätzte Petrus: zwei Studien* (Tübingen: Mohr Siebeck 2006) und Markus Bockmuel, *Simon Peter in Scripture and Memory* (Grand Rapids, MI: Baker Academic, 2012).

15   Für eine umfassende Studie, siehe Ulrich Luz, „The Disciples in the Gospel According to Matthew", in: Graham Stanton (ed.), *The Interpretation of Matthew*. IRT 3 (London: SPCK, 1983), 98–128.

16   Siehe dazu Xavier Léon-Dufour, „Présence du Seigneur Ressuscité (Mt 28:16–20)", in: *A Cause de l'Evangile: Etudes sur les Synoptiques et les Actes: offertes au Père Jacques Dupont, O.S.B: à l'occasion de son 70e anniversaire*. LD 123 (Paris: Cerf, 1985), 195–209. Siehe bes. 204–209.

17   Für eine genaue Studie der matthäischen Gemeinde, die „sieht" und dennoch „zweifelt", siehe Eugene A. Laverdiere/William G. Thompson, „New Testament Communities in Transition", *TS* 37 (1976): 571–582.

18   Diese sogenannten „Momente" in der Erzählung werden durch das, was man „Textmarkierungen" nennen kann, bestimmt, welche zeigen, dass ein neues Thema auftaucht. Zum Beispiel beginnt in 1,1 der Prolog zur Geschichte. In 4,17 beginnt Jesus formell seine Verkündigung der Ankunft des Himmelreichs (siehe Mk 1,14–15). Das Lehren Jesu in Galiläa wird in 11,1 beendet, mit einem Abschnitt, der zurückblickt auf 4,17. 11,2 eröffnet einen

neuen Teil, indem Matthäus Johannes den Täufer vorstellt, seine Frage bezüglich Jesus und seine Hinrichtung, welche die Hinrichtung Jesu vorweg-
nimmt. Wie oben erwähnt, beginnt mit 16,13–23 der „Weg" nach Jerusalem, mit dem Bekenntnis des Petrus und Jesu Selbstoffenbarung als der
Menschensohn, der in Jerusalem leiden und sterben muss. In 21,1 nähern
sich Jesus und die Jünger Jerusalem und kommen zum Ölberg, während
sie sich in 28,16 in Galiläa auf dem „Berg, den Jesus ihnen genannt hatte",
versammeln. Der oben beschriebene Gang der Erzählung ist, mit einigen
geringen Unterschieden, auch (aus etwas anderen literarischen Gründen)
festgestellt worden von Frank J. Matera, „The Plot of Matthew's Gospel",
CBQ 49 (1987): 233–253. Siehe auch Brendan Byrne, *Lifting the Burden:
Reading Matthew's Gospel in the Church Today* (Collegeville, MN: The Liturgical Press, 2004), 11–16.

19   Ich unternehme hier keine detaillierte innere Strukturierung dieses Teils
des MtEv. Für eine Zusammenfassung jüngerer Versuche dazu, siehe Jerome
Murphy-O'Connor, „The Structure of Matthew XIV–XVII", *RB* 82 (1975):
362–371. Die Brotwunder spielen keine entscheidende Rolle in der von
Murphy-O'Connor vorgeschlagenen Strukturierung. Siehe auch Charles H.
Talbert, *Matthew*. PCNT (Grand Rapids, MI: Baker Academic, 2010),
179–181, für einen ähnlichen Überblick. Talbert (179–200) interpretiert
13,54 – 16,20 in drei Zyklen: 13,54 – 14,36; 15,1–39 und 16,1–20. Den beiden
Brotwundern kommt eine Schlüsselrolle im ersten und zweiten Zyklus zu.

20   Siehe Kingsbury, *Matthew as Story*, 57–77.

21   Eduard Schweizer, „Matthew's Church", in: *The Interpretation of Matthew*, 136: „Petrus sagt und hört in beispielhafter Weise für alle Jünger …
Dies zeigt, … was jeder Jünger erleben könnte: den Mut des Glaubens, der
plötzlich zum Kleinglauben wird, wenn Wind und Welle ihn bestürmen,
und der letztlich angewiesen bleibt auf die barmherzige Hilfe seines Herrn."

22   Während Kommentatoren eine enge literarische Verbindung zwischen
den beiden markinischen Brotwundern sehen, ist dies in Bezug auf das
MtEv nicht der Fall. Siehe z. B. Daniel Patte, *The Gospel According to Matthew: A Structural Commentary on Matthew's Faith* (Philadelphia, PA: Fortress, 1987), 223: „Jede der beiden Speisungserzählungen trägt zur Entfaltung spezifischer Gesichtspunkte und Themen des Teils des Evangeliums,
zu dem sie jeweils gehören, bei." Eine Mehrheit lehnt die Meinung ab,
dass die markinische Verwendung von jüdischen und heidnischen Adressaten infrage kommt. Einige meinen, dass das zweite Wunder eine matthäische Neufassung des ersten ist, während andere vorschlagen, dass zwei voneinander unabhängige, aber parallele Quellen verwendet wurden. Siehe z. B.
Keener, *Matthew*, 418–419, der dem Vorschlag von Craig Blomberg, *Matthew*. NAC 22 (Nashville, TN: Broadman, 1992), 245, folgt, dass diese Wun-

der die doppelten Speisungswunder des Elijah und Elischa nachahmen.
John Nolland, *The Gospel of Matthew*. NIGTC (Grand Rapids, MI: Eerdmans, 2005), 642–646, behauptet, dass es dieselbe Menschenmenge und
derselbe Anlass seien (642). Talbert, *Matthew*, 192, schlägt vor, dass sich
beide an Israel wenden, dass aber das zweite fragt, ob die Speisereste des
Wunders „eine Vorausahnung seiner Zuwendung zu den Heiden (vgl. 15,
27) seien." Für Senior, *Matthew* 184, hat Matthäus seine eigene Perspektive
in der zweiten Wiedergabe der Wundererzählung, es sei jedoch „unklar", ob
das Wunder den Heiden gilt oder nicht. Andere akzeptieren, dass es sich
um die Speisung der Heiden handelt. Siehe z. B. Joachim Jeremias, *Jesu Verheißung für die Völker* (Stuttgart: Kohlhammer, 1956), 27–31; Frederick
W. Beare, *The Gospel According to Matthew* (Oxford: Blackwell, 1981),
344–348; Hagner, *Matthew*, 2:448–452. Für eine starke Unterstützung dieser Sicht, mit hilfreichen Hinweisen zu den narrativen Verbindungen zwischen den matthäischen Brotgeschichten, siehe die Strukturierung bei Jean
Radermakers, *Au fil de l'évangile selon saint Matthieu* (Brüssel: Institut
d'Etudes Théologiques, 1974), 1:47–52.

23   Es ist weithin anerkannt, dass Matthäus – obwohl er Markus verwendet – bewusst das zweite Wunder umgeformt hat, um es näher an das erste
heranzubringen. Matthäus steigert die eucharistischen Anspielungen in beiden Wundern und zeigt mehr Interesse an den Jüngern und ihrem „Kleinglauben". Siehe dazu van Cangh, *La Multiplication des Pains*, 143–148; Bas
van Iersel, „Die wunderbare Speisung und das Abendmahl in der synoptischen Tradition (Mk VI 35–44 [par.], VIII 1–20 par.)", *NT* 7 (1964):
192–194; Nolland, *Matthew*, 642–646.

24   Die Absicht des Matthäus in diesem Teil des Evangeliums ist gut erfasst
von David E. Garland, *Reading Matthew: A Literary and Theological Commentary* (Macon, GA: Smyth & Helwys, 2001), 161–167. Diese kurze Analyse von 15,1 – 16,12, die das zweite Brotwunder nicht als an die Heiden
gerichtet sieht, ist trotzdem überschrieben mit „Brot für alle". Esler, *Community and Gospel in Luke–Acts*, 91–93, entgeht die subtilere Verwendung
des weiteren Kontextes bei Matthäus. Er folgert: „Seine Gemeinde bestand
entweder ausschließlich aus Juden oder ausschließlich aus Heiden" (92).
Das stimmt wohl kaum mit dem Befund überein. Siehe z. B. Meier, *Law
and History*, 7–24. Wie immer man zu Meiers Vorschlag, dass Matthäus
ein Heide war, der zum Judentum konvertierte (14–22: nicht wahrscheinlich), steht, hat er Recht, wenn er die Gemeinde als „eine jüdisch-christliche
Kirche, die zunehmend heidnisch wurde", beschreibt (7).

25   Siehe Jeremias, *Jesu Verheißung für die Völker*, 24f, Anm. 93; John C.
Fenton, *Saint Matthew*. PNTC (Harmondsworth: Penguin Books, 1963),
257; Robert H. Gundry, *Matthew: A Commentary on His Literary and Theo-*

logical Art (Grand Rapids, MI: Eerdmans, 1982), 319; David Hill, *The Gospel of Matthew*. NCB (London: Oliphants, 1972), 255. Diese Meinung wird rundweg abgelehnt von Hagner, *Matthew*, 2:446; Luz, *Matthäus*, 2:440–441.

26 Beare, *Matthew*, 346. Ich bin mir bewusst, dass ich mich hier einer Minderheitssicht anschließe. Einige Details, die mich zu dieser Sicht veranlassten, sind folgende: (1) Der starke Fokus auf Israel, die Jünger, Petrus *und die Heiden* in den Erzählungen, welche die Wundergeschichten umgeben (siehe dazu Byrne, *Lifting the Burden*, 123–124); (2) Die matthäische Neufassung von Mk 7,31–37 in Mt 15,29–31. *Beide* werden in heidnischem Gebiet lokalisiert und der heidnische Gebrauch von Jes 35, um Jesus in Mk 7,31 zu preisen, wird erweitert durch die heidnische Verherrlichung des Gottes Israels in Mt 15,31 (vielleicht ein Anklang an Jes 29); (3) die elegante Ersetzung von „einige von ihnen sind von weit her gekommen" (Mk 8,3) durch „sonst brechen sie auf dem Weg zusammen" (Mt 15,32); (4) trotz seiner sorgfältigen Wiederholung des früheren Berichts verändert Matthäus die kritische Zahl, die auf eine heidnische Welt verweist, nicht: „sieben" (VV. 36.37); (5) die matthäische Beibehaltung des markinischen Gebrauchs der unterschiedlichen jüdischen und heidnischen Worte für „Körbe" (Griechisch: *kophinos* und *spuris*) in 14,20 und 15,37, wiederholt in 16,9–10 (siehe Mk 6,43 und 8,8, wiederholt in 8,19–20). Siehe dazu die Diskussion bei Moloney, *The Gospel of Mark*, 155. Richard T. France, *The Gospel of Matthew*. NICNT (Grand Rapids, MI: Eerdmans, 2007), 603, erklärt die zwei Worte für die Körbe als „eine rein stilistische Variante" und fügt hinzu, dass die Körbe in 16,38 vielleicht größer gewesen seien. Warum, wenn die Zahl der Anwesenden und die eingesammelten Reste weniger sind? Wenn, wie die Kommentatoren stets behaupten, die jüdisch-heidnische Inklusion *sorgfältig* eliminiert worden ist (siehe z. B. Davies/Allison, *Matthew*, 2:558), warum sind dann diese Details geblieben? Matthäus ist zu sorgfältig, um solche Details beizubehalten, wenn es seine Absicht gewesen wäre, die markinische Verwendung der Brotwunder als Speisung sowohl von Juden wie Heiden zu ändern. Aufgrund welchen Befundes behauptet Luz, *Matthäus*, 2:440, dass Jesus auf die jüdische Seite des Sees zurückkehrt? Es gibt im Text nicht den geringsten Hinweis darauf. Im Gegenteil, indem Jesus vom Gebiet von Tyrus und Sidon (15,21) weitergeht, entlang des heidnischen Galiläa (15,29), erfüllt er Jes 9,1–2. Er befindet sich auf der heidnischen Seite des Sees.

27 Für eine ausgezeichnete Untersuchung zu Mt 15,29–31, siehe Terence L. Donaldson, *Jesus on the Mountain: A Study in Matthean Theology*. JSNTSup 8 (Sheffield: JSOT Press, 1985), 122–135. Wie die meisten unterscheidet sich auch Donaldson von meiner Interpretation durch seine Schlussfolgerung, dass Heiden vom Wunder und Mahl in 15,29–39 ausge-

schlossen seien, wodurch die Spannung zwischen der Sendung Jesu zu „den verlorenen Schafen des Hauses Israel" und zu „allen Völkern" nur teilweise gelöst ist (siehe 131–135). Siehe die Antwort von Hagner, *Matthew*, 2:445, sowie meine letzte Anmerkung.

28 BDF, 166–167.

29 Siehe BDF, 166–167.169. Dieser Wechsel im Tempus in der matthäischen Verwendung des Verbs „geben" wird von den Kommentatoren nie erwähnt (siehe z. B. Davies/Allison, *Matthew*, 2:491, 573; Luz, *Matthäus*, 2:401, 441). Ohne weitere Umschweife kommentiert Luz, „daß er [Mt] jene Worte aus der ersten Speisung … wiederholt" (441). Das stimmt nicht, da der Wechsel im Tempus einen Unterschied ausmacht. Dieser Sachverhalt kann zu den oben in Anm. 26 erwähnten Details, die genauer beachtet werden müssen, hinzugefügt werden.

30 Dies wird gut erfasst von Radermakers, *Au fil de l'évangile de saint Matthieu*, 2:213: „Der Mahltisch ist nun für alle zugänglich, sogar für die Heiden, solange sie im Glauben erkennen, dass die ihnen zuteil gewordene Erlösung durch das Volk Israel kommt und in Jesus vollendet ist. Die Kinder Israels ihrerseits, indem sie die messianische Bedeutung der von Jesus gewirkten Heilungen begreifen, können zum eucharistischen Tisch kommen, dem der Wüste (14,13.15), der den zwölf Stämmen gegeben wurde. Er ist aber auch offen für die gesamte Geschichte, symbolisiert durch die Zahl „sieben", welche alle Völker sammelt, um sie – durch die Vermittlung der Jünger – zu nähren mit dem Brot, das sie davor bewahrt, vom Weg abzukommen." Garland, *Reading Matthew*, 161–167, trifft dies gut in seinem Kapitel „Brot für alle".

31 Der matthäische Jesus gibt „das Alte" weder auf noch schafft er es ab; er hat vielmehr großen Respekt davor. Siehe Reinhard Neudecker, *Moses Interpreted by the Pharisees and Jesus: Matthew's Antitheses in the Light of Early Rabbinic Literature*. SubBi 44 (Rom: Gregorian and Biblical Press, 2012), der die Übereinstimmung des Matthäus mit rabbinischen Diskussionen aufzeigt. Wie immer bei Arbeiten solcher Art kann die Datierung des rabbinischen Materials problematisch sein.

32 Die Abhängigkeit des Matthäus von Markus in Bezug auf die Passionserzählung ist „heute kaum strittig", wie Luz, *Matthäus*, 4:7 feststellt und den Konsens zusammenfasst: „Die markinische Passions- und Ostergeschichte ist die einzige durchgehende schriftliche Quelle von Mt 26–28." Ich biete eine Makro-Strukturierung der gesamten Erzählung. Im kleineren Detail (bes. in VV. 36–46) gibt es ein weiteres Wechselspiel zwischen Jesu Offenheit für Gott und dem Versagen der Jünger. Siehe Theißen/Merz, *Der historische Jesus*, 368, zu den Besonderheiten des matthäischen Einsetzungsberichtes. Die gesamte Abfolge der Ereignisse, wie sie hier wiedergegeben

wird, findet sich auch bei Hagner, *Matthew*, 2:751. Er stellt aber keinen Gegensatz auf zwischen der Finsternis des Versagens der Jünger und dem Licht von Jesu Selbstoffenbarung.

33   Die einzige Gelegenheit bei Matthäus, bei der das Versagen der Jünger anderswohin verlagert wird, findet sich in der matthäischen Neufassung der Bitte der Söhne des Zebedäus, Jakobus und Johannes, um eine Stellung rechts und links neben Jesus, wenn er in seine Herrlichkeit eingeht (Mk 10,35–40). Matthäus mildert die Arroganz der zwei Jünger ab, indem er deren Mutter die Bitte stellen lässt (Mt 20,20–21). Im Übrigen entsprechen die Jünger bei Matthäus denen bei Markus, wenn auch auf unterschiedliche Weise, in ihrem Unvermögen, Jesus bedingungslos nachzufolgen. Wie die markinischen Jünger lassen sie Jesus bei seiner Verhaftung im Stich und fliehen (Mt 26,56).

34   Doyle, „Matthew's Intention as Discerned by His Structure", 47. Siehe auch Luz, „The Disciples", in: *The Interpretation of Matthew*, 99–104.

35   Siehe Kingsbury, *Matthew as Story*, 86–87.

36   Zur matthäischen Fassung des Abendmahls und seiner Beziehung zum MkEv bemerkt Robbins, „Last Meal", 22, dass „die wörtliche Übereinstimmung auf direktes Abschreiben hinweist". Für eine detaillierte Untersuchung der Abhängigkeit des Matthäus von Markus, siehe Donald Senior, *The Passion Narrative According to Matthew: A Redactional Study*. BETL 39 (Leuven: Leuven University Press, 1975), 66–99.

37   Siehe z. B. Léon-Dufour, *Sharing the Eucharistic Bread*, 148; Hill, *The Gospel of Matthew*, 339; Eduard Schweizer, *Das Evangelium nach Matthäus*. NTD 2 (Göttingen: Vandenhoeck & Ruprecht, 1976), 321; John P. Meier, *Matthew*. NTM 3 (Wilmington, DE: Michael Glazier, 1980), 319–320; Hagner, *Matthew*, 2:773; Davies/Allison, *Matthew*, 3:474–475.

38   Meier, *Matthew*, 320. Siehe auch Byrne, *Lifting the Burden*, 204–206.

39   Die offensichtlich wichtige Untersuchung dessen, was die Worte und Handlungen Jesu beim Mahl historisch (diachronisch) bedeuteten, sollte uns nicht dazu führen zu übersehen, was diese in ihrem jetzigen Kontext des Evangeliums (synchronisch) bedeuten.

40   Luz, *Matthäus*, 4:116f. Hervorhebung von mir. Der Kommentar von Ulrich Luz zu Jesu Tod und Auferstehung, begleitet von einer eindrucksvollen Untersuchung der Kunst (einschließlich zahlreicher Reproduktionen aus verschiedenen Zeitepochen in der Kunstgeschichte), christlich-theologischer Traditionen, Musik, Gemeindepraktiken und Andachten, die ihre Wurzeln darin haben, ist unübertrefflich und ohne Parallele in der gegenwärtigen Literatur. Er verdient es, aus den vier (bzw. drei) Bänden des Kommentars herausgenommen und als ein einzelner Band veröffentlicht zu werden. (In der engl. Übersetzung sind es drei Bände.)

41 Doyle, „Matthew's Intention as Discerned by His Structure", 47. Siehe 51–53 zur Bedeutung des Themas des „Mit-Seins" für die matthäische Kirche (d. h. die „Jünger").

42 Siehe Keener, *Gospel of Matthew*, 626–627. Er folgert: „Jünger, die die Erlösung umsonst durch Gottes Güte erfahren, dürfen nicht den hohen Preis dieser Erlösung vergessen."

43 Siehe Luz, *Matthäus*, 4:456–459.

Fünftes Kapitel

1 Diese Beteuerung stimmt allein schon aus formalen Gründen. Zu Recht als eines der sogenannten Synoptischen Evangelien angesehen, das mit Mt die literarische Abhängigkeit von Mk und „Q" teilt und der markinischen Handlung – Wirken Jesu in Galiläa, sein Gang nach und Wirken in Jerusalem, sowie Tod und Auferstehung dort – folgt, geht das LkEv bei vielen Gelegenheiten „seinen eigenen Weg". Es enthält auch Episoden aus dem Leben und Lehren Jesu, die sich sonst nirgends im NT finden. Zu dieser Frage, siehe die gute Synthese bei Bovon, *Lukas*, 1:19–21, sowie die ausführlichere Studie von Christopher F. Evans, *Saint Luke*. NTC (London: SCM, 1990), 15–29. Ein sehr benutzerfreundlicher Überblick findet sich bei Mark Allan Powell, *Introducing the New Testament: A Historical, Literary, and Theological Survey* (Grand Rapids, MI: Baker Academic, 2009), 147–157.

2 Siehe Augustin George, *Études sur l'Oeuvre de Luc*. SB (Paris: Gabalda, 1978), 43–65, für eine Studie zur literarischen und theologischen Bedeutung der parallelen Darstellung Jesu und Johannes' des Täufers im LkEv.

3 Zum narrativen Zusammenhang und zur Eigenart von Lukas 1–2, siehe Mark Coleridge, *The Birth of the Lukan Narrative: Narrative as Christology in Luke 1–2*. JSNTSup 88 (Sheffield: JSOT Press, 1993).

4 Siehe den klassischen Beitrag von Henry J. Cadbury, *The Making of Luke–Acts* (London: SPCK, 1927), sowie die Studien neueren Datums: Charles H. Talbert, *Reading Luke: A Literary and Theological Commentary on the Third Gospel* (New York: Crossroad, 1982) und Robert C. Tannehill, *The Narrative Unity of Luke–Acts: A Literary Interpretation*. FF.NT (Philadelphia, PA: Fortress, 1986).

5 Unter vielen anderen waren es Rembrandt und Caravaggio, die unvergessliche Darstellungen in der Malerei hinterlassen haben. Als Beispiel für die literarische Tradition, siehe David L. Jeffrey/I. Howard Marshall, „Emmaus", in: *A Dictionary of Biblical Tradition in English Literature*. Ed. David L. Jeffrey (Grand Rapids, MI: Eerdmans, 1992), 236–237.

6 Redaktionskritische Arbeit am MkEv versucht die von Markus verwendeten Traditionen aufzuspüren und dann seine theologischen Perspektiven wiederzugewinnen, indem man schaut, wie er die Traditionen gestaltet hat. Es ist

z. B. weithin anerkannt, dass sich eine vor-markinische Passionsgeschichte ausmachen lässt. Zu verschiedenen Perspektiven, siehe Marion Soards, „The Question of a PreMarcan Passion Narrative", in: Raymond E. Brown, *The Death of the Messiah: A Commentary on the Passion Narratives in the Four Gospels*. ABRL (New York: Doubleday, 1993), 2:1492–1524 (Anhang IX), und Collins, *Mark*, 621–626.819. Ein Charakteristikum des Kommentars von Collins ist seine eifrige Suche nach vormarkinischen Traditionen.

7   Das führte zur Entwicklung der Theorie von einer eigenständigen proto-lukanischen Tradition durch Burnett H. Streeter, *The Four Gospels: A Study of Origins* (London: Macmillan, 1924), 233–270. Man ist weitgehend davon abgerückt. Für einen sehr guten Überblick über die Theorie, siehe Vincent Taylor, *The Passion Narrative of St Luke: A Critical and Historical Investigation*. Ed. Owen E. Evans. SNTSMS 19 (Cambridge: Cambridge University Press, 1972), 3–38. Taylor wendet diese Theorie in seiner Untersuchung der lukanischen Passionsgeschichte an.

8   Für eine Untersuchung der lukanischen Passions- und Auferstehungserzählungen, in denen nur die Entdeckung des leeren Grabes durch Frauen (Lk 24,1–12) mit den anderen Synoptischen Evangelien gemeinsam ist, siehe Francis J. Moloney, *The Resurrection of the Messiah: A Narrative Commentary on the Resurrection Accounts* (New York/Mahwah, NJ: Paulist, 2013), 69–99. Nur Lukas erzählt von einem Gang nach Emmaus (24,13–35), von der Erscheinung Jesu vor den Jüngern und ihrer Beauftragung, welche viele Themen aus der Emmaus-Erzählung wiederholt (24,36–49), sowie dem Abschied Jesu durch die Himmelfahrt (24,50–53).

9   Lukas verwendet Mk 6,30–44 auf kreative Weise. Für einen Vergleich, siehe Joseph A. Fitzmyer, *The Gospel According to Luke*. AB 28–28A (New York: Doubleday, 1981), 1:762–763; Gerhard Schneider, *Das Evangelium nach Lukas*. ÖTK 3/1–2 (Gütersloh: Gerd Mohn/München: Echter, 1977), 1:205; Bovon, *Lukas*, 1:467–469.

10   U.v.a., siehe Brown, *An Introduction to the New Testament*, 269–274; Carroll, *Luke*, 5–6; Moloney, *The Living Voice of the Gospel*, 165–201, und besonders Robert Maddox, *The Purpose of Luke–Acts*. SNTW (Edinburgh: T. & T. Clark, 1982).

11   In der „Widmung" des Werkes an Theophilus macht Lukas deutlich, dass er (ein Christ der dritten Generation; siehe VV. 1–3) schreibt, um den Glauben und das Vertrauen seiner Adressaten in das Werk Gottes, das in Jesus geschehen ist und durch seine Apostel fortgesetzt wird, aufrechtzuerhalten. Dies wird besonders deutlich, indem Lukas das griechische Wort *asphaleia* in V. 4 verwendet, das in der EÜ mit „Zuverlässigkeit" wiedergegeben ist, in der RSV mit „Wahrheit" („truth"). Der Ausdruck beinhaltet auch die Bedeutung von „Sicherheit". Siehe Coleridge, *The Birth of the*

Lukan Narrative, 232–234. Coleridge übersetzt V. 4: „damit ihr die Wohlbegründetheit dessen, was euch gelehrt wurde, erkennt" (233). Siehe auch Heinz Schürmann, *Das Lukasevangelium*. HThK III (Freiburg i. Br.: Herder, 1969), 1–17; Loveday Alexander, *The Preface to Luke's Gospel: Literary Convention and Social Context in Luke 1.1–14 and Acts 1.1.* SNTSMS 78 (Cambridge: Cambridge University Press, 1993), 102–142.

12 Siehe dazu, Robert F. O'Toole, *The Unity of Luke's Theology: An Analysis of Luke–Acts.* GNS 9 (Wilmington, DE: Michael Glazier, 1984), 62–94.

13 Der Ausdruck findet sich in Mk 6,30, wo er keine spezifische Bedeutung hat und auf ihre Aussendung durch Jesus in V. 7 zurückverweist. In Mt 10,2 ist der Ausdruck formeller, aber es ist die einzige Stelle, an der er in diesem Evangelium vorkommt. Einige frühe Handschriften fügen zur Berufung der Zwölf in Mk 3,14 hinzu: „die er Apostel nannte". Dieser Zusatz ist jedoch eindeutig sekundär. Zu den markinischen Texten, siehe Moloney, *The Gospel of Mark*, 77 Anm. 11; 128–129.

14 Für einen Überblick über die komplexe Diskussion zur Entwicklung des Begriffs und der Vorstellung von „Apostel" in der frühen Kirche, siehe Dietrich Müller/Colin Brown, „Apostle", in: *The New International Dictionary of New Testament Theology*. Ed. Colin Brown (Exeter: Paternoster, 1975), 1:128–137. Siehe besonders die spezielle Anmerkung zur Verwendung von „Apostel" im LkEv und in der Apg auf den Seiten 135–136 (Colin Brown). Siehe auch Hans Dieter Betz, „Apostle", in: *Anchor Bible Dictionary*. Ed. David Noel Freedman (New York: Doubleday, 1992), 1:309–311.

15 Carroll, *Luke*, 209–220, fasst 9,18–27 (Offenbarung Jesu als des leidenden Menschensohns) und 9,28–36 (die Verklärung) zusammen als Teil 1 und Teil 2 der „entscheidenden Enthüllung der Identität Jesu".

16 Mk 6,14–29 erzählt ausführlich die Umstände, die zur Hinrichtung Johannes' des Täufers führten. Siehe Moloney, *The Gospel of Mark*, 125–128. Mt 14,1–12 ist zurückhaltender, indem er den Mk-Text ziemlich stark redaktionell bearbeitet. Lukas lässt diese Erzählung ganz aus. Für ihn geht das Zeugnis des Täufers Jesus voraus (siehe Lk 16,16) und so kann er sich auf die christologische Bedeutung der Verwunderung des Herodes konzentrieren.

17 Hier findet sich die „große Auslassung" von Mk 6,44 – 8,27.

18 Siehe Schneider, *Lukas*, 1:206. Für weitere Verbindungen zur Emmaus-Erzählung Lk 24,13–35, siehe Robert C. Tannehill, *Luke*. ANTC (Nashville, TN: Abingdon, 1996), 156–157.

19 Schneider, *Lukas*, 1:206–207.

20 Fitzmyer, *Luke*, 1:769; Tannehill, *Luke*, 154–155. Bovon, *Lukas*, 1:473, bemerkt dazu: „Die zwölf Tragkörbe stünden dann symbolisch für die zwölf Apostel und Israel." Markus verwendet das Symbol „die Zwölf" auch in signifikanter Weise, mit Verweis auf Israel und die zwölf Gründungsstämme

(siehe z. B. Mk 3,13–14; 6,7; 9,35; 10,35–41; 14,10.17). Nur Lukas aber verwendet den Ausdruck beim Brotwunder.

21   Zur Bedeutung der Rolle der Zwölf beim Wunder, als Vorbereitung auf ihre Reise nach Jerusalem, zusammen mit Jesus, siehe Carroll, *Luke*, 206–209; Brendan Byrne, *The Hospitality of God: A Reading of Luke's Gospel* (Collegeville, MN: The Liturgical Press, 2000), 85. Siehe auch van Cangh, *La Multiplication des Pains*, 148–155; van Iersel, „Die wunderbare Speisung", 148–155. Zu den erzählerischen Verbindungen zwischen dem lukanischen Bericht vom Brotwunder und dem übrigen Evangelium, siehe Tannehill, *Narrative Unity*, 1:216–219.

22   Evans, *Saint Luke*, 401. Luke T. Johnson, *The Gospel of Luke*. SP 3 (Collegeville, MI: The Liturgical Press, 1991), 144–161, analysiert 9,1–50 folgendermaßen: „Vorbereitung einer Führung für das Volk" (VV. 1–17), „Jesus erkennen" (VV. 18–36) und „fehlerhafte Nachfolger" (VV. 37–50).

23   Carroll, *Luke*, 222, ist der Meinung, dass die Episode verwendet wird, „um den Jüngern einen Weckruf zu erteilen".

24   Eine solche Vertrautheit gehörte wohl nicht zur Erfahrung der ursprünglichen lukanischen Adressaten, aber sie ist späteren Generationen zugänglich und kann sie zur Wertschätzung der Einzigartigkeit des lukanischen Berichts führen.

25   Wie Bovon, *Lukas*, 1:476, feststellt: „Die Vermittlungsrolle der Zwölf antizipiert dabei ihre spätere, nachösterlichen Amtsverantwortung, wobei Christus dieses Amt nicht im Sinne der Herrschaft über andere versteht, sondern als Dienst für ihn und damit auch für seine Menschen." Siehe auch Schürmann, *Lukasevangelium*, 514–515. Dieser hervorragende Kommentar blieb unvollendet bei Lk 9,50. Prof. Schürmann starb 1999.

26   Für Johnson, *Luke*, 157–161, wird dieses Thema bereits in 9,37–50 in die Erzählung eingeführt, sodass die Adressaten diesem nicht erst später in der Geschichte zum ersten Mal begegnen.

27   Für eine detaillierte Analyse, siehe Fitzmyer, *Luke*, 2:1385–1406. Siehe auch, kürzer gefasst, die neueren Kommentare von Bovon, *Lukas*, 1:20–21; 4:238–240; Carroll, *Luke*, 424–425; sowie die Zusammenfassung der Besonderheiten des lukanischen Einsetzungsberichtes bei Theißen/Merz, *Der historische Jesus*, 368–369.

28   Siehe die Untersuchung von Robert J. Karris, *Luke: Artist and Theologian: Luke's Passion Account as Literature* (New York: Paulist, 1985), 47–78. Siehe auch Jerome Neyrey, *The Passion According to Luke: A Redaction Study of Luke's Soteriology* (New York: Paulist, 1985), 8–11; Barth, *Rediscovering the Lord's Supper*, 71–74.

29   Siehe besonders Léon-Dufour, *Sharing the Eucharistic Bread*, 85–95.230–247; Neyrey, *The Passion According to Luke*, 5–48. Bovon, *Lukas*,

4:289: „Es ist ein letzter Dialog und nicht eine Abschiedsrede, die Lukas in diesen Versen übermittelt. Für diesen Abschnitt schöpft er aus seiner besonderen Quelle, dem Sondergut, und nicht aus Markus." Im Folgenden werde ich zeigen, dass der lukanische Text nicht nur eine Abschiedsrede ist.

30 Für eine eingehende Untersuchung der Bedeutung der Tischgemeinschaft im jüdischen Denken und in jüdischer Praxis: Esler, *Community and Gospel in Luke–Acts*, 71–86.

31 John R. Donahue, *The Gospel in Parable* (Philadelphia, PA: Fortress, 1988), 146.

32 Für Würdigungen der Zachäus-Geschichte, die die strategische Rolle innerhalb der lukanischen Erzählung aufzeigen, siehe Schneider, *Lukas*, 376–378; Jean-Noël Aletti, *L'art de raconter Jésus Christ* (Paris: Seuil, 1989), 17–38. Siehe auch Tannehill, *The Narrative Unity*, 1:122–25; Bovon, *Lukas*, 3:264–280.

33 Neyrey, *The Passion According to Luke*, 10. Siehe die ausgezeichnete Synthese von Kodell, *The Eucharist in the New Testament*, 106–113. Siehe auch Josephine Massyngbaerde Ford, *Bonded with the Immortal: A Pastoral Introduction to the New Testament* (Wilmington, DE: Michael Glazier, 1987), 280–289. Karris, *Luke: Artist and Theologian*, 70, kommentiert in launiger Weise: „Jesus kriegte sich selbst gekreuzigt wegen der Art, wie er gegessen hat."

34 Nur das LkEv fügt hinzu „und die Apostel mit ihm". Vergleiche Mk 14,17: „… kam Jesus mit den Zwölf" und Mt 26,20: „… begab er sich mit den zwölf Jüngern zu Tisch".

35 Für einen eingehenden Überblick über die wissenschaftliche Diskussion zur lukanischen Kirche, siehe François Bovon, *Luke the Theologian*. Transl. Ken McKinney (Waco, TX: Baylor University Press, 2006), 329–463. Für einige Untersuchungen zum besonderen Interesse des Lukas an den Marginalisierten, siehe Halvor Moxnes, *The Economy of the Kingdom: Social Conflict and Economic Relations in Luke's Gospel*. OBT (Philadelphia, PA: Fortress, 1988); Tannehill, *The Narrative Unity*, 1:103–139; Evans, *Saint Luke*, 99–104; Luke T. Johnson, *Prophetic Jesus, Prophetic Church: The Challenge of Luke–Acts to Contemporary Christians* (Grand Rapids, MI: Eerdmans, 2011). Siehe auch den Exkurs zu Armut und Reichtum bei Carroll, *Luke*, 374–377.

36 Siehe Francis J. Moloney, „Luke 24: To be Witnesses of the Forgiveness and Compassion of Jesus", in: *Apostolic Passion „Give me Souls"*. Ed. Rafael Vicent/Corrado Pastore (Bangalore: Kristu Jyoti Publications, 2010), 183–195.

37 Esler, *Community and Gospel in Luke–Acts*, 96. Seine ausgezeichnete Studie zur Tischgemeinschaft in der Apg findet sich auf den Seiten 93–109. Das Thema im LkEv hat er nicht behandelt.

38   Léon-Dufour, *Sharing the Eucharistic Bread*, 233.

39   Siehe oben S. 96–99; S. 128–130.

40   Hier gibt es eine Schwierigkeit bezüglich des ursprünglichen Textes, da einige alte Handschriften das zweite Wort über den Kelch (22,19b–20) weglassen. Zur Verteidigung der längeren Lesart, siehe Jeremias, *Die Abendmahlsworte Jesu*, 132–157. Für einen kürzeren Überblick, ebenso zur Verteidigung des längeren Textes, siehe Fitzmyer, *Luke*, 2:1387–1389. Selbst wenn man die kürzere Lesart annehmen würde, ließe sich meine Strukturierung halten. In jüngerer Vergangenheit hat Bovon, *Lukas*, 4:239–242, der eine Mehrheitsposition vertritt, die längere Lesart verteidigt, während Evans, *Saint Luke*, 788–789, und Carroll, *Luke*, 433–437, sie ablehnen. Für eine gute Zusammenfassung der Belege, mit der Schlussfolgerung, dass VV. 19b–20 beibehalten werden sollte, siehe Metzger, *A Textual Commentary*, 148–150.

41   Siehe z. B. Carroll, *Luke*, 433–434.

42   Siehe Bovon, *Lukas*, 4:289.

43   Für einen ausgezeichneten Kommentar zu Lk 22,35–38, dem ich gefolgt bin, siehe Neyrey, *The Passion According to Luke*, 37–43. Auf derselben Linie bewegt sich auch Fitzmyer, *Luke*, 2:1428–1431.

44   Thomas W. Manson, *The Sayings of Jesus* (London: SCM, 1971), 341. Siehe auch Paul S. Minear, „A Note on Luke 22:36", *NT* 7 (1964–1965): 128–134; Byrne, *Hospitality*, 174.

45   Siehe Léon-Dufour, *Sharing the Eucharistic Bread*, 234.

46   Barth, *Rediscovering the Lord's Supper*, 73. Siehe auch Kodell, *The Eucharist in the New Testament*, 105: „Das Letzte Abendmahl ist das letzte Mahl in einer Reihe während der Wirksamkeit Jesu. Dort lehrt er seine Jünger, wie sie nach seinem Weggang handeln sollen, durch seine Deutung des Brotes und des Weins, durch seine letzten Anweisungen und durch das Teilen der Mahlgemeinschaft mit seinem Verräter." Zu ähnlichen Überlegungen, siehe Talbert, *Reading Luke*, 206–211.

47   Eine Reihe von Kommentatoren, die dies anerkennen, kommentieren 22,14–20 als eine christliche Adaptierung der jüdischen Pascha-Tradition und sehen VV. 21–38 als eine „Anweisung" oder sogar als Abschiedsrede. Siehe z. B. Schneider, *Lukas*, 443–456; Evans, *Saint Luke*, 779–782.791–792; Johnson, *Luke*, 336–350. Johnson ist besonders hilfreich bezüglich der Gattung der „Abschiedsrede" auf den Seiten 347–349.

48   Siehe Tannehill, *Literary Unity*, 263: „Ob 22,14–38 formal zu einer anerkannten Gattung, die ,Abschiedsrede' oder ,Abschiedsansprache' genannt werden kann, gehört oder nicht, Jesu Worte sind im Lichte seines bevorstehenden Todes gesprochen und mit dem Bewusstsein der neuen Situation, in welche die Apostel hineingehen, verdeutlicht in seiner Aufforderung ,Tut dies zu meinem Gedächtnis', dem Bemühen, die Apostel für

ihre neue Rolle als Führende vorzubereiten in 22,24–27, sowie die Gabe der Teilhabe an Jesu königlicher Macht in 22,28–30." Siehe seinen ausgezeichneten Kommentar zu 22,14–38 auf den Seiten 263–270.

49 Paul S. Minear, „Some Glimpses of Luke's Sacramental Theology", *Worship* 44 (1970): 326. Ich folge der exegetischen Mehrheitstradition, indem ich annehme, dass VV. 19b–20 ursprünglich sind. Siehe oben Anm. 40.

50 Zum Hintergrund, siehe Charles H. Dodd, *The Interpretation of the Fourth Gospel* (Cambridge: Cambridge University Press, 1953), 420–423; Francis J. Moloney, *Glory not Dishonor: Reading John 13–21* (Minneapolis, MN: Fortress, 1998), 4–7.

51 Für das Folgende stütze ich mich auf die Arbeit von Neyrey, *The Passion According to Luke*, 6–8. Obwohl den Exegeten die literarische Form einer Abschiedsrede schon lange bekannt war, hat die Entdeckung einer großen Zahl von „Testamenten" in Qumran – besonders bedeutsamer Teile der *Testamente der Zwölf Patriarchen* – zu einem vermehrten Interesse auf Seiten christlicher Wissenschaftler und Wissenschaftlerinnen geführt. Ursprünglich vorchristlich, enthält der jetzige Text dieser Testamente zahlreiche christliche Interpolationen, die aber zumindest den Beweis für die frühchristliche Verwendung einer hebräischen Schrifttradition liefern. Siehe Robert A. Kugler, „Testaments", in: *Encyclopedia of the Dead Sea Scrolls*. Ed. Lawrence H. Schiffman/James C. VanderKam (Oxford/New York: Oxford University Press, 2000), 2:933–936, und idem, „Twelve Patriarchs, Testaments of The", in: *Encyclopedia of the Dead Sea Scrolls*, 2:952–953.

52 Für eine Einführung und einen mit Anmerkungen versehenen kritischen Text dieses Dokuments (von Howard C. Kee vorbereitet), siehe James H. Charlesworth (ed.), *The Old Testament Pseudepigrapha* (London: Darton, Longman & Todd, 1983), 1:775–828.

53 Hier folge ich Neyrey, *The Passion According to Luke*, 7. Siehe auch Léon-Dufour, *Sharing the Eucharistic Bread*, 245–246; Johnson, *Luke*, 336–350. Für ein starkes Argument zur Verteidigung dieser Position, siehe William S. Kurz, „Luke 22:14–38 and Greco-Roman and Biblical Farewell Addresses", *JBL* 104 (1985): 251–268.

54 In den Testamenten gibt es häufige Hinweise auf das zukünftige Versagen der Patriarchensöhne, allgemein assoziiert mit der Endzeit. Siehe z. B. *Testament des Levi* 10,1–5; 14–16; *Testament des Issachar* 6,1–4; *Testament des Dan* 5,7–8; *Testament des Naphtali* 4,1–5. Nur bei einer einzigen Gelegenheit findet sich ein Hinweis auf die gegenwärtige Sündigkeit, aber die Ermahnung des Patriarchen geht schnell über in die Erörterung der Übel der Endzeit. Siehe *Testament des Juda* 23,1.

55 Neyrey, *The Passion According to Luke*, 31–37, bietet eine ausgezeichnete Studie zu diesen Versen. Er zeigt überzeugend auf, dass Jesu Worte eine

„Beauftragung" des Petrus sind. Er ist sogar der Meinung, „dass dieser Vers (32b) eine feierliche Beauftragung des Petrus enthält, vergleichbar mit Mt 16,17–19 und Joh 21,15–17" (34). Das Thema des Versagens auf Seiten des beauftragten zukünftigen Leiters ist auch ein wichtiges Ergebnis der lukanischen „Vermischung" seines Mahlthemas mit der „Abschiedsrede". Siehe dazu Léon-Dufour, *Sharing the Eucharistic Bread*, 241–242; Tannehill, *Narrative Unity*, 1:263–268.

56 Diese Vermischung der Themen des Versagens und der Beauftragung für die Zukunft bringt seine eigenen Schwierigkeiten mit sich. Der Patriarch erteilt seine Anweisungen nie solchen sich streitenden Jüngern, wie sie sich in Lk 22,24–27 finden. Obwohl die Testamente sehr wohl von einer zukünftigen Sündigkeit sprechen (siehe oben Anm. 53), findet die „Beauftragung" niemals im Kontext einer Vorhersage der zukünftigen Verleugnung des Patriarchen statt. Siehe dazu Léon-Dufour, *Sharing the Eucharistic Bread*, 236–239 und 243–245. Er merkt an, dass „gewisse Abweichungen vom testamentarischen Genre signifikant sind" (243–244). Sie ergeben sich weitgehend aus der lukanischen Vermischung des Mahlthemas mit dem testamentarischen Genre.

57 Hier finden wir einen weiteren bedeutenden Unterschied zwischen den *Testamenten der Zwölf Patriarchen* und Lk 22,14–38. Viele der Patriarchen sprechen ausführlich von ihrer sündigen Vergangenheit, besonders ihren sexuellen Affären und ihrer Misshandlung des Josef. Siehe z. B. *Testament des Ruben* 1,6–10; 2,11–15; *Testament des Simeon* 2,1–5; *Testament des Gad* 2,1–5. Offenbar ist im LkEv kein Platz für dieses Thema, auch nicht in einem Bericht über die Ereignisse in der Nacht vor Jesu Tod. Tannehill, *Narrative Unity*, 1:268, schreibt dennoch: „Die Gesetzlosigkeit der Apostel in der Passionsgeschichte erfüllt die Schrift und hat so auch einen Platz in Gottes Plan, der menschliches Versagen und Zurückweisung nutzen kann."

58 Kodell, *The Eucharist in the New Testament*, 117.

59 Zu diesem Thema im LkEv, siehe Moloney, *The Living Voice of the Gospel*, 166–193. Es sollte jedoch bemerkt werden, dass diese physische Bewegung, welche Jesu Reise nach Jerusalem bezeichnet (LkEv), sowie die parallele Reise der Jünger bis zu den Enden der Erde (Apg), nur ein Teil des Reisethemas ist. Es gibt auch eine beständige – und vielleicht wichtigere – „Reise" einer zunehmenden Intensität von Lehren und Verstehen (dem ein Missverstehen entspricht) im Verlauf der Entfaltung der Geschichte (siehe 190–193). Siehe auch Stephen D. Moore, „Luke's Economy of Knowledge", in: *SBLSP 1989*. Ed. David J. Lull (Atlanta, GA: Scholars Press, 1989), 38–56.

60 Für einen kurzen Bericht über die „Reise" in der Apg, siehe Moloney, *Reading the New Testament*, 140–154.

61 Zu den eucharistischen Texten in der Apg, siehe Menoud, „The Acts of the Apostles and the Eucharist", 84–106. Menoud argumentiert, dass es in 16,34 auch um den „Tisch des Herrn" geht (siehe 89–90).

62 Im Detail, siehe dazu Richard J. Dillon, *From Eye-Witnesses to Ministers of the Word*. AnBib 82 (Rom: Biblical Institute Press, 1978), 89–91.

63 Zum Folgenden, zu Lk 24,13–49, siehe auch Moloney, *The Resurrection of the Messiah*, 81–89.

64 Siehe auch Stuart Moran, *A Friendly Guide to the Gospel of Luke* (Melbourne: Garratt Publishing, 2013), 45–47. Bemerkenswerterweise sehen die meisten Kommentatoren nicht die Bedeutung des lukanischen Hinweises, dass die zwei Jünger „weg von Jerusalem" (Griechisch: *apo Ierousalēm*) gingen. Siehe z. B. I. Howard Marshall, *The Gospel of Luke: A Commentary on the Greek Text*. NIGTC (Grand Rapids, MI: Eerdmans, 1978), 892–893 (ausführliche Diskussion der Lokalisierung von Emmaus). Eduard Schweizer, *Das Evangelium nach Lukas*. NTD 3 (Göttingen: Vandenhoeck & Ruprecht, 1982) ist hier eine Ausnahme: „Ihre Bewegung von Jerusalem weg ist durch den Auferstandenen eingeholt und in die Gegenrichtung verwandelt worden" (247). Johnson, *Luke*, 393 und Fitzmyer, *Luke*, 2:1562, sind der Meinung, dass Emmaus genannt ist, weil es „in der Nähe von Jerusalem" liegt (Fitzmyer), und deshalb gibt es keine Reise weg von Jerusalem. Ähnlich auch Dillon, *From Eye-Witnesses*, 85–86. Sie erkennen die Bedeutung von Jerusalem, meinen aber, dass Emmaus so nahe ist, dass die Jünger die Stadt nicht verlassen.

65 Siehe Johnson, *Luke*, 393. Dies ist das letzte Mal in der direkten Erzählung, dass der Name aufscheint.

66 Das sogenannte „göttliche Passiv" ist eine Art und Weise, die Handlung Gottes zu bezeichnen, ohne den Namen zu nennen. Dies ist in der biblischen Literatur weit verbreitet aus Respekt für die jüdische Tradition, den Namen Gottes nie zu nennen.

67 Tannehill, *Luke*, 352, weist darauf hin, dass die Jünger nicht ohne Schuld sind in ihrer Unfähigkeit, Jesus zu erkennen: „Diese Verheimlichung spiegelt, dass sie nicht bereit sind, sich mit Jesu Tod zu befassen. Dies ist ein sträfliches Versagen, das überwunden werden muss." Siehe auch Tannehill, *Narrative Unity*, 1:227.

68 Siehe Moran, *A Friendly Guide*, 45. Zu Spekulationen bzgl. der Identität des Kleopas und des anderen Jüngers, siehe Evans, *St Luke*, 906–907.

69 Siehe Byrne, *Hospitality*, 187. Dies wird von vielen übersehen, die Jesus als „einen anderen Reisenden" sehen, so wie die Jünger (siehe z. B. Schweizer, *Lukas*, 246: „Dabei fügt sich Jesus in ihre Gemeinschaft ein.")

70 Ihre Kenntnis der „rohen Fakten" der Auferstehungserzählung ist weithin anerkannt. Für eine anregende Analyse der Bedeutung für das luka-

nische Denken, siehe Dillon, *From Eye-Witnesses*, 55–56.110–111; Johnson, *Luke*, 393–394.

71 Für eine ausgezeichnete Untersuchung der in den Worten der Jünger zu Jesus enthaltenen, aber missverstandenen, lukanischen Christologie, siehe Dillon, *From Eye-Witnesses*, 111–145.

72 Siehe BDAG, 884, s.v. *prospoieō*: „machen/handeln als ob, vortäuschen".

73 Der Wechsel in der Initiative ist mehr als „ein erzählerisches Mittel, das dazu gedacht ist, Zärtlichkeit und Menschlichkeit in die Geschichte zu bringen" (Johnson, *Luke*, 396), obwohl er das auch tut.

74 Für eine vollständig dokumentierte Diskussion des eucharistischen Charakters von 24,30, siehe Jacques Dupont, „The Meal at Emmaus", in: Jean Delorme et al. (eds.), *The Eucharist in the New Testament* (London: Geoffrey Chapman, 1985), 115–121. Siehe auch Marshall, *Luke*, 898, und besonders Dillon, *From Eye-Witnesses*, 149–155. Dillon hat auch darauf hingewiesen, dass sowohl im LkEv als auch in der Apg das „Brotbrechen" mit einer Unterweisung über die Person Jesu und seine Sendung verbunden ist.

75 Siehe Byrne, *Hospitality*, 190: „In der Darlegung des Wortes und in der eucharistischen Feier (Wort und Sakrament) wird er ihnen gegenwärtig sein für den Rest des ‚Tages', den Tag der Kirche, deren Predigt in seinem Namen und in seinem Geist den ‚Tag' der Rettung (vgl. 4,16–20) ausdehnen wird bis zum Ende der Zeit." Siehe auch Johnson, *Luke*, 396.399.

76 Die Tatsache, dass sie in V. 33 „nach Jerusalem zurückkehren", steigert die Bedeutung ihrer Reise „weg von Jerusalem" in V. 13. Viele Exegetinnen und Exegeten haben die theologische Bedeutung dieser „Rückkehr" erkannt. Für Details dieser Forschung, siehe Dillon, *From Eye-Witnesses*, 92–94. Dillon befindet sich hier in einer Schwierigkeit. Er hat die Bedeutung des Gehens „weg von Jerusalem" in V. 13 nicht gewürdigt und kann deshalb nur „tentativ zustimmend" (93) gegenüber diesen Vorschlägen sein.

77 Die meisten Exegeten sehen diese Rückkehr zum Namen „Simon" als ein Indiz für den traditionellen Charakter von 24,34, das Osterbekenntnisse spiegelt, die viel älter als das Lukasevangelium sind (siehe 1 Kor 15,4). Siehe z. B. Fitzmyer, *Luke*, 2:1569: „eine stereotype Formel für Erscheinungen". Siehe auch Marshall, *Luke*, 899–900. Ich meine, dass hier ein subtilerer lukanischer Gesichtspunkt auf dem Spiel steht. Für einen ähnlichen Vorschlag, siehe Dillon, *From Eye-Witnesses*, 100, Anm. 88. Siehe auch Tannehill, *Narrative Unity*, 1:292–293.

78 Robert J. Karris, „God's Boundary-Breaking Mercy", *TBT* 24 (1986): 27–28. Für eine gute Untersuchung der Schwächen der Jünger im LkEv, besonders in der Passionserzählung, siehe Tannehill, *Narrative Unity*, 1:153–174.

79 Das Vorhandensein von „Freude" in dem, was sonst als Mangel an Glauben beschrieben wird, ist rätselhaft. Johnson, *Luke*, 402, macht den hilfreichen Vorschlag, dass V. 41 auf ein rein emotionales Erlebnis hinweist, das zu mächtig ist für wahren Glauben, sowie auf eine neuerliche Feststellung der grundlegenden lukanischen Wahrheit, dass der Auferstehungsglaube des interpretierenden Wortes bedarf (siehe VV. 44–46). Siehe auch Tannehill, *Luke*, 359–360. Marshall, *Luke*, 902, meint: „Er war zu gut, um wahr zu sein."

80 Die Bedeutung der Tischgemeinschaft in diesem Abschnitt wurde aufgezeigt von Demetrius R. Dumm, „Luke 24:44–49 and Hospitality", in: *Sin, Salvation and the Spirit: Commemorating the Fiftieth Year of the Liturgical Press*. Ed. Daniel Durkin (Collegeville, MN: The Liturgical Press, 1979), 230–239. Siehe auch Tannehill, *Luke*, 357–358.

81 Fitzmyer, *Luke*, 2:1575. Siehe auch Talbert, *Reading Luke*, 238–239. Für einige hilfreiche Überlegungen zu diesem in der lukanischen Gemeinde nötigen Gesichtspunkt, siehe Ellis, *Luke*, 274–276.

82 Siehe Tannehill, *Narrative Unity*, 1:289–293.

83 Siehe Senior, *The Passion of Jesus in Luke*, 56–58.

84 Siehe dazu Dillon, *From Eye-Witnesses*, 197–203. Siehe auch idem, „Easter Revelation and Mission Program in Luke 24:46–48", in: *Sin, Salvation and the Spirit*, 240–270. Zur weiterreichenden Bedeutung dieser Beauftragung in der Apg, siehe Johnson, *Luke*, 402–403.

85 Zu den Ostererscheinungen als Wiederherstellung der gescheiterten Jüngerschaft, siehe Tannehill, *Narrative Unity*, 1:277–301. Er bemerkt dazu: „Was geschlossen wurde, kann wieder geöffnet werden" (299). Das muss es, denn die Apostel sind die Hauptakteuere in der Apg. Siehe auch Moloney, „Luke 24: To be Witnesses", 183–195; George, *Études sue l'Oeuvre de Luc*, 387–394.

86 Unter Exegeten gibt es eine wachsende Sensibilität für das besondere Interesse des Lukas an den „Verlorenen". Dies ist schon immer als zentral für die drei Gleichnisse in Lk 15 festgestellt worden, aber das Thema wird nun als durchgängig vorhanden gesehen. Siehe besonders Donahue, *The Gospel in Parable*, 126–193. Mit besonderem Hinweis darauf, dass es in der Emmaus-Erzählung um ein Thema geht, das sich durch das gesamte Evangelium zieht, siehe Dillon, *From Eye-Witnesses*, 240–249. Interessanterweise (für unsere Zwecke) überschreibt Dillon diesen Teil seiner Untersuchung mit „Gast und Gastgeber der Unwürdigen". Siehe auch O'Toole, *The Unity of Luke's Theology*, 109–148; Karris, *Luke: Artist and Theologian*, 23–78; sowie die oben in Anm. 35 zitierten Untersuchungen.

87 Für eine Untersuchung der konstituierenden Elemente der Auferstehungserzählungen, siehe Charles H. Dodd, „The Appearances of the Risen

Christ: An Essay in Form-Criticism of the Gospels", in: *More New Testament Studies* (Manchester: University Press, 1968), 102–133. Siehe auch Raymond E. Brown, *The Virginal Conception and Bodily Resurrection of Jesus* (London: Geoffrey Chapman, 1973) 96–125.

Sechstes Kapitel

1   Das JohEv ist das Ergebnis einer langen christlichen und literarischen Geschichte. Es ist das Resultat großer Originalität in der engen Verknüpfung von traditionellen Erzählungen und anderen Quellen mit einem einzigartigen johanneischen Beitrag. Das endgültige Dokument, das um etwa 100 n. Chr. enstanden sein wird, gilt zu Recht als das subtilste theologische Werk im NT. Siehe Raymond E. Brown, *An Introduction to the Gospel of John*. Ed. Francis J. Moloney. ABRL (New York: Doubleday, 2010).

2   U.v.a., siehe Francis J. Moloney, „Johannine Theology", in: *The New Jerome Biblical Commentary*. Ed. Raymond E. Brown, Joseph A. Fitzmyer, Roland E. Murphy (Englewood Cliffs: Prentice-Hall, 1989), 1417–1426. Es besteht keine literarische Abhängigkeit zwischen dem JohEv und den Synoptischen Evangelien. Siehe dazu Smith, *John among the Gospels*. Johannes kennt die Synoptischen Evangelien (besonders Mk und Lk), verwendet sie jedoch nicht wie etwa Matthäus das MkEv verwendet. Es gibt Stellen im JohEv (besonders 6,1–72 und die Passionserzählung), an denen eine kreative Verwendung einer früheren Tradition (respektive Mk und Lk) offensichtlich ist. Siehe dazu Michael Labahn/Manfred Lang, „Johannes und die Synoptiker. Positionen und Impulse seit 1990", in: *Kontexte des Johannesevangeliums: Das vierte Evangelium in religions- und traditionsgeschichtlicher Perspektive*. Ed. Jörg Frey/Udo Schnelle. WUNT 175 (Tübingen: Mohr Siebeck, 2004), 443–514; Jean Zumstein, *L'Évangile selon Jean*. CNT IVa–b (Genf: Labor et Fides, 2007–2013), 1:30–32. In seinem Kommentar wendet Zumstein durchgehend eine Theorie der *relecture* und *réécriture* früherer Traditionen an. Zu diesem Prozess siehe die Erklärung von Brown, *An Introduction*, 290–292 (diese Seiten sind die Arbeit des Herausgebers).

3   Siehe Moloney, *Love in the Gospel of John*, 37–69.

4   Besondere Bedeutung erlangt hat die Arbeit von Oscar Cullmann, *Early Christian Worship*. SBT 10 (London: SCM, 1953), 37–116. Siehe auch Sandra M. Schneiders, „Symbolism and the Sacramental Principle in the Fourth Gospel", in: *Segni E Sacramenti Nel Vangelo Di Giovanni*. Ed. Pius-Ramon Tragan. SA 67 (Rom: Editrice Anselmiana, 1977), 221–235.

5   Die klassische Feststellung dieser Position findet sich bei Hugo Odeberg, *The Fourth Gospel: Interpreted in Relation to Contemporaneous Religious Currents in Palestine and the Hellenistic-Oriental World* (Uppsala: Almqvist, 1929). Zu Joh 6, siehe 235–269.

6   Ausgezeichnete Überblicke finden sich in der älteren, aber immer noch wertvollen Arbeit von William F. Howard/C. Kingsley Barrett, *The Fourth Gospel in Recent Criticism* (London: Epworth, 1955), 195–212, sowie bei Raymond E. Brown, „The Johannine Sacramentary," in: *New Testament Essays* (London: Geoffrey Chapman, 1967), 51–76; idem, „The Eucharist and Baptism in John", in: *New Testament Essays*, 77–95; Robert Kysar, *The Fourth Evangelist and His Gospel: An Examination of Contemporary Scholarship* (Minneapolis. MN: Augsburg, 1975), 249–262. Jan Heilmann, *Wein und Blut: Das Ende der Eucharistie im Johannesevangelium und dessen Konsequenzen*. BWANT 204 (Stuttgart: Kohlhammer, 2014), 1–8, bietet einen Überblick, jedoch hauptsächlich der deutschen Forschung. Er verweist auf die kürzlich erschienene Arbeit von David C. Bienert, *Abendmahl im johanneischen Kreis: Eine exegetische-hermeneutische Studie zur Mahltheologie des Johannesevangeliums*. BZNW 202 (Berlin: de Gruyter, 2014) für einen vollständigen Überblick. Dieses Buch war zum Zeitpunkt der Abfassung meines Buches nicht erhältlich.

7   Siehe seit Kurzem Heilmann, *Wein und Blut*, der ausführlich argumentiert hat, dass es gewiss Hinweise auf johanneische „Mähler" gibt, aber die exegetische Assoziation dieser Hinweise mit der Eucharistie infrage stellt.

8   Siehe Eduard Lohse, „Miracles in the Fourth Gospel", in: *What about the New Testament? Essays in Honour of Christopher Evans*. Ed. Morna Hooker/Colin Hickling (London: SCM, 1975), 64–75. Siehe auch Xavier Léon-Dufour, „Les miracles de Jésus selon Jean", in: *Les Miracles de Jésus selon le Nouveau Testament*. Ed. Xavier Léon-Dufour (Paris: Seuil, 1977), 269–286.

9   Sandra M. Schneiders, „The Footwashing (John 13:1–20): An Experiment in Hermeneutics", *CBQ* 43 (1981): 81, Anm. 22.

10   Kodell, *The Eucharist in the New Testament*, 118–120.126–129. Für eine Kritik der Überverwendung des vierten Evangeliums in diesem Sinne, siehe Léon-Dufour, *Sharing the Eucharistic Bread*, 272–275. Es müssen jedoch entsprechend die Seiten 261–267 gelesen werden, wo Léon-Dufour seine eigene „symbolische Leseweise" des JohEv entwickelt. Siehe auch idem, „Towards a Symbolic Reading of the Fourth Gospel", *NTS* 27 (1980–1981): 439–456. Für Léon-Dufour ist in der gesamten Erzählung das Göttliche hinter der Gegenwart Jesu verborgen. Als solche kann der Ausdruck „sakramental" verwendet werden, um alle Worte und Handlungen Jesu als „von Gott" zu beschreiben. Sie sind die nur leicht verhüllte menschliche Offenbarung des Göttlichen.

11   Siehe die Einschätzung der vielen Vorschläge, die über die Jahre gemacht wurden, bei Brown, „The Johannine Sacramentary", 75–76. Brown (1967) ordnet eine Reihe von möglichen „Hinweisen" als „akzeptabel" ein, die ich als „abgelehnt" ansehen würde, um seine Sprache zu gebrauchen.

Ich zweifle nicht daran, dass der spätere Raymond Brown und ich parallele Einschätzungen haben würden. Er bewertet jedoch bereitwillig 6,1–15; 6,51–58 und 19,34 als „akzeptabel".

12 Siehe Francis J. Moloney, „When is John Talking about Sacraments?" *ABR* 30 (1982): 10–33. Eine Dokumentation und Diskussion der verschiedenen exegetischen Positionen können in diesem Artikel gefunden werden. Schneiders, „The Footwashing", 81 Anm. 22, macht eine nützliche Unterscheidung zwischen Material, das „äquivalent im Inhalt" und „analog in der Funktion" ist. Ich würde behaupten, dass 6,1–15; 6,51–58 und 19,34 „äquivalent im Inhalt" und in diesem Sinne „eucharistisch" sind.

13 Siehe Zumstein, *Saint Jean*, 1:209.

14 Für einen detaillierten Vergleich, siehe Michael Labahn, *Offenbarung in Zeichen und Werken*. WUNT 2.117 (Tübingen: Mohr Siebeck, 2000), 165–176.

15 Die Verwendung der Ausdrücke „er nahm" (Griechisch: *elaben*) „und sprach das Dankgebet" (Griechisch: *kai eucharistēsas*) zusammen genommen findet sich im NT sonst nur in der paulinischen Version der Worte Jesu beim Letzten Abendmahl in 1 Kor 11,23b–24.

16 Siehe Francis J. Moloney, *The Gospel of John*. SP 4 (Collegeville, MN: The Liturgical Press, 1998), 196–201, und die darin zitierte Literatur. Siehe auch, u.v.a., Cullmann, *Early Christian Worship*, 93–102; Edwyn C. Hoskyns, *The Fourth Gospel*. Ed. Francis N. Davey (London: Faber & Faber, 1947), 289–290; Udo Schnelle, *Das Evangelium nach Johannes*. ThHNT 4 (Leipzig: Evangelische Verlagsanstalt, 1998), 116–127; Andrew T. Lincoln, *The Gospel According to Saint John*. BNTC (New York/London: Continuum, 2005), 212–213; Frederick B. Bruner, *The Gospel of John: A Commentary* (Grand Rapids, MI: Eerdmans, 2012), 363–364.

17 Siehe Moloney, *John*, 198–201. Ein jüdisches Dokument, das ungefähr zur selben Zeit wie das JohEv erschien, drückt diese Hoffnung aus: „Und es wird geschehen zur selben Zeit, dass der Schatz des Manna wieder aus der Höhe herunterkommen wird, und sie werden davon essen in jenen Jahren, weil diese diejenigen sind, die zur Erfüllung der Zeit gelangt sind" (2 Baruch 29,8).

18 Die Beschränkung der Offenbarung Jesu als ICH BIN ES auf die Jünger im Boot (VV. 16–22) ist eine für Johannes bedeutende Erzählstrategie, die hier nicht weiter verfolgt werden kann. Am Ende der Rede befinden dieselben Jünger, dass das Wort Jesu „zu hart" ist, und sie verlassen ihn (VV. 60–66).

19 Siehe Moloney, *John*, 201–220. Zum Gesetz als „das Brot vom Himmel", siehe Peder Borgen, *Bread from Heaven: An Exegetical Study of the Concept of the Manna in the Gospel of John and the Writings of Philo*. NTSup 10 (Leiden: Brill, 1965), 147–192.

20 Zu dieser Interpretation und Übersetzung von Joh 1,17, siehe Moloney, *John*, 40–41.46.

21 Auf den Ruf zur Entscheidung verweisen Jesu Worte: „Wenn ihr nicht
(Griechisch: *ean mē*) das Fleisch des Menschensohns esst und sein Blut
trinkt, habt ihr das Leben nicht in euch." Dieser Aspekt von VV. 51–58 ist
großartig entfaltet bei Heilmann, *Wein und Blut*, 189–209.231–238. Inmitten von Missverständnis und Trennung (siehe VV. 60–72) sind die Jünger
aufgerufen zu glauben, und zwar durch die gesamten VV. 25–58 hindurch.
Essen und Trinken sind Metaphern, um diese Botschaft zu vermitteln.

22 Ich habe dies ausführlich begründet in Francis J. Moloney, „John 6 and
the Celebration of the Eucharist", *DRev* 93 (1975): 243–251, sowie in „The
Function of Prolepsis in the Interpretation of John 6", in: *The Interpretation
of John 6*. Ed. R. Alan Culpepper. BibIntS 22 (Leiden: Brill, 1997), 129–148;
und idem, *The Johannine Son of Man* (Eugene, OR: Wipf & Stock, 2007),
87–107. Raymond E. Brown, *The Gospel According to John*. AB 29–29A (Garden City, NY: Doubleday, 1966–1970), 1:287, behauptet zu Recht, dass „das
Herzstück von VV. 51–58 aus Material von der johanneischen Erzählung der
Einsetzung der Eucharistie besteht". Siehe auch idem, „The Eucharist and
Baptism in John", 77–92; Barnabas Lindars, *The Gospel of John*. NCB (London: Oliphants, 1972), 236.239–245.267–270; Brendan Byrne, *Life Abounding:
A Reading of John's Gospel* (Collegeville, MN: The Liturgical Press, 2014),
108–125. Für eine heutige Ablehnung dieser Interpretation, siehe Craig S.
Keener, *The Gospel of John: A Commentary* (Peabody, MA: Hendrickson Publishers, 2003), 1:689–691. Die literarischen und theologischen Verbindungen
mit der Eucharistie werden abgelehnt von Heilmann, *Wein und Blut*, 155–173.
Ich habe ernsthafte Schwierigkeiten mit seiner Abschwächung des johanneischen Gebrauchs von *sarx* („Fleisch": VV. 51c.52.53.55.56), seiner fehlenden
Entscheidung bezüglich des Zusammenspiels von *phagein* und *trōgein* als Verben für essen (VV. 51.52.53.54.56.57.58), der Verbindung mit dem Gebrauch
von *trōgein* in 13,18 (siehe unten) und der oben genannten theologisch-pasto-
ralen Angelegenheit: die Gegenwart des Abwesenden und anderer Punkte. Die
Untersuchung ist jedoch ein sehr gesunder Ausgleich zu der Übersakramenta-
lisierung dieses Abschnitts (siehe vorherige Anmerkung). Er stellt sein Anliegen fest auf Seite 298, und es verdient Aufmerksamkeit: „Der Text des JohEv
war *in seiner Rezeption ritualprägend*, nicht die Rituale waren textprägend."
(Hervorhebung im Original)

23 Zur Theologie des Kreuzes als Offenbarung der Liebe Gottes, siehe
Moloney, *Love in the Gospel of John*, 135–160.

24 Eine Schwäche des Arguments von Heilmann, *Wein und Blut*, 281–289,
der jeden eucharistischen Hintergrund von 19,34 zurückweist, ist seine fast
völlige Vernachlässigung von 19,35. Warum interveniert Johannes hier an

dieser Stelle so stark, um zu einer späteren Generation zu sprechen, zu jenen die glauben, aber nicht gesehen haben?

25   Edward Malatesta, „Blood and Water from the Pierced Side of Christ", in: *Segni e Sacramenti nel Vangelo di Giovanni*. Ed. Pius-Ramon Tragan. SA 66 (Rom: Editrice Anselmiana, 1977) 164–181; Cullmann, *Early Christian Worship*, 114–116; Hoskyns, *Fourth Gospel*, 532–536; Moloney, *John*, 505–506.509–519; Schnelle, *Johannes*, 292–294; Bruner, *John*, 1125; Zumstein, *Saint Jean*, 2:258–259; Sebastian A. Carnazzo, *Seeing Blood and Water: A Narrative-Critical Study of John 19:34* (Eugene, OR: Pickwick Publications, 2012). Siehe besonders Brooke F. Westcott, *The Gospel According to John* (London: John Murray, 1908), 279: „So werden wir durch dieses Zeichen von ‚Blut und Wasser' zu den Vorstellungen gebracht, die den beiden Sakramenten zugrunde liegen und die dem Glauben in ihnen und durch sie klargemacht werden; und die Lehre des dritten [siehe Joh 3,3–5] und sechsten Kapitels wird sogleich in Verbindung mit der Passion gebracht." Viele Kommentatoren erkennen die Taufe und Eucharistie hier nicht, verbinden jedoch zu Recht den Abschnitt mit 7,37–39 sowie mit der lebensspendenden Wirkung, die mit dem Tod Jesu und der Gabe des Geistes assoziiert wird. Siehe z. B. Byrne, *Life Abounding*, 322–333; Keener, *John*, 2:1151–1154; Heilmann, *Wein und Blut*, 286–291. Keener bietet einen guten Überblick über die vielen Interpretationen dieses rätselhaften Abschnitts; so auch Bruner, *John*, 1127–1131.

26   Moloney, „When is John Talking about Sacraments?" 25.

27   Was genau diese „Sorgen" waren, steht im Zentrum eines Großteils der gegenwärtigen Forschung zum JohEv. Für wichtige erste Vorschläge, siehe Raymond E. Brown, *The Community of the Beloved Disciple: The Life, Loves and Hates of an Individual Church in New Testament Times* (London: Geoffrey Chapman, 1979). Zur laufenden Diskussion, siehe R. Alan Culpepper/Paul N. Anderson (eds.), *Communities in Dispute: Current Scholarship on the Johannine Epistles*. ECL 13 (Atlanta, GA: SBL Press, 2014), besonders die Beiträge von R. Alan Culpepper, „Setting the Stage: Context for the Conversation" (3–15); Urban C. von Wahlde, „Raymond Brown's View of the Crisis of 1 John: In the Light of Some Peculiar Features of the Johannine Gospel" (19–45); Paul N. Anderson, „The Community that Raymond Brown Left Behind: Reflections on the Johannine Dialectical Situation" (47–93), und R. Alan Culpepper, „The Relationship Between the Gospel and 1 John" (95–118). Siehe auch Toan Do, *Rethinking the Death of Jesus: An Exegetical and Theological Study of Hilasmos and Agapē in 1 John 2:1–2 and 4:7–10*. CBET 73 (Leuven: Peeters, 2014), 3–26, zur Einzigartigkeit von Autor und Theologie von 1 Joh.

28   Für eine gute Diskussion der möglichen sakramentalen Interpretation von Joh 13, siehe Rudolf Schnackenburg, *Das Johannesevangelium*. HThK IV/1–3 (Freiburg i. Br.: Herder, 4. Aufl. 1982), 3:48–53.

29   Siehe, u.v.a., Barnabas Lindars, *The Gospel of John*. NCB (London: Oliphants, 1972), 451–452; C. Kingsley Barrett, *The Gospel According to St John* (London: SPCK, 1978), 441–442. Einen guten Überblick bietet Brown, *John*, 558–559.

30   Es ist weithin anerkannt, dass diese Formel einen Teil der eucharistischen Worte umfasst, die bei den Feiern in der johanneischen Gemeinde verwendet wurden. Siehe dazu Brown, *John*, 284–285; Jeremias, *Die Abendmahlsworte Jesu*, 101–102.

31   Siehe besonders Heilmann, *Wein und Blut*, 241–280.

32   Siehe Brown, *John* 2:581–604. Für einen Überblick über Versuche, diese Schwierigkeiten zu lösen, siehe Fernando F. Segovia, *Love Relationships in the Johannine Tradition: Agapê/Agapan in I John and the Fourth Gospel*. SBLDS 58 (Chico, CA: Scholars Press, 1982), 81–97; idem, *The Farewell of the Word: The Johannine Call to Abide* (Minneapolis, MN: Fortress, 1991), 1–58.

33   Segovia, *Love Relationships*, 82. Eine ähnliche Einschätzung bietet Schnackenburg, *Johannesevangelium*, 3:7: „Joh 13,1–30 enthält in der vorliegenden Textgestalt so viele Anstöße und Spannungen, daß man ohne Literarkritik nicht auskommt."

34   Dieser Zugang ist fachkundlich und feinsinnig verwendet worden in den bedeutenden Kommentaren von Schnackenburg und Brown. Er ist auch die Basis von Segovias früheren Arbeiten. Siehe auch John Painter, „The Farewell Discourses and the History of Johannine Christianity", *NTS* 27 (1980–1981): 525–543.

35   Siehe z. B. die hilfreiche Studie von Fernando F. Segovia, „John 15:18–16:4a: A First Addition to the Original Farewell Discourse", *CBQ* 45 (1983): 210–230.

36   Siehe die graphische Darstellung, die diese Wiederholungen auflistet, bei Brown, *John*, 2:588–591.

37   Ich akzeptiere, dass wir Elemente einer Vorgeschichte aufspüren können, die eine unabhängige Erzählung hatte (13,1–38) und eine Tradition von Jesu letztem Gebet (17,1–26). Die Rede selbst hat ihre älteste Form in 14,1–33, aber diese Rede wurde erzählt und nacherzählt und schließlich zu einer späteren Version, wie wir sie nun in 16,4–33 finden, gestaltet. Die Rede, die vom „Bleiben" (15,1–11), lieben wie Jesus geliebt hat (VV. 12–17) und gehasst werden wie Jesus gehasst wurde (15,18 – 16,3) handelt, hatte eine gesonderte johanneische Geschichte. Es reicht jedoch nicht, diese *möglichen* formativen Elemente aufzuspüren und zu behaupten, man habe den Sinn von 13,1 – 17,26 entdeckt.

38   Siehe, u.v.a., Fernando F. Segovia, „John 13:1–20. The Footwashing in the Johannine Tradition", *ZNW* 73 (1982): 31–51; idem, *Love Relationships*, 121–125.

39 Für einen neueren Versuch, eine Quelle für VV. 1–20 zu konstruieren, siehe besonders Christoph Niemand, *Die Fußwaschungserzählung des Johannesevangeliums: Untersuchungen zu ihrer Entstehung und Überlieferung im Urchristentum.* SA 114 (Rom: Pontificio Ateneo S. Anselmo, 1993), 81–256. Für einen eingehenden Überblick über exegetische Versuche, Quellen aufzuspüren, siehe 24–49.

40 Wie wir weiter unten sehen werden, wird die Verbindung des Judas (V. 31a: „Als Judas hinausgegangen war") mit VV. 31b–32 allgemein außer Acht gelassen, selbst von den scharfsinnigsten Kommentatoren.

41 Siehe, u.v.a., Segovia, *Love Relationships*, 136–179. X. Léon-Dufour, *Lecture de l'Évangile selon Jean* (Paris: Seuil, 1988–1996), 3:23–24, argumentiert, dass 13,1–32 eine Einheit ist und dass die Rede mit VV. 33–38 beginnt. Für einen neueren umfassenden Überblick, siehe Francis J. Moloney, „The Literary Unity of John 13,1–38", *ETL* 91 (2015): 33–36.

42 Siehe etwa Brown, *John*, 2:605–616.

43 Siehe etwa Barrett, *St John*, 449–453.

44 Das Evangelium als ganzes ist einheitlich in Bezug auf Stil und Sprache. Siehe Barrett, *St John*, 5–15; Martin Hengel, *Die johanneische Frage: Ein Lösungsversuch mit einem Beitrag zur Apokalypse von Jörg Frey.* WUNT 67 (Tübingen: Mohr Siebeck, 1993), 238–248. Dies ist das Ergebnis einer beständigen Neubearbeitung über die Jahrzehnte, in denen die johanneische Gemeinde die Geschichte Jesu immer wieder neu erzählt hat. Schließlich nimmt die gesamte Erzählung (was auch immer ihre Quellen gewesen sein mögen), das an, was man heutzutage „Idiolekt" nennt, d. h. eine Form sprachlicher Äußerung, die für eine bestimmte Gemeinde und ihre Situation einzigartig ist.

45 Wolfgang Iser, *The Implied Reader: Patterns of Communication in Prose Fiction from Bunyan to Beckett* (Baltimore, MD: Johns Hopkins University Press, 1978), 283. Für meinen Eindruck, was dieses „konsistente Muster" sein könnte, siehe Francis J. Moloney, „The Function of John 13–17 within the Johannine Narrative", in: *What is John? Volume II: Literary and Social Readings of the Fourth Gospel.* Ed. Fernando F. Segovia. SBLSymS 7 (Atlanta, GA: Scholars Press, 1998), 43–66.

46 Segovia, *Farewell*, 284. Diese „Kehrtwendung" Segovias ist ein Hinweis auf das steigende Interesse in der ntl. Forschung an *synchronen* Leseweisen, neben den – einst so dominierenden – mehr historisch orientierten, *diachronen* Interpretationen. Siehe Moloney, „Synchronic Interpretation", 345–354. Vor vielen Jahren machte Dodd, *The Interpretation of the Fourth Gospel*, 290, eine Bemerkung, die nach wie vor relevant ist: „Ich werde annehmen, dass die jetzige Anordnung nicht zufällig ist, sondern von jemanden bewusst ersonnen wurde – selbst wenn er ein Schreiber gewesen wäre,

der sein Bestes tat – und dass die fragliche Person (ob der Autor oder jemand anderer) einen Plan im Sinne hatte, und nicht notwendigerweise unverantwortlich oder unintelligent war."

47   R. Alan Culpepper, „The Johannine *hypodeigma*: A Reading of John 13:1–38", *Semeia* 53 (1991): 135.

48   Zu einer ausführlichen Untersuchung dieser Frage, die im Folgenden zusammengefasst ist, siehe Moloney, „The Literary Unity of John 13,1–38", 33–53.

49   Es ist die doppelte Verwendung von „Amen", die für Johannes einzigartig ist. „Amen, ich sage euch" findet sich in den Synoptischen Evangelien, besonders bei Matthäus (31-mal). Eine ausgezeichnete Anmerkung zu diesem johanneischen Ausdruck findet sich bei John H. Bernard, *A Critical and Exegetical Commentary on the Gospel according to St John.* ICC (Edinburgh: T. & T. Clark, 1928), 1:66–67.

50   Das doppelte „Amen" spielt eine wichtige strukturierende Rolle, wo immer es in 13,1 – 17,25 aufscheint. Siehe Y. Simoens, *La gloire d'aimer: Structures stylistiques et interprétatives dans la Discours de la Cène (Jn 13–17).* AB 90 (Rom: Biblical Institute Press, 1981), 115–129.151–173. Simoens' Arbeit hat meine Leseweise von Joh 13,1 – 17,26 stark beeinflusst.

51   Siehe auch Culpepper, „The Johannine *hypodeigma*", 133–134.

52   Das „Wissen" Jesu ist vorherrschend in 13,1–38. Siehe Culpepper, „The Johannine *hypodeigma*", 134–137.

53   Für meine neueren, ausführlich dokumentierten Studien zu 13,1–38, siehe Moloney, *Love in the Gospel of John*, 99–117, und idem, „*Eis telos* (v. 1) as the Hermeneutical Key for the Interpretation of John 13:1–38", *Salesianum* 86 (2014): 27–46.

54   Siehe dazu Moloney, *Love in the Gospel of John*, 105. Ich verwende das seltsame englische Wort „consummately" [dt.: „vollendet"], weil es die Verbindung einfängt zwischen dem Verb, das Jesus verwendet, als er stirbt und den Geist ausgießt in 19,30. Die RSV übersetzt Jesu letzte Worte in 19,30 mit: „It is finished", genauso wie die deutsche EÜ: „Es ist vollbracht." Das verwendete Verb ist jedoch eine Form des griechischen Nomens *to telos* (13,1): *tetelestai* (19,30). Die lateinische Vulgata erfasste die Verbindung zwischen 13,1 (Jesu vollendete Liebe) und 19,30 mit dem Ausdruck *consummatum est* („es ist vollbracht"). Jesus selbst erklärt dies in 17,4: „Ich habe die Aufgabe, die du mir zu tun gegeben hast, zur Vollendung gebracht" (ÜA).

55   Siehe Édouard Delebecque, *Évangile de Jean: Text traduit et annoté.* CahRB 23 (Paris: Gabalda, 1987), 183: „Der griechische Ausdruck verlangt diese Bedeutung." Siehe auch Barrett, *St John*, 439.

56   Es mag manchen Leser/innen scheinen, dass die Verbindung mit der Taufe schwer auszumachen sei. Sie wird hergestellt durch den griechischen

Ausdruck *echein meros met'emou* („Anteil haben mit mir"). Wie Barrett, *St John*, 441, erklärt: „Johannes ist unter die Oberfläche der Taufe als eines kirchlichen Ritus vorgedrungen, indem er sie in ihrer Beziehung zum Tod des Herrn sieht, auf den die Bekehrten getauft wurden (vgl. Röm 6,3), und so hineingenommen sind in den demütigen Akt der Liebe, in dem der Tod des Herrn bekannt gemacht wurde vor der Passion." Barret beschreibt Petrus als in der Gefahr, „keinen Anteil an den Wohltaten der Passion Jesu (zu haben), und keinen Platz in seinem Volk."

57 Culpepper, „The Johannine *hypodeigma*", 144. Siehe auch Richard A. Burridge, *Imitating Jesus: An Inclusive Approach to New Testament Ethics* (Grand Rapids, MI: Eerdmans, 2007), 343–345. Zur Möglichkeit, dass die johanneischen Christen einen Ritus der Fußwaschung praktizierten, um die Lehre Jesu ins Gedächtnis zu rufen, siehe John C. Thomas, *Footwashing in John 13 and the Johannine Community*. JSNTSup 61 (Sheffield: Sheffield Academic Press, 1991), 126–185; Keener, *John*, 2:902.

58 Das Englische, und auch das Deutsche, erfassen diese Balance, aber das griechische Original ist sehr klar: *ei TAUTA* **oidate** (konditional) – *makarioi este* (Seligpreisung) – *ean* **poiēte** *AUTA* (konditional). Siehe Simoens, *La gloire d'aimer*, 84–85.

59 Dieser Abschnitt (VV. 18–20) bildet sogar ein „materielles Zentrum" von 38 Versen, dessen Zentrum wiederum V. 19 ist. Siehe Zumstein, *Saint Jean*, 2:31–33.

60 Die Verwendung von ICH BIN ES in einem absoluten Sinn (d. h. ohne irgendeine Modifizierung, wie in „Ich bin das Licht der Welt" [9,5], „Ich bin der Weg und die Wahrheit und das Leben" [14,6]), ist ein weiteres Charakteristikum des JohEv. In der Offenbarung des Gottesnamens an Moses als der „Ich bin der ich bin" in Ex 3,14 gründend, wurde der Ausdruck „Ich bin es" durch das ganze AT hindurch verwendet (Hebräische Bibel: *ani hû*; Griechische Septuaginta [LXX]: *egō eimi*), um auf die offenbarende Gegenwart Gottes zu verweisen (siehe LXX Dtn 32,39; Jes 41,4; 43,10–11.25; 45,18; 46,4; 48,12). Johannes führt diese Tradition weiter, indem er Jesus kühn verkünden lässt: ICH BIN ES (siehe 4,26; 6,20; 8,24.28.58; 18,5–8) und damit behauptet, dass er der Offenbarer Gottes *par excellence* ist. Siehe, u.v.a., den Exkurs bei Brown, *John*, 1:533–538, Philip B. Harner, *The „I Am" of the Fourth Gospel: A Study in Johannine Usage and Thought*. FBBS 26 (Philadelphia, PA: Fortress, 1970), und Zumstein, *Saint Jean*, 226–228.

61 Zumstein, *Saint Jean*, 31–33, stellt ebenso eine starke Verbindung zur nachösterlichen Kirche her, würdigt aber nicht ganz die christologische Bedeutung von VV. 18–20. Er erklärt, dass die Wahl des Judas durch Jesus kein Fehler war, sondern Teil von Gottes Plan, worauf die Erfüllung der

Schrift in V. 18 hinweist. Das stimmt, ist jedoch nicht die Hauptausrichtung von VV. 18–20, dem zentralen Teil von 13,1–38.

62 Diese Worte sind ein Widerhall von Ps 42/43, eines Psalms, der in der Tradition mit der Passion assoziiert wird (siehe auch 11,33 und 12,27, wo er verwendet wird, um auf die Passion hinzuweisen). Siehe Johannes Beutler, „Psalm 42/43 im Johannesevangelium", *NTS* 25 (1978–1979): 34–37; Charles H. Dodd, *Historical Tradition in the Fourth Gospel* (Cambridge: Cambridge University Press, 1965), 37–38.69–71.

63 Das griechische Verb *aporeō* („nicht mehr weiter wissen, unsicher oder verwirrt sein") erscheint nur hier im JohEv. Seine anderen, seltenen Vorkommen im NT (Mk 6,20; Lk 24,4; Apg 25,20; 2 Kor 4,8; Gal 4,20) beziehen sich immer auf Unwissenheit und Verwirrtheit. Siehe BDAG, 119, s.v. *aporeō*. Siehe Schnelle, *Johannes*, 219; Zumstein, *Saint Jean*, 2:37.

64 Zumindest zum ersten Mal mit der Bezeichnung „der Jünger, den Jesus liebte". Einige sehen diesen anonymen Jünger bereits im namentlich nicht genannten Jünger von 1,35–40. Siehe z. B. James H. Charlesworth, *The Beloved Disciple: Whose Witness Validates the Gospel of John?* (Valley Forge, PA: Trinity Press International, 1995), 326–336. Siehe den Überblick von Frans Neirynck, „The Anonymous Disciple in John 1", *ETL* 66 (1990): 5–37.

65 Der griechische Ausdruck, der die Nähe zur Brust Jesu anzeigt *(en tōi kolpōi tou Iēsou)*, steht dem in 1,18 verwendeten Ausdruck nahe, womit Jesu Hinwendung zu seinem Vater in liebender Vereinigung (Griechisch: *eis ton kolpon tou patros*) während seiner Wirksamkeit ausgesagt ist. Siehe Moloney, *John*, 40–41.46–47.

66 Die Worte „er nahm es" *(lambanei)* finden sich in allen Evangelienerzählungen über Jesu Gabe des Brotes bei einem letzten Mahl mit seinen Jüngern. Die Gründe für die Annahme dieser Lesart nenne ich weiter unten.

67 Fast alle heutigen Exegeten lehnen diesen Vorschlag ab. Für die frühere Diskussion, siehe Michel-Joseph Lagrange, *Evangile selon Saint Jean*. EBib (Paris: Gabalda, 1927), 362–363. Die meisten heutigen Exegeten und Exegetinnen sehen die Verwendung des Brotbissens als eine Möglichkeit, Judas vom Obergemach zu verbannen (z. B. Schnackenburg, *Johannesevangelium*, 3:35–37), oder als ein Zeichen dafür, dass Judas sich für Satan anstatt für Jesus entscheidet (siehe Brown, *John*, 2:578).

68 Siehe z. B. Lincoln, *Saint John*, 379; Zumstein, *Saint Jean*, 2:38–39.

69 Siehe z. B. Walter Bauer, *Das Johannesevangelium*. HNT 6 (Tübingen: Mohr Siebeck, 3. Aufl. 1933), 175. Siehe auch Augustinus, *In Johannis Evangelium Tractatus CXXIV*, LXII.1–6 (CCSL XXXVI, 483–85). Augustinus interpretiert Joh 13,26–27 mithilfe von 1 Kor 11,27 und Lk 22. Mit seiner üblichen Einsicht erkennt er jedoch, dass Jesus dem Judas die Eucharistie reicht: *„Quid erat autem panistraditori datus, nisi demonstratio cui*

gratiae fuisset ingratus (‚Warum wurde das Brot dem Verräter gegeben, denn als eine Demonstration der Gnade, die er mit Undankbarkeit behandelt hatte‘)“. Judas ist verdammt (aufgrund des Beweises von 1 Kor 11,27 und Lk 22); aber er ist begnadet worden durch die Gabe Jesu.

70 Wie wir im zweiten Kapitel gesehen haben, ist dies auch eine fälschliche Interpretation von 1 Kor 11,29.

71 BDAG, 396, s.v. *esthiō*; 1019, s.v. *trōgō*. Wie bei häufig gebrauchten Verben in vielen Sprachen, erscheint das Verb „essen“ in zwei Formen: *esthiō* und *phagō*, *phagomai* (siehe 6,5.23.26.31.49.50.51.52.53).

72 Es ist diskutiert worden, ob die zwei Verben im späten Griechisch des NT stark voneinander abweichen in ihrer Bedeutung. Für die oben eingenommene Position, siehe Ceslaus Spicq, „*Trōgein*: Est-il synonyme de *phagein* et de *esthiein* dans le Nouveau Testament?“ *NTS* 26 (1979–1980): 414–419.

73 In Übereinstimmung mit Spicq sehe ich die vierfache Verwendung von *trōgō* in einem Kontext, in dem *phagō* acht Mal verwendet wird, als bewusst gewählt und nicht bloß als einen „Gebrauch einer verbalen Abwechslung“ (wie u. a. argumentiert wird von Francis T. Gignac, „The Use of Verbal Variety in the Fourth Gospel“, in *Transcending Boundaries: Contemporary Readings of the New Testament: Essays in Honor of Francis J. Moloney*. Ed. Rekha M. Chennattu/Mary L. Coloe. BSR 187 [Rom: LAS, 2005], 195). Diese Verbindung zwischen V. 18 und dem eucharistischen Abschnitt in 6,51–58 wird erkannt von Zumstein, *Saint Jean*, 2:31–32, aber er verbindet ihn nicht mit der Gabe des Brotbissens an Judas, von dem in V. 26 berichtet wird.

74 Siehe die Diskussion der Beweislage bei Metzger, *A Textual Commentary*, 205.

75 Außer den Kommentaren, siehe van Iersel, „Die wunderbare Speisung“, 167–194.

76 Wie auch bei Bauer, *Johannesevangelium*, 174; Schnackenburg, *Johannesevangelium*, 3:35. Es ist einfacher zu erklären, warum es entfernt wurde (um jeden Hinweis auf Judas und die Eucharistie zu vermeiden), als zu erklären, warum ein Schreiber es eingefügt haben sollte, wenn es nicht ursprünglich vorhanden war. Textkritiker vertreten ein Prinzip, das den „schwierigeren Text“ (*lectio difficilior*) als den ursprünglichen wählt. „Und er nahm“ ist die *lectio difficilior* in V. 26.

77 Zu diesem Abschnitt siehe Schnelle, *Johannes*, 220. Zu seiner Funktion für die Geschichte des Nikodemus im JohEv, siehe Francis J. Moloney, *Signs and Shadows: Reading John 5–12* (Minneapolis, MN: Fortress, 1996), 90–93.

78 Der Ausdruck kommt vom George H.C. Macgregor, *The Gospel of John*. MNTC (London: Hodder & Stoughton, 1928), 283.

79   Wie früher erwähnt, ist dies eines meiner vielen Probleme mit der Mehrheitsposition, welche die Erzählung in Joh 13 mit V. 30 enden lässt und 13,31 – 14,31 zur ersten Rede macht. Zum Beispiel verlieren weder Schnackenburg (*Johannesevangelium*, 3:53–58) noch Brown (*John*, 2:606. 608–610) ein Wort zum Hinausgehen des Judas in V. 31a. Bemerkenswerte Ausnahmen sind Peter Ellis, *The Genius of John: A Composition-Critical Commentary on the Fourth Gospel* (Collegeville, MN: The Liturgical Press, 1984), 216: „Judas' Fortgehen in die Nacht, um Jesus zu verraten, veranlasst die Erklärung, dass die Stunde *jetzt* tatsächlich gekommen ist", und Lincoln, *Saint John*, 386: „Judas' Hinausgehen in die Nacht bestätigt, dass die Stunde Jesu gekommen ist."

80   Zum johanneischen Gebrauch von „Herrlichkeit" (Griechisch: *doxa*), siehe Moloney, *Love in the Gospel of John*, 51–54.91–96.122–133.

81   Zu einer genaueren Untersuchung von 13,31–32, siehe Francis J. Moloney, *The Johannine Son of Man* (Eugene, OR: Wipf & Stock, 2007), 194–202.

82   Die Leser/innen werden bemerken, dass ich „die Juden" mit Anführungszeichen versehe. Diese Charaktere im JohEv sind nicht das Volk, das wir als die Juden kennen. Es sind diejenigen, die eine Entscheidung getroffen haben gegen Jesus, seine Offenbarung Gottes, und folglich gegen seine Nachfolger. John Ashton, *Understanding the Fourth Gospel* (Oxford: Clarendon, 1991), 151, stellt richtig heraus, dass man „in diesen hitzigen Wortwechseln die Art von Familienstreit erkennen muss, in dem die Teilnehmer sich im Zimmer eines Hauses gegenüberstehen, das alle geteilt haben und Zuhause nennen." Siehe weiters Francis J. Moloney, „„The Jews' in the Fourth Gospel: Another Perspective", in: *The Gospel of John: Text and Context*. BibIntS 72 (Leiden: Brill, 2005), 20–44.

83   Siehe Andreas Dettwiler, *Die Gegenwart des Erhöhten: Eine exegetische Studie zu den johanneischen Abschiedsreden (Joh 13,31 – 16,33) unter besonderer Berücksichtigung ihres Relecture-Charakters*. FRLANT 169 (Göttingen: Vandenhoeck & Ruprecht, 1995), 74–79. Dies wird selten von Exegeten bemerkt, die VV. 31–38 von VV. 1–30 trennen. Schnackenburg, *Johannesevangelium*, 3:59–61, verwendet es als ein Element in seiner Behauptung, dass VV. 34–35 ein editorischer Zusatz ist.

84   Das Thema von V. 17 kehrt wieder: „Wenn ihr diese Dinge kennt, gesegnet seid ihr, wenn ihr diese Dinge tut" (ÜA).

85   Eine enge literarische und theologische Verbindung besteht zwischen diesem „späteren" Nachfolgen des Petrus in 13,36 und Jesu Aufforderung zur Nachfolge, verbunden mit dem Tod des Petrus in 21,18–19.

86   Robert Kysar, *John*. ACNT (Minneapolis, MN: Augsburg, 1986), 219.

87   Léon-Dufour, *Sharing the Eucharistic Bread*, 82–95.

88   Léon-Dufour, *Sharing the Eucharistic Bread*, 252. Siehe 249–252 für seine Bemerkungen zu Joh 13–16.

89   Schneiders, „The Footwashing", 91. Sie hat nur über die Fußwaschung geschrieben. Dasselbe trifft für die Gabe des Brotbissens zu und deshalb habe ich in Klammern den Verweis auf Judas hinzugefügt.

Siebtes Kapitel

1   Für einen jüngeren Versuch, Gläubige zu einem besseren Erfassen der Bedeutung des Wortes Gottes in Leben und Praxis der Kirche hinzuführen, siehe Moloney, *Reading the New Testament in the Church*.

2   Siehe Moloney, *Reading the New Testament in the Church*, 57–63.

3   Für eine Untersuchung dieses Aspekts des Abendmahls, der in allen Traditionen bezeugt ist, siehe Léon-Dufour, *Sharing the Eucharistic Bread*, 165–168. Er hält ihn für eine authentische Erinnerung an etwas, das Jesus von Nazaret in jener Nacht gesagt hat.

4   Ich habe bewusst den generischen Ausdruck „traditionelles rituelles Mahl" statt „Pascha-Mahl" verwendet, weil die ntl. Autoren diesbezüglich nicht eindeutig sind und Lukas (22,15) als einziger feststellt, dass es ein Pascha-Mahl war (siehe jedoch Mk 14,12//Mt 25,17); außerdem ist die Datierung, in Verbindung mit dem Zeitpunkt des Todes und Begräbnisses Jesu, verwirrend. Für eine umfassende Diskussion des Problems sowie von Lösungsversuchen, siehe Jeremias, *Abendmahlsworte Jesu*, 9–82. Für seine Entscheidung zugunsten eines Pascha-Mahls, siehe seine ausführliche Argumentation auf den Seiten 56–82. Für Argumente für und wider ein Pascha-Mahl sowie die Entscheidung, dass sich diese Situierung in der frühchristlichen liturgischen Praxis entwickelte, siehe Theißen/Merz, *Der historische Jesus*, 373–376. Léon-Dufour, *Sharing the Eucharistic Bread*, 52–53.87–90.189–193, untersucht das Problem und ist der Meinung, dass – was auch immer die genaue Art des Mahles gewesen sein mag – es *das Pascha der Person Jesu* feierte (siehe 192–193).

5   Wie wir bereits erwähnt haben, weisen einige Wissenschaftler diese historische Verbindung zwischen einem von Jesus und seinen Jüngern gefeierten Mahl und der späteren Praxis des Letzten Abendmahls zurück. Siehe oben S. 250, Anm. 45. In diesem späten Stadium unserer Untersuchung muss ein Wort der Warnung ausgesprochen werden. Unser enger Fokus auf der Geschichte, dem NT und seiner Rezeption, richtet sich auf das Aufdecken *eines einzigen entscheidenden Elements* in der Bedeutung der Feier der Eucharistie in der Kirche. Es gibt so viel mehr, das gesagt werden kann und soll. Zum Beispiel die kosmische Eigenart der Feier, wodurch „die christliche Versammlung … zu einer Gemeinschaft der Hoffnung für die ganze Schöpfung wird" (Hugh O'Donnell, *Eucharist and the Living Earth* [Dublin: The Columba Press, 2007], 94), ist ein Thema, das noch nicht an-

geschnitten worden ist. Siehe besonders Martelet, *The Risen Christ and the Eucharistic World*.

6   Siehe dazu Francis J. Moloney, „Jesus Christ: The Question to Cultures", *Pacifica* 1 (1988): 18–21.

7   Für Crossan, *The Historical Jesus*, 360–367, war es das Kennzeichen des Lebens und Wirkens Jesu. Obwohl sie nicht so leidenschaftlich sind in Bezug auf dieses Charakteristikum seines Lebens, bestehen die folgenden Autoren auf seiner Mahlgemeinschaft mit den Marginalisierten: Günther Bornkamm, *Jesus von Nazareth* (Stuttgart: Kohlhammer, 1980), 67–73; Charles H. Dodd, *The Founder of Christianity* (London: Collins, 1971), 43–47.75–79; Norman Perrin, *Rediscovering the Teaching of Jesus* (London: SCM, 1967), 102–108; Ben F. Meyer, *The Aims of Jesus* (London: SCM, 1979), 158–162; Ed Parish Sanders, *Jesus and Judaism* (Philadelphia, PA: Fortress, 1985), 174–211.270–281; idem, *The Historical Figure of Jesus* (London: Penguin Books, 1993), 198–204; Albert Nolan, *Jesus Before Christianity: The Gospel of Liberation* (London: Darton, Longman & Todd, 1977), 37–42; Gerhard Lohfink, *Wie hat Jesus Gemeinde gewollt? Zur gesellschaftlichen Dimension des christlichen Glaubens* (Freiburg i. Br.: Herder 1993), 38–41; idem, *Gegen die Verharmlosung Jesu: Reden über Jesus und die Kirche* (Freiburg i. Br.: Herder, 2013), 18–26; Gerd Theißen, *Der Schatten des Galiläers* (Gütersloh: Gütersloher Verlagshaus Gerd Mohn, 10. Aufl. 2015), 97–108; John P. Meier, *A Marginal Jew: Rethinking the Historical Jesus.* ABRL/AYBRL (New York: Doubleday/New Haven, CT: Yale University Press, 1991–2009), 3:80–82. Siehe auch John P. Mackey, *Jesus the Man and the Myth* (London: SCM, 1979), 142–159.

8   Perrin, *Rediscovering the Teaching of Jesus*, 102.

9   Léon-Dufour, *Sharing the Eucharistic Bread*, 53.

10   Wie wir gesehen haben, intervenierte Paulus sehr stark, wenn er merkte, dass etwas in dieser Richtung in Korinth passierte. Siehe oben S. 72–81.

11   Diese Bedeutung spiegelt sich verständlicherweise im Interesse, das Wissenschaftler und Kommentatoren an dieser Frage gezeigt haben. Meier, *A Marginal Jew*, 4:128–139, liefert zwölf dicht bedruckte Seiten von dem, was er als „eine Probe repräsentativer Arbeiten" beschreibt. Seine Untersuchung ist streng begrenzt auf die Identifizierung der Lehre des Jesus von Nazareth. Er beschäftigt sich nicht mit der Interpretation der Jesusworte durch Paulus (in 1 Kor 11,10–16), in Mk 10,1–12 und Mt 19,1–12. Im Sinne dieser vorliegenden Untersuchung, und um die Leser/innen nicht zu sehr zu belasten, werde ich meine Konsultierung der Sekundärliteratur beschränken auf die detaillierten Arbeiten von: Meier, *A Marginal Jew*; Raymond F. Collins, *Divorce in the New Testament*. GNS 38 (Collegeville, MN: The Liturgical Press, 1992); David Instone-Brewer, *Divorce and Remarriage*

in the Bible (Grand Rapids, MI: Eerdmans, 2002) sowie die klassischen und neueren Kommentare zu 1 Kor, MkEv und MtEv.

12 Angesichts der Meere von Tinte, die über diese Frage vergossen worden sind, ist in diesem Stadium eine Entschuldigung nötig. Ich werde nur einen Überblick über die wichtigsten Fragen geben und eine von vielen möglichen Positionen in der Interpretation des Beweismaterials einnehmen. Die Originalität im Folgenden ist der hermeneutische Schritt (die Frage zu stellen, welche Bedeutung das Zeugnis der ntl. Texte für Leben und Lehre der heutigen Kirche hat), den ich unternehmen werde auf der Suche nach Hinweisen darauf, dass die geisterfüllte und deshalb inspirierte früheste Kirche die Lehre des Jesus von Nazareth *anpasste* an die Probleme der Lebensrealität, die mit Scheidung und Wiederverheiratung gegeben sind. Ich werde dahingehend argumentieren, dass eine solche Praxis eine authentische *christliche Tradition* darstellt.

13 Die jüngste Studie von William R.G. Loader, „Did Adultery Mandate Divorce? A Reassessment of Jesus' Divorce Logia", *NTS* 61 (2015): 67–78, erhebt ernsthafte Zweifel bezüglich Jesu absolutem Scheidungsverbot. Für Loader, die international führende Autorität im Hinblick auf die Erforschung sexueller Beziehungen in den Kulturen und Kontexten, in denen das frühe Christentum entstanden ist, mag Jesu Verbot der Ehescheidung nur als absolut erscheinen. Als eine Person seiner Zeit und Tradition nahm er es als selbstverständlich an, aufgrund von Gen 2,24, dass Ehebruch *notwendigerweise* zur Scheidung führte. Er brauchte es nicht zu erwähnen.

14 In diesem Stadium unserer Untersuchung sollte es den Leser/innen offensichtlich sein, dass Paulus nicht alleine steht als der früheste schriftliche Zeuge für die *christliche Tradition*. Ein anderes frühes Zeugnis ist die sogenannte Quelle „Q" (Material, das Mt und Lk gemeinsam ist und deshalb früher als diese, zu datieren zwischen 50–70 n. Chr.), gefolgt von Mk (70 n. Chr.), Mt und Lk (zweite Hälfte der 80er-Jahre) und Joh (um 100 n. Chr.).

15 Aufmerksame Leser/innen werden bemerken, dass keine weiteren Fragen an Lk 16,18 gestellt werden. Es ist nicht nötig, da die lukanische Verwendung dieses Abschnitts aus „Q" (siehe Mt 5,32; ohne den Ausnahmesatz) innerhalb einer lose angeordneten Reihe von ethischen Lehren in 16,10–18, zwischen das Gleichnis vom klugen Verwalter in 16,1–9 und das Gleichnis vom reichen Mann und armen Lazarus, platziert ist. Als solcher dient dieser Abschnitt als wichtiges Zeugnis, das uns zurückführt zur ältesten aufgezeichneten Tradition von Jesus. Dies ist nicht der Fall bei 1 Kor 7,8–16; Mk 10,1–12 und Mt 19,1–12.

16 Die Leser/innen seien daran erinnert, dass sich kein „Q" genanntes Dokument im NT findet. Wie an früherer Stelle hier im Buch erklärt wur-

de, ist es ein von Bibelwissenschaftlern verwendetes Siglum, um frühes Material zu bezeichnen, das Mt und Lk gemeinsam ist, sich jedoch nicht bei Mk findet, und das älter als dieses Evangelium gewesen ist. Siehe John S. Kloppenborg, *Q, the Earliest Gospel. An Introduction to the Original Stories and Sayings of Jesus* (Louisville, KY: Westminster John Knox, 2008), 1–40, und Ivan Havener, *Q: The Sayings of Jesus*. GNS 19 (Wilmington, DE: Michael Glazier, 1987). Hypothetisch rekonstruierte Texte von „Q" finden sich bei Kloppenborg, *Q, the Earliest Gospel*, 123–144, und Havener, *The Sayings of Jesus*, 123–146. Die vollständigste Behandlung der Quelle „Q" und die Rekonstruierung ihres Textes bietet die Ausgabe von James M. Robinson, Paul Hoffmann, John S. Kloppenborg, *The Critical Edition of Q: Synopsis including the Gospels of Matthew and Luke, Mark and Thomas with English, German, and French Translations of Q and Thomas*. Hermeneia (Minneapolis, MN: Fortress, 2000).

17 Diese wichtigsten Elemente der johanneischen Christologie, die den Kern der christlichen Glaubensbekenntnisse bilden, finden sich nicht in den früheren Traditionen des Paulus und der Synoptischen Evangelien. Es gibt viele Elemente, die gemeinsam sind (Menschensohn, Sohn Gottes, Gott als „Vater"), jedoch in der früheren Tradition eine andere Bedeutung haben und den jüdischen Wurzeln der Kirche näher sind. Jedes gute Wörterbuch der Bibel oder der biblischen Theologie wird dies aufzeigen. Siehe z. B. Karl H. Rengstorf, „Jesus Christ", in: *The New International Dictionary of New Testament Theology*. Ed. Colin Brown (Exeter: Paternoster, 1976), 2:330–343. Eine hilfreiche, für Nicht-Spezialisten geschriebene Studie bietet Earl Richard, *Jesus: One and Many: The Christological Concept of New Testament Authors* (Wilmington, DE: Michael Glazier, 1988), 187–231.

18 Diese Feststellung weist *nicht die* Möglichkeit zurück, dass Vieles vom Material im JohEv aus einer früheren Tradition stammt und dass sich authentische Traditionen der Worte und Handlungen Jesu dort finden. Diese Traditionen sind jedoch absorbiert (und oft umgestaltet) worden, um den literarischen und theologischen Anliegen des JohEv zu entsprechen. Die klassische Arbeit dazu ist nach wie vor Dodd, *Historical Tradition in the Fourth Gospel*.

19 Die meisten, aber nicht alle, Hauptströmungen der christlichen Kirchen haben die Verwendung der präreformatorischen Glaubensbekenntnisse fortgeführt, ursprünglich formuliert aufgrund der lebhaften Debatten der frühen Konzile, als eine grundlegende Erklärung dessen, woran sie glauben. Siehe die klassische Arbeit von John N.D. Kelly, *Early Christian Creeds* (London: Routledge, 1982), und das sehr hilfreiche Buch von Leo D. Davis, *The First Seven Ecumenical Councils (325–787): Their History and Theology* (Collegeville, MN: The Liturgical Press, 1983).

20 Für Jesu eigene Einstellung zu seinem Tod, siehe Allison, *Constructing Jesus*, 387–433. Zur zentralen Stellung der Erlösungswirkung von Jesu Tod und Auferstehung bei Paulus, siehe u.v.a. James D.G. Dunn, *The Theology of the Apostle Paul* (Grand Rapids, MI: Eerdmans, 1998), 207–265.

21 Vieles von dem nun Folgenden verdanke ich der Arbeit von Meier, *A Marginal Jew*, 4:74–181. Dieser vierte Band von Meiers noch unvollendetem *magnus opum* trägt den Titel: „Gesetz und Liebe". Für Jesus von Nazareth wird die Heilige Schrift weitgehend die Torah (die ersten fünf Bücher des AT) gewesen sein. Zu der Zeit waren die Propheten bereits als Heilige Schrift akzeptiert worden, galten jedoch als weniger normativ als die Torah. Die sogenannten „Schriften" (der übrige Teil unseres AT) wurden erst im frühen 2. Jh. n. Chr. Teil der jüdischen Heiligen Schriften.

22 Siehe die Diskussion in Elaine A. Goodfriend, „Adultery", in: *Anchor Bible Dictionary*, 1:82–86. Siehe jedoch Loader, „Did Adultery Mandate Divorce?" 68. Er weist darauf hin, dass die Juden nicht mehr das Recht hatten, den Tod zu verfügen, und so „musste die Strafe eine andere Form annehmen". Scheidung „war die offensichtliche Alternative und sie war vorgeschrieben".

23 Siehe Collins, *Divorce*, 89–91.

24 Meier, *A Marginal Jew*, 4:80.

25 Siehe Meier, *A Marginal Jew*, 4:81–86; Instone-Brewer, *Divorce and Remarriage*, 34–58. Eine Abweichung muss beachtet werden. Archäologen haben Dokumente einer jüdischen Gemeinde in Elephantine in Ägypten entdeckt, welche Gedanken und Praxis einer jüdischen militärischen Diasporagemeinde des 5. Jh. v. Chr. spiegeln. Die Praxis der Ehescheidung wird vorausgesetzt, aber die Dokumente zeigen, zum ersten Mal, dass eine „Scheidungsurkunde" vorbereitet werden musste, und dass es nicht nur für den Mann möglich war, sich von der Frau zu trennen, sondern auch für die Frau, sich vom Mann zu trennen. Dies war eine ziemlich einmalige Diasporasituation und es sollte ihr nicht zu viel Gewicht beigemessen werden beim Versuch, Scheidungspraktiken im palästinensischen Judentum des 1. Jh. n. Chr. festzustellen. Siehe Meier, *A Marginal Jew*, 4:83–84.

26 Siehe Instone-Brewer, *Divorce and Remarriage*, 34–58.

27 Meier, *A Marginal Jew*, 2:82. Für die Diskussion, siehe die Seiten 81–82 und die Anmerkungen dazu auf den Seiten 144–149. Die Optionen in den eckigen Klammern ergeben die Übersetzung: „Tatsächlich hasste er, wegzuschicken." Instone-Brewer, *Divorce and Remarriage*, 54–57, ist sich, wie auch andere, der Schwierigkeiten des hebräischen Textes bewusst, besteht jedoch darauf, dass V. 16 „zeigt, dass Gott gegen die Person ist, welche ihr Eheversprechen bricht" (57).

28 Siehe Meier, *A Marginal Jew*, 4:84–87.

29 Für eine ausgezeichnete Behandlung von CD 4,20–21 und 11QTempel 57,15–19 und die weitreichende Forschung zur Interpretation dieser Texte siehe Meier, *A Marginal Jew*, 4:87–93, und die dazugehörigen Anmerkungen auf den Seiten 155–162.

30 Siehe z. B. Joseph A. Fitzmyer, „The Matthean Divorce Texts and Some New Palestinian Evidence", *TS* 39 (1976): 221–223.

31 Meier, *A Marginal Jew*, 4:93. Siehe jedoch Joseph A. Fitzmyer, „Marriage and Divorce", in: *Encyclopedia of the Dead Sea Scrolls*. Ed. Lawrence H. Schiffman/James C. VanderKam (Oxford/New York: Oxford University Press, 2000), 1:512, der dieselben Dokumente als Verbot der Scheidung deutet und nicht nur der Polygamie. Er behauptet auch, dass hierbei die Essener „Gottes Worte, wie sie in *Maleachi* 2,14b–16 berichtet sind, ehrten". Für weitere Details, siehe idem, „The Matthean Divorce Texts", 197–226, und in jüngerer Vergangenheit Fitzmyer, *First Corinthians*, 288–290. Siehe auch Collins, *Divorce*, 80–85. Meiers Unsicherheit wird geteilt von Luz, *Matthäus*, 1:358, Anm. 8; 360, Anm. 17; 3:99–100. William R.G. Loader, *The Dead Sea Scrolls on Sexuality in Sectarian and Related Literature at Qumran* (Grand Rapids, MI: Eerdmans, 2009), 107–119, argumentiert, dass die Verfügbarkeit des gesamten Qumran-Materials nun deutlich macht, dass „das zitierte Verbot am besten so verstanden wird, dass es sich nicht auf Scheidung, sondern auf Polygamie bezieht". Siehe idem, „Did Adultery Mandate Divorce?" 71, für das Zitat.

32 Siehe Edsall, *Paul's Witness*, 99–109; Collins, *Divorce*, 11–13.

33 Zu diesem Prinzip, siehe Fitzmyer, *First Corinthians*, 305–307.

34 Die mögliche Erinnerung in der Tradition der neuen Welt, die Jesus für Frauen geschaffen hat, könnte eine der Motivationen sein. Die meisten erklären dies mit Verweis auf die Situation in der römischen Kolonie von Korinth. Siehe Horsley, *1 Corinthians*, 98–99; Collins, *Divorce*, 13–22; Meier, *A Marginal Jew*, 4:165–166 Anm. 92. Das römische Gesetz erlaubte der Frau, sich von ihrem Mann zu trennen, und Paulus berücksichtigt dies. Für die Diskussion, siehe Meier, *A Marginal Jew*, 4:99–101. Instone-Brewer, *Divorce and Remarriage*, 24–26, ist der Meinung, dass man Beweise für zunehmende Rechte von Frauen zu dieser Zeit ausmachen kann aufgrund von Informationen aus rabbinischen Dokumenten. Maier, *A Marginal Jew*, 139–140 Anm. 5, weist dies zurück. Instone-Brewers Arbeit ist beeinträchtigt durch zu viel Optimismus bezüglich der Auswirkungen von Debatten in späteren jüdischen Dokumenten auf das früheste Christentum.

35 Siehe Collins, *Divorce*, 29–39; idem, *First Corinthians*, 263–265. In einer seltsamen Einschätzung von 1 Kor 7,1–16 (das er mit Röm 7,1–4 verbindet) schenkt Instone-Brewer, *Divorce and Remarriage*, 189–212, dem „Wort des Herrn" in VV. 10–11 keine genaue Aufmerksamkeit und argu-

mentiert, dass es das Hauptanliegen des Paulus war, die Korinther zu ermutigen, nicht sich scheiden zu lassen, sondern „wenn die Ehe trotz bester Anstrengungen endet, er oder sie berechtigt ist, sich scheiden zu lassen, und frei ist, wieder zu heiraten" (212).

36 Für die Diskussion möglicher Verbindungen zwischen 1 Kor 7,10–11 und den synoptischen Worten, siehe Collins, *Divorce*, 32–38.

37 Für eine Diskussion der Probleme im Zusammenhang mit der Erzählkomposition des Lukas an diesem Punkt seines Evangeliums, siehe Collins, *Divorce*, 175–179. Siehe auch die sehr hilfreiche Studie von Brendan Byrne, „Forceful Stewardship and Neglectful Wealth: A Contemporary Reading of Luke 16", *Pacifica* 1 (1988): 1–14, besonders die Seiten 10–14.

38 Wie Dale C. Allison Jr., „Divorce, Celibacy and Joseph (Matthew 1.18–25 and 19.1–12)", *JSNT* 49 (1993): 3–10, aufzeigt, kommt Matthäus *dreimal* auf die Scheidung zu sprechen: Die Entscheidung des Josef, sich von seiner Frau „in aller Stille" zu trennen, wird in 1,19 berichtet. Allisons Hauptanliegen ist es zu zeigen, dass *porneia* in 19,9 Ehebruch bedeutet, und dass die Enthaltsamkeit des Josef in 1,24–25 verdeutlicht, was der Eunuchen-Spruch in 19,10–12 meint. Allison bringt allerdings ein wichtiges Argument vor, wenn er meint, dass die Beschreibung des Josef als eines „gerechten Mannes" (Griechisch: *dikaios*) verlangt, dass es eine Ausnahme von Jesu absolutem Scheidungsverbot gibt. Es ist „gerecht", die untreue Frau zu entlassen. Dies nicht zu tun, würde „Sünde über das Land" bringen (siehe Dtn 24,4). Josef „muss als ein Vorbild an Verhalten in Übereinstimmung mit Gottes Willen gesehen werden" (5). Enspreschend *muss* deshalb Matthäus die Ausnahmeklauseln zu 5,32 und 19,9 hinzufügen. Wenn die Scheidung für Josef, den gerechten Mann, vonnöten war, muss sie für die Nachfolger Jesu in Ordnung sein. Loader, „Did Adultery Mandate Divorce?" 68–69, versteht die „Gerechtigkeit" des Josef als eine Wertung seiner Entscheidung, seine Maria zu entlassen anstatt sie hinzurichten. Loader stimmt jedoch zu, dass diese Entscheidung eng verbunden ist mit dem Zusatz der Ausnahmeklauseln in 5,32 und 19,9.

39 Für eine umfassende Diskussion dieser Forschung, siehe Meier, *A Marginal Jew*, 4:104–108, und die Anmerkungen auf den Seiten 168–171.

40 Siehe Meier, *A Marginal Jew*, 4:107–108, für den rekonstruierten Text sowie Überlegungen zu seiner Struktur und Bedeutung. Dies ist auch die Rekonstruktion von Robinson, Hoffmann, Kloppenborg, *The Critical Edition of Q*, 470.

41 Siehe auch Collins, *Divorce*, 214; Fitzmyer, *First Corinthians*, 290–291. Loader, „Did Adultery Mandate Divorce?" 67–78, hat allerdings seine ernsten Zweifel angemeldet. Obwohl er einmal von dieser Meinung überzeugt war (siehe 68), behauptet er nun, dass – auf der Grundlage von Gen 2,24 (siehe

75–76) – Jesus es als selbstverständlich voraussetzte, dass auf Ehebruch Scheidung folgte. „Die Ausnahme, die sich nun in Mt 5,32 und 19,9 findet, war schon in Mk 10,11–12; Lk 16,18 und 1 Kor 7,10–11 vorausgesetzt. Matthäus hat – anstatt untypischerweise Jesu Forderung abzuschwächen – einfach ausgesprochen, was bereits angenommen worden war" (74).

42 Für die üblichen „Kriterien", die von Historikern angewendet werden, um die Historizität des Materials in diesen Worten zu ermitteln, siehe Meier, *A Marginal Jew*, 4:112–119. Das Zitat findet sich auf Seite 114. Nicht alles wäre so klar. Siehe u. a. Collins, *Divorce*, 178, der meint, dass Moses nicht die Scheidung verlangte, weshalb es etwas „Raum" gibt für Jesu harte Linie in dieser Debatte. Ähnlich auch Sanders, *Jesus and Judaism*, 256–260; Hooker, *St Mark*, 235; William Loader, *Jesus' Attitude to the Law: A Study of the Gospels* (Grand Rapids, MI: Eerdmans, 2002), 88–91 (Mk), 174–175.225 (Mt), 338–339 (Lk); Marcus, *Mark*, 2:710–11; Gerhard Lohfink, *Jesus von Nazaret*, 289–292. Eine allgemeine Bemerkung zu Meiers Arbeit ist geboten. Er strebt eifrig danach, *Gegensätze* zwischen Jesus und seiner Welt und Kultur offenzulegen (indem der das sogenannte „Kriterium der Unterschiedlichkeit" verwendet). Andere sind weniger energisch in diesem Bestreben. Siehe z. B. Lohfink, *Jesus von Nazaret*, 292: „Jesus wendet sich mit seinem Ehescheidungsverbot nicht gegen die Tora als solche, sondern er klärt einen bestimmten Punkt der Tora." Loader, „Did Marriage Mandate Divorce?" 67–78, (der seine frühere Meinung revidiert; siehe oben Anm. 41), behauptet jedoch, dass es keine Spannung gibt: „Matthäus spricht einfach aus, was alle angenommen haben, dass nämlich Ehebruch Scheidung verlangt" (74). Wenn dies der Fall wäre, dann ist nichts überraschend „Eschatologisches" an Jesu Einstellung zur Scheidung.

43 Es besteht eine sehr große soziale und juristische Kluft zwischen der Zeit Jesu und unserer modernen Gesellschaft, in der die Praxis von „Partnern" (heterosexuell oder homosexuell), statt Ehefrauen und Ehemännern, für gewöhnlich akzeptiert ist.

44 Meier, *A Marginal Jew*, 4:127. Siehe auch Collins, *Divorce*, 218–222.

45 Der wahrscheinliche Hintergrund der paulinischen Einfügung dieses Gedankens ist wohl, dass einige Korinther, die nicht in der Lage waren, ein solches Leben zu führen (siehe V. 9), danach strebten, so wie Paulus zu leben. Dies wäre nicht angemessen. Siehe Perkins, *First Corinthians*, 109–110.

46 Es ist nicht nötig, diese Angelegenheit in Verbindung zu bringen mit der weithin kolportierten sexuellen Freizügigkeit des antiken Korinth. Es ist gezeigt worden, dass diese – zumindest für die Zeit des Paulus – stark übertrieben ist. Siehe z. B. Jerome Murphy-O'Connor, „Corinth", in: *Anchor Bible Dictionary*, 1:1134–1139, sowie die Sammlung antiker Quellen bei Murphy-O'Connor, *St. Paul's Corinth*. Es war nur natürlich, dass die

Konversion Erwachsener zum Christentum (was die Norm war in dieser Gründungsperiode) Frauen und Männer zum Christentum brachte, die nicht-christliche Ehepartner hatten. Es geht dabei um nichts Unzüchtiges.

47 Zum Gedanken der gegenseitigen „Heiligung" von Ehepartnern und Kindern in der biblischen und jüdischen Tradition, siehe Collins, *First Corinthians*, 266–267. Dies ist zwar hilfreich, aber es ist auch wichtig, die Meinung von Barrett, *The First Epistle to the Corinthians*, 164–165, und Conzelmann, *Der erste Brief an die Korinther*, 146–148, zu beachten, dass Paulus sich weiterhin mit einigen der negativen Vorstellungen über Ehe und Sexualität in VV. 1–9 beschäftigt. Seine Versicherung der „Heiligkeit" eines Paares mit einem christlichen und nicht-christlichen Partner, sowie deren Kinder, zeigt, dass ihre Ehe „rein" ist: „innerhalb des Bundes" (Barrett, *First Epistle*, 165). Für eine gute Synthese der Diskussion, ebenso die Heiligungssituation eines Paares in einer gemischten Verbindung vertretend, siehe Fitzmyer, *First Corinthians*, 299–301. „Gottes heiligende Kraft ist größer als jeder Unglaube" (30).

48 Will Deming, *Paul on Marriage and Celibacy: The Hellenistic Background of 1 Corinthians 7* (Grand Rapids. MI: Eerdmans, 2004), 145–169, interpretiert den Gebrauch des griechischen Verbs *dedoulōtai* (V. 15b), allgemein übersetzt als „gebunden sein" an einen Partner, als „versklavt sein". Er findet Parallelen in kynischen Schriften, die Paulus beeinflusst haben könnten. Ein Kyniker mit einem Nicht-Kyniker als Partner ist „versklavt" in einem nicht-kynischen Kontext. Was immer der Hintergrund auch sein mag, Paulus erlaubt dem Nicht-Gläubigen, die Ehe zu verlassen.

49 Die Interpretation von V. 16 betreffend das Wissen einer Frau oder eines Mannes über die eventuelle Rettung ihrer jeweiligen Partner ist gespalten. Eine positive Interpretation ist zugunsten der Dauer der Verbindung in der Hoffnung, dass der Partner oder die Partnerin zur Rettung gelangen. Eine negative Interpretation meint, dass es keinen Sinn mache, in der Ehe zu verbleiben in der Hoffnung, dass der eigene Partner oder die Partnerin gerettet werden. Es ist jenseits des Wissens und der Kontrolle von irgendjemandem; es liegt allein bei Gott. Siehe Collins, *First Corinthians*, 272, zur Diskussion. Er akzeptiert die positive Interpretation, im Lichte der Empfehlung zu gemeinsamer Heiligkeit in V. 14. Siehe auch *The First Epistle to the Corinthians*, 167. Für die negative Interpretation, siehe Conzelmann, *Der erste Brief an die Korinther*, 149.

50 Ich habe auf das griechische Verb „berufen" *(kaleō)* aufmerksam gemacht, weil es ein spezifischer Ausdruck im frühen Christentum wurde für Gottes Initiative bei der „Berufung" von Menschen zur Nachfolge Christi. Siehe Collins, *First Corinthians*, 267. Ich nehme auch an, dass Paulus sich einer Situation zuwendet, die er als spezifisch für die christliche Gemeinde

hält. Der RSV folgend, habe ich die erste Person Plural verwendet, „wir" (Griechisch: *hēmas*). Dies ist textlich zweifelhaft. Der usprüngliche Text mag die zweite Person Plural sein, „ihr" (Griechisch: *hymas*). Obwohl „wir" deutlicher assoziiert ist mit dem engeren Kreis der christlichen Gemeinde, verändert die Verwendung von „ihr" nicht die Argumentation. Der Veweis auf „irgendeinen Bruder" (Griechisch: *tis adelphos*) in V. 12 macht deutlich, dass Paulus die innere Dynamik einer christlichen Gemeinde anspricht. Zur Frage des Textproblems, siehe Metzger, *A Textual Commentary*, 489; Collins, *First Corinthians*, 272.

51 Siehe u.v.a. Horsley, *1 Corinthians*, 99.

52 Perkins, *First Corinthians*, 110, zeigt auf, dass Paulus davon spricht, dass „das soziale Ziel der Harmonie innerhalb des Haushalts die göttliche Absicht für alle Ehen" sei. Instone-Brewer, *Divorce and Remarriage*, 203–204, argumentiert, dass diese Einladung zum Frieden zeigt, dass eine geschiedene Person frei ist, wieder zu heiraten. Dies passt schwerlich zur Beweislage.

53 Collins, *First Corinthians*, 267–268, versucht, den dramatischen Charakter dieser Umkehr der Anweisungen Jesu abzuschwächen, indem er meint, dass es eine „kasuistische Nebenbemerkung" sei. Dafür gibt es jedoch keinen Beweis, es sei denn dass Collins die Behandlung einer lokalen korinthischen Situation als „kasuistisch" ansieht. Obwohl örtlich, *erlaubt* die früheste Tradition der Kirche, wie sie sich in 1 Kor 7,14–16 findet, *die Scheidung* in bestimmten Situationen. Zu einer forscheren Behandlung bei Collins, siehe *Divorce*, 40–64. Zum Bewusstsein der Schärfe des Kontrasts, siehe Fitzmyer, *First Corinthians*, 301–302.

54 Collins, *Divorce*, 63–64, behauptet zu Recht, dass es an Klarheit mangelt, wie Paulus über Wiederverheiratung denkt. Meier, *A Marginal Jew*, 174 Anm. 126, meint, dass die Texte die eigene Unsicherheit des Paulus spiegeln bezüglich dessen, „was der in dieser schwierigen Situation gefangene Christ tun kann oder soll." Fitzmyer, *First Corinthians*, 301–302 ist optimistischer: „Paulus sagt nichts gegen weitere Ehen" (302).

55 Perkins, *First Corinthians*, 110.

56 Sie sind vorzüglich behandelt bei Collins, *Divorce*, 40–64.

57 Die katholische Kirche anerkennt diese „Ausnahme" in ihrem Gesetz. Mit Verweis auf Paulus beansprucht sie die Autorität zu haben, eine Ehe zwischen zwei Nicht-Gläubigen (Nicht-Getauften) „aufzulösen", wenn einer der Ehepartner später ein Katholik wird. Dieses sogenannte *privilegium paulinum* (das paulinische Privileg) ist sorgfältig gesetzlich geregelt in den *Canones* 1143–1150 des CIC. Fitzmyer, *First Corinthians*, 302–303, bemerkt: „Das ist eine Entwicklung im Kirchenrecht, die über die Grenzen des Falls, den Paulus im Blick hatte, hinausgeht." Der klassische biblisch-

pastorale Zugang zu dieser Angelegenheit auf Seiten katholischer Autoritäten spiegelt sich in einem Dokument der Internationalen Theologischen Kommission des Heiligen Stuhls wider. In den „Vorschlägen zur Lehre von der Ehe" wird 1 Kor 7,10–11 verwendet, um das absolute Scheidungsverbot zu bekräftigen, aber die Verse 12–16 werden außer Acht gelassen.

58 Die folgende parallele Darstellung der markinischen und matthäischen Texte bietet die Anordnung des markinischen Textes. Beide Texte sind als ganze präsentiert, in normaler Schriftart. Abschnitte, die Matthäus umgestellt hat, werden jedoch in *Kursivschrift* wiedergegeben, sodass es den Leser/innen leichter fällt, die Parallelen zu verfolgen. Diese Abschnitte zeigen auch die kreative Freiheit des Matthäus in Bezug auf seine Quellen. Für einen guten Vergleich der zwei Texte, siehe Collins, *Divorce*, 132–140.

59 In V. 9 wird eine wesentliche Unterscheidung gemacht zwischen dem, was Gott (Griechisch: *ho theos*) getan hat, und dem, was der „Mensch" (Griechisch: *anthrōpos*) versucht, rückgängig zu machen.

60 Siehe z. B. Collins, *Mark*, 469–470.

61 Zum Fokus auf das Unterrichten der Jünger im Abschnitt 10,1–31, siehe u.v.a. Moloney, *The Gospel of Mark*, 192–203.

62 Es ist seit Langem argumentiert worden, dass der Zusatz „aus jedem beliebigen Grund" bei Matthäus die unterschiedliche Meinung spiegle zwischen der Schule des Schammai, der die Scheidung nur aufgrund moralisch ungebührlichen Betragens auf Seiten der Frau erlaubte, und der Schule des Hillel, der Scheidung „aus jedem beliebigen Grund" erlaubte. Beide stützten sich in ihrer Argumentation auf eine Interpretation von Dtn 24,1–4. Diese Debatte ist breit belegt in rabbinischen Dokumenten. Siehe z. B. Fitzmyer, „The Matthean Divorce Texts", 197–226; Collins, *Divorce*, 75–76; Davies/Allison, *Matthew*, 3:9; Luz, *Matthäus*, 3:92–93; Instone-Brewer, *Divorce and Remarriage*, 110–114; Loader, „Did Adultery Mandate Divorce?" 72–73. Dieser Position wird energisch widersprochen von Meier, *A Marginal Jew*, 94–95.163 Anm. 80. Er behauptet, dass die rabbinischen Texte zu späten Datums sind (Beginn 3. Jh.), um für die Interpretation eines Dokuments des 1. Jh. verwendet werden zu können.

63 Siehe Collins, *Divorce*, 119–120.

64 Es ist im Rahmen dieser Untersuchung nicht möglich, die Geschichte und Bedeutung von Mt 19,10–12 zu diskutieren. Für weitere Details siehe Moloney, „Matthew 19:3–12 and Celibacy", 42–60. In Kürze, der Intuition von Josef Blinzler, „*Eisin eunouchoi.* Zur Auslegung von Mt 19,12", *ZNW* 48 (1957): 254–270, folgend, bin ich der Meinung, dass der Ausspruch aus dem Munde Jesu stammt. Er verwendete das Wort „Eunuch", weil dies eine Form grober Beschimpfung war, die ihm entgegengeschleudert wurde, da er bekanntlich nicht verheiratet war. Seine Antwort zeigte, dass er so

vom Reich Gottes in Anspruch genommen war (so in Übersetzung des Griechischen *dia tēn basileian* als „aufgrund von", und nicht das traditionelle „um ... willen"), dass er unverheiratet blieb. Er konnte nicht anders. Matthäus kam dieses Jesuswort in seiner Tradition zu und er wandte es auf jene Christen in seiner gemischten jüdisch-christlichen Gemeinde an, die von ihren früheren, nicht-christlichen Partnern verlassen worden waren. Er bittet sie, unverheiratet zu bleiben, „wegen des Himmelreichs", aber er ist sich bewusst, dass eine solche Lebensweise ein Geschenk ist. 1 Kor 7,7 liegt wiederum nahe. Siehe auch Quentin Quesnell, „Made Themselves Eunuchs for the Kingdom of Heaven (Mt. 19:12)", *CBQ* 30 (1968): 335–358. Zur traditionellen Eigenart von V.12, siehe Collins, *Divorce*, 119–120.

65 Für die vielen möglichen Bedeutungen siehe BDAG, 854, s.v. *porneia*. Die folgenden Möglichkeiten sind aufgelistet und dokumentiert: unrechtmäßiger Geschlechtsverkehr, Prostitution, Unkeuschheit, Unzucht, Beteiligung an verbotenen Eheständen oder Unsittlichkeit von übernatürlicher Art (z.B. Beteiligung an Ritualen eines orgiastischen Kults). Für einen sehr guten Überblick siehe William R.G. Loader, *The New Testament on Sexuality* (Grand Rapids, MI: Eerdmans, 2012), 244–250.

66 Für einen Überblick über diese Diskussion bis 1979 siehe Moloney, „Matthew 19:3–12 and Celibacy", 44, und Anm. 13–14. Für die Diskussion seitdem siehe Meier, *Law and History*, 140–150; Collins, *Divorce*, 184–213; Davies/Allison, *Matthew*, 1:529–531; 3:16; Luz, *Matthäus*, 1:362–365; 3:97–99; Instone-Brewer, *Divorce and Remarriage*, 167–171, ohne jede Untersuchung der Traditionsgeschichte, behauptet, dass diese weitere radikale Worte Jesu seien, die lehren, dass Verheiratetsein und Kinderhaben nicht notwendig waren.

67 Wie wir gesehen haben, bestreitet Loader, „Did Adultery Mandate Divorce?" 67–78, diese Meinung. Er behauptet, dass *porneia* mit Sicherheit Ehebruch bedeutete und dass als selbstverständlich angenommen wurde, auch von Jesus, dass auf Ehebruch Scheidung folgte.

68 Dieser Fall wird ausführlich begründet bei Moloney, „Matthew 19:3–12 and Celibacy", 44–60. Für die Bedeutung „inzestuöse Beziehung" siehe auch Meier, *Law and History*, 140–150; Fitzmyer, „Matthean Divorce Texts", 221.

69 Die paulinische Lehre von 1 Kor 7,7–9 ist wiederum gegenwärtig. Das von Matthäus in 19,12d verwendete Verb *chōreō* bedeutet in erster Linie „Platz machen" (siehe Mk 2,2) und nicht „erfassen", wie die EÜ wiedergibt: „Wer es erfassen kann, der erfasse es." Siehe BDAG, s.v. *chōreō*, S.1094. Es enthält also den Gedanken des Offenseins für ein Geschenk und damit sein „Annehmen".

70 Für einen Kommentar auf neuestem Stand zu diesen Abschnitten, siehe Davies/Allison, *Matthew*, 1:527–532, 3:4–30; Luz, *Matthäus*, 1:346–369, 3:89–112.

71 Keener, *Matthew*, 191. Siehe auch Collins, *Divorce*, 230–231: „Die ersten Generationen von Christen empfanden nicht nur die Notwendigkeit, Jesu Lehre über die Scheidung weiterzugeben, sondern sie auch an immer neue Verhältnisse anzupassen. Die Tradition weiterzugeben, während man sie zugleich an die Verhältnisse zu späteren Zeiten anpasst, ist die beständige Herausforderung für jene, die treu bleiben wollen dem prophetischen Zeugnis Jesu und einer Lehre, die nicht nur das Leben bestimmter Einzelner betrifft, sondern auch die ganze Existenz der Kirche selbst."

72 Marcus, *Mark*, 2:710

73 Zum paulinischen Konzept der Adamsgeschichte und der „neuen Schöpfung" durch Jesu Tod und Auferstehung, siehe Moloney, *Reading the New Testament in the Church*, 97–102, sowie eine weitere Diskussion dort.

74 Einige mögen diese Feststellung im Lichte der Heiligen, und insbesondere der Mutter Jesu, in der katholischen Lehre infrage stellen. Eine solche Heiligkeit, die die Wiederherstellung von Gottes ursprünglichem Plan ist, ist nur möglich aufgrund einer positiven Antwort auf das Geschenk der Gnade Gottes. Sie ist nicht *natürlich*. Diese Wahrheit bildet den Kern der katholischen Lehre von der Unbefleckten Empfängnis: Die erlösende Wirksamkeit von Jesu Tod und Auferstehung wird – durch ein besonderes Privileg – auf Maria bei ihrer Empfängnis angewandt. Sie ist die Empfängerin von Gottes Gnade. Simeons Worte über das Schwert, das ihr Herz durchdringen wird, wie es in Lk 2,34–35 überliefert ist, sind ein Hinweis darauf, dass sie noch die Ambiguitäten der menschlichen Verfasstheit zu erleiden hatte.

75 Wie oben zitiert von Meier, *A Marginal Jew*, 4:127. Siehe oben S. 217. Er entfaltet das Thema nicht, da er völlig auf die historische Frage konzentriert ist. Auf Seite 177, Anm. 143 und Seite 178, Anm. 147 zeigt Meier jedoch die Möglichkeit auf, dass diese jüdischen und frühchristlichen Themen vorhanden sein könnten.

76 Jesu Blick auf „das Ende" als die Grundlage für das Verständnis seiner Person und Botschaft ist hervorragend aufgezeigt worden von Allison, *Constructing Jesus*. Einer der deutlichsten Hinweise auf die frühkirchliche Weiterentwicklung der eschatologischen Bedeutung Jesu findet sich in der zunehmend eschatologischen Wiedergabe des Ausdrucks „Menschensohn" im Verlauf der wachsenden Jesustradition. Siehe Francis J. Moloney, „*Constructing Jesus* and the Son of Man", *CBQ* 75 (2013): 719–738.

77 Es besteht heute ein beträchtliches Interesse an der Beziehung zwischen der paulinischen und markinischen Theologie, das angestoßen wurde durch Joel Marcus, „Mark – Interpreter of Paul", *NTS* 46 (2000): 473–487. Siehe

auch den provokanten Beitrag von Brendan Byrne, „Paul and Mark Before the Cross: Common Echoes of the Day of Atonement Ritual", in: *Transcending Boundaries*, 217–229, und den neueren wichtigen Sammelband von Oda Wischmeyer, David C. Sim, Ian J. Elmer, *Paul and Mark: Comparative Essays: Two Authors at the Beginnings of Christianity.* BZNW 198 (Berlin: de Gruyter, 2014). Ich nehme keine „literarische" Verbindung zwischen Paulus und Markus an (d. h. Markus hat Paulus nicht gelesen und von ihm abgeschrieben), gehe jedoch davon aus, dass sie grundlegende frühchristliche Glaubensinhalte gemeinsam hatten. Siehe Moloney, *The Gospel of Mark*, 348–354.

78 Es geht nicht um eine Infragestellung der johanneischen Darstellung des präexistenten Logos. Einige Paulus-Exegeten haben jedoch geleugnet, dass der Apostel die Präexistenz Jesu Christi gelehrt habe. Zur Diskussion und einer überzeugenden exegetischen und theologischen Argumentation zugunsten einer paulinischen Vorstellung von Präexistenz, siehe Brendan Byrne, „Christ's Pre-Existence in Pauline Soteriology", *TS* 58 (1997): 308–330.

79 Diese positive Feststellung führt zur Frage nach der „Historizität" des markinischen Berichts von der Diskussion zwischen Jesus und den Pharisäern über die Scheidung. Eine häufig in den Evangelien verwendete literarische Form wird *Streitgespräch* genannt. Diese Streitgespräche spiegeln die Diskussionen, generell von konflikthafter Art, die zwischen der frühen Kirche und der zeitgenössischen jüdischen Führung, und darüber hinaus, stattfanden, und die oft einen mehr griechisch-römischen Hintergrund spiegeln. Als solche sind sie die Träger der sich entfaltenden Theologie der frühen Kirche. Die beste diesbezügliche Erörterung findet sich noch immer bei Rudolf Bultmann, *Die Geschichte der Synoptischen Tradition* (Göttingen: Vandenhoeck & Ruprecht, 9. Aufl. 1979), 39–56. Dies leugnet jedoch nicht, dass man hinter der Diskussion eine authentische Erinnerung an ein Erlebnis Jesu finden könnte. Was jedoch oben gesagt wurde, zeigt die wachsende Verbindung von Jesus mit der Wiederherstellung von Gottes ursprünglicher Schöpfung, die sich in der frühen Kirche entwickelte. Zu allen Details, siehe Meier, *A Marginal Jew*, 4:119–124, der annimmt, dass der Konflikt die Theologie einer späteren Kirche spiegelt, jedoch bemerkt: „Ich halte es für eine seltsame Annahme, dass ein bekannter jüdischer Lehrer, der über zwei Jahre lang seinen jüdischen Zeitgenossen predigte, niemals aus den jüdischen Schriften, besonders der mosaischen Torah, zitiert oder damit argumentiert hätte" (4:180 Anm. 151). Collins, *Divorce*, 70–71.77–80, stimmt bezüglich der Eigenart des Konflikts überein und behauptet, dass Mk 10,11 („Wer seine Frau aus der Ehe entlässt und eine andere heiratet, begeht ihr gegenüber Ehebruch") vor-markinisch sein könne, während der Rest des Spruchs in einem hellenistischen Kontext entstanden sei (71–103).

80 Es wird manchmal die Meinung vertreten, dass Mt 5,23–24 (sich mit seinem Bruder versöhnen vor dem Darbringen einer Opfergabe) für diese Diskussion relevant ist. Der Text ist jedoch nicht eucharistisch. Der Abschnitt mag auf den Herrn zurückgehen; er setzt das Opfersystem in Jerusalem voraus, nicht die christliche Eucharistie (siehe Davies/Allison, *Matthew*, 1:516–518; Luz, *Matthäus*, 1:344–345; Keener, *Matthew*, 185). Die Botschaft von Mt 5,23–24 ist ein weiterer Hinweis auf die zentrale Bedeutung meines vorgebrachten Arguments. Wie John P. Meier, *The Vision of Matthew* (New York: Paulist, 1979), 245, bemerkt: „In gewissem Sinne wird die grundlegende Lehre Jesu von der Einheit von Gottes- und Nächstenliebe in diesem Gleichnis zusammengefasst. Ein entfremdeter Bruder entfremdet uns von Gott, egal wie großartig die von uns vollzogene Liturgie auch sein mag." Siehe auch Schweizer, *Matthäus*, 72.

81 Siehe auch Mt 18,8–9.15–20; 2 Thess 3,6–15 und 1 Joh 5,16–17. Für eine umfassende exegetische Studie siehe Goran Forkman, *The Limits of Religious Community: Expulsion from the Religious Community within the Qumran Sect, within Rabbinic Judaism, and within Primitive Christianity*. ConBNTS 5 (Lund: Gleerup, 1972), 115–117. Für einige Hinweise auf den christologischen Prozess, der unweigerlich zu einer Form von „Ausschluss" in den frühchristlichen Gemeinden führte, siehe James D.G. Dunn, *Unity and Diversity in the New Testament: An Inquiry into the Character of Earliest Christianity* (London: SCM, 1977), bes. 262–263.306–307.378–379. Die frühe patristische Tradition gründete ihre Zulassung zur Eucharistie ebenso auf den Glauben der Teilnehmenden. Siehe z. B. die Didache (*The Didache* IX: 5, in: *The Apostolic Fathers*. Ed. Kirsopp Lake. LCL. 2 Bände [Cambridge, MA: Harvard University Press, 1912], 1:323) und Tertullian, *De Praescriptione*, 41 (PL 2:68–69). Katechumenen, Nicht-Getaufte, Ungläubige und Häretiker sind ausgeschlossen. Keine Erwähnung finden sündige Gläubige. Mt 7,6 (Perlen nicht vor die Schweine werfen) wird an diesen beiden Stellen verwendet.

82 Murphy-O'Connor, *1 Corinthians*, 43. Siehe auch Barrett, *The First Epistle to the Corinthians*, 120–130.

83 Siehe Perkins, *First Corinthians*, 89–90; Horsley, *1 Corinthians*, 80–81; Fitzmyer, *First Corinthians*, 236–237.

84 Forkman, *The Limits of Religious Community*, schließt seine detaillierte Untersuchung von 1 Kor 5 (139–151) mit der Feststellung: „Die Gemeinde ist von der Sphäre des Todes und Fleisches, dem alten Kontext, hinübergegangen in den neuen Kontext des Lebens und des Geistes. Die Konsequenzen sollten sein: Wer nicht im neuen Kontext wandeln will, hat dadurch selbst gewählt, im alten zu verbleiben" (149). Siehe auch Conzelmann, *Der erste Brief an die Korinther*, 119–120; Barrett, *The First Epistle to the Corinthians*, 127–130; Fitzmyer, *First Corinthians*, 229–230.

85 Die Härte von VV. 4–8 hat eine komplexe Interpretationsgeschichte hervorgebracht. Siehe den Überblick bei Craig R. Koester, *Hebrews*. AB 36 (New York: Doubleday, 2001), 318–321.

86 Ich sage „Autor", „Empfänger" und „Traktat" in Ehrerbietung für meinen früheren Lehrer Albert Vanhoye, einer Weltautorität für den Hebräerbrief. Er eröffnete seine Vorlesung zum Hebräerbrief im Jahre 1972 mit den Worten: „Der Brief des heiligen Paulus an die Hebräer ist kein Brief, weder vom heiligen Paulus geschrieben noch an die Hebräer adressiert." Diese Fragen sachkundig dargestellt hat Harold W. Attridge, *The Epistle to the Hebrews*. Hermeneia (Philadelphia, PA: Fortress, 1989), 1–13, und Brown, *An Introduction to the New Testament*, 691–701.

87 Forkman, *The Limits of Religious Community*, 176: „Es ist eine Frage der offenen, beabsichtigten und willentlichen Apostasie. Es gibt keine Empfehlung von Maßnahmen auf Seiten der Gemeinde."

88 Siehe die Kommentare von Koester, *Hebrews*, 321–323, und Attridge, *The Epistle to the Hebrews*, 167–173. Siehe den Exkurs bei Attridge zur Unmöglichkeit der Reue auf den Seiten 168–169: „Was unser Autor im Blick hat, ist sicherlich die extreme Sünde der Apostasie" (169).

89 Brooke F. Westcott, *The Epistle to the Hebrews: The Greek Text with Notes and Essays* (London: Macmillan, 1889), 151. Siehe seine hilfreiche Behandlung auf den Seiten 142–153.

90 Forkman, *The Limits of Religious Community*, 217, beschließt seine umfassende Untersuchung zu dieser Frage mit der Behauptung, dass weder Jesus noch die frühe Kirche die Heiligkeit der Gemeinde für eine wichtige Angelegenheit hielten. Es war „der Standpunkt des Einzelnen angesichts der Botschaft vom Reich Gottes."

91 Worte aus Gilbert Keith Chestertons *Orthodoxy* (New York: Doubleday, 1959), 100, kommen einem in den Sinn: „Die Kirche verkündet furchtbare Ideen und vernichtende Lehren, jede von ihnen stark genug, um sich in eine falsche Religion zu verwandeln und die Welt zu verwüsten … Wenn deshalb ein kleiner Fehler in der Lehre gemacht wird, können riesige schwere Fehler im menschlichen Glück gemacht werden." Ein starkes Zeugnis dafür ist zu finden bei John Feighery, „Street People's Mass", *The Tablet* 243 (1989): 347–348. Für einige weitere Überlegungen, siehe William F. Stolzman, „Communion for Repenting Sinners?" *The Clergy Review* 65 (1980): 322–327.

92 Patrick Considine, „Remarriage and the Eucharist", *Priest and People* 3 (1989): 226–227.

93 Barth, *Rediscovering the Lord's Supper*, 54.

94 Siehe Ratzinger, „Die Weitergabe der göttlichen Offenbarung", in: *Das Zweite Vatikanische Konzil*. LThK, Teil II, 518–520.

95   Zum Einfluss des *Dekrets für die Armenier* auf die Diskussionen auf
dem Konzil von Trient, siehe John W. O'Malley, *Trent: What Happened at
the Council* (Cambridge, MA: Harvard University Press, 2013), 119.

96   Für einen Überblick siehe Instone-Brewer, *Divorce and Remarriage*,
238–267. Eine Synthese der katholischen Geschichte findet sich bei Waldemar Molinski, „Marriage", in: *Encyclopedia of Theology*. Ed. Karl Rahner.
Trans. John Griffiths (London: Burns & Oates, 1975), 905–10. Für eine
knappe (obwohl etwas überholte) Geschichte der katholischen Ansicht
und Praxis bezüglich der Ehe von den Anfängen bis zum Tridentinum, siehe auch Edward Schillebeeckx, *Marriage: Secular Reality and Saving Mystery*. Transl. N.D. Smith. Stag Books. 2 Bände (London: Sheed & Ward, 1965),
1:3–182. Zum Konzil von Florenz, siehe die Seiten 166–167. Es ist allgemeine Meinung, dass die Ostkirchen sich nicht bewusst waren, dass sie
alle Implikationen der Sakramentalität der Ehe akzeptierten, als sie sich
den Entscheidungen des Konzils von Florenz bezüglich der sieben Sakramente anschlossen.

97   Siehe oben S. 208–210.

98   Martin Hengel, *Nachfolge und Charisma*. BZNW 34 (Berlin: Töpelmann, 1968). Diese Untersuchung verweist zu Recht auf die Bedeutung
von Jesu stark eschatologischem Verständnis seiner Sendung, das von seinen Nachfolgern geteilt wurde.

99   Diese Feststellung könnte zu einer Diskussion über die Notwendigkeit
für alle christlichen Kirchen führen, über die von ihnen „geteilte Weisheit
und Erfahrung" nachzudenken, wenn sie mit solch schwierigen Fragen konfrontiert sind. Hier ist nicht der Ort für eine solche Debatte, aber die katholische Kirche steht alleine da unter den christlichen Kirchen, die ebenso auf
das Wort Gottes schauen für ihre grundlegenden und prägenden *Traditionen* in Sachen Scheidung und Wiederverheiratung. Dies verlangt nach einer
Selbstprüfung. In seinem Kommentar zu Mt 19,1–12 meint Luz, *Matthäus*,
3:102 „Mir scheint, daß das katholische Scheidungsrecht, das sachlich sehr
nahe bei der matthäischen Position geblieben ist, an einem wesentlichen
Punkt dem Neuen Testament nicht gerecht wird. Im Neuen Testament be-
obachten wir gerade beim Scheidungsverbot Jesu einen erstaunlichen Pro-
zeß der Anpassung und der Veränderung, den auch Mt 5,32 und 19,9 bezeugen. Das katholische Kirchenrecht dagegen hat sich in den letzten
tausend Jahren nicht mehr an die veränderte Situation der Menschen ange-
paßt, so daß die urchristlichen Grundsätze zu Rechtssätzen erstarrten."
Kurz davor verweist Luz auf den *Hirt des Hermas* (Mitte 2. Jh.) als letzte
der bereits im MtEv begonnenen Veränderungen in der Entwicklung und
bezeichnet sie als „die bemerkenswerteste, denn sie atmet den jesuanischen
Geist des unbeugsamen Verzeihens" (3:102). Dieser Zusammenhang impli-

ziert, dass das katholische Scheidungsrecht als das Gegenteil davon angesehen werden kann.

100 Edsall, „Watching Jesus Do Theology", 9–10.

101 Diese Hermeneutik (d. h. das Interpretationsprinzip) wurde der Lehrautorität der Kirche vor 35 Jahren zögernd vorgeschlagen von Pierre Benoit, „Christian Marriage According to Saint Paul", *The Clergy Review* 65 (1980): 309–321. Siehe besonders die Seiten 320–321.

102 Fitzmyer, *First Corinthians*, 298. Fitzmyer machte diesen Vorschlag als erster im Jahre 1976 („The Matthean Divorce Texts", 224–226). Loader, „Did Adultery Mandate Divorce?" 73 Anm. 31, anerkennt diese hermeneutische Haltung, stellt aber zu Recht heraus, dass sein Interesse der „historischen Rekonstruktion" gilt.

103 Dantes Text und die Hintergrundinformation zu Manfred stammen aus: Prue Shaw, *Reading Dante: From Here to Eternity* (New York/London: Liveright Publishing, 2014), 57–60. Shaw interpretiert Dantes Gedanken folgendermaßen: „Dies ist ein grundlegendes Prinzip, welches das Schicksal im Jenseits bestimmt" (59). Ich stimme mit Dante überein.

Bibliographie

Bibelkommentare

Attridge, Harold W., *The Epistle to the Hebrews*. Hermeneia. Philadelphia, PA: Fortress, 1989.

Barrett, C. Kingsley, *The First Epistle to the Corinthians*. Black's New Testament Commentaries. London: A. & C. Black, 1971.

–, *The Gospel According to St. John*. London: SPCK, 2. Aufl. 1978.

–, *The Second Epistle to the Corinthians*. Black's New Testament Commentaries. London: A. & C. Black, 1973.

Bauer, Walter, *Das Johannesevangelium*. 3. Auflage. Handbuch zum Neuen Testament 6. Tübingen: J. C. B. Mohr (Paul Siebeck), 1933.

Beare, Frederick W., *The Gospel According to Matthew*. Oxford: Blackwell, 1981.

Bernard, John H., *A Critical and Exegetical Commentary on the Gospel According to St John*. International Critical Commentary. 2 Bände. Edinburgh: T. & T. Clark, 1928.

Blomberg, Craig, *Matthew*. The New American Commentary 22. Nashville, TN: Broadman, 1992.

Bovon, François, *Das Evangelium nach Lukas*. Evangelisch-Katholischer Kommentar zum Neuen Testament III/1–4. Düsseldorf/Zürich: Benziger Verlag/Neukirchen-Vluyn: Neukirchener Verlag, Bd. 1:1989, Bd. 2: 1996, Bd. 3: 2001, Bd. 4: 2009.

Brown, Raymond E., *The Gospel According to John*. Anchor Bible 29–29A. 2 Bände. Garden City, NY: Doubleday, 1966–1970.

Bruner, Frederick B., *The Gospel of John: A Commentary*. Grand Rapids, MI: Eerdmans, 2012.

Byrne, Brendan, *A Costly Freedom: A Theological Reading of Mark's Gospel*. Collegeville, MN: The Liturgical Press, 2008.

–, *Life Abounding: A Reading of John's Gospel*. Collegeville, MN: The Liturgical Press, 2014.

–, *Lifting the Burden. Reading Matthew's Gospel in the Church Today*. Collegeville, MN: The Liturgical Press, 2004.

–, *Romans*. Sacra Pagina 6. Collegeville, MN: The Liturgical Press, 1996.

–, *The Hospitality of God: A Reading of Luke's Gospel*. Collegeville, MN: The Liturgical Press, 2000.

Carroll, John T., *Luke: A Commentary*. The New Testament Library. Louisville, KY: Westminster John Knox, 2012.

Collins, Adela Yabro, *Mark*. Hermeneia. Minneapolis, MN: Fortress, 2007.

Collins, Raymond F., *First Corinthians*. Sacra Pagina 7. Collegeville, MN: The Liturgical Press, 1999.

Conzelmann, Hans, *Der erste Brief an die Korinther*. Kritisch-Exegetischer Kommentar über das Neue Testament 5. Göttingen: Vandenhoeck & Ruprecht, 12. Aufl. (= 2. überarbeitete) 1981.

Culpepper, R. Alan, *Mark*. Smith & Helwys Bible Commentary. Macon, GA: Smith & Helwys, 2007.

Davies, William D./Dale C. Allison Jr., *A Critical and Exegetical Commentary on the Gospel of Matthew*. International Critical Commentary. 3 Bände. Edinburgh: T. & T. Clark, 1988–1997.

Ellis, Peter, *The Genius of John: A Composition-Critical Commentary on the Fourth Gospel*. Collegeville, MN: The Liturgical Press, 1984.

Evans, Christopher F., *Saint Luke*. New Testament Commentaries. London: SCM, 1990.

Evans, Craig A., *Mark 8:27–16:20*. Word Biblical Commentary 34B. Nashville, TN: Thomas Nelson, 2001.

Fenton, John, *Saint Matthew*. The Pelican New Testament Commentaries. Harmondsworth: Penguin Books, 1963.

Fitzmyer, Joseph A., *First Corinthians*. Anchor Yale Bible 32. New Haven, CT: Yale University Press, 2008.

–, *The Gospel According to Luke*. Anchor Bible 28–28a. 2 Bände. New York: Doubleday, 1981–1985.

France, Richard T., *The Gospel of Matthew*. The New International Commentary on the New Testament. Grand Rapids, MI: Eerdmans, 2007.

Garland, David E., *Reading Matthew*. A Literary and Theological Commentary. Macon, GA: Smyth & Helwys, 2001.

Gundry, Robert H., *Matthew: A Commentary on His Literary and Theological Art*. Grand Rapids, MI: Eerdmans, 1982.

Hagner, Donald, *Matthew*. Word Biblical Commentary 33–33A. 2 Bände. Dallas, TX: Word, 1993–1995.

Hill, David, *The Gospel of Matthew*. New Century Bible. London: Oliphants, 1972.

Horsley, Richard A., *1 Corinthians*. Abingdon New Testament Commentaries. Nashville, TN: Abingdon, 1998.

Hoskyns, Edwyn C., *The Fourth Gospel*. Ed. Francis N. Davey. London: Faber & Faber, 1947.

Johnson, Luke T., *The Gospel of Luke*. Sacra Pagina 3. Collegeville, MN: The Liturgical Press, 1991.

Keener, Craig S., *A Commentary on the Gospel of Matthew*. Grand Rapids, MI: Eerdmans, 1999.

–, *The Gospel of John: A Commentary*. 2 Bände. Peabody, MA: Hendrickson, 2003.

Koester, Craig R., *Hebrews*. Anchor Bible 36. New York: Doubleday, 2001.

Kysar, Robert, *John*. Augsburg Commentary on the New Testament. Minneapolis, MN: Augsburg, 1986.

Lagrange, Michel-Joseph, *Évangile selon Jean*. Etudes Bibliques. Paris: Gabalda, 1927.

Lane, William L., *Commentary on the Gospel of Mark*. The New International Commentary on the New Testament. Grand Rapids, MI: Eerdmans, 1974.

Léon-Dufour, Xavier, *Lecture de l'Évangile selon Jean*. 4 Bände. Paris: Seuil, 1988–1996.

Lincoln, Andrew T., *The Gospel According to Saint John*. Black's New Testament Commentaries. London/New York: Continuum, 2005.

Lindars, Barnabas, *The Gospel of John*. New Century Bible. London: Oliphants, 1972.

Luz, Ulrich, *Das Evangelium nach Matthäus*. Evangelisch-Katholischer Kommentar zum Neuen Testament I/1–4. Düsseldorf/Zürich: Benziger Verlag/Neukirchen-Vluyn: Neukirchener Verlag, Bd. 1: 5. Aufl. 2002 (1. Aufl. 1985), Bd. 2: 1990, Bd. 3: 1997, Bd. 4: 2002.

Macgregor, George H.C., *The Gospel of John*. Moffatt New Testament Commentary. London: Hodder & Stoughton, 1928.

Marcus, Joel, *Mark*. Anchor Yale Bible 27–27A. 2 Bände. New York: Doubleday/New Haven, CT: Yale University Press, 2000–2009.

Marshall, I. Howard, *The Gospel of Luke: A Commentary on the Greek Text*. The New International Greek Testament Commentary. Grand Rapids, MI: Eerdmans, 1978.

Matera, Frank J., *Romans*. Paideia Commentaries on the New Testament. Grand Rapids, MI: Baker Academic, 2010.

Meier, John P., *Matthew*. New Testament Message 3. Wilmington, DE: Michael Glazier, 1980.

Moloney, Francis J., *Glory not Dishonor: Reading John 13–21*. Minneapolis, MN: Fortress, 1998.

–, *Signs and Shadows: Reading John 5–12*. Minneapolis, MN: Fortress, 1996.

–, *The Gospel of John*, Sacra Pagina 4. Collegeville, MN: The Liturgical Press, 1998.

–, *The Gospel of Mark: A Commentary*. Grand Rapids, MI: Baker Academic, 2012.

Murphy-O'Connor, Jerome, *1 Corinthians*. New Testament Message 10. Wilmington, DE: Michael Glazier, 1979.

Nolland, John, *The Gospel of Matthew*. The New International Greek Testament Commentary. Grand Rapids, MI: Eerdmans, 2005.

Orr, William F./James A. Walther, *1 Corinthians*. Anchor Bible 32. Garden City, NY: Doubleday, 1976.

Patte, Daniel, *The Gospel According to Matthew: A Structural Commentary on Matthew's Faith*. Philadelphia, PA: Fortress, 1987.

Perkins, Pheme, *First Corinthians*. Paideia Commentaries on the New Testament. Grand Rapids, MI: Baker Academic, 2012.

Pesch, Rudolf, *Das Markusevangelium*. Herders Theologischer Kommentar zum Neuen Testament II/1–2. Freiburg i. Br.: Herder, 1980 (Bd. 1: 3. Aufl., Bd. 2: 2. Aufl.).

Radermakers, Jean, *Au fil de l'évangile selon saint Matthieu*. 2 Bände. Brüssel: Institut d'Etudes Théologiques, 1974.

Schnackenburg, Rudolf, *Das Johannesevangelium*. Herders Theologischer Kommentar zum Neuen Testament IV/1–4. Freiburg i. Br.: Herder, Bd. 1: 4. Aufl. 1978, Bd. 2: 2. Aufl. 1977, Bd. 3: 4. Aufl. 1982, Bd. 4 (Ergänzungsband): 1984.

Schnelle, Udo, *Das Evangelium nach Johannes*. Theologischer Handkommentar zum Neuen Testament 4. Leipzig: Evangelische Verlagsanstalt, 1998.

Schürmann, Heinz, *Das Lukasevangelium*. Herders Theologischer Kommentar zum Neuen Testament III/1–2,1. Freiburg i. Br.: Herder, Bd. 1: 1969, Bd. 2: 1994.

Schweizer, Eduard, *Das Evangelium nach Lukas*. Neues Testament Deutsch 3. Göttingen: Vandenhoeck & Ruprecht, 1982.

–, *Das Evangelium nach Matthäus*. Neues Testament Deutsch 2. Göttingen: Vandenhoeck & Ruprecht, 3. Aufl. 1981.

Senior, Donald, *Matthew*. Abingdon New Testament Commentaries. Nashville, TN: Abingdon, 1998.

Talbert, Charles H., *Reading Luke. A Literary and Theological Commentary on the Third Gospel*. New York: Crossroad, 1982.

–, *Matthew*. Paideia Commentaries on the New Testament. Grand Rapids, MI: Baker Academic, 2010.

Tannehill, Robert C., *Luke*. Abingdon New Testament Commentaries. Nashville, TN: Abingdon, 1996.

–, *The Narrative Unity of Luke–Acts: A Literary Interpretation*. 2 Bände. Foundation and Facets. Philadelphia, PA: Fortress, 1986.

Taylor, Vincent, *The Gospel According to St. Mark*. London: Macmillan, 1966.

Westcott, Brooke F., *The Epistle to the Hebrews: The Greek Text with Notes and Essays*. London: Macmillan, 1889.

–, *The Gospel According to John*. London: John Murray, 1908.

Zumstein, Jean, *L'Évangile selon Jean*. Commentaire du Nouveau Testament IVa–b. 2 Bände. Genf: Labor et Fides, 2007–2013.

Andere zitierte Studien

Abrams, Meyer H., *A Glossary of Literary Terms*. New York: Holt, Reinhart & Winstone, 5. Aufl. 1985.

Alexander, Loveday, *The Preface to Luke's Gospel: Literary Convention and Social Context in Luke 1.1–4 and Acts 1.1*. SNTS Monograph Series 78. Cambridge: Cambridge University Press, 1993.

Aletti, Jean-Noël, *L'art de raconter Jésus Christ*. Paris: Seuil, 1989.

Allison, Dale C. Jr., *Constructing Jesus: Memory, Imagination, and History*. Grand Rapids, MI: Baker Academic, 2010.

–, „Divorce, Celibacy and Joseph (Matthew 1.18–25 and 19.1–12)", *Journal for the Study of the New Testament* 49 (1993): 3–10.

Anderson, Paul N., „The Community that Raymond Brown Left Behind: Reflections on the Johannine Dialectical Situation", in: *Communities in Dispute: Current Scholarship on the Johannine Epistles*. Ed. R. Alan Culpepper/Paul N. Anderson. Early Christianity and Its Literature 13. Atlanta, GA: SBL Press, 2014, 47–93.

Ashton, John, *Understanding the Fourth Gospel*. Oxford: Clarendon, 1991.

Banks, Robert, *Paul's Idea of Community: The Early House Churches in Their Historical Setting*. Exeter: Paternoster, 1979.

Barr, James, *Fundamentalism*. London: SCM, 1977.

–, *The Scope and Authority of the Bible*. Explorations in Theology 7. London: SCM, 1980.

Barth, Markus, *Rediscovering the Lord's Supper: Communion with Israel, with Christ, and Among the Guests*. Atlanta, GA: John Knox, 1988.

Benoit, Pierre, „Christian Marriage according to Saint Paul", *The Clergy Review* 65 (1980): 309–321.

–, „The Accounts of the Institution and What They Imply", in: *The Eucharist in the New Testament: A Symposium*. Ed. Jean Delorme et al. Transl. E.M. Stewart. London: Geoffrey Chapman, 1964, 71–101.

Betz, Hans Dieter, „Apostle", in: *Anchor Bible Dictionary*. Ed. David N. Freedman. 6 Bände. New York: Doubleday, 1992, vol. 1, 309–411.

Beutler, Johannes, „Psalm 82/83 im Johannesevangelium", *New Testament Studies* 25 (1978–79): 34–37.

Bienert, David C., *Abendmahl im johanneischen Kreis: Eine exegetische-hermeneutische Studie zur Mahltheologie des Johannesevangeliums*. Beihefte zur Zeitschrift für die Neutestamentliche Wissenschaft 202. Berlin: de Gruyter, 2014.

Black, C. Clifton, *The Disciples According to Mark: Markan Redaction in Current Debate*. Journal for the Study of the New Testament Supplement Series 27. Grand Rapids, MI: Eerdmans, 2. Aufl. 2012.

Blinzler, Josef, „*Eisin eunouchoi*. Zur Auslegung von Mt 19,12", *Zeitschrift für die Neutestamentliche Wissenschaft* 48 (1957): 254–270.

Bockmuel, Markus, *Simon Peter in Scripture and Memory*. Grand Rapids, MI: Baker Academic, 2012.

Boomershine, Thomas E., „Mark 16:8 and the Apostolic Commission", *Journal of Biblical Literature* 100 (1981): 225–239.

Boomershine, Thomas E./Gilbert L. Bartholomew, „The Narrative Technique of Mark 16:8", *Journal of Biblical Literature* 100 (1981): 213–223.

Borgen, Peder, *Bread from Heaven: An Exegetical Study of the Concept of the Manna in the Gospel of John and the Writings of Philo*. Supplements to Novum Testamentum 10. Leiden: Brill, 1965.

Bornkamm, Günther, *Jesus von Nazareth*. Urban Taschenbücher 19. Stuttgart: Kohlhammer, 12. Aufl. 1980.

–, „Lord's Supper and Church in Paul", in: *Early Christian Experience*. London: SCM, 1969, 123–160.

Bovon, François, *Luke the Theologian*. Transl. Ken McKinney. Waco, TX: Baylor University Press, 2. Aufl., 2006.

Bradshaw, Paul F., *The Search for the Origin of Christian Worship*. Oxford/ New York: Oxford University Press, 2002.

Brown, Raymond E., *An Introduction to the Gospel of John*. Ed. Francis J. Moloney. Anchor Bible Reference Library. New York: Doubleday, 2010.

–, *An Introduction to the New Testament*. Anchor Bible Reference Library. New York: Doubleday, 1997.

–, „Critical Biblical Exegesis and the Development of Doctrine", in: *Biblical Exegesis and Church Doctrine*. New York: Paulist, 1985, 26–53.

–, *The Community of the Beloved Disciple: The Life, Loves and Hates of an Individual Church in New Testament Times*. London: Geoffrey Chapman, 1979.

–, *The Death of the Messiah: A Commentary on the Passion Narratives in the Four Gospels*. Anchor Bible Reference Library. 2 Bände. New York: Doubleday, 1993.

–, „The Eucharist and Baptism in John", in: *New Testament Essays*. London: Geoffrey Chapman, 1967, 77–95.

–, „The Johannine Sacramentary", in: *New Testament Essays*. London: Geoffrey Chapman, 1967, 51–76.

–, *The Virginal Conception and the Bodily Resurrection of Jesus*. London: Geoffrey Chapman, 1973.

Brown, Raymond E./John P. Meier. *Antioch and Rome: New Testament Cradles of Catholic Christianity*. New York: Paulist, 1983.

Brown, Raymond E./Karl P. Donfried/John Reumann (eds.), *Peter in the New Testament: A Collaborative Assessment by Protestant and Roman Catholic Scholars*. Minneapolis, MN: Augsburg/New York: Paulist, 1973.

Bultmann, Rudolf, *Die Geschichte der synoptischen Tradition*. Forschungen zur Religion und Literatur des Alten und Neuen Testaments, Neue Folge 12 (= Heft 29 der ganzen Reihe). Göttingen: Vandenhoeck & Ruprecht, 9. Aufl. 1979.

Burridge, Richard A., *Imitating Jesus. An Inclusive Approach to New Testament Ethics*. Grand Rapids, MI: Eerdmans, 2007.

Byrne, Brendan J., „Christ's Pre-Existence in Pauline Soteriology", *Theological Studies* 58 (1997): 308–330.

–, „Forceful Stewardship and Neglectful Wealth: A Contemporary Reading of Luke 16", *Pacifica* 1 (1988): 1–14.

–, „Paul and Mark before the Cross: Common Echoes of the Day of Atonement Ritual", in: *Transcending Boundaries: Contemporary Readings of the New Testament: Studies in Honor of Francis J. Moloney*. Ed. Rekha M. Chennattu/Mary L. Coloe. Biblioteca di Scienze Religiose. Rom: LAS, 2005, 217–229.

–, *Paul and the Christian Woman*. Homebush: St. Paul Publications, 1988.

–, *Reckoning with Romans: A Contemporary Reading of Paul's Gospel*. Good News Studies 18. Wilmington, DE: Michael Glazier, 1986.

Canon Law Society of America, *Code of Canon Law: Latin-English Edition*. Washington, DC: Canon Law Society of America, 1983.

Cadbury, Henry J., *The Making of Luke–Acts*. London: SPCK, 1927.

Carnazzo, Sebastian A, *Seeing Blood and Water: A Narrative-Critical Study of John 19:34*. Eugene, OR: Pickwick Publications, 2012.

Carroll, John T., *Luke: A Commentary*. The New Testament Library. Louisville, KY: Westminster John Knox, 2012.

Charlesworth, James H., *The Beloved Disciple: Whose Witness Validates the Gospel of John?* Valley Forge, PA: Trinity Press International, 1995.

–, *The Old Testament Pseudepigrapha*. 2 Bände. London: Darton, Longman & Todd, 1983.

Chenderlin, Fritz, „*Do This as My Memorial.*" Analecta Biblica 99. Rom: Biblical Institute Press, 1982.

Chesterton, Gilbert K., *Orthodoxy*. New York: Doubleday, 1959.

Coleridge, Mark, *The Birth of the Lukan Narrative: Narrative as Christology in Luke 1–2*. Journal for the Study of the New Testament Supplement Series 88. Sheffield: JSOT Press, 1993.

Collins, Raymond F., *Divorce in the New Testament*. Good News Studies 38. Collegeville, MN: The Liturgical Press, 1992.

Congar, Yves M.-J., *Tradition and Traditions. A Historical Essay and a Theological Essay*. London: Burns & Oates, 1966.

Considine, Patrick, „Remarriage and the Eucharist", *Priests and People* 3 (1989): 226–229.

Cross, Frank L./Elizabeth A. Livingstone (eds.), *The Oxford Dictionary of the Christian Church*. Oxford: Oxford University Press, 2. Aufl. 1974.

Crossan, John D., *The Historical Jesus: The Life of a Mediterranean Jewish Peasant*. Edinburgh: T. & T. Clark, 1991.

Cullmann, Oscar, *Early Christian Worship*. Studies in Biblical Theology 10. London: SCM, 1953.

Culpepper, R. Alan, „Setting the Stage: Context for the Conversation", in: *Communities in Dispute: Current Scholarship on the Johannine Epistles*. Ed. R. Alan Culpepper/Paul N. Anderson. Early Christianity and Its Literature 13. Atlanta, GA: SBL Press, 2014, 3–15.

–, „The Johannine *hypodeigma*: A Reading of John 13:1–38", *Semeia* 53 (1991): 133–152.

–, „The Relationship between the Gospel and 1 John", in: *Communities in Dispute: Current Scholarship on the Johannine Epistles*. Ed. R. Alan Culpepper/Paul N. Anderson. Early Christianity and Its Literature 13. Atlanta, GA: SBL Press, 2014, 95–118.

Dahl, Nils A., „Anamnesis. Memory and Commemoration in Early Christianity", in: *Jesus in the Memory of the Early Church*. Minneapolis, MN: Augsburg, 1976, 11–29.

Davies, William D., *The Setting of the Sermon on the Mount*. Cambridge: Cambridge University Press, 1966.

Davis, Henry, *Moral and Pastoral Theology*. Heythrop Series 11. 4 Bände. London: Sheed & Ward, 1959.

Davis, Leo, *The First Seven Ecumenical Councils (325–787): Their History and Theology*. Collegeville, MN: The Liturgical Press, 1983.

de Aldama, I.A./F.A.P. Solá Severino Gonzales/J.F. Sagüés, *Sacrae Theologiae Summa*. Biblioteca de Auctores Christianos II/73. Madrid: La Editorial Catolica, 1953.

de la Potterie, Ignace, „Principles for the Christian Interpretation of Sacred Scripture", in: *The Hour of Jesus: The Passion and Resurrection of Jesus According to John. Text and Spirit*. Slough: St. Paul Publications, 1989, 182–190.

Delebecque, Édouard, *Évangile de Jean: Text traduit et annoté*. Cahiers de la Revue Biblique 23. Paris: Gabalda, 1987.

Deming, Will, *Paul on Marriage and Celibacy: The Hellenistic Background of 1 Corinthians 7*. Grand Rapids, MI: Eerdmans, 2004.

Dequeker, Luc/Willem Zuidema, „The Eucharist and St Paul: 1 Cor. 11.17–34", *Concilium* 4 (1968): 26–31.

Dettwiler, Andreas, *Die Gegenwart des Erhöhten: Eine exegetische Studie zu den johanneischen Abschiedsreden (Joh 13,31 – 16,33) unter besonderer Berücksichtigung ihres Relecture-Charakters*. Forschungen zur Religion und Literatur des Alten und Neuen Testaments. Göttingen: Vandenhoeck & Ruprecht, 1995.

Deutsche Bischofskonferenz, *Die pastoralen Herausforderungen der Familie im Kontext der Evangelisierung. Texte zur Bischofssynode 2014 und Dokumente der Deutschen Bischofskonferenz*. Arbeitshilfen 273. Bonn: Sekretariat der Deutschen Bischofskonferenz 2014.

Deutsche Bischöfe, Oberrheinische Kirchenprovinz, „Einspruch und Bekräftigung. Schreiben der Glaubenskongregation und Brief der Bischöfe von Freiburg, Mainz und Rottenburg-Stuttgart zu wiederverheirateten Geschiedenen", *Herder-Korrespondenz* 48 (1994): 565–571; „Respekt vor der Gewissensentscheidung. Die Bischöfe von Freiburg, Mainz und Rottenburg-Stuttgart zur Frage der wiederverheirateten Geschiedenen," *Herder-Korrespondenz* 47 (1993): 460–467.

Dewey, Joanna, „The Survival of Mark's Gospel: A Good Story?" *Journal of Biblical Literature* 123 (2004): 495–507.

Diederich, Everrett A., „Reflections on Post-Conciliar Shifts in Eucharistic Faith and Practice", *Communio: International Catholic Review* 12 (1985): 223–237.

Dillon, Richard J., *From Eye-Witnesses to Ministers of the Word: Tradition and Composition in Luke 24*. Analecta Biblica 82. Rom: Biblical Institute Press, 1978.

Do, Toan, *Rethinking the Death of Jesus: An Exegetical and Theological Study of* Hilasmos *and* Agapē *in 1 John 2:1–2 and 4:7–10*. Contributions to Biblical Exegesis and Theology 73. Leuven: Peeters, 2014.

Dodd, Charles H., *Historical Tradition in the Fourth Gospel*. Cambridge: Cambridge University Press, 1965.

–, „The Appearances of the Risen Christ: An Essay in Form-Criticism of the Gospels", in: *More New Testament Studies*. Manchester: Manchester University Press, 1968, 102–133.

–, *The Founder of Christianity*. London: Collins, 1971.

–, *The Interpretation of the Fourth Gospel*. Cambridge: Cambridge University Press, 1953.

Donahue, John R., *Are You the Christ? The Trial Narrative in the Gospel of Mark*. SBL Dissertation Series 10. Missoula, MT: Scholars Press, 1973.

–, *The Gospel in Parable*. Philadelphia, PA: Fortress, 1988.

Donaldson, Terrence L., *Jesus on the Mountain: A Study in Matthean Theology*. Journal for the Study of the New Testament Supplement Series 8. Sheffield: JSOT Press, 1985.

Doyle, B. Rod, „Matthew's Intention Discerned by His Structure", *Revue Biblique* 95 (1988): 34–54.

Dumm, Demetrius R., „Luke 24:44–49 and Hospitality", in: *Sin, Salvation and the Spirit: Commemorating the Fiftieth Year of the Liturgical Press.* Ed. Daniel Durken. Collegeville, MN: The Liturgical Press, 1979, 230–239.

Dunn, James D.G., *Unity and Diversity in the New Testament: An Inquiry into the Character of Earliest Christianity.* London: SCM, 1977.

Duplacy, Jacques, „A propos d'un lieu variant de 1 Cor 11,24: Voici mon corps (-, rompu, donné etc.) pour vous", in: *Le Corps et le Corps du Christ dans la Première Epître aux Corinthiens.* Congress de l'ACFEB, Tarbes, 1981. Lectio Divina 114. Paris: Cerf, 1983, 27–46.

Dupont, Jacques, „The Meal at Emmaus", in: *The Eucharist in the New Testament.* Ed. Jean Delorme et al. London: Geoffrey Chapman, 1985, 115–121.

Dunn, James D.G., *The Theology of Paul the Apostle.* Grand Rapids, MI: Eerdmans, 1998.

Edsall, Benjamin A., *Paul's Witness to Formative Early Christian Instruction.* Wissenschaftliche Untersuchungen zum Neuen Testament 2.365. Tübingen: Mohr Siebeck, 2014.

–, „Watching Jesus Do Theology: Debating the Sadducees over Resurrection." Unveröffentlichter Vortrag an der Seattle School of Theology and Psychology am 2. Juni 2014.

Eriksson, Anders, *Tradition as Rhetorical Proof: Pauline Argumentation in 1 Corinthians.* Coniectanea Biblica New Testament Series 29. Stockholm: Almqvist & Wiksell International, 1998.

Esler, Philip, *Community and Gospel in Luke–Acts: The Social and Political Motivations of Lucan Theology.* SNTS Monograph Series 57. Cambridge: Cambridge University Press, 1987.

Feighery, John, „Street People's Mass", *The Tablet* 243 (1989): 392–393.

Fitzmyer, Joseph A., „Marriage and Divorce", in: *Encyclopedia of the Dead Sea Scrolls.* Ed. Lawrence H. Schiffman/James C. VanderKam. Oxford/New York: Oxford University Press, 2000, vol. 1, 511–515.

–, „The Matthean Divorce Texts and Some New Palestinian Evidence", *Theological Studies* 39 (1976): 197–226.

Fledderman, Harry, „The Flight of a Naked Young Man (Mark 14:51–52)", *Catholic Biblical Quarterly* 41 (1979): 412–418.

Forkman, Goran, *The Limits of Religious Community: Expulsion from the Religious Community within the Qumran Sect, within Rabbinic Judaism, and within Primitive Christianity*. Coniectanea Biblica New Testament Series 5. Lund: Gleerup, 1972.

Fotopoulos, John, *Food Offered to Idols in Roman Corinth: A Social Rhetorical Reconsideration of 1 Corinthians 8:1–11:1*. Wissenschaftliche Untersuchungen zum Neuen Testament 2.151. Tübingen: Mohr Siebeck, 2003.

Fowler, Robert M., *Let the Reader Understand: Reader-Response Criticism and the Gospel of Mark*. Minneapolis, MN: Fortress, 1991.

–, *Loaves and Fishes: The Function of the Feeding Stories in the Gospel of Mark*. SBL Dissertation Series 54. Chico, CA: Scholars Press, 1981.

Frend, William H.C., *The Rise of Christianity*. London: Darton, Longman & Todd, 1984.

Gaventa, Beverly, „,You Proclaim the Lord's Death': 1 Corinthians 11:26 and Paul's Understanding of Worship", *Review and Expositor* 80 (1983): 377–387.

George, Augustin, *Études sur l'Oeuvres de Luc*. Sources Bibliques. Paris: Gabalda, 1978.

Gignac, Francis T., „The Use of Verbal Variety in the Fourth Gospel", in: *Transcending Boundaries: Contemporary Readings of the New Testament: Essays in Honor of Francis J. Moloney*. Ed. Rekha M. Chennattu/Mary L. Coloe. Biblioteca di Scienze Religiose 187. Rom: LAS, 2005, 191–200.

Goodfriend, Elaine A., „Adultery", in: *Anchor Bible Dictionary*. Ed. David N. Freedman. 6 Bände. New York: Doubleday, 1992, vol. 1, 82–86.

Grabowski, John S., „Divorce, Remarriage and Reception of the Sacraments", *America* (October 8, 1994): 20–24.

Gray, Timothy C., *The Temple in the Gospel of Mark: A Study in Its Narrative Role*. Grand Rapids, MI: Baker Academic, 2010.

Gregg, Robert C. (ed.), *Athanasius: The Life of Antony and the Letter to Marcellinus*. The Classics of Western Spirituality. London: SPCK, 1980.

Hamilton, Neil Q., „Resurrection, Tradition and the Composition of Mark", *Journal of Biblical Literature* 84 (1965): 415–21.

Hanges, James C., *Paul, Founder of Churches: A Study in Light of Evidence for the Role of Founder Figures in the Hellenistic-Roman Period*. Wissenschaftliche Untersuchungen zum Neuen Testament 292. Tübingen: Mohr Siebeck, 2012.

Harner, Philip B., *The „I Am" of the Fourth Gospel: A Study in Usage and Thought*. Facet Books Biblical Series 26. Philadelphia, PA: Fortress, 1970.

Harvey, William J., *Character and the Novel*. London: Chatto & Windus, 1965.

Havener, Ivan, *Q: The Sayings of Jesus*. Good News Studies 19. Wilmington, DE: Michael Glazier, 1987.

Heilmann, Jan, *Wein und Blut: Das Ende der Eucharistie im Johannesevangelium und dessen Konsequenzen*. Beiträge zur Wissenschaft vom Alten und Neuen Testament 204. Stuttgart: Kohlhammer, 2014.

Hengel, Martin, *Die Johanneische Frage: Ein Lösungsversuch mit einem Beitrag zur Apokalypse von Jörg Frey*. Wissenschaftliche Untersuchungen zum Neuen Testament 67. Tübingen: Mohr Siebeck, 1993.

–, *Der unterschätzte Petrus: zwei Studien*. Tübingen: Mohr Siebeck, 2006.

–, *Nachfolge und Charisma*. Beihefte zur Zeitschrift für die Neutestamentliche Wissenschaft 34. Berlin: Töpelmann, 1968.

–, „The Titles of the Gospels and the Gospel of Mark", in: *Studies in the Gospel of Mark*. Philadelphia, PA: Fortress, 1985, 64–84.

Henrici, Peter, „„Do this in remembrance of me': The Sacrifice of Christ and the Sacrifice of the Faithful", *Communio: International Catholic Review* 12 (1985): 146–157.

Huels, John M., *One Table, Many Laws: Essays on Catholic Eucharistic Practice*. Collegeville, MN: The Liturgical Press, 1986.

Howard, William F./C. Kingsley Barrett, *The Fourth Gospel in Recent Criticism*. London: Epworth, 1955.

Hurtardo, Larry W., „Oral Fixation and New Testament Studies? ‚Orality,' ‚Performance,' and Reading Texts in Early Christianity", *New Testament Studies* 60 (2014): 321–340.

Instone-Brewer, David, *Divorce and Remarriage in the Bible*. Grand Rapids, MI: Eerdmans, 2002.

Iser, Wolfgang, *The Implied Reader: Patterns of Communication in Prose Fiction from Bunyan to Beckett*. Baltimore, MD: Johns Hopkins University Press, 1978.

Iverson, Kelly R., „Performance Criticism", in: *The Oxford Encyclopedia of Biblical Interpretation*. Ed. Steven McKenzie. Oxford/New York: Oxford University Press, 2013, vol. 2, 92–105.

Jeffrey, David L./I. Howard Marshall, „Emmaus", in: *A Dictionary of Biblical Tradition in English Literature*. Grand Rapids, MI: Eerdmans, 1992, 236–237.

Jeremias, Joachim, *Jesu Verheißung für die Völker*. Stuttgart: Kohlhammer 1956.

–, *Die Abendmahlsworte Jesu*. Göttingen: Vandenhoeck & Ruprecht, 4. Aufl. 1967.

Johnson, Luke T., *Prophetic Jesus, Prophetic Church: The Challenge of Luke–Acts to Contemporary Christians*. Grand Rapids, MI: Eerdmans, 2011.

Juel, Donald D., *Messiah and Temple: The Trial of Jesus in the Gospel of Mark*. SBL Dissertation Series 31. Missoula, MT: Scholars Press, 1977.

Jungmann, Josef A., *Missarum sollemnis: eine genetische Erklärung der römischen Messe*. Freiburg i. Br.: Herder o.J.

Käsemann, Ernst, „The Pauline Doctrine of the Lord's Supper", in: *Essays on New Testament Themes*. Studies in Biblical Theology 41. London: SCM, 1964, 108–135.

–, „Thoughts on the Present Controversy about Scriptural Interpretation", in: *New Testament Questions of Today*. London: SCM, 1969, 268–285.

Kasper, Walter, *Barmherzigkeit: Grundbegriff des Evangeliums – Schlüssel christlichen Lebens*. Freiburg i. Br.: Herder, 2012.

Karris, Robert J., „God's Boundary-Breaking Mercy", *The Bible Today* 24 (1986): 24–29.

–, *Luke: Artist and Theologian: Luke's Passion Account as Literature*. New York: Paulist, 1985.

Kee, Howard C., *Community of the New Age: Studies in Mark's Gospel*. London: SCM, 1977.

Kelly, John N.D., *Early Christian Creeds*. London: Routledge, 3. Aufl. 1982.

Kingsbury, Jack D., *Matthew as Story*. Philadelphia, PA: Fortress, 1986.

–, *The Christology of Mark's Gospel*. Philadelphia, PA: Fortress, 1983.

Kloppenborg, John S., *Q, the Earliest Gospel: An Introduction to the Original Stories and Sayings of Jesus*. Louisville, KY: Westminster John Knox, 2008.

Kodell, Jerome, *The Eucharist in the New Testament*. Zacchaeus Studies: New Testament. Wilmington, DE: Michael Glazier, 1989.

Kosmala, Hans, „Das tut zu meinem Gedächtnis", *Novum Testamentum* 4 (1960): 81–94.

Kümmel, Werner, *Einleitung in das Neue Testament*. Heidelberg: Quelle & Mayer, 18. Aufl. 1973.

Kugler, Robert A., „Testaments", in: *Encyclopedia of the Dead Sea Scrolls*. Ed. Lawrence Shiffman/James C. VanderKam. Oxford/New York: Oxford University Press, 2000, vol. 2, 933–936.

–, „Twelve Patriarchs, Testaments of the", in: *Encyclopedia of the Dead Sea Scrolls*. Ed. Lawrence Shiffman/James C. VanderKam. Oxford/New York: Oxford University Press, 2000, vol. 2, 952–953.

Kurz, William S., „Luke 22:14–38 and Greco-Roman and Biblical Farewell Addresses", *Journal of Biblical Literature* 104 (1985): 2512–2568.

Kysar, Robert, *The Fourth Evangelist and His Gospel: An Examination of Contemporary Scholarship*. Augsburg Commentaries on the New Testament. Minneapolis, MN: Augsburg, 1975.

Labahn, Michael, *Offenbarung in Zeichen und Werken*. Wissenschaftliche Untersuchungen zum Neuen Testament 2.117. Tübingen: Mohr Siebeck, 2000.

Labahn, Michael/Manfred Lang, „Johannes und die Synoptiker. Positionen und Impulse seit 1990", in: *Kontexte des Johannesevangeliums: Das vierte Evangelium in religions- und traditionsgeschichtlicher Perspektive*. Ed. Jörg Frey/Udo Schnelle. Wissenschaftliche Untersuchungen zum Neuen Testament 175. Tübingen: Mohr Siebeck, 2004, 443–514.

Lake, Kirsopp (ed.), *The Apostolic Fathers*. Loeb Classical Library. 2 Bände. Cambridge, MA: Harvard University Press, 1912.

Laurance, John D., „The Eucharist as the Imitation of Christ", *Theological Studies* 47 (1986): 286–296.

Laverdiere, Eugene/William G. Thompson, „New Testament Communities in Transition", *Theological Studies* 37 (1976): 567–597.

Léon-Dufour, Xavier, „Les miracles de Jésus selon Jean", in: idem, *Les Miracles de Jésus selon le Nouveau Testament*. Paris: Seuil, 1977, 269–286.

–, „Présence du Seigneur Ressuscité (Mt 28:16–20)", in: *A Cause de l'Évangile: Études sur les Synoptiques et les Actes offertes au Père Jacques Dupont, O.S.B. à l'occasion de son 70e anniversaire*. Lectio Divina 123. Paris: Cerf, 1985, 195–209.

–, *Sharing the Eucharistic Bread: The Witness of the New Testament*. Transl. Matthew J. O'Connell. New York: Paulist, 1987.

–, „Towards a Symbolic Reading of the Fourth Gospel", *New Testament Studies* 27 (1980–1981): 439–456.

Lightfoot, Robert H., *History and Interpretation in the Gospels*. London: Hodder & Stoughton, 1935.

Loader, William R.G., „Did Adultery Mandate Divorce? A Reassessment of Jesus' Divorce Logia", *New Testament Studies* 61 (2015): 67–78.

–, *Jesus' Attitude to the Law: A Study of the Gospels*. Grand Rapids, MI: Eerdmans, 2002.

–, *The Dead Sea Scrolls on Sexuality: Attitudes Towards Sexuality in Sectarian and Related Literature at Qumran*. Grand Rapids, MI: Eerdmans, 2009.

–, *The New Testament on Sexuality*. Grand Rapids, MI: Eerdmans, 2012.

Lohfink, Gerhard, *Wie hat Jesus Gemeinde gewollt?* Freiburg i. Br.: Herder, 1993 (Neuausgabe).

–, *Jesus von Nazaret – was er wollte, wer er war*. Freiburg i. Br.: Herder, 2011.

–, *Gegen die Verharmlosung Jesu: Reden über Jesus und die Kirche*. Freiburg i. Br.: Herder, 2013.

Lohse, Eduard, „Miracles in the Fourth Gospel", in: *What about the New Testament?* Ed. Morna Hooker/Colin Hickling. London: SCM, 1975, 64–75.

Luz, Ulrich, „The Disciples in the Gospel according to Matthew", in: *The Interpretation of Matthew*. Ed. Graham Stanton. Issues in Religion and Theology. London: SPCK, 1983, 98–128.

McGowan, Andrew B., *Ancient Christian Worship: Early Church Practices in Social, Historical, and Theological Perspective*. Grand Rapids, MI: Baker Academic, 2014.

Mackey, John, *Jesus the Man and the Myth*. London: SCM, 1979.

Maddox, Robert, *The Purpose of Luke–Acts*. Studies in the New Testament and Its World. Edinburgh: T. & T. Clark, 1982.

Magness, J. Lee, *Sense and Absence: Structure and Suspension in the Ending of Mark's Gospel*. Semeia Studies. Atlanta, GA: Scholars Press, 1986.

Malatesta, Edward, „Blood and Water from the Pierced Side of Christ", in: *Segni e Sacramenti nel Vangelo di Giovanni*. Ed. Pius-Ramon Tragan. Studia Anselmiana 66. Rom: Editrice Anselmiana, 1977, 164–181.

Malbon, Elizabeth S., „Characters in Mark's Story: Changing Perspectives on the Narrative Process", in: *Mark as Story: Retrospect and Prospect*. Ed. Kelly R. Iverson/Christopher W. Skinner. Resources for Biblical Studies 65. Atlanta, GA: SBL Press, 2011, 45–69.

–, *In the Company of Jesus: Characters in Mark's Gospel*. Louisville, KY: Westminster John Knox, 2000.

Manson, Thomas W., *The Sayings of Jesus*. London: SCM, 1971.

Manzoni, Alessandro, *I Promessi Sposi: Storia Milanese del Secolo XVII*. Ed. Fausto Ghisalberti. Mailand: Hoepli, 1973.

Marcus, Joel, „Mark–Interpreter of Paul", *New Testament Studies* 46 (2000): 473–487.

Martelet, Gustave, *The Risen Christ and the Eucharistic World*. London: Collins, 1976.

Masuda, Sanae, „The Good News of the Miracle of the Bread: The Tradition and Its Markan Redaction", *New Testament Studies* 28 (1982): 191–219.

Massyngbaerde Ford, Josephine, *Bonded with the Immortal: A Pastoral Introduction to the New Testament*. Wilmington, DE: Michael Glazier, 1987.

Matera, Frank J., *God's Saving Grace: A Pauline Theology*. Grand Rapids, MI: Eerdmans, 2012.

–, „The Plot of Matthew's Gospel", *Catholic Biblical Quarterly* 49 (1987): 233–253.

Meier, John P., *A Marginal Jew: Rethinking the Historical Jesus*. Anchor Bible Reference Library/Anchor Yale Bible Reference Library. 4 Bände. New York: Doubleday/New Haven, CT: Yale University Press, 1991–2009.

–, *Law and History in Matthew's Gospel*. Analecta Biblica 71. Rom: Biblical Institute Press, 1976.

–, *The Vision of Matthew.* New York: Paulist, 1979.

Menoud, Philippe H., „The Acts of the Apostles and the Eucharist", in: *Jesus Christ and the Faith: A Collection of Studies by Philippe H. Menoud.* Pittsburgh Theological Monograph Series 18. Pittsburgh, PA: Pickwick Publications, 1978, 84–106.

Metzger, Bruce M., *A Textual Commentary on the Greek New Testament.* London/New York: United Bible Societies, 1971.

Meyer, Ben, *The Aims of Jesus.* London: SCM, 1979.

Minear, Paul S., „A Note on Luke 22:36", *Novum Testamentum* 7 (1964–65): 128–134.

–, „Some Glimpses of Luke's Sacramental Theology", *Worship* 44 (1970): 322–331.

Molinski, Waldemar, „Marriage", in: *Encyclopedia of Theology.* Ed. Karl Rahner. Transl. John Griffiths. London: Burns & Oates, 1975, 905–910.

Moloney, Francis J., *A Body Broken for a Broken People: Eucharist in the New Testament.* Melbourne: Collins-Dove, 1990.

–, *A Body Broken for a Broken People: Eucharist in the New Testament.* Peabody, MA: Hendrickson Publishers, 2. Aufl. 1997.

–, *Beginning the Good News: A Narrative Approach.* Biblical Studies 1. Homebush: St. Paul Publications, 1992.

–, „*Constructing Jesus* and the Son of Man", *Catholic Biblical Quarterly* 75 (2013): 719–738.

–, „*Eis telos* (v. 1) as the Hermeneutical Key for the Interpretation of John 13:1–38", *Salesianum* 86 (2014): 27–46.

–, „Jesus Christ: The Question to Cultures", *Pacifica* 1 (1988): 15–43.

–, „Johannine Theology", in: *The New Jerome Biblical Commentary.* Ed. Raymond E. Brown/Joseph A. Fitzmyer/Roland E. Murphy. Englewood Cliffs: Prentice-Hall, 1989, 1417–1426.

–, „John 6 and the Celebration of the Eucharist", *Downside Review* 93 (1975): 243–251.

–, *Love in the Gospel of John: An Exegetical, Theological, and Literary Study.* Grand Rapids, MI: Baker Academic, 2013.

–, „Luke 24: To be Witnesses of the Forgiveness and Compassion of Jesus", in: *Apostolic Passion „Give me Souls."* Ed. Rafael Vicent/Corrado Pastore. Bangalore: Kristu Joti Publications, 2010, 183–195.

–, „Mark 6:6b–30: Mission, the Baptist, and Failure", *Catholic Biblical Quarterly* 63 (2001): 663–679.

–, *Mark: Storyteller, Interpreter, Evangelist.* Peabody, MA: Hendrickson Publishers, 2004.

–, „Matthew 5:17–18 and the Matthean Use of *dikaiosunē*", in: *Unity and Diversity in the Gospels and Paul.* Ed. Christopher W. Skinner/Kelly R.

Iverson. Early Christianity and Its Literature 7. Atlanta, GA: SBL Press, 2012, 33–54.

–, „Matthew 19:3–12 and Celibacy: A Redactional and Form Critical Study", *Journal for the Study of the New Testament* 2 (1979): 42–60.

–, „Narrative Criticism of the Gospels", *Pacifica* 4 (1991): 181–201.

–, *Reading the New Testament in the Church: A Primer for Pastors, Religious Educators, and Believers*. Grand Rapids, MI: Baker Academic, 2015.

–, „The Eucharist as the Presence of Jesus to the Broken", *Pacifica* 2 (1989): 151–174.

–, „The Function of John 13–17 within the Johannine Narrative", in: *„What is John?" Volume II: Literary and Social Readings of the Fourth Gospel*. Ed. Fernando F. Segovia. SBL Symposium Series 7. Atlanta, GA: Scholars Press, 1998, 43–66.

–, „The Function of Prolepsis in the Interpretation of John 6", in: *The Interpretation of John 6*. Ed. R. Alan Culpepper. Biblical Interpretation Series 22. Leiden: Brill, 1997, 129–148.

–, *The Johannine Son of Man*. Eugene, OR: Wipf & Stock, 2. Aufl. 2007.

–, „The ‚Jews' in the Fourth Gospel: Another Perspective", in: *The Gospel of John: Text and Context*. Biblical Interpretation Series 72. Leiden: Brill, 2005, 20–44.

–, „The Literary Unity of John 13,1–38", *Ephemerides Theologicae Lovanienses* 91 (2015): 33–53.

–, *The Living Voice of the Gospel: The Gospels Today*. Melbourne: Garratt Publishing, 2006.

–, *The Resurrection of the Messiah: A Narrative Commentary on the Resurrection Accounts*. New York/Mahwah, NJ: Paulist, 2013.

–, „Synchronic Interpretation", in: *The Oxford Encyclopedia of Biblical Interpretation*. Ed. Steven McKenzie. Oxford/New York: Oxford University Press, 2013, vol. 2, 345–354.

–, „Vatican II and ‚The Study of the Sacred Page' as ‚The Soul of Theology' (*Dei Verbum* 24)", in: *God's Word and the Church's Council: Vatican II and Divine Revelation*. Ed. Mark O'Brien/Christopher Monaghan. Adelaide: ATF Theology, 2014, 19–40.

–, „When is John Talking about Sacraments?" *Australian Biblical Review* 30 (1982): 10–33.

–, „Whither Catholic Biblical Studies?" *The Australasian Catholic Record* 66 (1989): 83–93.

Moore, Stephen D., *Literary Criticism and the Gospels: The Literary Challenge*. New Haven, CT: Yale University Press, 1989.

–, „Luke's Economy of Knowledge", in: *Society of Biblical Literature Seminar Papers 1989*. Ed. David J. Lull. Atlanta, GA: Scholars Press, 1989, 38–56.

Moran, Stuart, *A Friendly Guide to the Gospel of Luke*. Melbourne: Garratt Publishing, 2013.

Morrison, Gregg S., *The Turning Point in the Gospel of Mark: A Study in Markan Christology*. Eugene, OR: Pickwick Publications, 2014.

Moxnes, Halvor, *The Economy of the Kingdom: Social Conflict and Economic Relations in Luke's Gospel*. Overtures to Biblical Theology. Philadelphia, PA: Fortress, 1988.

Müller, Dietrich/Colin Brown (eds.), „Apostle", in: *The New International Dictionary of New Testament Theology*. 3 Bände. Exeter: Paternoster, 1975, vol. 1, 128–137.

Murphy-O'Connor, Jerome, *Becoming Human Together: The Pastoral Anthropology of St. Paul*. Good News Studies 2. Wilmington, DE: Michael Glazier, 1982.

–, „Corinth", in: *Anchor Bible Dictionary*. Ed. David N. Freedman. 6 Bände. New York: Doubleday, 1992, vol. 1, 1134–1139.

–, „Eucharist and Community in First Corinthians", *Worship* 50 (1976): 370–385; 51 (1977): 56–69.

–, *St. Paul's Corinth: Texts and Archeology*. Good News Studies 6. Wilmington, DE: Michael Glazier, 1983.

–, „The Structure of Matthew XIV–XVII", *Revue Biblique* 82 (1975): 360–384

Niemand, Christoph, *Die Fußwaschungserzählung des Johannesevangeliums. Untersuchungen zu ihrer Entstehung und Überlieferung im Urchristentum*. Studia Anselmiana 114. Rom: Pontificio Ateneo S. Anselmo, 1993.

Neirynck, Frans, „The Anonymous Disciple in John 1", *Ephemerides Theologicae Lovanienses* 66 (1990): 5–37.

Neudecker, Reinhard, *Moses Interpreted by the Pharisees and Jesus: Matthew's Antitheses in the Light of Early Rabbinic Literature*. Rom: Gregorian and Biblical Press, 2012.

Neusner, Jacob, *Ancient Israel after the Catastrophe: The Religious World View of the Mishnah*. Charlottsville, VA: University Press of Virginia, 1983.

Neyrey, Jerome, *The Passion According to Luke: A Redaction Study of Luke's Soteriology*. New York: Paulist, 1985.

Nineham, Dennis, *The Use and Abuse of the Bible: A Study of the Bible in an Age of Rapid Cultural Change*. Library of Contemporary Philosophy and Religion. London: Macmillan, 1976.

Nolan, Albert, *Jesus before Christianity: The Gospel of Liberation*. London: Darton, Longman & Todd, 1977.

Odeberg, Hugo, *The Fourth Gospel: Interpreted in Relation to Contemporaneous Religious Currents in Palestine and the Hellenistic-Oriental World*. Uppsala: Almqvist, 1929.

O'Donnell, Hugh, *Eucharist and the Living Earth*. Dublin: The Columba Press, 2007.

O'Malley, John W., *Trent: What Happened at the Council*. Cambridge, MA: Harvard University Press, 2013.

O'Malley, John W., *What Happened at Vatican II*. Cambridge, MA: Harvard University Press, 2008.

O'Toole, Robert F., *The Unity of Luke's Theology: An Analysis of Luke–Acts*. Good News Studies 9. Wilmington, DE: Michael Glazier, 1984.

Painter, John, „The Farewell Discourses and the History of Johannine Christianity", *New Testament Studies* 27 (1980–81): 525–543.

Perrin, Norman, *Rediscovering the Teaching of Jesus*. London: SCM, 1967.

–, „The Christology of Mark: A Study in Methodology", *Journal of Religion* 51 (1971): 173–187.

–, *The Resurrection Narratives: A New Approach*. London: SCM, 1977.

Perrot, Charles, „Lecture de 1 Co 11:17–34", in: *Le Corps et le Corps du Christ dans la Première Epître aux Corinthiens*. Congress de l'ACFEB, Tarbes, 1981. Lectio Divina 114. Paris: Cerf, 1983, 87–101.

Piolanti, Antonio, *The Holy Eucharist*. New York: Desclée, 1961.

Pongratz-Lippitt, Christa, „Remarried Divorcees a Test Case for Church's Credibility, German Bishops Convinced", *National Catholic Reporter*, December 29 (2014): 1.

Powell, Mark Allan, *Introducing the New Testament: A Historical, Literary, and Theological Survey*. Grand Rapids, MI: Baker Academic, 2009.

Power, David N., „The Holy Spirit: Scripture, Tradition, and Interpretation", in: *Keeping the Faith: Essays to Mark the Centenary of Lux Mundi*. Ed. Geoffrey Wainwright. London: SPCK, 1989, 152–178.

„Propositions on the Doctrine of Christian Marriage", in: *International Theological Commission: Texts and Documents*. Ed. Michael Sharkey. San Francisco, CA: Ignatius Press, 1989, 163–183.

Pryke, E.J., *Redactional Style in the Markan Gospel: A Study of Syntax and Vocabulary as Guides to Redaction in Mark*. SNTS Monograph Series 33. Cambridge: Cambridge University Press, 1978.

Quesnell, Quentin, „Made Themselves Eunuchs for the Kingdom of Heaven (Mt. 19:12)", *Catholic Biblical Quarterly* 30 (1968): 335–358.

Rahner, Karl, *Praxis des Glaubens. Geistliches Lesebuch*. Ed. Karl Lehmann/Albert Raffelt. Zürich: Benziger/Freiburg i. Br.: Herder, 2. Aufl. 1984.

Rahner, Karl/Herbert Vorgrimler, *Kleines Konzilskompendium. Sämtliche Texte des Zweiten Vatikanums mit Einführungen und ausführlichem Sachregister.* Freiburg i. Br.: Herder, 8. Aufl. 1972.

Ratzinger, Joseph, „Die Heilige Schrift im Leben der Kirche", in: *Das Zweite Vatikanische Konzil: Konstitutionen, Dekrete und Erklärungen. Lateinisch und Deutsch.* Lexikon für Theologie und Kirche. Freiburg i. Br.: Herder, 1967, Teil II, 571–581.

–, „Die Weitergabe der göttlichen Offenbarung", in: *Das Zweite Vatikanische Konzil* (s.o.), Teil II, 515–528.

Rengstorf, Karl H., „Jesus Christ", in: *The New International Dictionary of New Testament Theology.* Ed. Colin Brown. 3 Bände. Exeter: Paternoster, 1976, vol. 2, 330–343.

Rensberger, David, *Johannine Faith and Liberating Community.* Philadelphia, PA: Westminster, 1988.

Rhoads, David, *Israel in Revolution 6–74 C.E.: A Political History Based on the Writings of Josephus.* Philadelphia, PA: Fortress, 1976.

–, „Performance Criticism: An Emerging Methodology in Second Temple Studies", *Biblical Theology Bulletin* 36 (2006): 118–133.164–184.

Rhoads, David/Joanna Dewey/Donald Michie, *Mark as Story: An Introduction to the Gospel as a Narrative.* Minneapolis, MN: Fortress, 2. Aufl. 1999.

Richard, Earl, *Jesus: One and Many: The Christological Concept of New Testament Authors.* Wilmington, DE: Michael Glazier, 1988.

Robbins, Vernon K., „Last Meal: Preparation, Betrayal, and Absence", in: *The Passion in Mark: Studies on Mark 14–16.* Ed. Werner Kelber. Philadelphia, PA: Fortress, 1976, 21–40.

Robinson, James M./Paul Hoffmann/John S. Kloppenborg, *The Critical Edition of Q: Synopsis including the Gospels of Matthew and Luke, Mark and Thomas, with English, German, and French Translations of Q and Thomas.* Hermeneia. Minneapolis, MN: Fortress, 2000.

Ruether, Rosemary Radford, *Sexism and God-Talk: Towards a Feminist Theology.* London: SCM, 1983; deutsche Übersetzung: *Sexismus und die Rede von Gott. Schritte zu einer anderen Theologie.* Gütersloher Taschenbücher-Siebenstern 488. Gütersloh: Gütersloher Verlagshaus Gerd Mohn, 2. Aufl. 1996.

Sanders, Ed Parish, *Jesus and Judaism.* Philadelphia, PA: Fortress, 1985.

–, *The Historical Figure of Jesus.* Harmondsworth: Penguin Books, 1993.

Schillebeeckx, Edward, *Marriage: Secular Reality and Saving Mystery.* Stag Books. 2 Bände. London: Sheed & Ward, 1965.

Schnackenburg, Rudolf, „Die Funktion der Exegese in Theologie und Kirche", in: *Maßstab des Glaubens: Fragen heutiger Christen im Licht des
Neuen Testaments.* Freiburg i. Br.: Herder, 1978, 11–36.

Schmithals, Walter, *Die Gnosis in Korinth. Eine Untersuchung zu den Korintherbriefen.* Forschungen zur Religion und Literatur des Alten und Neu-
en Testaments 66 (= Neue Folge Heft 48). Göttingen: Vandenhoeck &
Ruprecht, 2. Aufl. 1965.

Schneider, Gerhard, *Das Evangelium nach Lukas.* Ökumenischer Taschen-
buchkommentar zum Neuen Testament 3/1–2. Gütersloh: Gerd Mohn/
München: Echter, 1977.

Schneiders, Sandra M., „Symbolism and the Sacramental Principle in the
Fourth Gospel", in: *Segni E Sacramenti Nel Vangelo Di Giovanni.* Ed.
Pius-Ramon Tragan. Studia Anselmiana 67. Rom: Editrice Anselmiana,
1977, 221–213.

–, „The Footwashing (John 13:1–20): An Experiment in Hermeneutics",
Catholic Biblical Quarterly 43 (1981): 76–92.

Schweizer, Eduard, „Matthew's Church", in: *The Interpretation of Matthew.*
Ed. Graham Stanton. Issues in Religion and Theology 3. Philadelphia,
PA: Fortress, 1983, 129–155.

Segovia, Fernando F., „John 13:1–20: The Footwashing in the Johannine
Tradition", *Zeitschrift für die Neutestamentliche Wissenschaft* 73 (1982):
31–51.

–, „John 15:18–16:4a: A First Addition to the Original Farewell Discourse",
Catholic Biblical Quarterly 45 (1983): 210–230.

–, *Love Relationships in the Johannine Tradition: Agapē/Agapan in 1 John
and the Fourth Gospel.* SBL Dissertation Series 58. Chico, CA: Scholars
Press, 1982.

–, *The Farewell of the Word: The Johannine Call to Abide.* Minneapolis, MN:
Fortress, 1991.

Senior, Donald, „The Eucharist in Mark: Mission, Reconciliation, Hope",
Biblical Theology Bulletin 12 (1982): 67–72.

–, *The Passion Narrative According to Matthew: A Redactional Study.* Biblio-
theca Ephemeridum Theologicarum Lovaniensium XXXIX. Leuven:
Leuven University Press, 1975.

–, *The Passion of Jesus in the Gospel of Mark.* The Passion Series 2. Wilmington, DE: Michael Glazier, 1984.

–, *The Passion of Jesus in the Gospel of Matthew.* The Passion Series 1. Wilmington, DE: Michael Glazier, 1985.

Senior, Donald/Carol Stuhmueller, *The Biblical Foundations for Mission.*
New York: Orbis Books, 1983.

Shaw, Prue, *Reading Dante: From Here to Eternity*. New York/London: Liveright Publishing, 2014.

Shepherd, Thomas, „The Narrative Function of Markan Intercalation", *New Testament Studies* 41 (1995): 522–540.

Shiner, Whitney T., *Proclaiming the Gospel: First Century Performance of Mark*. Harrisburg, PA: Trinity Press International, 2003.

Sim, David C., *The Gospel of Matthew and Christian Judaism*. Studies in the New Testament and Its World. Edinburgh: T. & T. Clark, 1998.

Simoens, Yves, *La gloire d'aimer: Structures Stylistiques et Interprétative dans la Discours de la Cène*. Analecta Biblica 90. Rom: Biblical Institute Press, 1981.

Skinner, Christopher W./Matthew Ryan Hauge, *Character Studies in the Gospel of Mark*. Library of New Testament Studies 483. London: Bloomsbury/T. & T. Clark, 2014.

Smith, Barry, „The Problem with the Observance of the Lord's Supper in the Corinthian Church", *Bulletin of Biblical Research* 20 (2010): 517–544.

Smith, D. Moody, *John among the Gospels. The Relationship in Twentieth-Century Research*. Columbia, SC: University of South Carolina Press, 2. Aufl. 2001.

Spicq, Ceslaus, „*Trōgein*: Est-il synonyme de *phagein* et de *esthien* dans le Nouveau Testament?" *New Testament Studies* 26 (1979–1980): 414–419.

Stendahl, Krister, *The School of St. Matthew*. Philadelphia, PA: Fortress, 2. Aufl. 1968.

Stock, Klemens, *Boten aus dem Mit-Ihm-Sein. Das Verhältnis zwischen Jesus und den Zwölf nach Markus*. Analecta Biblica 70. Rom: Biblical Institute Press, 1975.

Stolzman, William F., „Communion for Repenting Sinners?" *The Clergy Review* 65 (1980): 322–327.

Streeter, Burnett H., *The Four Gospels: A Study of Origins*. London: Macmillan, 1924.

Stuhlmacher, Peter, „Historische Kritik und theologische Schriftauslegung", *Theologische Literaturzeitung* 103 (1978): 59–127.

Tannehill, Robert C., „The Disciples in Mark: The Function of a Narrative Role", *Journal of Religion* 57 (1977): 386–405.

Taylor, Vincent, *The Passion Narrative of St Luke: A Critical and Historical Investigation*. Ed. Owen E. Evans. SNTS Monograph Series 19. Cambridge: Cambridge University Press, 1972.

Theißen, Gerd, „Soziale Integration und sakramentales Handeln. Eine Analyse von 1 Cor. XI 17–34", in: idem, *Studien zur Soziologie des Urchristentums*. Wissenschaftliche Untersuchungen zum Neuen Testament 19. Tübingen: Mohr Siebeck, 3. Aufl. 1989, 290–317.

–, *Der Schatten des Galiläers: Jesus und seine Zeit in erzählender Form*. Gütersloh: Gütersloher Verlagshaus Gerd Mohn, 10. Aufl. 2015 (Sonderausgabe).

Theißen, Gerd/Annette Merz, *Der historische Jesus. Ein Lehrbuch*. Göttingen: Vandenhoeck & Ruprecht, 3. durchgesehene und um einen Literaturnachtrag ergänzte Auflage 2001.

Theobald, Michael, „Eucharist and Passover: the two ‚loci' of the liturgical commemoration of the Last Supper in the Early Church", in: *Engaging with C.H. Dodd on the Gospel of John: Sixty Years of Tradition and Interpretation*. Ed. Tom Thatcher/Catrin H. Williams. Cambridge: Cambridge University Press, 2013, 231–254.

Thiselton, Anthony C., *New Horizons in Hermeneutics: The Theory and Practice of Transforming Biblical Reading*. London: Harper Collins, 1992.

Thomas, John C., *Footwashing in John 13 and the Johannine Community*. Journal for the Study of the New Testament Supplement Series 61. Sheffield: Sheffield Academic Press, 1991.

van Cangh, Jean-Marie, *La Multiplication des Pains et l'Eucharistie*. Lectio Divina 86. Paris: Cerf, 1975.

van Iersel, Bas, „Die wunderbare Speisung und das Abendmahl in der synoptischen Tradition (Mk VI 35–44 par., VIII 1–20 par.)", *Novum Testamentum* 7 (1964): 167–194.

von Wahlde, Urban C., „Raymond Brown's View of the Crisis in 1 John: In the Light of Some Peculiar Features of the Johannine Gospel", in: *Communities in Dispute: Current Scholarship on the Johannine Epistles*. Ed. R. Alan Culpepper/Paul N. Anderson. Early Christianity and Its Literature 13. Atlanta, GA: SBL Press, 2014, 19–45.

Wansbrough, Henry, *The Use and Abuse of the Bible*. London: T. & T. Clark, 2010.

Wasserman, Tommy, „The ‚Son of God' was in the Beginning (Mark 1:1)", *The Journal of Theological Studies* 62 (2011): 20–50.

Watson, Francis, „I Received from the Lord: Paul, Jesus, and the Last Supper", in: *Jesus and Paul Reconnected*. Ed. Todd Still. Grand Rapids, MI: Eerdmans, 2007, 103–124.

Weeden, Theodore J., *Mark: Traditions in Conflict*. Philadelphia, PA: Fortress, 1976.

Willis, W. L., *Idol Meat in Corinth: The Pauline Argument in 1 Corinthians 8 and 10*. SBL Dissertation Series 68. Chico, CA: Scholars Press, 1985.

Wischmeyer, Oda/David C. Sim/Ian J. Elmer (eds.), *Paul and Mark: Comparative Essays: Two Authors at the Beginnings of Christianity*. Beihefte zur Zeitschrift für die Neutestamentliche Wissenschaft 198. Berlin: de Gruyter, 2014.

Autorenregister

Abrams, M. H. 89, 262, 264
Aletti, J.-N. 280
Alexander, L. 278
Allison, D. C. 252, 261, 269, 273–275, 303, 305, 309–311, 313
Anderson, P. N. 291
Ashton, J. 298
Attridge, H. W. 314
Banks, R. 251
Barr, J. 249
Barrett, C. K. 74, 255, 257, 259f., 288, 292–295, 307, 313
Barth, M. 149, 246, 254, 256, 258, 261, 279, 281, 314
Bartholomew, G. L. 264
Bauer, W. 296f.
Beare, F. W. 272f.
Benoit, P. 260, 316
Bernard, J. H. 294
Betz, H. D. 278
Beutler, J. 296
Bienert, D. C. 288
Blinzler, J. 309
Blomberg, C. 271
Bockmuel, M. 270
Boomershine, T. E. 264
Borgen, P. 289
Bornkamm, G. 255–257, 259–261, 300
Brown, C. 278, 302
Brown, R. E. 55, 248, 251, 268, 270, 277, 287–293, 295f., 298, 314
Bruner, F. B. 289, 291
Burridge, R. A. 295
Byrne, B. J. 30, 254, 260, 265, 267,

271, 273, 275, 279, 281, 284f., 290f., 305, 312
Cadbury, H. J. 276
Carnazzo, S. A. 291
Carroll, J. T. 242, 277–281
Charlesworth, J. H. 282, 296
Chenderlin, F. 258
Chesterton, G. K. 314
Chryssavgis, J. 18
Clifton Black, C. 263
Coleridge, M. 30, 276–278
Collins, A. Y. 243, 261, 264, 277, 309
Collins, R. F. 251, 254, 257–259, 261, 300, 303–312
Congar, Y. 247
Considine, P. 314
Conzelmann, H. 257, 259, 261, 307, 313
Cross, F. L. 244
Crossan, J. D. 51, 250, 265, 300
Cullmann, O. 287, 289, 291
Culpepper, R. A. 263f., 267, 291, 294f.
Dahl, N. A. 259
Davies, W. D. 268f., 273–275, 309–311, 313
Davis, H. 253
Davis, L. D. 302
de Aldama, I. A. 253
de la Potterie, I. 248f.
Delebecque, É. 294
Deming, W. 307
Denzinger, H. 252
Dequeker, L. 257, 260
Dettwiler, A. 298

341

Bibelstellenregister

Neues Testament

Matthäus